Müller (Hrsg.) · Kurs- und Seminargestaltung

Konzept und Beratung des Programms Beltz Weiterbildung:

Prof. Dr. Karlheinz A. Geißler, Schlechinger Weg 13, 81669 München.
Prof. Dr. Bernd Weidenmann, Weidmoosweg 5, 83626 Mitterdarching.

Kurs- und Seminargestaltung

Ein Handbuch für Mitarbeiter/-innen
im Bereich von Training und Kursleitung

Herausgegeben von Kurt R. Müller

5. Auflage

Beltz Verlag · Weinheim und Basel

Über den Herausgeber:

Prof. Dr. Kurt R. Müller ist Hochschullehrer für Erwachsenenpädagogik an der Universität der Bundeswehr in München und hat vielfältige Erfahrungen als Kursleiter und Dozent in der beruflichen Erwachsenenbildung sowie der Eltern- und Familienbildung.

Anschrift des Herausgebers:
Wallnstr. 16, 85256 Vierkirchen, Telefon 08139/6502

Die Deutsche Bibliothek – CIP-Einheitsaufnahme

Kurs- und Seminargestaltung :
 ein Handbuch für Mitarbeiter/-innen
im Bereich von Training und Kursleitung /
hrsg. von Kurt R. Müller. –
5., neu ausgest. Aufl. – Weinheim; Basel: Beltz, 1994
  (Beltz-Weiterbildung)
  ISBN 3-407-36602-7
NE: Müller, Kurt R. [Hrsg.]

5., neu ausgestattete Auflage 1994

Lektorat: Ingeborg Strobel

© 1991 Beltz · Verlag Weinheim und Basel
Herstellung: Klaus Kaltenberg
Satz (DTP): Satz- und Reprotechnik GmbH, Hemsbach
Druck: Druckhaus Beltz, Hemsbach
Umschlaggestaltung: Bernhard Zerwann, Bad Dürkheim
Printed in Germany

ISBN 3-407-36602-7

Inhaltsverzeichnis

Ein Handbuch der Erfahrungen und Reflexionen

Wer ein Handbuch zur Kurs- und Seminargestaltung vorlegt, weckt bei den in der Erwachsenenbildung Tätigen Erwartungen und Hoffnungen. Die einen mögen Anregung und Hilfe durch theoretische Konzepte erwarten, die anderen durch detaillierte Beschreibungen erfolgreicher Modi der Praxisbewältigung. Auch ist zu vermuten, daß Dozentinnen und Dozenten, Kursleiterinnen und Kursleiter, Referentinnen und Referenten die Probleme ihrer je besonderen, institutionell verfaßten Arbeitsverhältnisse, ihrer Kursformen, ihrer Teilnehmerstrukturen, ihrer Arbeitsbereiche u. ä. in für sie »handhabbarer« Art und Weise beschrieben und aufgearbeitet sehen möchten. Dies ist ein oft feststellbarer, hoher Anspruch an diejenigen, die sich »literarisch« mit dieser Praxis auseinandersetzen. Da die Tätigkeitsfelder, d. h. die konkreten Bedingungen und Anforderungen an den Dozenten in der Erwachsenenbildung sehr verschieden sind, erweist sich dieser Anspruch für jeden Autor als schwer einlösbar – auch für die Herausgeber und Autoren dieses Handbuches. Oft wird dies aber auch gar nicht erst versucht. Die daraus resultierende, täglich erlebbare Diskrepanz zwischen hochgeschraubten Bildungsansprüchen und dem oft ernüchternd wirkenden, praktischen Bildungsgeschäft sollte jedoch nicht nur beklagt werden; auch sollte man sich mit dieser »Selbstverständlichkeit« nicht arrangieren bzw. sich mit ihr abfinden.

Wir alle, die dieses Handbuch geschrieben haben, wollen uns dieser Diskrepanz stellen. Sie ist keine naturnotwendige, sondern eine gemachte. Sie hat etwas mit der personalen und institutionellen Trennung von Wissenschafts- und Bildungspraxis zu tun.

Die Konzeption

Diese Grundeinsicht hatte für Anlage und Struktur dieses Handbuches in mehrfacher Hinsicht Konsequenzen. Die Autoren und Autorinnen haben zum Teil langjährige praktische Erfahrungen als Dozenten, Kursleiter, Referenten, Teamer; gleichzeitig kennen sie wissenschaftliche Konzepte bzw. sind sie wissenschaftlich qualifiziert. Alle waren aufgefordert, ihre Themen weder rein theoretisch abzuhandeln, noch sich in der bloßen Darstellung und Beschreibung von Ereignissen und Erfahrungen zu erschöpfen. Vielmehr sollten die von den Autoren gemachten Erfahrungen, die Schwierigkeiten, Hemmnisse und Umgangsweisen aufgearbeitet werden. Diese öffentlich gemachte Verarbeitung subjektiver Erfahrungen mit erwachsenenbildnerischen Handlungsproblemen stellt für die Leser ein Angebot dar, ihre je eigenen Arbeits- und Bildungssituationen dazu in Beziehung zu setzen. Aus dieser Gegenüberstellung kann man als Dozent lernen, seine eigenen Probleme zu identifizieren, zu differenzieren, ihre Entstehungsgeschichte zu verstehen, vielleicht und hoffentlich auch für sich wichtige Lösungsmöglichkeiten zu entdecken. Wir versuchen also, die Leserinteressen an Problemerklärungen und Handlungsanleitungen ernstzunehmen – ohne jedoch vordergründige Rezepte zu entwickeln und zu versprechen. Oft genug werden Rezepte angeboten, die Praxisnähe bloß vorgaukeln, weil sie durch ihren schablonenhaften Charakter unfähig machen, die Besonderheiten jeder Bildungssituation immer aufs neue auszuloten und sich darauf einzulassen.

Zwangsläufig können wir nicht *alle Handlungsprobleme* ansprechen, die die Erwachsenenbildner täglich berühren. Die von uns getroffene Auswahl von Beispielen ist aber nicht zufällig entstanden, sondern hängt mit unserer pädagogischen Grundidee zusammen.

Erwachsenenbildung wird von uns als pädagogischer Prozeß gesehen, in dem alle Beteiligten dazu beitragen (müssen), daß er »gelingt«. Der interaktive Charakter von Erwachsenenbildung ist also der konzeptionelle Ausgangspunkt, der in vielfältigen Sichtweisen in den Einzelbeiträgen bearbeitet wird. Jeder am Bildungsprozeß Beteiligte bringt ein eigenes Bündel an Neigungen, Absichten, Fähigkeiten, Orientierungen und Kenntnissen in den Kurs mit. Dadurch ist jeder Bildungsprozeß, selbst bei sehr stark dozentenzentrierten Kurskonzepten, unvermeidlich auch ein *Aushandlungsprozeß*. Obwohl dieser ständig stattfindet, wird er selten bewußt wahrgenommen und im Kurs bearbeitet. Befürwortet man als Dozent/in grundsätzlich diesen Aushandlungsprozeß, der Mitbestimmung der Teilnehmer am Kursgeschehen gestattet bzw. fordert, kann man bzw. sollte man ihn dementsprechend fördern und nicht hemmen.

Dieses in den Beiträgen zum Ausdruck kommende Verständnis von Erwachsenenbildung läßt dann den Bildungsprozeß zu einem personalen, sozialen und politischen Experimentierfeld für alle Beteiligten werden. Eigenaktivität und Eigenverantwortung werden groß geschrieben, Formen der kursbezogenen Mitbestimmung entwickelt, soziales Engagement und soziales Einfühlungsvermögen werden angeregt: Solidarität und Kooperation sollen gemeinsam gelebt werden.
Will man mit diesen Vorstellungen Seminare und Kurse gestalten, dann dürfen Teilnehmer nicht mehr in die Rolle gedrängt werden, nur auf Dozentenimpulse zu reagieren. Vielmehr müssen sie die Chance zum eigenverantwortlichen Lernen erhalten.
Mit diesem Anspruch gelungener Bildungspraxis mit Erwachsenen wird nicht behauptet, daß seine Realisierung ein leichtes Unterfangen sei. Dieses Handbuch soll aber Mut ma-

chen, auch einmal schwierige didaktische Probleme in diesen Zusammenhängen zu interpretieren, es einmal mit diesen erwachsenenbildnerischen Vorstellungen zu versuchen, sie ernst zu nehmen.

Wie kann man mit dem Handbuch umgehen?

Trotz dieses konzeptionellen Rahmens setzen die Autoren ihre eigenen Schwerpunkte. Vor dem Hintergrund jeweils unterschiedlicher Kursbedingungen entwickeln sie individuelle Problemlösungen, die dem Erfahrungs- und Bewußtseinshorizont jedes einzelnen entsprechen. Daß wir trotz verschiedener Thematiken an vielen Stellen zu ähnlichen Lösungsversuchen kommen, mag nur die überraschen, die pädagogische Praxis schablonenhaft in Teilbereiche zerlegen wollen, die je eigene Handlungsrezepte erwarten. Die Überlappungen und Verzahnungen der einzelnen Beiträge sind also ein Abbild der Verschränktheit der didaktischen Probleme in der Praxis.

Wie kann man einen Zugang zu den einzelnen Beiträgen bekommen?

Wir haben den Lesern mit diesem Buchkonzept angeboten, auf der Ebene je eigener Erfahrungen mit didaktischen Problemen der Erwachsenenbildungspraxis an die Beiträge heranzugehen und nach Berührungspunkten und Übertragungsmöglichkeiten zu suchen. Dies setzt voraus, daß jeder Leser und jede Leserin sich ihre Erfahrungen auch vergegenwärtigt. Wir schlagen deshalb vor, nach der Lektüre des auf die Dozentensituation zugeschnittenen Beitragsthemas (z.B. »Manchmal bekomme ich vor dem Kurs regelrecht Angst«) einen Augenblick innezuhalten und bei sich nachzuspüren. Was empfinden Sie, wenn Sie diese Aussage lesen? Was fällt Ihnen als erstes dazu ein? Ein Kurs, ein Seminar, eine Gruppe, eine Situation, ein bestimmter Teilnehmer...? Vielleicht eine Situation, die regelmäßig auftritt...? Es kann Ihnen helfen, wenn Sie Ihre Stimmungen und Erfahrungen kurz notieren. Dann haben Sie Material, das Sie später mit den Überlegungen im Text vergleichen können.

Welche Stichworte eröffnen den Zugang?

Wir haben es bewußt vermieden, zu viele Stichworte auszuwählen, da ihre Beantwortung immer punktuell bleiben müßte und Zusammenhänge vernachlässigt würden. Vielmehr stützen wir unseren Aufbau auf einige wenige Stichworte, die einen hohen Signalwert für vielfältige Problemlagen haben. Diese Schlüsselbegriffe tauchen in der Gliederung auf, sie ordnen die Einzelbeiträge alphabetisch ein. Gleichzeitig signalisieren die einzelnen Gliederungsüberschriften durch Formulierungen aus der Praxis, worum es in diesem Beitrag im einzelnen geht. Querverweise zwischen den Beiträgen haben wir vermieden, weil sie zu zahlreich wären und deshalb mehr zur Verwirrung als zur Orientierung beitragen würden. Das Lesen der Beiträge soll Freude machen und nicht »zerstückelt« werden.

Wir hoffen, daß diese integrative, erfahrungsbezogene Behandlung von didaktischen Handlungsproblemen im Gefolge einer mitbestimmungsorientierten Bildungskonzeption die Leserinnen und Leser ermutigt, ihre eigenen Bemühungen in dieser Hinsicht zu verstärken und auf diejenigen Handlungsstrukturen kritisch aufmerksam zu werden, die die Bildungsarbeit mit Erwachsenen auf die bloße Vermittlung von Kenntnissen reduzieren wollen.

Kurt R. Müller

Anfangssituationen

Aller Anfang ist schwer –
in Bildungsveranstaltungen
sollte man den Anfang am
besten abschaffen

Karlheinz A. Geißler

Über soziale Probleme zu Beginn von Veranstaltungen

Die Bedeutung der Anfangssituation

»Aller Anfang ist schwer«; »der Anfang ist die Hälfte des Ganzen«; »erst besinns, dann beginns«. Dies sind drei von vielen verschiedenen Redewendungen unseres Kulturbereichs, die das Beginnen betreffen und die die von vielen Menschen gemachten Erfahrungen mit dem Anfangen in allgemeine Beschreibungen und Handlungsanweisungen zu fassen versuchen.

Solche Volksweisheiten haben vielerlei Funktionen; sie trösten, sie entlasten und sie geben auch ganz konkrete Hinweise für die Gestaltung von Situationen. Notwendig ist solches jedoch nicht in allen Fällen des Lebens, sondern nur und im besonderen für die problematischen, die schwierigen, die wiederkehrenden und jeweils von neuem zu bewältigenden Situationen. Dazu gehört, nimmt man die sehr große Anzahl von Alltagsregeln als Indiz, der Anfang; auch der Anfang von Lehr-/Lernprozessen in der Erwachsenenbildung, um den es im folgenden geht.

Wohl jeder Dozent, jede Dozentin, alle Teilnehmer kennen diese eigenartige Gespanntheit, wenn der Beginn eines Kurses näherrückt. Manchen lähmt dies, andere werden hierdurch angespornt, jeder aber steht vor einer Vielzahl von Problemen, um das für sich und die Situation angemessene Handeln zu finden.

In besonderem Maße gilt dies für Dozenten, die Lehr-/Lernsituationen gerade am Anfang maßgeblich strukturieren und von denen dies erwartet wird. Man spürt diesen (Erwartungs-)Druck, muß mit ihm umgehen und unter ihm handeln. Die Praxis zeigt, daß Dozenten unterschiedlich reagieren. Die einen handeln nach der Maxime »möglichst schnell zur Sache, d. h. zum Inhalt kommen«; die anderen warten ab, nehmen sich Zeit für die Entwicklung sozialer Prozesse, wie z.B. dem »gegenseitigen Kennenlernen«; manche Dozenten ignorieren ihre eigene Angespanntheit, andere geben diesen Druck weiter an die Teilnehmer, und wieder andere reden über ihre Befindlichkeit.

Dozenten handeln also unterschiedlich. Welche Aspekte spielen dabei eine Rolle?

Dies sind zum einen Momente der jeweiligen Persönlichkeit. Das heißt, jeder Dozent wird entsprechend seiner Individualität spezifisch, in von anderen Dozenten zu unterscheidender Weise handeln. So z.B. werden die Unsicherheiten, die Ängste die Dozenten in und vor Anfangssituationen haben, ganz individuell ausgedrückt: Der eine redet ganz viel, der andere eher wenig, ein dritter gestikuliert heftig, während ein vierter die Teilnehmer möglichst schnell in Untergruppen schickt. Mancher Dozent hat Schwierigkeiten, die Teilnehmer direkt anzuschauen – und davon wiederum nützt der eine oder andere dies, indem er die einleitenden Worte, ohne aufzublicken, vom Blatt abliest.

Zum anderen hängen die Handlungsweisen der Dozenten vom Gegenstand des Lehr-/Lernprozesses ab. Der Inhaltsaspekt des Lehrens und Lernens bestimmt die Qualität des Anfangens. Z.B. ist es mitentscheidend für das Handeln des Dozenten, ob es sich um einen Sprachkursus, eine Veranstaltung der politischen Bildung oder eine Einführung in die Mikroelektronik handelt.

Drittens bestimmt die *soziale* Dimension das Handeln des Dozenten. Um diese sozialen Aspekte des Anfangs von Lehr-/Lernprozessen geht es hier. Ich sehe dabei von der konkreten Individualität des Dozenten ebenso wie von den unterschiedlichen Inhalten bei Erwachsenenbildungsveranstaltungen ab. Verantwortungsvolles pädagogisches Handeln muß sich auf Erkennen und sensibles Erleben konkreter sozialer Situationen stützen, auch in Anfangssituationen.

Ich beginne mit einer einstimmenden Situationsschilderung und werde davon ausgehend in einem nächsten Schritt Erklärungsskizzen zu der sozialen Dynamik in Anfangssituationen von Lehr-/Lernprozessen vorlegen. Probleme des Umgangs mit dieser Soziodynamik sind der Inhalt des daran anschließenden Abschnitts. Beendet wird der Artikel dann mit konkreten Hinweisen für Dozenten bezüglich der Gestaltung von Anfangssituationen.

Die Anfangssituation

Die allen an der Erwachsenenbildung Beteiligten wohlbekannte Situation zu Beginn von Veranstaltungen:
Die Teilnehmer betreten vereinzelt den Raum in dem der Kurs stattfindet und setzen sich meist in »angemessener Entfernung« voneinander an Tische, sagen leise und etwas verlegen beim Hereinkommen zu den bereits Anwesenden »Guten Tag«, holen ihre Unterlagen heraus, blättern darin, und wenn der Dozent einen, besser: seinen, Platz eingenommen hat, ist die gesamte Aufmerksamkeit auf ihn gerichtet. Er bestimmt den Anfang und dies wird auch von den Teilnehmern so erwartet. Anders als von den übrigen am Lehr-/Lernprozeß Beteiligten wird vom Dozenten, ohne daß dies sprachlich ausgedrückt wird, verlangt, daß er Kommunikationsangebote an die Teilnehmer macht, daß er initiativ wird, um die für den Lehr-/Lernprozeß notwendigen sozialen Beziehungen aufzubauen. Die Form, die Intensität solcher Angebote wird abgewartet, sehr zögernd wird darauf reagiert, meist nur durch Mimik und Gestik. Der Dozent äußert sich in dieser Situation meist vorsichtig, die Teilnehmer verhalten sich ebenso zurückhaltend, distanziert, unauffällig und beobachtend.

Diese Schilderung ist nicht die Darstellung einer einmaligen Situation. So wie hier, oder doch sehr ähnlich, habe ich beinahe alle Anfänge von Lehr-/Lernprozessen in der Erwachsenenbildung erlebt. Was aber macht die Anfänge so ähnlich? Es sind die sozialen Merkmale des Anfangs, die immer wiederkehren, die typisch und konstitutiv für den Beginn sind. Darauf will ich näher eingehen.

Die soziale Dynamik von Anfangssituationen

Alle am Lehr-/Lernprozeß Beteiligten werden in ihren Stimmungen und in ihren Handlungen von den situativen Bedingungen des Anfangs (mit-)bestimmt. Dies gilt auch dann, wenn man bereits viele Anfänge von Bildungsveranstaltungen erlebt hat. Solche Routine erleichtert den Umgang mit der Situation zwar, macht ihn weniger bedrohlich, aber auch der Erfahrenste kann sich nicht aus der Situation lösen, auch er bleibt von der sozialen Grundstimmung nicht unberührt. Diese soziale Grundstimmung läßt sich, etwas paradox formuliert, folgendermaßen kennzeichnen: Die am Lehr-/Lernprozeß Beteiligten verbindet, daß sie (noch) nichts gemeinsam haben bzw. daß sie nicht voneinander wissen, was sie gemeinsam haben. Sie wissen jedoch, daß sich etwas Gemeinsames entwickeln wird, ihnen ist jedoch noch unbekannt, wie dies konkret aussehen wird.
Die Beteiligten kennen sich in aller Regel nicht, d. h. sie wissen nicht, wer die jeweils anderen sind, was sie denken, was sie fühlen. Sie sind unsicher, was von jenen Verhaltensweisen und Einstellungen, die sie aus ihrer Alltagswelt mitbringen, erwünscht ist, was auf Ablehnung stößt. Der einzelne fragt sich, ob er sich im Kurs etwa anders verhalten soll als zu Hause und was passiert, wenn er sich nicht den Vorstellungen der anderen entsprechend verhält? So oder ähnlich lauten die nicht ausgesprochenen, die Beteiligten in unterschiedlicher Stärke beunruhigenden Fragen.
Das Verhalten, das diese Unsicherheit bewirkt, ist in den meisten Fällen erlebbare Zurückhaltung, Schweigen, Abwarten. Vereinzelt auch Flucht nach vorne – durch Reden, durch ein Aneinanderreihen von Vorschlägen, durch Hektik. Die meisten Teilnehmer erwarten Aktivitäten, damit ihre Fragen beantwortet und ihre Unsicherheiten verringert werden. Aber, sie erwarten dies nicht von sich selbst, nicht von ihren Mitteilnehmern, sondern vom Dozenten. Von diesem wissen sie, daß er eine institutionell abgesicherte Macht über sie hat; sie wissen aber oft nicht, in welchen Formen sie sich zeigt und wie sie konkret ausgeübt wird. Es wird Halt gesucht. Dies haben die Beteiligten zwar gemeinsam, die Organisationsform, diesen Halt gemeinsam zu suchen und zu finden, die fehlt jedoch noch.

Der Dozent ist in der unübersichtlichen, offenen Situation des Anfangs der zentrale, institutionell herausgehobene, deutlich sichtbare Orientierungspunkt. Nun kann er aber nicht all das, was als verunsichernde Offenheit von den Teilnehmern erlebt wird, so reduzieren, daß Unsicherheit durch Sicherheit völlig ersetzt wird. Dies schon deshalb nicht, weil er selber unsicher ist, weil auch er die Teilnehmer und ihre Reaktion auf seine jeweiligen Handlungen nicht kennt.

Es bleiben somit bei allen Beteiligten Orientierungslücken. Diese werden durch vereinfachende Einschätzungen, durch Typisierungen ausgefüllt. So mancher Teilnehmer und jeder Dozent erhält so sein (nicht immer ganz vorläufiges) Etikett. Das Untypische, das Unbekannte wird vereindeutigt. Und zwar geschieht dies durch Wahrnehmungsschemata, die aus dem routinierten Alltagsleben mitgebracht werden.

Das Neue wird dabei häufig auf Altes, Bekanntes reduziert. So erkennen z.B. Teilnehmer im Dozenten manchmal das Abbild ihres Lehrers aus der Schulzeit; Dozenten sehen in neuen, speziell in auffälligen Teilnehmern, häufig solche, die sie früher schon einmal im Kurs hatten und mit denen sie ganz besondere Erfahrungen gemacht haben.

Alle Beteiligten suchen Sicherheit durch Orientierung an bereits Erlebtem. Deshalb ähneln sich Anfänge auch so auffällig.

Dies alles strengt sehr an. Orientierung ist nicht leicht zu finden, und jeder geht dabei ein hohes Risiko ein (sich z.B. zu blamieren). Das Augenmerk, die Gefühle der Beteiligten sind bei dieser Anstrengung auf den Aufbau einer befriedigenden sozialen Beziehung gerichtet. Für die Konzentration auf die Lerninhalte bleibt nur mehr wenig Kraft. Mir fällt dies in Anfangssituationen besonders dadurch auf, daß Informationen, die zu Beginn gegeben werden, sehr schnell wieder verlorengehen.

Dies bedeutet jedoch nicht, daß solche Informationen, z.B. jene über die Arbeitszeiten oder über die Lehrgangsbedingungen, nicht wichtig und sinnvoll wären. Sie haben nur eine andere Funktion als die, bestimmte Inhalte der Information zu vermitteln. Vielmehr sind sie sinnvoll, da sie sehr symbolhaltig sind. Durch sie wird nämlich deutlich, wer für was in der Veranstaltung verantwortlich ist bzw. sich entsprechend verantwortlich fühlt. Informationen in Anfangssituationen dienen in erster Linie der sogenannten Orientierungsarbeit, der Entwicklung der Beziehung zwischen den Beteiligten. Sie sind wichtige Momente im Aufbau der Regeln des gemeinsamen Umgangs miteinander, sie sind unverzichtbar für den Aufbau einer fruchtbaren Lehr-/Lernatmosphäre. Dieses Beispiel führt direkt zum Problem des Umgangs mit der hier nur in Ansätzen geschilderten Soziodynamik von Anfangssituationen, (vgl. dazu im Detail: Geißler 1993).

Zum Dozentenhandeln

Die soziodynamischen Probleme in Anfangssituationen der Erwachsenenbildung legen die Folgerung nahe, daß sich die Interventionen von Dozenten zu Beginn von Lehr-/Lernveranstaltungen maßgeblich an den Verarbeitungsmöglichkeiten der Beteiligten in einer angstbesetzten, unsicheren Situation ausrichten müssen. Dies gilt in besonderem Maße für erstmalig teilnehmende Personen. Bei ihnen ist die Verunsicherungskrise häufig sehr in-

tensiv, da die Bildungswirklichkeit für sie in schroffem Gegensatz zu ihren Alltagsge-
wohnheiten steht. Der Dozent muß hier deutlich unterstützend intervenieren, er muß zur
Orientierung verhelfen. Denn erst, wenn genügend angstfreie Orientierung im Lehr-/Lern-
prozeß durch entsprechende Hilfe möglich ist, haben die Teilnehmer auch genügend psychische Energie, sich den Lehr-/Lerninhalten zuzuwenden. Dies benötigt Zeit und ist in
keinem Fall schematisch zu schaffen. Sich auf die Teilnehmer und auf die gemeinsame
Situation einzulassen, ist Voraussetzung hierfür; aber keine Garantie, daß dies auch gelingt.
In diesem Sinne ist jeder Anfang für den Dozenten auch ein kleines Abenteuer, das etwas
Angst macht, das aber auch zu neuen wichtigen Erfahrungen führen kann.

Hält sich dagegen der Dozent zu Beginn von Lehr-/Lernprozessen sehr stark zurück, inter-
veniert er nur sehr wenig, so fördert er hierdurch die Entwicklung und Entfaltung von
Abwehrhaltungen bei den Teilnehmern. Will man gerade an diesen arbeiten, sollen sie zum
Inhalt des Lehr-/Lernprozesses werden, wie z.B. in gruppendynamischen und therapeu-
tisch orientierten Veranstaltungsangeboten, dann ist solche Interventionsform durchaus
sinnvoll und konsequent. Nicht jedoch bei der Mehrzahl der übrigen Kurse. Hier ist es
notwendig, daß der Dozent durch Strukturvorgaben und Strukturangebote den Teilnehmern eine wenigstens teilweise soziale Orientierung gibt. Der Dozent überfordert die Teilnehmer und verunsichert sie in einer unsicheren Situation zusätzlich, wenn er die Offenheit
von Anfangssituationen durch seine Entscheidungsvorgaben nicht reduziert, wenn er z.B.
in dieser Phase möglichst viele Entscheidungsprobleme auf die Teilnehmer verlagert.

Sein strukturierendes Vorgehen hat zuallererst einmal das Ziel, das Angstniveau, die Unsicherheit, die Orientierungslosigkeit der Beteiligten zu verringern; nur dadurch läßt sich
jene Vertrauensbasis fördern, die die Teilnehmer ermutigt selbstgestaltend den Fortgang
des Lehrens und Lernens mitzubeeinflussen.

Die Strukturierungsleistung des Dozenten hängt aber auch stark mit sog. »äußeren« Faktoren, wie z.B. der Anzahl der Teilnehmer zusammen. Zu diesem Einflußfaktor »Gruppengröße« kann die generelle Aussage gemacht werden: *Je größer die Gruppe, um so mehr
Struktur ist in der Anfangssituation notwendig.*

Aus der Notwendigkeit der Strukturierung in Anfangsphasen ergibt sich für den unter
Handlungsdruck stehenden Dozenten die konkrete Frage: Wie kann ich strukturieren? An
welchen Punkten sollte die Strukturierung erfolgen? Ohne den Anspruch der Vollständig-
keit hier einlösen zu wollen und zu können, will ich im folgenden letzten Abschnitt drei
unterschiedliche Inhalte ansprechen, die meines Erachtens für die Strukturierung von Anfangssituationen zentral sind.

Zu der folgenden Auswahl bin ich nicht zuletzt aufgrund meiner Erfahrungen als Dozent
und Teilnehmer von Erwachsenenbildungsveranstaltungen gekommen.

● *Beispiel 1:* Die Veranstaltungsankündigung – der Ausschreibungstext

Wenn sich die Teilnehmer in Anfangsphasen eher passiv verhalten (wobei die Ermahnung Max Frischs zu beachten ist: Wer schweigt ist doch nicht stumm!), so signalisiert dies nicht etwa, daß sie keine Erwartungen, keine wie immer gearteten Vorstellungen von der Veranstaltung hätten. Diese bestimmen maßgeblich ihre Phantasie und auch ihre zögernden Handlungen. Dabei sind die je individuellen Erwartungen besonders durch die Kurs-Ausschreibung und/oder das Einladungsschreiben geprägt. Die ersten Kontakte, die zurückhaltenden Äußerungen zu Beginn von Veranstaltungen sind maßgeblich auch dadurch bestimmt, wie unmißverständlich bzw. wie mißverständlich, wie assoziationsfördernd, wie eindeutig bzw. uneindeutig die Informationen sind, die die Teilnehmer vor Kursbeginn jeweils bereits erhalten haben. Es muß daher das Ziel bei der Abfassung von Ausschreibungstexten in der Veranstaltungsankündigung sein, eine möglichst realistische Erwartungshaltung bei den Interessenten für den jeweiligen Kurs zu fördern. Dies ist insbesondere dadurch erreichbar, daß die wichtigsten Rahmenbedingungen der jeweiligen Veranstaltung in möglichst eindeutiger Art und Weise formuliert werden.

Dazu gehören:
- Zielgruppenspezifische Auswahlkriterien (z.B. Beruf, Alter, Vorkenntnisse usw.);
- kursverlaufstypische Bedingungen der Mitgliedschaft in der Veranstaltung (z.B. regelmäßige Teilnahme, Internatscharakter, Prüfungen, Prüfungstermine usw.);
- Zeitstruktur (Termine der Veranstaltung, Zeitpunkt, Zeitdauer, Frequenz der Einzelveranstaltungen);
- anfallende Kosten (Kursgebühren, Nebenkosten usw.);
- Ziele und Inhalte der Veranstaltung;
- geplante Methoden und Verfahren (hier insbesondere die Erwartungen des Dozenten im Hinblick auf die Qualität des Umgangs miteinander, z.B. wie weit er eine Steuerung des Lehr-/Lernprozesses durch die Teilnehmer erhofft, wie er seine eigene Rolle als Dozent versteht).

Als Kursleiter bespreche ich diese Rahmenbedingungen zu Beginn der Veranstaltung mit den Teilnehmern sehr intensiv und erläutere alle offenen Fragen. Dies jedoch nicht mit der Absicht, alle abweichenden Vorstellungen einzuebnen bzw. auszuschließen, sondern um eine realistische Auseinandersetzung zwischen mir als Dozent und den Teilnehmern zu ermöglichen – zum frühestmöglichen Zeitpunkt einer Veranstaltung. Stellt sich heraus, daß die Vorstellungen einzelner Teilnehmer unrealistisch sind, wenn sie also das, was sie lernen wollen, im Kursus nicht lernen können, dann versuche ich als Dozent jenen Teilnehmern auch die Chance zu eröffnen, die Veranstaltung zu verlassen. Die für Dozenten und Teilnehmer gleichermaßen belastende Erfahrung, daß im Laufe des Kurses immer mehr Teilnehmer aus Enttäuschung »still« abbrechen, wird hierdurch verringert.

● *Beispiel 2:* Das »Sich-Kennenlernen«

Die verbreitete Form der gegenseitigen Vorstellung – eine Stufe des »Sich-Kennenlernens« – ist die sogenannte »Reihum-Vorstellung«. Sie verläuft meist sehr mühsam und ist bei großen Gruppen nicht empfehlenswert. Sie hat in kleineren Gruppen den wichtigen Vorteil, daß sie die gegenseitige Fremdheit zu Beginn von Lehr-/Lernprozessen in ihrer realistischen Ausprägung auch ausdrückt. Daher halte ich, trotz der immer wieder feststellbaren inhaltlichen Dürftigkeit der Aussagen, an dieser Form in kleineren Gruppen meist fest. Jeder kann dabei, wenn er will, seinen Namen auf eine bereitliegende und aufstellbare Karte schreiben, wobei hierdurch häufig schon deutliche, unsicherheitsreduzierende Signale und Beziehungsangebote (z.B. hinsichtlich der Anrede) gesetzt werden. Manche Teilnehmer schreiben nur ihren Nachnamen, manche nur ihren Vornamen, andere beides auf. Dies sollte man auch so individuell und unterschiedlich belassen, u. a. deshalb, weil für die Entwicklung einer Arbeitsbeziehung, die den einzelnen Teilnehmer mit dessen Interessen, Hoffnungen und Wünschen ernst nimmt, Differenzierungen in der Anfangsphase notwendige Voraussetzung sind.
Das wirkliche Kennenlernen jedoch geschieht nur über die gemeinsame inhaltliche Arbeit und dort bewährt sich schließlich auch erst die aufgebaute Beziehung.

Kleiner, aber notwendiger Exkurs: »Kennenlern-Spiele«

Die spielerische Gestaltung des Kennenlernens hat in jüngster Zeit in der Erwachsenenbildung eine große Verbreitung gefunden. Sicher liegt ein wichtiger Grund hierfür in der Unzufriedenheit der Beteiligten über die üblichen Verfahren der Vorstellung des »Sich-Kennenlernens«. Didaktisch wird das »Spiel zum Kennenlernen« meist damit begründet, daß der Lehr-/Lernprozeß einer Aufwärmphase bedarf und sich hierfür der Einsatz von Spielen sehr gut eignet. Daran will ich Zweifel anmelden, die ich im folgenden begründe. Jeder Gruppenprozeß braucht, soll er in Gang kommen, eine sogenannte Aufwärmphase. Dies ist eine sozialpsychologische Erkenntnis, die hier nicht in Frage gestellt werden soll. Daraus ist jedoch nicht abzuleiten, daß diese Aufwärmphase, dieses In-Gang-Setzen des Gruppenprozesses, sinnvollerweise durch ein Spiel geschehen sollte. Zweifelsohne wärmen und lockern Spiele auf (jedoch nicht nur Spiele!), aber für was? Mit welchem Ergebnis? In welche Richtung wird der Gruppenprozeß hierdurch gelenkt?

Aufgrund meiner Erfahrungen (als Teilnehmer und Dozent), die ich für eine Antwort auf diese Fragen mit heranziehe, komme ich zu folgendem Ergebnis:
Spiele machen zwar für sehr vieles bereit, aber nur in geringem Umfang für einen anstrengenden Bildungsprozeß. Ihr Einsatz hat häufig das Resultat, daß vom Lehr-/Lernprozeß in stärkerem Maße abgelenkt als zu ihm hingelenkt wird. Ich will dies unter mehreren Aspekten darlegen:

1. Oft sind »Kennenlern-Spiele« ein schlichter Motivationstrick am Beginn und nicht, wie das Betthupferl in der Kindheit, am Ende des Tages. Dies funktioniert nur sehr kurzfristig. Solch ein Motivationstrick ist auf die sich ständig erhöhende Dosis angewiesen.

2. Das Spiel lenkt von der realen Situation, von den wirklichen Schwierigkeiten des Anfangs ab. Es löst sie nicht. Durch Spiele werden Illusionen gefördert. Spiele haben, das hat man in der Kindheit vielfach erfahren, relativ geringe Konsequenzen, man kann sie von neuem beginnen, immer wiederholen, sie sind Unterhaltung. Genau dies trifft auf Lehr-/Lernprozesse eben nicht zu (wenigstens in den meisten Fällen). Besonders in der beruflichen Erwachsenenbildung hat die Qualität des Lernens Konsequenzen spätestens in der Prüfung und bei der Suche nach einem Arbeitsplatz.

3. Spielen ist etwas grundlegend anderes als Lernen und Arbeiten. Ja, das Spielen definiert sich gerade in der Abgrenzung zum Lernen und zur Arbeit. Es bildet ein wichtiges Gegengewicht und eine unverzichtbare Gegenerfahrung zum Lernen und zur Wirklichkeit (Freud wies darauf hin, daß das Gegenteil des Spiels nicht Ernst sei, sondern Wirklichkeit!).

Diese Argumente sollen nicht gegen die Kreativität von Verfahren und Methoden in Anfangssituationen generell gerichtet sein. Sie plädieren eher für die Entwicklung von Verfahren, von Methoden, die mehr zur Psycho- und Soziodynamik der Anfangssituation hin- als wegführen, die die Schwierigkeiten des Anfangs abbilden und nicht verwischen.

● *Beispiel 3:* Der Lehr-/Lernkontrakt

In der durch Unsicherheit und durch Orientierungsschwierigkeiten gekennzeichneten Anfangssituation von Bildungsprozessen ist es eine zentrale Aufgabe des Dozenten, die das Lernen behindernden Momente zu reduzieren. Das heißt für das Dozentenhandeln, daß dies an solchen Stellen anzusetzen hat, wo die Teilnehmer geringe Einsichten in die Wirklichkeit des beginnenden Lehr-/Lernprozesses haben. In erster Linie betrifft dies den sozialen Umgang zwischen Dozent und Teilnehmern, besonders die Erwartungen des Dozenten daran. Ein mögliches Orientierungsangebot bestünde nun darin, den Teilnehmern einen verstehbaren Hinweis darüber zu geben, wie (aus der Dozentenperspektive) miteinander in der Veranstaltung umgegangen werden sollte. Lernregeln bzw. Kursregeln bieten sich hierfür an. Es empfiehlt sich, in diesen Regeln, die ein Beziehungsangebot des Dozenten darstellen, alles dies besonders deutlich zu benennen, was für die jeweilige Teilnehmergruppe mit hoher Wahrscheinlichkeit ungewöhnlich, auffällig und neu ist (z.B. daß sie nicht, wie sie es aus ihrer Schulzeit gewohnt sind, alles »vorgesetzt« bekommen, sondern daß der Dozent von ihnen eine inhaltliche Steuerung des Lehr-/Lernprozesses erwartet). Solche Lernregeln müssen – sollen sie den Charakter eines vorläufigen Kontraktes erhalten – als offen, veränderbar und ergänzungsbedürftig vom Dozenten formuliert und angeboten werden.

Ein Lernkontrakt hat nicht nur Vorteile im Hinblick auf eine Orientierungshilfe die den Teilnehmern zugute kommt, er ist auch für den Dozenten sehr wichtig. Dieser muß sich in seiner Veranstaltungsvorbereitung hierdurch bis auf eine sehr konkrete Ebene hin klar machen, was er von den Teilnehmern will und was er beabsichtigt, welche Lernkultur er letztlich mitverantworten will.

Ein kurzes Fazit: Wichtigste Voraussetzung für jeglichen sinnvollen pädagogischen Umgang in diesen Situationen des Kursbeginns ist es, die sich dort stellenden Probleme *ernst* zu nehmen. »*Aller* Anfang ist schwer«, so die Volksweisheit aus jahrhundertealter Erfahrung. Dieses Sprichwort besagt jedoch auch, daß es wenig Sinn hat und vergeblich ist, die Probleme des Anfangs irgendwie durch irgendwelche Verfahren eliminieren zu wollen. Sie können höchstens verschleiert werden und sind dann an anderer Stelle der Veranstaltung zu unrechter Zeit an unrechtem Ort erst recht ein Problem. Auslösendes und bestimmendes Moment für die Schwierigkeiten zu Beginn von Veranstaltungen sind nicht in erster Linie der Dozent oder die Teilnehmer, es ist die Situation um die man nicht herumkommt. Situationen zu bewältigen, ist Aufgabe aller daran Beteiligten – und die Leistung des Dozenten in der Anfangsphase ist es, diese Gemeinsamkeit der Problembearbeitung zu ermöglichen und zu fördern.

Literatur

Geißler, Kh. A.: Anfangssituationen – Was man tun und besser lassen sollte, Weinheim und Basel, 5. Aufl. 1993.

Autoritätskonflikte

Manche Teilnehmer verstehen
es hervorragend, im Kurs
Autoritätskonflikte zu inszenieren

Winfried Münch

Über Konflikte und Konfliktverweigerungen

Es sind schlimme Erlebnisse für Seminarleiter, wenn sie in einem Kurs außer Fassung geraten und dabei ihre Selbstdisziplin verlieren. Wer mit Teilnehmern in Streitereien und Auseinandersetzungen gerät und erleben muß, wie er sich im Gestrüpp seiner Argumente verliert, Spott erntet oder Mitleid hervorruft, wird anschließend das Gefühl haben, in seiner Berufsrolle versagt und anderen Schwächen seiner Person verraten zu haben, die er vor diesen gerne verborgen hätte. Er wird sich womöglich darum sorgen, ob es ihm gelingen wird, sein Bild vor den Teilnehmern wieder gerade zu rücken.

Solche Erfahrungen werden in der Regel von Dozenten wie berufliche Niederlagen behandelt. Diese Behandlungsform ist zumindest insofern angebracht, als derjenige, der in Konfliktsituationen im Rahmen von Lerngruppen seine Haltung verliert, zugleich damit auch vorübergehend seine Rolle niedergelegt hat.

Konflikte zwischen Dozenten und Teilnehmern entstehen gewöhnlich dann, wenn sich der Dozent veranlaßt fühlt, seinen von ihm geplanten Rollentext zu unterbrechen, oder wenn er sich daran gehindert fühlt, diesen ungestört weiterzusprechen. Solche Situationen treten ein, wenn sich einzelne Teilnehmer nicht mehr an die vereinbarten Spielregeln, die einen störungsfreien Verlauf des Lerngeschehens sichern sollen, halten oder sich nicht mehr an den gemeinsamen Rollentext gebunden fühlen. Dasselbe gilt, wenn sich darüber hinaus zeigt, daß der Dozent mit seinen üblichen didaktischen Handlungen, mit denen er erfahrungsgemäß erfolgreich Störungen im Lernprozeß beheben und sich widersetzende Seminarteilnehmer wieder zu angepaßtem Verhalten veranlassen kann, die bedrohte Lernszene nicht mehr vor ihrem Zusammenbruch bewahren kann.

In derartigen Situationen passiert es einem schnell, daß man den begrenzten Handlungsspielraum, den die berufliche Rolle gewährt, verläßt und plötzlich mit Verhaltensweisen in der bedrohten Szene aufwartet, die man gewöhnlich im Rollenhandeln mit Hilfe seiner regulierenden Ich-Kräfte erst gar nicht aufkommen läßt. Mit einem Male beherrschen entbundene Triebkräfte, frei flottierende Angst oder Gewissensappelle die Szene: Es wird (z.T. verhalten) geschimpft, gedroht, gejammert, unterstellt, eingeredet – und dieses mit den Zielen, den drohenden Verlust der eigenen Rolle und den Zusammenbruch des aufgaben- und rollengebundenen szenischen Spiels, das Seminar, Lehrveranstaltung oder Unterricht heißt, zu verhindern. Ein Pädagoge, der in eine Situation der Auflösung hineingeraten war, berichtet darüber, wie er sich in dieser verhalten habe:

*»Ich habe halt zu denen gesagt was man als Lehrer so sagt. Na ehrlich: Ich bin ganz schön ausgeflippt. Ich habe geschimpft und angedroht, die Veranstaltung in einer Minute aufzulösen. Nachher habe ich mich über mich selbst geärgert.«(1)**

Es bedarf kaum einer Erklärung, weshalb dieser Pädagoge sich über sich selbst ärgert. Er präsentierte den Mitgliedern seiner Veranstaltung das Bild eines »ver-rückten« Pädagogen, der die Kontrolle über sich verloren hatte. Sein nächster Schritt wird wahrscheinlich gewesen sein, sich Gedanken darüber zu machen, wie er das Bild, das er durch seinen »ver-rückten Auftritt« bei den anderen hinterlassen habe, so korrigieren könne, damit der »normale« Pädagoge wieder zum Vorschein komme.

Obgleich die meisten Rollenkonzepte, die sich auf die Gestaltung von Bildungsveranstaltungen und Erwachsenenbildung beziehen, davon ausgehen, daß Erwachsene, die sich zu einem Vermittlungs- und Aneignungsprozeß zusammenfinden, ihre gemeinsamen Rollenaktivitäten so vernünftig gestalten können, daß sie ihr Zusammenarbeiten als kooperativ und produktiv erleben, passiert es immer wieder, daß in dem rollengebundenen Beziehungs- und Arbeitsverhältnis zwischen Dozent und Teilnehmern Themen auftauchen, die in diesem Verhältnis zumindest offiziell nicht vorgesehen sind und die die Eigentümlichkeit besitzen, daß sie – entweder gebunden an das Arbeitsvorhaben der Lerngruppe oder davon losgelöst – eine Eigendynamik entfalten, die bewirkt, daß die beteiligten Subjekte von dem Schutzkleid, das die Rolle ihnen gewährt, sich entblößt sehen und daraufhin mit Panik und Angst reagieren. Hierbei handelt es sich durchweg um Themen, wie z.B. das der Sexualität, die von den offiziellen Rollenaktivitäten isoliert sind oder aus anderen Gründen, auf die ich noch zu sprechen kommen werde, im gemeinsamen Bildungsbemühen zu keinem aktuellen Problem werden dürfen. Hierzu zählen vor allem die Sachverhalte Autorität und Macht. – Natürlich sind es weniger die offiziellen Veranstaltungsthemen, über die sich Erwachsene ja sehr wohl auf einer von ihren subjektiven Bedürfnissen entfernten Gesprächsebene gut verständigen können, als jene Aktionen und Verhaltensmanöver von Dozenten und Teilnehmern, die irgendwie dazu führen, daß Betroffene ihre Ängste oder Affekte nur mühsam oder nicht mehr unter Kontrolle halten können (vgl. Geißler/Kade, 1982, S. 73ff.). – Der folgende Vorfall, der hier von einer Gymnasiallehrerin erzählt wird, der aber auch in einer Veranstaltung der Erwachsenenbildung hätte passieren können, beeindruckt dadurch, daß sich plötzlich, für die Lehrerin im voraus nicht erkennbar, während einer »normalen« Unterrichtssituation ein Thema in den Vordergrund schiebt, das sie für einige Augenblicke völlig aus der Bahn wirft:

---

* Der folgende Beitrag hat als Erfahrungs- und Diskussionshintergrund Supervisionsveranstaltungen im Rahmen der Lehrerweiterbildung. In seinen Grundaussagen beansprucht er in erheblicher Weise Geltung auch für die traditionellen Formen der Erwachsenenbildung. Die mit den Ziffern (1)–(9) gekennzeichneten Beispiele sind Wiedergaben von Tonbandprotokollen aus diesen Supervisionsgruppen. Vgl. dazu Münch 1990, S. 145ff.

»Da fällt mir noch eine Situation ein, noch schrecklicher. Ich stand vor der Klasse und hatte so blaue Punk-Jeans an, so weite. Und plötzlich nahm er (ein Schüler; W.M.) das wohl zum Anlaß und sagte laut: »Oh, sie haben aber tolle Hosen an.« – Ich wäre am liebsten in den Erdboden versunken. Das war ja fürchterlich. Ich dachte, ich kriege keine Luft mehr. Ich habe so eine Bombe gekriegt. ... Dann habe ich mich umgedreht und echt mal warten müssen, bis mir das Blut wieder aus dem Kopf war. ... Darauf habe ich zu ihm gesagt, er solle nach der Stunde zu mir kommen. ... Und dann habe ich ihm gesagt »Andreas, ich verlange jetzt mehr von dir. Und deine Späße im Unterricht, die möchte ich nicht mehr.« ...
Ich habe gar nicht überlegen können. Ich habe einfach nur gemerkt, daß ich also sprachlos war, absolut sprachlos. Mir ist nichts mehr eingefallen. Also, für kurze Zeit wußte ich überhaupt nicht mehr, wo wir sind.«(2)

Diese Lehrerin schildert, wie ihr während des Rollenhandelns ein sogenannter situativer Orientierungsverlust passierte. Durch ihn fiel sie für Augenblicke aus ihrer Rolle. Das szenische Spiel ›Unterricht‹ war kurz unterbrochen.

In dieser Situation verlor sie plötzlich ihre sonst vorhandenen Fähigkeiten zum »Ich«-gerechten Rollenhandeln. Die nicht erwartete Frage eines Schülers nach ihrer auffälligen Hose brachte sie aus dem Tritt, und sie zeigte für einen Moment lang Verhaltensweisen, die – davon können wir ausgehen – weder in ihrem Lehrerinnen-Ideal, also in ihrem idealen Selbstkonzept, noch in ihrem Rollenkonzept vorgesehen sind: Sie war total verunsichert, konnte ihren Rollentext nicht mehr weitersprechen und wäre am liebsten von ihrer Lehrerinnenbühne aus in die Versenkung verschwunden. – Anschließend schämte sie sich wegen ihrer Hilflosigkeit in dieser Situation, ärgerte sich über den Szenenstörer und Verursacher ihrer Blamage. Sie versuchte, ihn zur Räson zu bringen, indem sie ihm klarmachte, daß solche Themen – sie nennt es verharmlosend »Späße« – im Unterricht nichts zu suchen haben.

Es ist ja wohl klar: das Thema, das auf diese Lehrerin so angsterregend wirkt, heißt Sexualität. Sie wehrt es ab, einmal dadurch von sich selbst, daß sie die Existenz dieses Themas verleugnet und es verharmlosend als Spaß, den sich ein Schüler mit ihr mache, bezeichnet, und zum anderen bei dem Schüler, dem sie praktisch verbietet, das auszusprechen, was sie selbst über ihre auffällige Hose ihren Schülern als Thema anbietet. Mit anderen Worten: die Lehrerin bringt zwar durch ihr Verhalten ein Thema in eine Lerngruppe hinein, wo es auf Grund des Alters dieser Schüler, die damals siebzehn oder achtzehn Jahre alt waren, ohnehin sehr stark vorhanden ist, und agiert es auch mit einem Schüler fast zwanghaft aus, verleugnet aber anschließend ihren persönlichen Anteil und erkennt auch nicht, welche persönliche Bedeutung dieses Thema für sie selbst haben könnte. Pädagogen verhalten sich gern nach dem Motto »Was nicht sein darf, ist auch nicht«, auch wenn das Unerwünschte oder Verbotene ganz offen über den Markt getragen wird. Da hat ein Dozent Teilnehmer in seiner Veranstaltung, die kommen regelmäßig zu spät oder gehen früher weg, oder andere, die sitzen gelangweilt und unbeteiligt dabei, lesen Zeitung, stricken. Er tut so, als sähe er oder berühre ihn das nicht. Ein solches Verhalten entbindet ihn wohl davon, sich selbst als ein durch diese Provokationen Angesprochener zu erleben, seine Betroffenheit zu zeigen oder seinem Ärger Luft zu machen, was natürlich zur Folge hätte, daß er sich auf eine sicherlich unangenehme Auseinandersetzung mit Teilnehmern einlassen müßte. Er geht damit nicht nur dem Konflikt aus dem Weg, sondern läßt die Probleme, die Teilnehmer mit ihm oder seiner Veranstaltung haben und die sie ihm über das geschilderte Widerstandsverhalten symptomhaft mitteilen, nicht zur Sprache kommen und damit im vorsprachlichen Zustand weiter schwelen. – Die Teilnehmer bemerken natürlich sein Ausweichen oder Nicht-zur-Kenntnis-nehmen-Wollen, ärgern sich darüber und werden sich überlegen, ob sie, um ihn doch noch zu einer fühlbaren Reaktion zu bewegen, ihre Provokationen eskalieren – oder ob sie sich mit den Gegebenheiten abfinden und ihre Zeit nur noch in innerer Emigration absitzen.

In solche Situationen werden am ehesten Dozenten kommen, denen es nicht gelingt, zu den Teilnehmern ihrer Seminare gefühlsaktive Beziehungen herzustellen. Sie wirken eher starr, halten Distanz und neigen insgesamt zur Uniformierung ihres Verhaltens, indem sie ihre Person durch ihre Rolle oder durch ihr Sachwissen bedeckt halten. Sie sind oft so korrekt und sachlich, daß jeder, der an ihnen etwas zu bemängeln hat, von ihnen ins Unrecht gesetzt werden kann. – Wer seine eigene Person so schützen muß, daß er sie nur fragmentarisch zur Geltung bringen kann und im Grunde nur Beziehungen akzeptieren kann, die ihm bestätigenden Zuspruch geben oder nicht gefährlich werden, wird im Tiefsten um seine eigene Selbsterhaltung und Selbstachtung fürchten müssen. Der sicherste Schutz, die eigene Person zusammenzuhalten, wäre dann, sich in den Beziehungen unnahbar und fühllos zu machen, in der Sache unangreifbar zu sein und die Rollenaktivitäten formal korrekt zu gestalten.

In diesem Zusammenhang komme ich auf ein anderes konfliktvermeidendes Verhalten zu sprechen. Gemeint sind Dozenten, die mit größter Vitalität und hohem Engagement in den Seminargruppen ihre Person ins Spiel bringen, aber beim Fehlen der erwarteten Zustimmung, bei mangelndem Interesse oder persönlicher Zurückweisung seitens der Teilnehmer in einen Zustand innerer Lähmung zurückfallen, sich gekränkt fühlen und mit kaum versteckter Wut ihre Enttäuschung kund tun:

> »Und dann haben die mir erklärt, daß die an dem Thema überhaupt nicht interessiert sind. – Und dann habe ich mich gefragt, weshalb ich mir mit denen diese Mühe gegeben habe, diese vielen Vorbereitungen gemacht habe, wenn die mir das einfach so hinknallen. Ich habe mich auch gefragt, warum die eigentlich so aggressiv zu mir sind.«(3)

Die Betroffenheit und das Gekränktsein dieses Dozenten, der in der politischen Erwachsenenbildung tätig war und sich vorgenommen hatte, seine Teilnehmer zum »richtigen«

politischen Bewußtsein zu bringen, kann man beim Lesen seiner Aussage geradezu spüren. Er kann nicht verstehen, weshalb die Teilnehmer auf seinen »Aufklärungsunterricht« nicht »scharf« sind, und erlebt ihren Widerstand als aggressiv. – Er übersieht allerdings bei seiner Beurteilung des Teilnehmerverhaltens, daß sein Lernangebot seine Teilnehmer zu aufklärungsbedürftigen Objekten macht, die ihm Gelegenheit geben sollen, sein aufgeklärtes Bewußtsein darstellen zu können. Kein Wunder, wenn sich erwachsene Menschen gegen egozentrische Selbstdarstellungen, bei denen sie sich von ihrem eigenen Selbst, von ihren Interessen, Ansichten und Bedürfnissen, entfremden müßten, wehren.

Man trifft sie wohl nicht selten in der Erwachsenenbildung an: die Hypnotiseure oder Jongleure, die mit ihren faszinierenden Darstellungstechniken ihre Teilnehmer in ihren Bann ziehen. Sie benötigen ihre Teilnehmer in mehr oder weniger passiven Rollen als Bewunderer, Statisten oder Ausführer. Das heißt, diese werden zu Objekten degradiert, die sich durch glanzvolle Selbstdarstellungen ihres Dozenten lenken und beherrschen lassen. In diesem Verhalten tritt uns eine sehr subtile Form von Herrschaftsausübung entgegen. Es beinhaltet den Versuch, andere dadurch unter Kontrolle zu halten, daß man sie zwingt, selbstgenügsam zu bleiben und jene Wünsche, Interessen und Bedürfnisse, die man selbst als Bedrohung seiner eigenen Vitalität erleben würde, nicht zur Geltung zu bringen.

Ein besonders sicheres Mittel, um andere in jener Neutralität zu halten, ist, als Träger und Verkünder hoher Ansprüche in Lerngruppen aufzutreten. Ehe die anderen, die Teilnehmer, sich überhaupt organisiert haben und sich über ihre Interessen untereinander verständigen konnten, werden sie mit Ansprüchen konfrontiert, die sozusagen – um mit Worten Freuds zu sprechen – »an das höhere Wesen im Menschen gestellt werden« (Freud 1975 b, S. 304). Der Effekt solcher Vorgehensweise ist, daß die Angesprochenen und Geforderten erst einmal ihre eigene Unvollkommenheit und Unaufgeklärtheit erleben und zugleich in ihrem Dozenten, der durch sein Verhalten vorgibt, die Kluft zwischen dem realen und dem idealen Selbst für seine Person überwunden zu haben, die Realisierung der eigenen Idealvorstellungen zu erblicken glauben. In Wirklichkeit sind sie Opfer eines – sicherlich meistens nicht bewußt herbeigeführten – Täuschungsmanövers, das dadurch zustande kommt, daß jener gedachte Kursleiter seine eigene Unzulänglichkeit durch die Idealisierung seiner Person, seiner Absichten, seiner Auffassungen, seiner pädagogischen Vorstellungen zu kompensieren versucht und seine Kursteilnehmer dazu verführen will, nicht zu seiner realen, sondern zu seiner idealisierten Person Beziehungen aufzunehmen, und sie auch noch dazu bewegen möchte, seine Idealisierungen zu verinnerlichen. (Vgl. Freud 1975 a, S. 61f.) – Wenn sein Vorhaben gelänge, würde er sich mit seinen Teilnehmern über seine Selbstidealisierungen vereinen und im Idealfall in ihnen lediglich sein eigenes Ideal-Selbst widergespiegelt sehen.

Ein derartiges Beziehungs- und Arbeitsarrangement, das auf der Vorspiegelung falscher Tatsachen und dem Versprechen irrlichter Hoffnungen aufgebaut wird, bewegt sich natürlich ständig in der Gefahr, von der unerwünschten Realität eingeholt zu werden. Dieses geschieht immer dann, wenn die Widersprüche zwischen hohen und erwartungsvollen Ankündigungen, die sich auf Versprechungen und Arbeitsvorhaben beziehen, und dem, was wirklich passiert und zustande kommt, offen auftur, so daß die gesamte Lerngruppe in eine gedrückte Stimmung verfällt und deprimierende Beziehungs- und Arbeitskrisen in ihr das Geschehen bestimmen. Spätestens hier beginnt die Suche nach den Schuldigen und Versagern. Es werden gegenseitig Vorwürfe erhoben und Verantwortliche ausfindig gemacht, und es entwickelt sich daraus zusehends ein Beziehungsspiel von sado-masochistischer Art, in dem vor allem die Regeln »Vorwurf-um-Vorwurf« und »Kränkung-um-Kränkung« Gültigkeit besitzen.

Wenn also die eigenen Selbst-Idealisierungen immer erneut von der rauhen Wirklichkeit in Frage gestellt werden und Appelle an die Teilnehmer auch nicht die erwünschte Veränderung bringen, so daß man die Situation als unerträglich erlebt, muß man dann wohl nach Rückzugsmöglichkeiten in Bereiche suchen, wo man sich vorübergehend entlasten oder das eigene Selbst wieder idealisieren kann. – So kann man sich beispielsweise der Situation entziehen, wenn man sich krankmeldet – und tatsächlich krank wird, eine andere Tätigkeit annimmt; kurzum nach Gelegenheiten ausblickt, die es zulassen, ohne weitere große Selbstbeschädigungen das Feld zu räumen. Man kann sich aber auch dadurch – zumindest zeitweilig – retten, indem man mit Hilfe rationalisierender Erklärungen die Ursachen und die Schuld für Lernverweigerungs-Haltungen den Teilnehmern allein in die Schuhe schiebt, weil sie angeblich den Ansprüchen nicht gewachsen seien, nicht die erforderlichen Voraussetzungen mitgebracht hätten oder falsche Grundeinstellungen zum Lernen, zur Autorität oder zu gesellschaftlichen Fragen hätten. Noch sicherer ist es jedoch, das erlebte Dilemma durch Verhältnisse herbeigeführt zu erklären, die außerhalb aller Beteiligten liegen, nämlich durch unerträgliche gesellschaftliche Situationen (Arbeitslosigkeit, mangelnde Perspektiven) oder durch die Rückständigkeit der pädagogischen Institutionen selbst.

Wie zutreffend solche Erklärungen auch sein mögen, um zeitgemäße Stimmungen von Hoffnungslosigkeit zu erfassen, so sind sie unter den hier diskutierten Bedingungen nichts anderes als Selbst-Rettungsversuche für bedrohte Dozenten, die das Gute in ihrem eigenen Selbst bewahren und das Schlechte nach außen projizieren möchten. – Letztlich sind sie nichts anderes als verzweifelte Versuche, die Selbst-Größe auf Kosten einer Selbst-Spaltung zu retten.

Rückzüge der Art, wie ich sie gerade dargestellt habe, werden also dann angetreten, wenn es dem bedrohten Selbst nicht mehr gelingt die Personen und Dinge, von denen die Bedrohungen ausgehen, zu beherrschen. – Die Herrschaftsausübung selbst aber steht bereits im Dienst der Abwehr; denn es handelt sich – ich wiederhole noch einmal – um Herrschaft, die bezwecken soll, die eigene Person zu schützen und dieser narzißtische Größen-Darbietungen zu sichern.

Eine weitere Form von Konfliktvermeidung können wir in Verhaltensweisen von Dozenten entdecken, die in ihren Veranstaltungen eine Harmoniewelt erschaffen möchten, die solchen sagenhaften Orten gleicht, wo keine Autorität willkürlich herrscht, wo es zwischen den Menschen keine gegensätzlichen Interessen gibt und wo die wilden Leidenschaften der Menschen gezügelt sind. Es soll eine Welt werden, in der jeder angemessen mit seinen Wünschen und Bedürfnissen Berücksichtigung findet, in der alles mit ruhiger Vernunft und in liebevollem Umgang geregelt werden kann.

Träger dieser Schöpfungswünsche streben danach, mit ihren Teilnehmern einen Zustand kosmischer Harmonie aufzurichten, in dem keine Grenzen spürbar und keine Unterschiede sichtbar werden, in welchem die Berührungen keine Konflikte schaffen und sich alle wie in einer ›Mehr-Einheit‹ miteinander verschränkt fühlen. (Vgl. Balint 1972, S. 31) – In den folgenden Äußerungen eines Lehrenden, der mit erwachsenen Berufsfachschülern arbeitet, treten diese Wünsche ganz offen zutage:

> *»Ja, (ich) möchte einer von ihnen (den Teilnehmern; W. M.) sein. Aber ich möchte auch was zu sagen haben. ... Ich möchte mich nicht dauernd durchsetzen müssen, ich möchte mich nicht dauernd abgrenzen müssen. Ich möchte schon was arbeiten. Aber wichtiger ist mir eigentlich, daß ich das Gefühl habe ..., daß ich es gut mit ihnen meine oder so, daß ich ihnen nichts Böses anhaben will, daß ich sie nicht unterdrücken will. Das ist mir sehr wichtig. ...*
> *Mein Problem ist, daß ich ganz bestimmte Dinge einfach nicht mehr machen will ... Ich möchte ein harmonisches Leben haben. ...*
> *Ich hab' den Lehrertag gut hinter mich gebracht, wenn er harmonisch und lieb abgelaufen ist. ...*
> *Wenn ich Tage habe, wo ich sehr gut gelaunt bin, dann möchte ich einfach haben, daß die sich auch mit freuen. Dann möchte ich am liebsten ins Lehrerzimmer gehen, einen Kaffee machen. Doch wirklich: einen Kaffee machen! Ich möchte jedem auch einen Kaffee geben und Kaffeestückchen dazu. Das habe ich auch schon gemacht. ... Und daß wir halt Gespräche führen – einfach Gespräche führen. ... Da kommen meistens unheimlich schöne Gespräche raus.«(4)*

Dieses Bild, das er von seinem Berufsalltag zeichnet, erinnert mehr an eine schöne Kinderstube als an ein weißgetünchtes Schulzimmer. Er tritt wie eine gute, sorgende und nährende Mutter auf, die für das Wohlbehagen ihrer Kinder tätig ist. – Und es drängt sich der Eindruck auf, als wolle er in seinen Lerngruppen eine Struktur und ein Milieu etablieren, in welchen eine Art von Wiederbelebung ganz früher Beziehungsverhältnisse zwischen Mutter und Kind, nämlich dasjenige der Vereinigung in der Symbiose, in der Mutter und Kind eine Zwei-Personen-Einheit mit einer gemeinsamen Grenze nach außen bilden, geschehen soll. (Vgl. Mahler 1972 S. 15).

Wenn wir die Aussage dieses Lehrenden noch einmal lesen, werden wir allerdings bemerken, daß es ihm weniger darum geht, daß die Kursteilnehmer von seiner fachlichen Kompetenz profitieren. Nein, er formuliert ziemlich unverblümt ganz egoistische Interessen: Er will sich nicht durchsetzen müssen, er will ein harmonisches Leben haben, er will, wenn er gut gelaunt ist, daß seine Teilnehmer ihm die guten Gefühle nicht zerstören. Folglich müssen wir vermuten, daß er diese mütterlich-sorgenden Funktionen als Mittel einsetzt, um selbst in diesen Klassengruppen ein sorgen- und konfliktfreies Leben zu genießen. Während er mit seinen Harmonieversuchen jene glückselige Zeit, wo das konfliktfreie Lustprinzip herrschte, zurückholen möchte, haben die Teilnehmer sicherlich ganz andere Interessen. Jedenfalls kann man davon ausgehen, daß sie seine regressiven Bewegungen auch zur Befriedigung ihres Bedürfnisses benutzen und die unlustvolle Lehrsituation zu vermeiden versuchen.

Die Absicht dieses Dozenten ist es, sich im beruflichen Umgang mit seinen Kursteilnehmern von allen Verpflichtungen fernzuhalten, die mit Abgrenzung, Entsagung, Anstrengung und Gefahr verbunden sind. – Dazu stellt sich allerdings die Frage ein, wie Teilnehmer auf derartige Entbindungen eines Dozenten reagieren. Auch darauf gibt uns derselbe Dozent einige Antworten:

>*Die Schüler nehmen das im großen und ganzen als sehr positiv wahr. Aber gestern war da wieder so etwas. Da ist der Ralf. Er sagte: ›Aber eines will ich Ihnen mal sagen: Sie haben zu wenig Autorität; sie müssen sich mehr durchsetzen.‹ – Ja, der fordert, fordert von mir Autorität, die ich ihm nicht geben möchte. – Dann bin ich verunsichert.*«(5)

Dieser Teilnehmer fordert, wahrscheinlich stellvertretend für eine Anzahl weiterer, daß sein Dozent Autorität und Durchsetzungskraft zeige. Er ruft nach der Tat, nach der väterlich-männlichen Autorität, die sich ohne Angst auf Konkurrenz- und Rivalitätsbeziehungen einläßt, die ihre Überordnung, durch Funktion und Rolle gegeben, durch persönliche Stärke und Vitalität unter Beweis stellt und auf die man sich als Mitglied einer Lerngruppe auch dann noch verlassen kann, wenn in dieser die Ordnung bedroht ist.

Aber dieser Dozent will sich zu solchen Tatschritten nicht hinreißen lassen. Im Gegenteil läßt er nichts unversucht, um das Väterliche aus seinen beruflichen Interaktionszusammenhängen auszuschließen. – Wenn dennoch solche Begehren von Teilnehmern an ihn herangetragen werden, dann ist er verunsichert, enttäuscht und traurig:

>*(...) dann komme ich heim, dann bin ich wirklich für den halben Tag fertig, lege mich aufs Bett, dann bin ich traurig.*«(6)

Er reagiert auf widerspenstige Teilnehmer ähnlich einer enttäuschten Mutter, die Gründe zu haben glaubt, ihre Kinder der Undankbarkeit zeihen zu müssen. – Für Abhängige ist es nicht leicht, mit solchen Gefühlen angemessen umzugehen. Man hat ja kaum eine andere Wahl innerhalb dieser einengenden Harmoniebestrebungen, als gut oder schlecht, lieb oder böse zu sein.

Pädagogen, die sich wie jener Lehrer in ihren beruflichen Beziehungen verwirklichen wollen, leben in einem dauernden Konflikt mit der Realität, weil sie der Illusion nachjagen, sie könnten die unerquickliche Wirklichkeit in eine Welt der Harmonie und des Glücks verwandeln. Sie wirken oft engelhaft und tragen in sich einen Glauben an die natürliche Güte und Gleichheit aller Menschen. (Mendel 1972, S. 174) Dementsprechend versuchen sie, aus ihren Lerngruppen Brüdergemeinschaften zu bilden, in denen sich jeder wohlfühlen kann, jeder zu seinem Recht kommt, Konflikte erst gar nicht entstehen und niemand um Positionen und Einfluß kämpfen muß.

Da Gleichheit nur bestehen kann, wenn Zeit, Raum und individuelle Unterschiedlichkeit aufgehoben sind, wiegen sich diese Gruppen in einer illusionären Gleichheit, die nur solange ihren Zustand erhalten kann, bis einer in die verordnete Harmonie störend eingreift. Da es aber auch schön ist, gleichsam wieder in den mütterlichen Schoß zu versinken und dort in friedfertiger Passivität zu leben, wird gegen jeden, der diesen einlullenden Ruhezustand stören will, wild aufbegehrt. Ehe er sich versieht, ist er das Opfer heftiger Aggressionen, die von Wut und Enttäuschung gespeist werden.

Um es deutlich hervorzuheben: Es handelt sich hierbei nicht um eine »ich«-kontrollierte Aggressivität, die eingesetzt wird, um ziel- und sachgerechte Interessen zu verfolgen, und die sich nicht einschüchternd und intolerant fordernd an Personen wendet, sondern um ein mehr oder weniger ungezügeltes triebhaftes Geschehen.

So unterschiedlich die Motive auch immer sind, die den einzelnen Verhaltensweisen, die ich als konfliktvermeidende geschildert habe, auch zugrunde liegen mögen: sie haben doch eine Gemeinsamkeit, die darin zu sehen ist, daß sie deutlich eine Abkehr von eingesetzter persönlicher Autorität, die fordert, standhält und rivalisiert, beinhalten. Statt dessen werden feinere Formen des Gefügig-Machens – die oft nicht leicht erkennbar sind – eingesetzt. Erinnern wir uns: Es wird nicht offen gefordert, sondern die Forderungen werden über die Idealisierungen oder Ideologisierungen der Inhalte eingebracht; oder der Dozent macht sich durch Selbst-Idealisierungen unnahbar und unangreifbar; schließlich kann die Lerngruppe selbst zur allseitig befriedigenden ›Mutter‹ gemacht werden. – Überhaupt neigen Pädagogen – und vielleicht speziell in der Erwachsenenbildung – zunehmend mehr dazu, Auseinandersetzungen mit ihren Teilnehmern auf der abstrakten Argumentationsebene zu führen, die die gefühlsmäßigen Erlebnisinhalte isoliert und neutralisiert. Dozenten versuchen in diesem Sinne, mit ihren geistigen Fähigkeiten – besonders mit ihrer Lust an der Formulierung, an der Ironie – zu dominieren.

Die Dozenten sind also eher Sprach- als Handlungstäter. Das hat für sie Vorteile, weil Worte wie Schall und Rauch vergehen, vielseitig interpretierbar sind und oft dem Deutungswunsch des Sprechers gehorchen. Taten hingegen bewirken Fakten, die nicht ohne weiteres aus der Welt zu schaffen sind. – So kann man relativ gefahrlos erklären – ob es die Teilnehmer einem schließlich abnehmen, ist eine andere Frage! –, man sei gegen Leistungszwang und Benotung, müsse aber leider Klausuren schreiben lassen, weil dies die Ausbildungsvorschriften nun einmal verlangten. Oder man kann behaupten, auf der Seite der Teilnehmer zu stehen und für deren Interessen einzustehen, auch wenn man gar nicht weiß, welche Interessen diese wirklich verfolgen.

Abgesehen davon, daß Interessengleichheit und Solidarität normalerweise sich auf der Basis real vorhandener Gemeinsamkeiten und gewachsener Beziehungen manifestieren, sind die soeben genannten Erscheinungsformen der Interessenvertretung nichts anderes als geschickt getarnte Ausweich- und Rückzugsmanöver verunsicherter Dozenten gegenüber Kursteilnehmern. Vielleicht aus der Angst heraus, von den Teilnehmern mit Liebesverlust bestraft zu werden und dann deren Abneigung spüren zu müssen, wenn sie diesen mit klaren persönlichen Ansprüchen und Forderungen, die sie auch willens sind, durchzusetzen, gegenübertreten, bleiben sie lieber in ihrer Dozentenrolle unklar und vernebeln sich mit einer Wolke aus Widersprüchlichkeiten. In ihrem Rollenverhalten zeigen solche Dozenten – besonders durch ihre Bereitschaft, nachzugeben, zu verzichten, wegzusehen und durch ihre Skrupel bei Beurteilung und Benotung – ihren Teilnehmern gegenüber Unsicherheit und Schwäche. Diese können in Konfliktsituationen eine Rückzugsmobilität auslösen, die die Dozenten unter Umständen bis an die Grenzen der Selbstenteignung und Selbstaufgabe treibt. (Vgl. Bigeault/Terrier 1978, S. 99ff.)

Auch in der Erwachsenenbildung herrschen, ähnlich wie in der Schule, strukturelle und inhaltliche Bedingungen, vorgegebene Sachverhalte, die die jeweiligen Lehr- und Lernsituationen in Organisations- und Zeitstrukturen einfassen, Ziel und Zweck einer Veranstaltung festlegen, Teilnahmebedingungen regeln und aufeinander bezogene Rollen vorschreiben. Der jeweilige institutionelle Rahmen, in welchem eine Bildungsveranstaltung räumlich, zeitlich und sozial organisiert und durchgeführt wird, bringt ihre Mitglieder, sowohl den Dozenten wie die Teilnehmer, in eine psycho-soziale Wirklichkeit hinein, in der sie nur dann miteinander zu befriedigenden, produktiven Arbeitsbeziehungen, kommen können, wenn sie in der Lage sind, sich an jene vorgegebene Realität mit Flexibilität – im Gegensatz zu Rigidität – anzupassen und die vorgegebenen, herrschaftlich verfaßten Rollen zu übernehmen. Mit anderen Worten: von den Teilnehmern an organisierten Lernprozessen wird insofern ein institutionskonformes Verhalten erwartet, als von ihnen verlangt wird, die Hierarchie der aufeinander bezogenen Rollen von Lehrenden und Lernenden zu akzeptieren und solche Interessen und Triebbedürfnisse, die sich dem von der Institution angebotenen Arbeitsvorhaben entgegenstellen würden, einsichtig zurückzustellen und die daraus resultierenden Triebspannungen auszuhalten. (Vgl. Fürstenau 1979, S. 187f.)

Gleichwohl derartige Verzichts- und Anpassungsleistungen mit einer erheblichen Einschränkung von individuellen Entfaltungsmöglichkeiten der beteiligten Subjekte verbunden sind und besonders dann, wenn sie erzwungen werden, dazu führen, daß das Verbotene und Unterdrückte sich durch die Hintertür wieder Zugang verschafft, bieten diese einschränkenden Mitgliedschafts- und Verhaltensbedingungen dem einzelnen auch Schutz und Sicherheit. Dies gilt insbesondere vor einem Kampf jeder gegen jeden und vor der Unterdrückung durch diejenigen, die nicht in der Lage wären, ohne institutionalisierte Grenzziehungen und Kontrollen anderen für die Entfaltung ihrer Individualität Raum zu lassen.

In ihrer Grundstruktur ist die Bildungsveranstaltung eine zweckgerichtete Arbeitsbegegnung zwischen einem Dozenten und Teilnehmern. Das scheint so selbstverständlich zu sein, daß die meisten Dozenten von vornherein erwarten, daß sie von ihren Teilnehmern in ihrer Rolle und als Fachexperten akzeptiert und respektiert werden und daß sich diese auf die von ihnen vorstrukturierte Arbeitssituation ohne großen Widerstand einlassen. – Aus diesen Positionen heraus kann ein Dozent dann seinen Alltag wie folgt beschreiben:

> *»Ich setze da Grenzen, vielleicht sogar unbewußt, damit ich meine Fachansprüche klar durchziehen kann. Ich sage: »Ich gehe ein Stück weit persönlich auf euch ein, aber hier ist mein Fach und da wird das und das gemacht.« – Das klappt so gut.«*(7)

So ist es in der Regel: Teilweise kann man sich als Dozent auf die persönlichen Bedürfnisse und Interessen der Teilnehmer einlassen; aber die übernommene Aufgabe und die daran gebundenen persönlichen Fachansprüche setzen Grenzen. – Die meisten Teilnehmer stellen sich auf eine derartig gestaltete Arbeitssituation auch ein und erwarten von ihrem Dozenten, daß er solche Aktionen von Teilnehmern behindert, die das gemeinsame Arbeiten unmöglich machen würden. Sie zeigen sich darüber nicht nur als Lernwillige, sondern äußern damit auch ihr existentielles Bedürfnis nach gesicherten Verhältnissen im Rahmen einer relativ festen Struktur.

Nun kann man hiergegen einwenden, daß lernende Erwachsene keine minderjährigen Schüler mehr seien, die des Schutzes des erwachsenen Lehrers bedürften. Daß sie also in der Lage sein müßten, ihre Situation selbst in die Hand zu nehmen und ihre Lernsituation in eigener Verantwortung zu gestalten. Der Dozent habe dabei nur helfende, beratende Funktionen und solle auf Verlangen sein Fachwissen zur Verfügung stellen. – Gewiß wäre dies eine ideale Situation. Jedoch ist zu bedenken, daß der Eintritt in eine Lerngruppe eine Initialsituation für unlustvolle Erwartungen und regressive Bedürfnisse auslöst. Gefühle der Angst vor Abweisung, der Eifersucht und Rivalität, überhaupt die Angst, den zukünftigen Anforderungen nicht gewachsen zu sein, führen erst einmal dazu, daß die Teilnehmer ihre besondere Aufmerksamkeit und Erwartung auf den richten, dem zumindest in ihrer Phantasie leitende und lenkende Autorität zukommt. Er wird zu einem Objekt ganz unterschiedlicher Erwartungen und Hoffnungen, ein Objekt von Übertragungswünschen. Diese beziehen sich nicht so sehr auf die gegenwärtige Person ›Dozent‹, sondern orientieren sich an alten, zurückliegenden Erfahrungen, die die Teilnehmer mit den verschiedensten Autoritäten in ihrem bisherigen Leben gemacht haben, vor allem mit Vätern, Müttern und Lehrern.

Dozenten, die die leitenden und lenkenden Funktionen nicht erfüllen, schaffen dadurch ein Macht-Vakuum, das nicht nur für konstruktive Eigenaktivitäten der Teilnehmer Raum gibt, sondern diese eher veranlaßt, diese Situation als Provokation aufzufassen und nun zu beginnen, herausfordernd, bittend oder vorwurfsvoll die nicht eingelösten Erwartungen bei der sich verweigernden Autorität einzuklagen.

Jeder Dozent hat natürlich durch seine Persönlichkeit nur begrenzte Möglichkeiten zur

Verfügung, mit den Situationen in seinem Beruf umzugehen, die ihm selbst Angst machen. Zugleich verführt ihn dies aber auch dazu, die Wichtigkeit solcher angsterregenden Vorkommnisse zu leugnen und unbewußt Abwehrstrategien zu entwickeln, die von vornherein angsterregende Situationen verhindern sollen. So kann beispielsweise sein Angebot an die Teilnehmer, sich wie einer von ihnen zu fühlen und sich immer für ihre Interessen einzusetzen, seine Ursache darin haben, daß jener Dozent die Rolle eines Erwachsenen, dem Autorität zugesprochen wird, selbst nicht aushalten kann und deshalb auf diesem Wege eigene kindliche Bedürfnisse an die Teilnehmer heranträgt.

> *»Ein Teilnehmer hat dann gesagt, ich sei gar kein richtiger Dozent, eher ein Freund. – Ich weiß nicht, im Unterricht fällt es mir wohl sehr schwer, mich durchzusetzen. Am wohlsten fühle ich mich, wenn ich mich mit denen privat unterhalten kann, beim Bier. Dann sind die zu mir ganz offen, erzählen mir ihre privaten Erlebnisse; aber im Unterricht klappt das nicht so recht.«(8)*

Dieser Dozent möchte sich wahrscheinlich am liebsten von seiner Rolle entbinden lassen und mit eigenen Bedürfnissen in die Teilnehmergruppe einmischen. Bestimmt wird er aber dadurch dazu beitragen, daß sich in seiner Lerngruppe Triebenergien befreien, die wiederum regressive Prozesse auslösen. Unruhe, Flachsereien oder symbolische Beziehungsangebote sind unter solchen Umständen noch ganz harmlose Erscheinungen der Regression. Nun ist es eine allzu bekannte Tatsache, daß die Motive, die Erwachsene veranlassen, sich wieder auf eine Schulbank zu setzen, um gemeinsam mit anderen Erwachsenen zu lernen, vielfältige und unterschiedliche sind. Selten werden derartige Entscheidungen allein von einem rationalen Zweck-Mittel-Prinzip bestimmt werden, sondern auch von Motiven, die den Sachgrund subjektivieren oder die kaum noch etwas mit diesem gemeinsam haben. – So könnte sich beispielsweise eine Erzieherin dazu entschließen, an einem Volkshochschulkurs über Entwicklungspsychologie teilzunehmen, um ihre berufliche Kompetenz zu erweitern, gleichzeitig mit ihrer Teilnahme die Hoffnung verbinden, ihren Bekanntenkreis zu vergrößern, einen Freund zu finden, aufgeschlossene Berufskolleginnen kennenzulernen oder mit anderen über ihre anstrengende Berufsarbeit reden zu können. Vielleicht hat sie sogar den Wunsch, sich Klarheit über die Folgen, die ihre eigene Erziehung hatte, zu verschaffen, oder Hilfe für die Probleme, die sie mit ihrem eigenen Kind hat, zu bekommen. – Möglicherweise brächten 15 Teilnehmer und Teilnehmerinnen, die in einem solchen Kurs säßen, insgesamt 30 bis 40 Motive in die Veranstaltung mit, die dort als verborgene Wünsche oder als offen ausgesprochene Erwartungen die Kurssituation beeinflußten. Sie trügen auf jeden Fall dazu bei, daß das angebotene Sachthema ›Entwicklungspsychologie‹ kaum akademisch abgehandelt werden könnte, zumindest insofern, als der Kursleiter nicht das Risiko eingehen wollte, daß immer mehr Teilnehmer seiner Veranstaltung fernblieben oder ihm in anderer Weise zu verstehen gäben, daß sie von seinen steril-sachlichen Darbietungen nichts hielten.

Gleichwohl darf hieraus nicht abgeleitet werden, daß Seminarleiter als Wunscherfüllungs-
gehilfen ihrer Teilnehmer zu fungieren hätten; denn Erwachsenenbildung darf nicht mit
einem Paradiesgarten verwechselt werden, der – herrschafts- und angstfrei – die Fülle aller
Möglichkeiten bietet. Im Gegenteil spielt der Kursleiter auf Grund seiner Position, seiner
didaktischen Fähigkeiten und seines fachlichen Wissens eine entscheidend wichtige Rolle
für die Lernentwicklung einer Gruppe. Er ist Agent und Repräsentant des Realitätsprin-
zips, in dem Sinne, daß er die Teilnehmer seiner Kurse vor der Unbegrenztheit ihrer Vor-
stellungsinhalte und Wünsche, die unrealisierbar sind oder im Widerspruch zur umgeben-
den Realität stehen, zu schützen und dafür zu sorgen hat, daß die Teilnehmer den Kontakt
zu dem Gegebenen, zu ihrem Arbeitsauftrag, den sie durch ihre Teilnahme angenommen
haben, nicht verlieren. Es ist aber auch seine Aufgabe, die Realitäten der Teilnehmer in das
inhaltliche Vorhaben einzubeziehen, so daß die lernenden Subjekte sowohl gefühlsmäßig
als auch geistig in den Lernprozeß eingeschlossen sind.

Wer andere zwingen muß, unliebsame Realitäten anzuerkennen und auf erwünschte Be-
friedigungen zu verzichten, sollte nicht allein mit deren Liebe und Zuwendung rechnen,
sondern auch darauf gefaßt sein, daß er zum Empfänger feindseliger Gefühle gemacht
wird.

Man kann sich dieser unangenehmen Gefühlsprojektionen nicht entledigen, wenn man
seine eigene Identität als Erwachsener und Dozent nicht aufgeben und sich selbst aus seiner Rolle entlassen will. – Allein die Tatsache, daß man im Rahmen einer Bildungsinstitution eine Funktion wahrnimmt und eine Rolle übernimmt, die in der Wahrnehmung der
Teilnehmer Macht und Autorität verkörpert, bringt in institutionalisierte Lerngruppen eine
Konfliktdynamik, die gekennzeichnet ist von der Rivalität um die Privilegien der Autorität
und von der Konkurrenz um die Verteilung der Gratifikationen, schließlich auch vom Neid
der Konkurrenten untereinander auf die, die anscheinend mehr bekommen. (Vgl. Freud
1972, S. 245ff, vgl. Mendel 1972, S. 126ff.)

Die folgende Geschichte, erzählt von einer Dozentin einer Fachschule für den Erzieherbe-
ruf, beinhaltet diese Konfliktdynamik:

> *»Also, ich habe eine Klasse, und da ist ein Schüler drin, der ist in mich halt total
> verknallt. Aber seitdem ist es irgendwie sehr schwierig. Also, ich weiß einfach nicht,
> wie ich mich verhalten soll. Es hat sich so komisch entwickelt, daß die anderen was
> gemerkt haben und sich jetzt über ihn lustig machen. Das tut mir wahnsinnig leid, weil
> ich ihn auch gerne mag. Und andererseits macht der mir auch so Angst, daß ich un-
> heimlich grob zu ihm war.«* (9)

Also, ein Teilnehmer liebt seine Dozentin und bemüht sich, sie für sich zu gewinnen. Die
anderen bemerken das und reagieren mit Eifersucht. Sie machen ihn lächerlich. – Die
Dozentin mag ihn auch gerne; aber das macht ihr Angst. Das Verbot steht zwischen ihr und

ihm. Aus Angst vor ihren eigenen Gefühlen und deren möglichen Folgen ist sie grob zu ihm.

Versuche, im Bündnis mit anderen die Autorität des Dozenten zu untergraben, basieren ebenfalls auf der angesprochenen Konfliktdynamik. – Viele Konflikte in Lerngruppen werden von Teilnehmern vielleicht nur deswegen inszeniert, um die väterliche oder mütterliche Autorität ihres Dozenten auf die Probe zu stellen.

Dozenten, die in schwierigen Konfliktsituationen mit Teilnehmern nicht aus dem eigenen Identitätsraum in die Regression flüchten, ganz gleich, ob sie dabei sich auf die Teilnehmerebene begeben oder rigid und immobil Unterwerfung erzwingen wollen, geben ihren Teilnehmern keine ernsthaften Möglichkeiten, sich mit ihnen auseinanderzusetzen und die räumlich-zeitlichen Beschränkungen und sozialen Unterschiede im Rahmen institutioneller Arbeitsbegegnungen wirklichkeitsbezogen zu erfassen. (Vgl. Bigeault/Terrier 1978, S. 103)

Es wäre sicherlich leichtfertig, die hier dargestellten psycho-affektiven Prozesse lediglich als Auswüchse schädlicher Einflüsse der Gesellschaft oder fehlgeleiteter Erziehung anzusehen und immer wieder auf die einsichtige Vernunft und natürliche Güte der Menschen zu hoffen. Gerade eine Lehr-/Lernsituation ist ja in besonderer Weise der geeignete Nährboden für die Inszenierung von Autoritätskonflikten und Infragestellung derjenigen, die sich als Wissende und Aufgeklärte in die Lernszenen einbringen. Insoweit ist der Dozent stets auch Einbezogener und Mitbetroffener.

Literatur

Balint, M.: Angstlust und Regression, Reinbek 1972.

Bigeault, J. P./Terrier, G.: Von der Psychoanalyse zur Anti-Erziehung, in: Chasseguet-Smirgel, J. (Hrsg.): Wege des Anti-Ödipus, Frankfurt/Berlin/Wien 1978.

Freud, S.: Der Untergang des Ödipuskomplexes (1924). in: Studienausgabe Bd. V, Frankfurt 1972.

Freud, S.: Zur Einführung des Narzißmus (1914), in: Studienausgabe Bd. 111, Frankfurt 1975 (a).

Freud, S.: Das Ich und das Es (1923). In: Studienausgabe Bd. 111, Frankfurt am Main 1975 (b).

Fürstenau, P.: Zur Psychoanalyse der Schule als Institution (1969), in: Fürstenau, P.: Zur Theorie psychoanalytischer Praxis, Stuttgart 1979.

Geißler, Kh.A./Kade, J.: Die Bildung Erwachsener, München/ Wien/Baltimore 1982.

Mahler, M. S.: Symbiose und Individuation. Psychosen im frühen Kindesalter, Stuttgart 1972.

Mendel, G.: Generationskrise, Frankfurt 1972.

Münch, W.: Die Arbeit mit Lehrern in Supervisionsgruppen, in: Pühl/Schmidbauer (Hrsg.): Supervision und Psychoanalyse, Berlin 1990.

Pühl, H. (Hrsg.): Handbuch der Supervision, Berlin 1990.

Sennett, R.: Autorität, Frankfurt am Main 1990.

Dozentenängste

Manchmal bekomme ich vor
dem Kurs regelrecht Angst

Jörg Knoll

Über Gefühle und Stimmungen

Zur Situation

Es ist an einem Freitag gegen 16.00 Uhr. Das Wochenendseminar wird um 18.30 Uhr mit dem Abendessen beginnen. Eine Stunde später fängt im »Großen Saal« der Tagungsstätte die erste Arbeitseinheit an. Die Stühle sind bereits im Kreis aufgestellt. Ich gehe nochmals die Teilnehmerliste durch: Die angemeldeten Personen minus die Absagen, die bis heute Mittag eingegangen sind, plus die Mitarbeiter (einschließlich ich als Tagungsleiter) – macht 55 Plätze. Ich zähle die Stühle, verzähle mich, fange nochmals an. Ich lasse schließlich 45 übrig, weil ich damit rechne, daß doch nicht alle Teilnehmer erscheinen oder einige später kommen, und rücke die übrigen 10 als Reserve an die Wand.

Ich setze mich und gehe nochmals meine Notizen zur Begrüßung und Einführung durch: mein Name und die Namen der Mitarbeiter; einige Angaben zum Veranstalter (»Wer sind wir?«) und zur Tagungsstätte (»Wo sind wir?«); ein paar Angaben zu den Zielen als Erinnerung an die Ausschreibung (»Worum geht es hier?«); einige Sätze zur Arbeitsweise (»Wie soll gearbeitet werden?«); schließlich die Einladung zu den ersten Schritten in die Tagung hinein (Kleingruppen, die sich durch ein Zufallsprinzip finden, mit einer Frage zur Herkunft und zum Erfahrungshintergrund der Teilnehmer im Blick auf das Thema des Seminars).

Ich lese meine Notizen und bin doch nicht richtig dabei. Die Gedanken schweifen ab. Ich merke, daß ich beklommen-unruhig bin. So fange ich an, die Materialien für die Bildung der Zufallsgruppen zu sammeln: Blumen und Blätter – insgesamt elf verschiedene Arten und pro Art fünf Stück. Alle 55 Teile sollen in einem Korb liegen. Wenn später jeder Teilnehmer eine Blume oder ein Blatt herausnimmt, kommen elf zufällig gebildete 5er-Gruppen zustande.

Die Blumen und Blätter sind bald gesammelt. Dabei schwanke ich immer noch, ob ich eine derart spielerische Einstiegsmethode bei dieser Teilnehmergruppe wirklich anwenden kann: Es handelt sich um Vorsitzende und Vorstandsmitglieder von Trägervereinen der Erwachsenenbildung; sie treffen sich zum ersten Mal bei einer eigens für sie veranstalteten Tagung. Ich bin froh und stolz, daß die Tagung zustande gekommen ist und daß sich so viele Interessenten angemeldet haben (was nicht selbstverständlich ist bei Verantwortlichen, die ihre Leitungsfunktion ehrenamtlich und oft neben vielen anderen Aufgaben wahrnehmen). Zugleich belastet mich die Vorstellung, daß hier einiges auf dem Spiel steht: der Erfolg des Seminars, die Zufriedenheit der Teilnehmer, mein Ruf als Mitarbeiter des Dachverbandes, das Klima der künftigen Zusammenarbeit...

Ich breite die Blumen und Blätter auf einem Tisch am Rande des Saales aus, zähle nochmals alle Teile nach, lege die 5er-Gruppen zusammen, lege zwei 5er-Gruppen in ein Extra-Körbchen (d.h. 10 Materialteile als Reserve für den Fall, daß einige Teilnehmer nicht oder später kommen) und mische die übrigen Blätter und Blumen in einem großen Korb, den ich in die Mitte des Raumes stelle.

Dann gehe ich in die Rezeption. Jetzt – etwa 17.00 Uhr – sind schon (oder erst?) knapp 20 Leute angekommen. Anschließend in meinem Büro: Ich setze mich an den Schreibtisch, habe noch etwas mehr als eine Stunde bis zum Abendessen, eigentlich viel von der Zeit, die sonst oft knapp ist. Trotzdem bringe ich es nicht fertig, eine andere Arbeit anzupacken. Also gehe ich wieder in die Rezeption und bleibe dort, begrüße die ankommenden Teilnehmer. Viele kenne ich persönlich. Dennoch spüre ich einen Abstand zwischen meiner inneren Spannung und meiner äußeren Freundlichkeit.

Als eine kleine Pause eintritt, unterhalte ich mich mit der Sekretärin. Dabei komme ich auf meine innere Unruhe und ängstliche Erwartung vor Beginn eines solchen Seminars zu sprechen. »Ihnen müßte das doch nichts mehr ausmachen«, meint sie. Bei ihr wäre das etwas anderes, sie möchte eine solche Arbeit nicht machen, aber ich...

Um 18.30 Uhr beginnt das Abendessen im Speisesaal. Ich lasse noch ein paar Minuten verstreichen, bis ich hingehe. Auf dem Weg dorthin weiß ich genau, wie es mir gehen wird: Ich setze mich an einen Tisch und habe keinen Appetit. Und so ist es dann auch.

Zum Hintergrund

Die Wirklichkeit der Gefühle

Unruhe, Spannung, ängstliche Erwartung – solche Gefühle und Stimmungen lassen sich wohl am ehesten vor Beginn einer Tagung, eines Seminars, eines Kurses wahrnehmen, sind aber keinesfalls auf diese Situation beschränkt. Sie treten auch im Verlauf einer Veranstaltung auf, wenn etwa eine bestimmte, besonders hervortretende Aufgabe wahrzunehmen ist (z.B. die Diskussionsleitung nach dem Vortrag eines Referenten), wenn eine unvorhergesehene Lage eintritt (z.B. der gebuchte Raum steht nicht zur Verfügung) oder wenn sich eine Entwicklung anbahnt, die als »Krise« gefürchtet wird (z.B. ein »schwieriger Teilnehmer«, der den Ärger anderer auf sich zieht). Dabei kann sich die ängstliche Gestimmtheit zur Angst und weiter zur inneren Panik steigern, d. h. zur hektischen, außerordentlich anspannenden und dadurch gleichsam das »Gesichtsfeld« einengenden Suche nach der Lösung des aktuellen Problems. Erfahrungsgemäß stellt sich diese Lösung um so weniger ein, je angestrengter sie gesucht wird. Der Angst gleichsam verschwistert sind

Regungen der Resignation (»Warum mache ich das alles?« »Warum plage ich mich ewig mit diesen Teilnehmern herum?« »Was soll die ganze Arbeit eigentlich?«), aber auch Aufwallungen von Ärger gegenüber der eigenen Person (»Jetzt – im Nachhinein – fällt mir ein, was ich hätte sagen können...«) oder gegen Gruppenmitglieder (»Dieser Mensch geht mir richtig auf die Nerven...«).

Wenn sich diese Skizze über »Gefühle und Stimmungen im Kurs« hauptsächlich auf die Angst und ihre Ausläufer bezieht, so deshalb, weil die Mitarbeiter in der Erwachsenenbildung hier am ehesten Unlust und Belastung erleben und weil es sich zugleich lohnt, vor dem Hintergrund entsprechender Erfahrungen Schritte der Veränderung zu beginnen. Unberücksichtigt bleiben Gefühlslagen der Betroffenheit (etwa wenn ein Teilnehmer im Zusammenhang mit einem Sachthema seine innere Not zu erkennen gibt) oder der Trauer (z.B. am Ende eines gelungenen Kurses, in dem die Zusammenarbeit mit den Teilnehmern froh machte und bereicherte, aber auch bei der Wahrnehmung von Grenzen, denen man selbst oder ein anderer unterliegt). Gleiches gilt für Empfindungen der Sympathie und Zuwendung, der Heiterkeit und Freude, die in der Bildungsarbeit mit Erwachsenen ja auch – und zum Glück – ihren Platz haben.

In jedem Fall machen die Gefühle und Stimmungen einen wichtigen Teil der inneren Wirklichkeit des Menschen aus (vgl. Cohn 1975, S. 112). Sie wahrzunehmen und *vor sich selbst* zuzulassen bedeutet, mit sich selber vertraut zu werden. Dieser Zugang zur eigenen Person erleichtert den Zugang zu anderen.

Kristallisationspunkte der Angst in der individuellen Erfahrung

»Jeder Mensch hat seine persönliche, individuelle Form der Angst« (Riemann 1978, S. 8). Dennoch ist es möglich, einige Gesichtspunkte herauszuarbeiten, die das individuelle Erleben in größere Zusammenhänge einordnen und es dadurch eher verstehbar machen. Dabei soll nochmals auf das einleitende Beispiel zurückgegriffen werden.

Die ängstliche Gespanntheit, die dort beschrieben wird, enthält:
1. ein Moment des Leistungsdruckes: Es darf nichts schiefgehen, mehr noch, es soll alles gut, möglichst sehr gut laufen;
2. die Befürchtung, daß die Teilnehmer nicht zufrieden sind; noch schlimmer, daß sie sich verweigern und kritisch-ablehnend reagieren könnten;
3. die beunruhigende Erwartung, ins Rampenlicht treten zu müssen und der Gruppe gegenüberzustehen; ja sogar: als Person eindeutig erkennbar zu werden und damit »den anderen« ausgeliefert zu sein;
4. die ängstigende Vorstellung, es könnte irgend etwas nicht stimmen, nicht richtig vorbereitet und organisiert sein oder durch den Eintritt störender Geschehnisse außer Ordnung gebracht werden, weshalb genau, gründlichst und wiederholt vorzusorgen sei.

Hierbei wird davon ausgegangen, daß es im Inneren, in der »Tiefe« der Person Vorgänge gibt, die das Erleben und Verhalten bestimmen. Ihnen angemessen erscheint ein Verstehen, das sich auf diese inneren Vorgänge einstellt, sich also »tiefenpsychologisch« ausrichtet. Daß seine Anwendung berechtigt ist, erklärt sich aus dem verschwindend geringen Anteil an »Realangst«, zu dem das Eingangsbeispiel Anlaß gibt – »Realangst« verstanden als »Reaktion auf die Wahrnehmung einer äußeren Gefahr, d. h. einer erwarteten, vorhergesehenen Schädigung« (Freud 1973, S. 408); denn weder organisatorische Pannen noch verweigerte Teilnahme beim spielerischen Einstieg, ja nicht einmal Ablehnung und Kritik des gesamten Tagungsverlaufes hätten *real* den fachlichen Ruf des Tagungsleiters, den bereits bestehenden, guten Kontakt zu zahlreichen Teilnehmern, geschweige denn seine berufliche Stellung und damit seine Existenz gefährdet. Ähnlich gering sind die *realen* Anlässe für Angst bei der Übernahme hervorgehobener Funktionen oder beim Eintritt einer Krise im Verlauf von Veranstaltungen.

Dennoch kann *wirklich* Angst auftreten. Angesichts dieser Wirklichkeit von Gefühlen (vgl. S. 39f.) muß eine andere Angst angenommen werden, »eine sozusagen frei flottierende Angst, die bereit ist, sich an jeden irgendwie passenden Vorstellungsinhalt anzuhängen, die das Urteil beeinflußt die Erwartungen auswählt, auf jede Gelegenheit lauert, um sich rechtfertigen zu lassen« (Freud 1973, S. 412). Diese allgemeine »Erwartungsangst« oder »ängstliche Erwartung« (a.a.O.) tritt in dem Eingangsbeispiel bereits in gebundener Form auf, d. h. sie kristallisiert sich gleichsam an bestimmten Vorstellungsinhalten aus und gewinnt so eine typische Struktur.

Zu Beginn dieses Abschnittes wurde das einleitende Beispiel unter vier Gesichtspunkten ausgewertet. Noch stärker begrifflich gefaßt, lassen sich mit Hilfe des tiefenpsychologischen Verständnisses folgende Faktoren herausarbeiten:

1. eine Ideal-Vorstellung, wie ein Mitarbeiter in der Erwachsenenbildung zu sein bzw. was er zu leisten hat, und zugleich die Angst, dem nicht genügen (»Ich-Ideal«);
2. ein Angewiesensein auf die Zufriedenheit derjenigen Menschen, denen die eigene Arbeit gilt, und zugleich die Angst, ihre Zuwendung und positive Rückmeldung nicht zu gewinnen bzw. zu verlieren (Angst vor Beziehungsverlust);
3. eine Scheu, sich als eigenständige Person zu profilieren und dieses »Ich« als deutliches Gegenüber erkennbar werden zu lassen (Angst vor »Ich-Werdung«);
4. das Streben nach Sicherheit und vorhersehbarem Ablauf im Rahmen einer festgelegten Ordnung (im Eingangsbeispiel das Sortieren und Zählen als Abwehr der Angst vor Unvorhergesehenem und vor Veränderung).

Je für sich und in der Bandbreite der normal-alltäglichen Erfahrung haben diese vier Faktoren durchaus ihren Sinn. Das Problem beginnt da wo – aufgrund bestimmter Konstellationen in der eigenen Lebensgeschichte – die Handlungs- und Erlebnisfähigkeit immer mehr beeinträchtigt wird und schließlich ein Leidensdruck entsteht, der die berufliche und private Existenz überlagert.

Das *Ich-Ideal* läßt sich – abgekürzt – verstehen als Ergebnis einer früh geschehenden Hereinnahme (Verinnerlichung) von idealen Seiten der Bezugspersonen, d. h. der Mutter und des Vaters, in die eigene Person, *und* von ihren Erwartungen und Vorstellungen, wie sich ihr Kind zu verhalten habe, damit sie zufrieden sein können. So werden Maßstäbe für Arbeit und Leistung, vor allem aber auch für Selbsteinschätzung und Selbstzufriedenheit gesetzt. Solange sich dieses Ich-Ideal einigermaßen in Balance zu einer ruhigen Selbstgewißheit befindet, kann es fördern, gelegentlich auch antreiben und insgesamt stützen – selbst im kritischen Fall, daß die Wirklichkeit hinter seinem Anspruch zurückbleibt: »Heute habe ich schlecht gearbeitet – aber sonst bin ich doch ganz gut« (Schmidbauer 1977, S. 55). Die Beeinträchtigung beginnt da, wo das Ich-Ideal so hoch angesetzt ist, daß es mit der ständigen Anstrengung, es zu erreichen, zugleich das Bewußtsein seiner Unerreichbarkeit provoziert. Die Angst vor diesem Versagenserlebnis treibt zu immer neuer Anstrengung, ohne daß das Ziel – trotz äußerer Erfolge – letztlich erreicht wird.

Die *Angst vor Beziehungsverlust* hat ihre positive Funktion darin, mit anderen Menschen in Kontakt zu treten, auf sie einzugehen und sich nicht allein aus sich heraus, sondern auch von Beziehungspartnern her zu verstehen. Ein kritischer Schwellenwert beim Übergang von der normal-alltäglichen Erfahrung hin zum Leidensdruck liegt da, wo mit dem – dann meist nur vermuteten oder fantasierten! – Verlust an Kontakten und Zuwendung das eigene Befinden erheblich beeinträchtigt wird, das Bewußtsein für den eigenen Wert verlorengeht und wo zur Vermeidung von Ferne, Distanz und Einsamkeit ein Übermaß an Gefälligkeit, Dienstleistung und Selbstaufopferung erbracht wird – oder wo die anderen abhängig gehalten werden, um die Beziehung sicherzustellen (vgl. Riemann 1978, S. 59f.).

Hinter der Angst vor Beziehungsverlust steht letztlich die Angst vor der Ich-Werdung: »...je mehr wir wir selbst werden, um so mehr unterscheiden wir uns von anderen« (Riemann 1978, S. 61) – ein Risiko, das aufgrund bestimmter frühkindlicher Erfahrung als zu groß und mithin als angstmachend erscheint. Und ist das Ich als gegenüber zu den anderen, zur Welt nur gering ausgebildet, erlebt es sich ständig gefordert, so daß selbst die Begegnungen und Tätigkeiten, die den eigenen Neigungen entsprechen, als Beanspruchung und Druck erfahren werden.

Die Angst vor Unvorhergesehenem und vor Veränderung trägt dazu bei, Sicherheiten zu schaffen. Sie fördert Verläßlichkeit und Kontinuität. Die Beeinträchtigung setzt ein, wo situationsgerechte Flexibilität nicht mehr möglich ist, wo Kreativität und Einfallsreichtum versiegen und alles »andere«, also auch das Anderssein von Gruppenmitgliedern, von Teilnehmern als Störung und Bedrohung wahrgenommen wird.

Faktoren im sozialen Umfeld

Die Gründe für das Auftreten belastender Gefühls- und Stimmungslagen in der Bildungsarbeit mit Erwachsenen werden hier vor allem im Blick auf die psychische Verfassung des einzelnen und seiner persönlichen Lebensgeschichte entfaltet. Zumindest ergänzend muß auf einige Faktoren aufmerksam gemacht werden, die im Umfeld zu suchen sind und da insbesondere im sozialen Prozeß der Lerngruppe bzw. im Kurs. Sie sind zwar kaum Anlaß für »Realangst«, können aber dennoch Angstbereitschaft und Angstgefühl aktivieren.

So werden das Ich-Ideal und die mehr oder weniger angelegte Angst, ihm nicht zu genügen, durch die Erwartungen einer Gruppe an den Leiter angesprochen. Die gerade am Anfang der Gruppenentwicklung gegebene, aufgrund des Sicherheitsbedürfnisses auch verständliche Neigung, Autorität zu folgen, kann bei dem Träger einer hervorgehobenen Rolle – dem Tagungs- oder Diskussionsleiter, dem Referenten, dem unterrichtenden Fachmann – die Bereitschaft fördern, sich mit dem zugesprochenen, vielleicht auch zugemuteten Ideal einer viel wissenden, mächtigen Persönlichkeit zu identifizieren.

Die Angst vor Beziehungsverlust kann in Phasen des Autoritätskonfliktes aktiviert werden. Für den einzelnen Teilnehmer, für Untergruppen oder für die Gesamtgruppe sind Kritik, Widerspruch, Artikulation von Gegenpositionen, aber auch Rückzug oder Verweigerung häufig ein Mittel, um sich aus (vermuteter) Abhängigkeit von der idealisierten Autoritätsfigur zu befreien und insofern eine Ausdrucks- und Erfahrungsform auf dem Weg zur Selbständigkeit; zugleich sind darin Vorgänge tatsächlicher Trennung und Distanzierung enthalten, die für den Mitarbeiter in der Erwachsenenbildung selbst dann schmerzlich und enttäuschend sein können, wenn er diese Prozesse versteht und verarbeiten kann.

Das Risiko, als »Ich« aufzutreten und sich durch Anders-Sein zu exponieren, bestimmt die leitende oder unterrichtliche Tätigkeit in der Erwachsenenbildung von vornherein: Mit der Übernahme einer hervorgehobenen Rolle – und wird sie noch so zurückhaltend und sensibel wahrgenommen – sind Unterschiede zum einzelnen Teilnehmer und zur Teilnehmergruppe insgesamt gesetzt; Unterschiede z.B. im Sachwissen, in der Methodenkenntnis, in der Erfahrung mit Gruppenprozessen, in der Verantwortung für den Zusammenhang von Thema, Gruppengeschehen und Einzelperson unter Berücksichtigung des gegebenen Rahmens, in der Wahrnehmung eines »Auftrags«, der für den hauptamtlichen oder freien Mitarbeiter eine ganz andere, bis ins Finanzielle reichende Qualität hat als für den aus freien Stücken erscheinenden Teilnehmer. In diesem Zusammenhang kommen dem Gefühl des Beanspruchtwerdens die Forderungen entgegen, die eine Lerngruppe durchaus und manchmal vehement in Richtung Wissensvermittlung, Verhaltensanleitung, Materialeingabe usw. erheben kann.

Schließlich hat die Angst vor Unvorhergesehenem und vor Veränderung ihre reale Entsprechung darin, daß auch eine noch so gute Planung nicht in der Lage ist, alle Eventualitäten des Kurses vorwegzunehmen: Ein Gruppenprozeß läßt sich trotz erfahrungsgesicherter Steuermöglichkeiten nicht konfektionieren.

Zur Weiterarbeit

Die Erfahrung von Gespanntheit, ängstlicher Erwartung oder massiver Angst in der Bildungsarbeit mit Erwachsenen verweist auf Hintergründe, die oft tief in der eigenen Person verborgen liegen. Die bloße Kenntnis einiger Zusammenhänge genügt kaum, um hier voranzukommen. Der bewußte Vorsatz, »sich nicht mehr anzuspannen« oder »keine Angst mehr zu empfinden«, kann zur alten Last eine neue fügen. Was weiterhilft, ist lediglich der geduldig und regelmäßig betriebene Versuch, die eigene Wahrnehmung auszuweiten, und zwar sowohl im Blick auf die äußere Situation und die gefühlsauslösenden Gegebenheiten als auch im Blick auf die innere Wirklichkeit. Ausgeweitete Wahrnehmung erlaubt es,
- typische Konstellationen und die eigenen Reaktionen darauf festzustellen,
- Regelmäßigkeiten zu entdecken,
- Bekanntes wiederzuerkennen,
- mit sich selbst vertraut zu werden,
- Gelassenheit zu entwickeln,
- aus der Gelassenheit heraus frei zu werden für den schöpferischen, situationsgemäßen Einfall.

Regelmäßige Vor- und Nacharbeit können dazu beitragen, beeinträchtigende oder belastende Gefühlslagen besser zu integrieren und sich schließlich mit der Einsicht anzufreunden: Meine Angst – auch das bin ich selbst.

Übung »Gruppenmitglieder vorstellen«

Diese Methode ist vor allem für die kontinuierliche Arbeit mit einer Gruppe (z.B. ein Kurs mit mehreren Abenden, ein Gesprächskreis usw.) geeignet. Sie läßt sich aber auch – mit gewissen Einschränkungen – auf eine noch nicht bekannte Gruppe anwenden, wenn die erwarteten, »fantasierten« Teilnehmer vorgestellt werden.
Man setze sich vor der Sitzung hin, richte seine Gedanken entspannt auf die erwarteten Gruppenmitglieder, zeichne auf ein Blatt Papier einen Kreis und notiere in diesen Kreis möglichst ohne Überlegung schnell die einzelnen Namen in der Reihenfolge und räumlichen Anordnung, wie sie einem einfallen.
Die bildliche Dokumentation der unbewußt beim Leiter sich einstellenden Beziehungskonstellationen soll ganz rasch zustande kommen, damit Bewußtes und Gedankliches nicht störend hineinspielen kann. Das Ergebnis überrascht immer wieder durch seine erstaunliche Andersartigkeit im Vergleich zu Notizen, die bei kritisch-reflektierendem Vorausdenken geordnet entstehen. Es liegt damit eine ins Optische übersetzte Niederschrift der unbewußten oder unreflektierten Einstellungen vom Leiter zum Teilnehmer vor. Die Methode läßt sich differenzieren, wenn folgende Gesichtspunkte beachtet werden: Man

notiert – am besten nachträglich, um den spontanen Charakter der Niederschrift nicht zu hemmen – durch einfache Zeichen wie Plus, Minus, Null (indifferent) und Plus/Minus (ambivalent) die Gefühle beim Auftauchen jedes einzelnen Namens. Die Sympathie- oder Antipathiegefühle geben Aufschluß über manche, dem Bewußtsein nicht direkt faßbaren Aspekte der aktuellen Beziehung zu den verschiedenen Menschen einer Gruppe. Dabei ist für die eigene Einstellung das Vergessen eines Teilnehmers ein besonders aufschlußreiches Faktum: Es ist das untrügliche Zeichen emotionaler Abwehr des Betreffenden, die situationsbedingt sein kann oder auch länger anhalten mag.

Bei der räumlichen Anordnung im Kreis ist der psychologische Stellenwert des Platzes in bezug auf den Leiter für dessen aktuelle, vielleicht auch unbewußte Einstellung zu den einzelnen Teilnehmern aufschlußreich: Wer wird ihm gegenüber gesetzt (ein besonders bevorzugter, ein als mächtig Empfundener, ein speziell Schwieriger)? Wer sitzt zu seiner Rechten und zu seiner Linken? (Dies sind eher die Vertrauten, die gefühlsmäßig als kooperativ Empfundenen.) Wer gerät in den »toten Winkel«, d. h. an die Stelle des zweiten linker und rechter Hand? (Das sind oft unbewußt gefürchtete oder den Leiter gegenwärtig nicht besonders interessierende Teilnehmer.)

Die regelmäßige Wiederholung dieser Übung schärft allmählich die Aufmerksamkeit für typisch beeinträchtigende, angstmachende Beziehungskonstellationen und für den Anteil der eigenen Person, der darin eingeht (im Anschluß an Furrer 1979, S. 219–227).

Vorarbeit im Gespräch

Neben der individuellen, gezielten Vorarbeit ist das vorbereitende Gespräch mit einem Kollegen oder einem Partner hilfreich – vor allem dann, wenn die Erwartungsängste, die ängstigenden Fantasien, die befürchteten Krisen und Katastrophen möglichst konkret benannt und beschrieben werden. Das kann gerade dann sehr fruchtbar sein, wenn Selbstkritik, Scham, aber auch Abwertung (»ist ja nicht so wichtig«) oder rationalisierendes Erklären die Artikulation zunächst verhindern: Dieser Widerstand ist ein wichtiger Hinweis darauf, daß hier etwas Bedeutungsvolles vorliegt. Die Wirksamkeit einer Vorarbeit im Gespräch liegt darin, daß sie bereits jenen *sozialen* Kontext (den Unterricht, die Gruppensituation, das Beziehungsgeschehen) vorweg abbildet, für den die belastenden Gefühle erwartet werden.

Übung »Nacharbeit mit Fragestellung«

Gezielte und regelmäßige Nacharbeit trägt dazu bei, die Erinnerungs- und damit die Wahrnehmungsfähigkeit zu trainieren. In der Fortbildungstätigkeit des Verfassers hat sich der folgende, auch in der Praxisberatung eingesetzte Fragenkatalog bewährt:

1. Was fällt mir zuerst ein? (Eine Szene, ein Vorgang, ein Verhalten ...)
2. Was hat mich gestört? (Möglichst konkret ...)
3. Was hat mich gefreut? (Möglichst konkret ...)
4. Wie war die Reihenfolge des Geschehens? (Die wichtigsten Stationen ...)
5. Wo setzt meine Erinnerung aus? (Was fehlt mir, was fällt mir nicht mehr ein ...)
6. An welchen Stellen war ich besonders beteiligt und engagiert? An welchen Stellen war ich eher zurückhaltend und eventuell unsicher?
7. An welchen Stellen waren die anderen Teilnehmer nach meiner Wahrnehmung besonders beteiligt und engagiert? An welchen Stellen waren die anderen eher zurückhaltend?
8. Wenn ich auf die Veranstaltung zurückblicke, was würde ich im nachhinein anders machen?

Nacharbeit im Gespräch

Die Leistungsmöglichkeiten der gesprächsweisen Nacharbeit sind denen der Vorarbeit im Gespräch vergleichbar. Auch hier ist besonders sorgsam auf Artikulationshemmnisse, auf Tendenzen des Verschweigens, Zurückhaltens, Hintenanstellens (»das kann ich ja ein anderes Mal erzählen«) usw. zu achten, und auch hier kann der Wert des offenen, kollegialen Gesprächs nicht hoch genug veranschlagt werden.

Wie auch immer die Weiterarbeit aussieht, sie wird zeigen: Angst »gehört zu unserer Existenz und ist eine Spiegelung unserer Abhängigkeiten ... Wir können nur Gegenkräfte gegen sie entwickeln: Mut, Vertrauen, Erkenntnis ..., Hoffnung, Demut, Glaube und Liebe« (Riemann 1978, S. 7).

Literatur

Cohn, R.C.: Von der Psychoanalyse zur Themenzentrierten Interaktion (= Konzepte der Humanwissenschaften, o. Nr.), Stuttgart, 10. Aufl. 1991.

Freud, S.: Gesammelte Werke, Bd. 11: Vorlesungen zur Einführung in die Psychoanalyse, Frankfurt 1973.

Furrer, W.: Arzt-Patient-Beziehung und Balint-Gruppenarbeit, in: Gruppenpsychotherapie und Gruppendynamik (1979), S. 219–227.

Geißler, Karlheinz A.: Anfangssituationen – Was man tun und besser lassen sollte, Weinheim und Basel, 5. Aufl. 1993.

Langmaack, Barham: Themenzentrierte Interaktion – Einführende Texte rund ums Dreieck, Weinheim 1991.

Riemann, F.: Grundformen der Angst – Eine tiefenpsychologische Studie, München/Basel, 13. Aufl. 1978.

Schmidhauer, W.: Die hilflosen Helfer – über die seelische Problematik der helfenden Berufe. Reinheck 1977.

Entscheidungssituationen

Wenn ich nicht letztlich
doch alles selbst entscheide,
geht es im Kurs drunter
und drüber

Kurt R. Müller

Mitbestimmung als Problem

Mitbestimmung in Entscheidungssituationen – ein Bildungskonzept

Im Mittelpunkt dieses Beitrages steht die Auseinandersetzung mit dem Stoßseufzer eines offensichtlich entmutigten Kursleiters in der Erwachsenenbildung, der seine Bildungsarbeit wohl auf eine besondere didaktische Vorstellung stützt, die er jedoch anscheinend nicht umsetzen kann. Kurz dargestellt besteht sein Problem vor allem darin, daß er den Kursteilnehmern zwar eine aktive, bestimmende Rolle bei der Gestaltung des Kurses und den dabei anstehenden Entscheidungen zuweist, daß die Teilnehmer dieses Ansinnen jedoch nicht im gewünschten Maße annehmen. Die Konsequenz ist dann die, daß der Kursleiter schweren Herzens diese *didaktischen Entscheidungen* alleine und damit stellvertretend für die Teilnehmer trifft, um den Erfolg seiner Veranstaltung, wie immer dieser auch bestimmt ist, zu sichern.

Um welche Entscheidungen könnte es sich dabei handeln? Vor welche Entscheidungsprobleme sehen sich Leiter und Teilnehmer in Kursen der Erwachsenenbildung gestellt?

Ich nenne zunächst eine kleine Auswahl derjenigen Fragen, die *mich* sowohl als Kursleiter wie auch als Teilnehmer an vielen Veranstaltungen der Erwachsenenbildung bewegt haben und immer wieder aufs neue bewegen.

Als Kursleiter beschäftigen mich sowohl bei der Kursplanung als auch während des Kurses folgende Fragen:
- Welche Kursinhalte bringe ich an welcher Stelle des Kursablaufs unter Zuhilfenahme welcher Hilfsmittel und in welchen methodischen Arrangements in den Kurs ein?
- Bestimme ich diese Inhalte durch Rückgriff auf bestimmte Lehrbücher und/oder wissenschaftliche Abhandlungen und/oder Analysen der vielfältigen Lebenssituationen, in denen »meine« Teilnehmer das vermittelte Wissen/die vermittelten Fähigkeiten anwenden sollen/wollen?
- Welche Rolle bei der Festlegung der Kursinhalte weise ich den Teilnehmern selbst zu? Gestatte ich im Vollzug des Kurses, daß sie entsprechend ihrer je unterschiedlichen Interessen mit mir über einzelne Kursinhalte verhandeln, nehme ich ihre Vorschläge eher auf oder lehne ich sie eher ab, wenn sie nicht voll in mein eigenes Inhaltskonzept passen?

– Welchen Teilnehmern gestatte ich aufgrund welcher Eigenschaften und Verhaltensweisen eine Einflußnahme auf das Kursgeschehen, welchen nicht? Orientiere ich mich also z.B. eher an den Meinungsführern oder an den Zurückhaltenden, berücksichtige ich eher die *manifest* geäußerten Inhaltswünsche oder suche ich (auch) nach nur latent vorhandenen Bedürfnissen der Teilnehmer?

– Welche Beziehungen baue ich zu den Teilnehmern auf bzw. lasse ich zu? Wie gehe ich mit der Zeitstruktur, der Raumstruktur und der Machtstruktur des Unterrichts um? Konkreter: Im Sinne der Machtstruktur ist z.B. über die Verteilung der knappen Sprechzeit im Unterricht zu entscheiden. Beanspruche ich als Leiter die meiste Redezeit (für die Entwicklung der Inhalte, zur Stellungnahme, Korrektur, Ergänzung, Abwehr von Teilnehmerbeiträgen)? Wie ist über die Verfahrensweise beim Melden und Drannehmen von Teilnehmern zu entscheiden; darüber, wie »störende« Teilnehmer behandelt werden sollen, in welchen Formen und mit welchen Verfahren die Leistungen und das Verhalten einzelner Teilnehmer öffentlich oder nicht-öffentlich beurteilt werden sollen?

Im Sinne der Verschränkung der Macht- und Zeitstruktur ist zu entscheiden, an welchen Stellen des Kursverlaufes wer befugt ist, Unterbrechungen zu fordern bzw. durchzusetzen, wie lange einzelne Unterrichtsphasen dauern sollen/dürfen (z.B. Arbeit in Gruppen, Vortrag des Kursleiters, Gruppendiskussion, Einzelarbeit), wie schnell/langsam gearbeitet wird, wer als Zeitnehmer fungiert, welche Zeitmeßinstrumente zugelassen werden. Im Sinne der Verschränkung der Macht- und Raumstruktur ist entscheidbar, mit welcher Sitz- und Tischordnung gelernt wird, inwieweit Sitzordnungen disponibel oder fest über die Gesamtzeit des Kurses gehalten werden, welchen Ort im Raum ich als Kursleiter beanspruche, wie ich durch diese Festlegung meine Nähe oder Distanz zur Lerngruppe insgesamt und einzelnen Teilnehmern festlege u.a.m.

Als Teilnehmer gehen mir vor Kursbeginn oder spontan in vielen Kurssituationen oft folgende Fragen durch den Sinn:

– Welche Anteile meiner Gesamtpersönlichkeit gebe ich im Kurs zu erkennen? Wie regle ich dementsprechend meine Gefühle, Stimmungen, Triebe? Welche meiner beruflichen, gesellschaftlich-politischen, privaten Erfahrungen bringe ich in den Kurs ein? Welche meiner diesbezüglichen Einstellungen und Orientierungen lasse ich offenkundig werden? Welcher Anteil meiner Biographie darf erkennbar werden, welcher nicht?

– Welche (erfolgreichen) Verhaltensweisen aus anderen Erwachsenenbildungsmaßnahmen bzw. aus meiner Schülerzeit werde ich anwenden? Werde ich mich demgemäß eher an die von anderen gesetzten Lernbedingungen anpassen, um den von mir erhofften Lernerfolg nicht zu gefährden? Werde ich vor allem jene Lerngelegenheiten wahrnehmen, die mir bei der Bewältigung meiner besonderen Alltagsprobleme hilfreich zu sein scheinen? Auf welche besonderen Sprachspiele und Sprachstile, die ich in bisherigen Bildungsprozessen eingeübt habe und die für die Wertschätzung der eigenen Person durch andere offenbar wichtig sind, werde ich mich einlassen? Werde ich meine Sprachidentität (z.B. Dialekt) zumindest teilweise aufgeben? Wie werde ich mich in die soziale Hierarchie der Lerngruppe einordnen (lassen), in das System der Über- und Unterordnung? Wie konform bzw. nonkonform werde ich mich auf die im Seminar sich entwickelnden Normen beziehen, welche werde ich selbst zu setzen versuchen?

– In welcher Weise werde ich mich auf die anderen Teilnehmer beziehen? Gehe ich mit ihnen eher als Konkurrenten denn als Partner um? Suche ich Verbündete im Bestreben, auf die Lernsituation Einfluß zu nehmen, meine Lernschwierigkeiten zu bewältigen, die Lern- und die Freizeit lustvoll zu gestalten? Welche Formen der Zuwendung werden mir möglich sein?

– In welcher Weise werde ich mich auf den Kursleiter beziehen? Mit welchen Rollenerwartungen werde ich ihn konfrontieren? Etwa mit der des Lernhelfers, der sich meiner Lernschwierigkeiten in besonderer Weise annimmt; oder der des Lernorganisators, der mir alle Lernschwierigkeiten aus dem Weg zu räumen hat; oder der des Motivateurs, der mich immer aufs Neue für sein Lernangebot zu interessieren hat; oder der der »Stoffschleuder« die möglichst viele Inhalte zu produzieren hat; oder der des Stimmungsmachers, der auch für den Spaß im Kurs zu sorgen hat; oder der des Didaktikkünstlers, der mich mit allerhand didaktischen Tricks und Raffinessen immer wieder von seiner pädagogischen Leistungsfähigkeit zu überzeugen hat? u.a.m.

Aus alledem ist ersichtlich, daß auch die Kursteilnehmer vor einer Vielfalt von (möglichen) Entscheidungsproblemen stehen, die sich vor allem auf die Maskeraden und Strategien beziehen, mit denen sie glauben, den Kurs als Subjekt möglichst »unbeschadet« überstehen zu können bzw. mit denen sie glauben, ihre erhofften Lernerfolge sichern zu können.
Nun wird jeder Kursleiter und jeder, der einmal an einer Erwachsenenbildungsmaßnahme teilgenommen hat, beim Durchlesen dieser Fragen zwar der These zustimmen können, daß er vieles von dem hier Aufgeführten und noch manches andere im Vollzug des Kurses bzw. der Teilnahme am Kurs *tatsächlich festlegt*. Bei näherem Hinsehen wird jedoch auch klar, daß die meisten dieser Festlegungen in aller Regel in der Art erfolgen, daß *nicht bewußt* für oder gegen bestimmte Verhaltensalternativen *entschieden* wird. Man macht sich über viele der angesprochenen Sachverhalte einfach keine Gedanken (mehr). Die meisten Sachverhalte werden auf einer Ebene des Lebens- und Berufsvollzuges erledigt, auf der nicht ständig bewußt überprüft wird, wie man sich in einer Situation verhalten könnte bzw. müßte. Man verhält sich dann sowohl als Kursleiter als auch als Teilnehmer in bestimmten Kurssituationen *routinemäßig* (d.h. so wie man sich bisher erfolgreich verhalten hat, *ritualisiert* (d.h. in einer genau festgelegten, standardisierten Verhaltensabfolge), *spontan* (d.h. der Eingebung des Augenblicks folgend), *improvisatorisch* (d.h. die Eigenart der gerade vorliegenden Situation nutzend) oder auch *kreativ* (d.h. neue Verhaltensweisen ausprobierend, das eigene Verhaltensrepertoire erweiternd).
In diesen Verhaltensmöglichkeiten spiegelt sich die Vielfalt wieder, in der Menschen im allgemeinen und tagtäglich ihr Leben leben. Sich eher routinemäßig und ritualisiert zu

verhalten hat in sozialen Situationen oftmals Vorteile, weil dies eine erhebliche Verhaltenssicherheit sich selbst und anderen gegenüber aufbaut. Wenn ein Kursleiter z.B. nach jeder Pause aufs Neue das Startzeichen zum Weiterarbeiten gibt, stellen sich die Teilnehmer ganz darauf ein. Kursleiter und die Teilnehmer wären überrascht, wenn plötzlich ein Teilnehmer diese Rolle übernehmen würde. Dieser Teilnehmer wäre aus seiner sich im Kursvollzug eingeschliffenen »Rolle gefallen«.

Dieses Beispiel zeigt, daß eingeschliffene Verhaltensweisen im Kurs von anstrengenden Abklärungsnotwendigkeiten entlasten, sie lassen überschaubare, andauernde und stabile Rollenmuster entstehen, machen insgesamt das Kursgeschehen für jeden kalkulierbar und in mancherlei Hinsicht vorhersehbar.

Ich gehe davon aus, daß routinemäßigem und ritualisiertem didaktischen Handeln in vielen Kursen der Erwachsenenbildung eine hohe Bedeutung zukommt. Vor allem in jenen, in denen es nach herkömmlichem Verständnis speziell darum geht, den Teilnehmern Wissen zu vermitteln. Der gesamte Sprachenbereich, der mathematisch-naturwissenschaftliche-technische Bereich, berufsqualifizierende Kurse in der Erwachsenenbildung u. ä. rechne ich zu diesen Kursen. Ich gehe weiter davon aus, daß dieses Routinehandeln sich sehr stark am Modell des Lernens in Schulen orientiert, das sich dadurch auszeichnet (?), daß

- dem Kursleiter eine herausragende Stellung im Lernprozeß zugewiesen wird. Z.B. eröffnet und beschließt er die Kurse, er bestimmt die Lehrbücher und damit die Kursziele und Kursinhalte, legt die einzelnen Lernschritte und deren Abfolge fest, wacht über deren Einhaltung, legt die Kriterien für die Lernerfolgskontrollen fest, führt diese durch und attestiert den einzelnen Teilnehmern ihren je besonderen Lernerfolg. D. h. der Dozent legt die wesentlichen didaktischen Anforderungen an den Kurs über verschiedene Verbindlichkeiten fest und übernimmt so die alleinige Verantwortung für das Gelingen des Kurses – gegenüber den Institutionen und gegenüber den Teilnehmern.
- Den Teilnehmern kommt bei diesem Konzept die Rolle von Klienten zu, für die ein zielgerichtetes, gut strukturiertes Bildungsangebot geplant und bereitgestellt wird, an dessen Erstellung sie jedoch nicht beteiligt sind. Insgesamt werden sie von der Bildungseinrichtung und dem Kursleiter *versorgt;* die wesentlichen didaktischen Entscheidungen zum Kurs werden nicht von ihnen, sondern *für sie* getroffen.

Für diese Situationsbeschreibung spricht neben den Ergebnissen wissenschaftlicher Untersuchungen ganz allgemein die Tatsache, daß außerordentlich viele nebenberufliche Kursleiter in der Erwachsenenbildung im Hauptberuf Lehrer sind. Diese haben eine lange Karriere in Schule und Hochschule mit den entsprechenden Verinnerlichungen hinter und noch vor sich. Als Kursleiter haben sie am eigenen beruflichen Werdegang erfahren, daß sich von anderen strukturiertes, zielgerichtetes Lernen auszahlt, daß ihre Aufstiegsorientierungen durch Unterordnung unter lehrergesteuerte Lernarrangements gefördert wurden, daß zertifikatsbezogenes, abschlußbezogenes Denken dem sozialen Aufstieg dienlich ist. Die

Lehrer haben zudem während ihrer Ausbildung vor allem Wissen und Fähigkeiten zur Steuerung von hochstrukturierten Lernprozessen mit Schülern erworben. Kursleiterfortbildungsmaßnahmen, die ein anderes didaktisches Wissen und Können vermitteln könnten, sind in der Erwachsenenbildung zudem eher eine Randerscheinung und konzeptionell widersprüchlich. Hinzu kommt, daß die meisten der Kursleiter gerade in der Erwachsenenbildung ihr Selbstverständnis aus ihrem *Fachwissen* und nicht aus ihren Fähigkeiten zur erwachsenengemäßen Strukturierung von Lernsituationen schöpfen.

Entsprechend dieser Ausgangsthesen sind meines Erachtens viele Lernsituationen in Kursen der Erwachsenenbildung dadurch gekennzeichnet, daß den Teilnehmern vom Kursleiter durch seine didaktischen Handlungen nur wenig Raum gelassen wird, ihre Gefühle in die Lernsituation einzubringen (Hoffnungen, Ängste, Befürchtungen, Erwartungen) sowie ihre Fähigkeiten und ihr Wissen zum Thema zu entfalten, d.h. insgesamt an der didaktischen Strukturierung und Entwicklung der Lernsituation in nennenswertem Umfange mitzuwirken. Entsprechend des zugrundeliegenden Strukturmodells für die Gestaltung von Lernsituationen gehen Kursleiter oft davon aus, daß der vorrangige Zweck von Erwachsenenbildung der sei, das vom Kursleiter als wichtig definierte Wissen in die Köpfe der Teilnehmer zu füllen: Das Bild vom Nürnberger Trichter versinnbildlicht dieses Strukturmodell für Lernsituationen treffend.

Solche Lernsituationen vermitteln sowohl Kursleitern als auch Teilnehmern oft ein hohes Maß an subjektiver Zufriedenheit. Der Kursleiter schöpft sie aus seiner Fähigkeit, den Teilnehmern das Veranstaltungsthema in aller gebotenen Breite und Tiefe, didaktisch gut aufbereitet sowie fachwissenschaftlich abgesichert zu entwickeln und die Teilnehmer zielgerichtet bei ihren Lernbemühungen anzuleiten. Die Teilnehmer schöpfen sie aus der Erfahrung, daß sie sich einem Fachmann anvertraut haben, der ihnen ein Höchstmaß an Einsichten und Kenntnissen zur Veranstaltungsthematik vermittelt und der auch die richtigen Wege zu diesem Ziel kennt und beschreitet. Diese Kurse befinden sich durch die sich wechselseitig ergänzenden Rollen von Teilnehmern und Kursleitern äußerlich in einem hohen didaktischen und sozialen Gleichgewicht. Sie laufen ohne erkennbare Konflikte ab. Auch deshalb genießen sie sowohl bei den Managern der Erwachsenenbildung als auch bei vielen Kursleitern und Teilnehmern eine hohe Wertschätzung.

Es stellt sich angesichts dieser »Erfolgsbilanz« für dozentengesteuertes Lernen für jeden Kursleiter die Frage, ob er sich diesem Trend nicht nach dem Motto anschließt: Keine didaktischen Experimente. Wenn ich hier zunächst ganz allgemein plädiere, solch eine erwachsenenpädagogische Grundentscheidung nicht vorschnell nach dem Kriterium: Sinnvoll ist, was praktischen Erfolg verspricht – zu treffen, so kann ich dafür nur ein Bildungsprinzip ins Feld führen, das allerdings gegenwärtig in der *Bildungstheorie* der Erwachsenenbildung einen hohen Stellenwert einnimmt: Die didaktisch begründete Beteiligung der Teilnehmer an der Kursgestaltung. Ich fasse diesen Anspruch für die folgenden Überlegungen mit dem Begriff des »*mit*bestimmten Lernens« und hebe ihn damit von jenen erwachsenenpädagogischen Konzepten ab, die sich im Sinne des sogenannten

»*selbst*bestimmten«, »*selbst*gesteuerten«, »*selbst*organisierten« Lernens gegenwärtig kritisch mit der in der Bundesrepublik Deutschland dominierenden Form der Erwachsenenbildung auseinandersetzt: Den in Bildungs*institutionen* vorherrschend *unterrichtlich* bzw. *kursmäßig organisierten* Bildungsangeboten, im Rahmen derer es Aufgabe eines Dozenten ist, die bei den Kursteilnehmern festgestellten Wissens-, Fähigkeits- und/oder Verhaltensdefizite abzubauen.

Ich kann im Rahmen dieser Abhandlung nicht darlegen, welche bildungstheoretischen Gründe für dieses Bildungsprinzip in Anspruch genommen werden (vgl. z.B. Olbrich 1980). Dies würde eine umfängliche bildungstheoretische Argumentation erfordern. Mir geht es hier vielmehr um die Frage, wie dieses Bildungsprinzip konkret einzulösen ist und welche Folgeprobleme sich daraus ergeben. Dabei gehe ich davon aus, daß in der Erwachsenenbildungspraxis durchaus ein Interesse an diesem Bildungskonzept besteht. Aus vielen Erfahrungsberichten, z.B. aus den Bereichen Bildungsurlaub, Familienbildung und Politische Bildung, wird erkennbar, daß die Bildungsinstitutionen und die Kursleiter an einer »Partizipation der Lernenden an der Planung und Durchführung« der jeweiligen Kurse und Seminare interessiert sind. Soll dieses Interesse jedoch nicht nur ein verbales Zugeständnis an vermeintlich fortschrittliches Bildungsdenken sein, so muß jeder Kursleiter sich auf die »Folgelasten«, d.h. die Umsetzungsprobleme solch eines Bildungsinteresses einlassen. Darauf will ich mich im folgenden konzentrieren.

Die Frage nach der Umsetzung dieses Bildungskonzeptes entwickle ich zunächst sehr allgemein unter Rückgriff auf das oben angedeutete didaktische Routinehandeln in Kursen der Erwachsenenbildung. Dieses am schulischen Lehr-/Lernprozeß ausgerichtete didaktische Handeln stützt vor allem die Ansprüche des Kursleiters, die Bildungsprozesse nach seinen Vorstellungen zu gestalten. Sie be- bzw. verhindern also Lernsituationen, die den Teilnehmern eine echte Chance zu deren Mitgestaltung einräumen. Deshalb halte ich es für notwendig, *immer wieder einige* dieser eingeschliffenen Verhaltensweisen, dieser didaktischen Rituale ihrer Alltäglichkeit zu berauben, indem sie in *Entscheidungsprobleme* für die Teilnehmer und den Kursleiter übergeführt werden. Ich fordere damit nicht, *permanent »alle«* Ritualisierungen in Entscheidungsfragen überzuleiten, weil dies nicht nur eine absolute Überforderung jedes Kursleiters und der Teilnehmer bedeutete, sondern weil damit auch deren wichtige Entlastungsfunktion wegfiele. (Ganz abgesehen von der auch theoretisch nicht zu klärenden Frage, was »alle« Rituale sind.) Worauf es mir indes ankommt, ist, darauf hinzuweisen, daß Kursleiter und Teilnehmer sich immer wieder im Rahmen von offengelegten Entscheidungsprozessen um die Klärung von didaktischen Problemen bemühen müssen, wenn sie den oben genannten Bildungsanspruch ernstnehmen.

Mit diesem Vorschlag, dies sei nochmals betont, verknüpfe ich die Hoffnung, *einen Teil* derjenigen didaktischen Handlungen zur Disposition zu stellen, die in ihrer Struktur auf die Ausschaltung der Teilnehmer an der Gestaltung der Lernsituationen hinwirken, die den Teilnehmern insofern Mitbestimmungsmöglichkeiten in unbesprochener und in pädagogisch fragwürdiger Art und Weise vorenthalten.

Die eben vorgeschlagene Überführung von eingeschliffenen didaktischen Handlungen in Entscheidungssituationen hat zur Folge, daß sie alle Beteiligten fordert, sich selbst-bewußt auf den Kurs zu beziehen und jeweils zu prüfen, was jeder einzelne will, was er kann, was er sollte. Darauf kommt es mir letztlich an. Daß dies jedoch zu erheblichen Konflikten führen kann, darauf werde ich in der Folge näher eingehen. Als Überleitung zunächst jedoch eine Fiktion, die die gesamte Problembreite des Themas verdeutlicht, die ich allerdings hier nicht zur Gänze diskutieren kann.

Wenn alle Kursleiter in der Erwachsenenbildung das didaktische Wissen und die entsprechenden Einstellungen und Fähigkeiten hätten, ihr Interesse am »mitbestimmten Lernen« der Teilnehmer real in entsprechende didaktische Handlungen umzusetzen; wenn die (meisten) Teilnehmer in der Erwachsenenbildung tatsächlich das elementare Bedürfnis hätten, mitverantwortlich und mitbestimmend ihre Lernprozesse zu gestalten; wenn die gesamte Organisationsstruktur in den Erwachsenenbildungsinstitutionen »teilnehmerfreundlich« ausgelegt wäre, so daß der gesamte Organisationsapparat dementsprechend auf die Unterstützung der Interessen der Teilnehmer an der grundständigen Mitgestaltung der Lernsituationen ausgelegt wäre; wenn in unserer Gesellschaft bei den »Abnehmern« von Bildung (z.B. Wirtschaftsbetriebe, Behörden, Verbände) *tatsächlich* ein für alle erkennbares Interesse an selbst- und mitverantwortlich denkenden, an der Mitbestimmung und Mitgestaltung ihrer Arbeitsverhältnisse interessierten Beschäftigten bestünde; kurz: wenn der mitbestimmungsfähige und -willige Mensch in allen gesellschaftlichen Bereichen eine hohe Wertschätzung erführe, dann, ja dann wäre diese Abhandlung wohl höchst überflüssig. Im Umkehrschluß heißt dies, daß die eben beschriebenen Notwendigkeiten für »mitbestimmtes Lernen« in der gesellschaftlichen Praxis und in der Erwachsenenbildungspraxis nur verkümmert vorliegen, daß sie mühsam – und gegen viele Widerstände – erst entwickelt werden müssen. Auch davon handeln die folgenden Überlegungen.

Ein Kurs »entscheidet« sich anders – Über Konflikte in mitbestimmungsorientierten Lernsituationen

Nun ist es keine Schwierigkeit zu fordern, die Teilnehmer in Kursen der Erwachsenenbildung an der Kursgestaltung zu beteiligen und zu diesem Zweck didaktische Rituale in Entscheidungssituationen überzuführen. Formuliert sind solche Prinzipien schnell. In Sonntagsreden der Verbandspolitiker der Erwachsenenbildung sind sie rasch ausgesprochen; in Büchern und Stellungnahmen zu Bildungskonzepten der Erwachsenenbildung schnell niedergeschrieben. Sie vor Ort jedoch in konkrete didaktische Handlungen umzusetzen, dazu fehlen die eindeutigen, erfolgversprechenden Handlungsanweisungen für Kursleiter und Teilnehmer. Damit fangen jene Schwierigkeiten an, die mich schon oft fast haben verzweifeln lassen, weil ich die Diskrepanz zwischen didaktischem Anspruch und der didaktischen Wirklichkeit in den Kursen als bedrückend erlebte und weil ich oft auch keine Möglichkeiten sah, unter den gegebenen Bedingungen diese Diskrepanz zu verringern. Einen Einblick in solche Widersprüchlichkeiten gebe ich mit der folgenden Darstellung und Analyse einer Seminarsituation, wie ich sie erlebt und für diese Abhandlung aufgearbeitet habe.

Es ist Montagnachmittag, kurz vor 15.00 Uhr. Seminarbeginn.[*] *Vierzehn Teilnehmer und Teilnehmerinnen sowie ich als der Seminarleiter haben sich im Seminarraum eingefunden und bilden eine bunte Szenerie. Einige Teilnehmer reden miteinander, in Zweier- und Dreiergruppen, leise, fast tuschelnd und flüsternd; andere haben sich an die Seitenwände des Raumes zurückgezogen und betrachten distanziert das Geschehen. Zwei Männer stehen am geöffneten Fenster und rauchen schnell noch eine Zigarette – es wird ja gleich losgehen. Ein einzelner Mann sitzt am Tisch und blättert in irgendwelchen Unterlagen, zurückgezogen und in sich versunken. Will er etwa damit andeuten, daß es nach seiner Meinung losgehen sollte? Ich selbst stehe in einer Ecke des Raumes und überlege mir die letzten Einzelheiten zur Eröffnung des Seminars. Ich registriere den gedämpften Stimmenpegel, vermisse ein Lachen, ich bemerke neugierige Blicke, schüchterne, etwas verkrampfte Kontaktversuche; es herrscht spürbare Unsicherheit, Erwartungsfreude, Neugier, Angst. Auch bei mir. Dieses komplexe Gefüge bildet mit seiner scheinbaren Ungeordnetheit, mit seinen noch weitgehend verdeckten oder noch fehlenden Strukturen die Szenerie für meine begrüßenden, einleitenden, Sätze: »Guten Tag meine Damen und Herren, ...« Nachdem allen deutlich geworden war, wer in diesem Seminar anfänglich und offiziell wen begrüßt, machte ich nach kurzer Klärung einiger Regularien den Teilnehmern den scheinbar unverfänglichen Vorschlag, zu Beginn des vierwöchigen gemeinsamen Arbeitens und Lernens gemeinsam einen Modus des Kennenlernens zu finden und zu praktizieren. Freudige bis reservierte Zustimmung, Abwarten. Schließlich fangen ja alle Seminare so an: Die Seminarleitung eröffnet (manchmal bei Sekt, Aperitif oder Kaffee), sie begrüßt und gibt die ersten Regularien bekannt, stellt das Seminarkonzept vor und ordnet die Wege zu einem schnellen und effizienten gegenseitigen Kennenlernen. Zu letzterem macht sie Verfahrensvorschläge, sie legt den Zeitrahmen der Vorstellungsrunde fest, signalisiert z.B. deutlich oder verdeckt, wer mit seiner Vorstellung anfängt, in welcher Reihenfolge diese abläuft, welche Gesichtspunkte beim Vorstellen wichtig sind, wer dabei mit wem in erste Kontakte kommt, wieviel Zeit jeder einzelne für seine Vorstellung beanspruchen kann oder soll; sie legt somit auch fest, wann mit dem »eigentlichen« Seminarthema, um dessentwillen sich ja alle nur zusammengefunden haben, begonnen wird. In sich*

---

[*] Die folgende Szene geschah in einem Vollzeitseminar im Rahmen der beruflich-pädagogischen Qualifizierung von betrieblichen Ausbildern, das in 2 x 14 Tagesblöcken durchgeführt wurde. Vgl. dazu Müller 1982, S. 199ff.

modern gebenden Bildungsmaßnahmen haben sich Leiter vor allem unter dem Aspekt der »Aktivierung der Teilnehmer« ein paar »unkonventionelle Übungen« zurechtgelegt, um den Teilnehmern zu helfen, in der neuen Gruppe Kontakt aufzunehmen. Als Teilnehmer nimmt man dankbar die Vorschläge an, läßt sich die Spielregeln erklären, spielt seine zugewiesene Rolle recht und schlecht, erkundet dabei die ersten Handlungsspielräume. Diese von mir oft registrierten Erwartungen von Teilnehmern an die Gestaltung der Anfangsphase von Lernsituationen, diese Form der Rollenzuschreibung gründen zum großen Teil auf den vielfältigen Erfahrungen der Teilnehmer als Schüler in den Schulen, als Lehrlinge in ihrer beruflichen Ausbildung, als Teilnehmer an beruflichen und nicht-beruflichen Erwachsenenbildungsmaßnahmen. Auch in der hier beschriebenen Seminarszene waren sie wirksam. Sie bedeuteten jedoch eine Umdefinition der von mir eingebrachten – und vordergründig von allen Teilnehmern akzeptierten – Aufgabenstellung. Während ich an einer gemeinsam entwickelten und von allen getragenen Problemlösung interessiert war, ging es den meisten Teilnehmern, wie sich sofort herausstellte, darum, mich als Seminarleiter in die Pflicht zur Problemlösung zu nehmen.

Dies hatte dann dementsprechende Verhaltensweisen aller Teilnehmer zur Folge:
- *Zehn der vierzehn Teilnehmer machten einen Vorschlag zum Vorstellungsmodus (z.B. Partnerinterview; jeder soll Name, Tätigkeit, Alter angeben; Erwartungen an das Seminar äußern; jeder sagt von sich, was er sagen will; Namensschilder aufstellen und Erwartungen mitteilen).*
- *Alle diese Vorschläge wurden als solche geäußert und dann im Raum stehen gelassen.*
- *Keiner der Vorschlagenden bemühte sich um eine Stellungnahme der anderen Teilnehmer zu seinem Vorschlag.*
- *Auf der anderen Seite bemühte sich kein Teilnehmer, den Vorschlag eines anderen Teilnehmers aufzugreifen, zu unterstützen, dafür zu werben, sich mit ihm – erkennbar – zu solidarisieren.*
- *Vielmehr ergab sich aus der ganzen Gesprächssituation und dem Verhalten der Teilnehmer (Blickkontakt und Sprechrichtung vor allem zu dem Seminarleiter), daß sie erwarteten, daß ich mich zum Anwalt ihrer besonderen Bedürfnisse machte, indem ich ihren Vorschlag unterstützte und ihn gegenüber anderen Vorschlägen durchsetzte.*

Ich war indes zunächst nicht bereit, mich anders zu verhalten, als ich dies in meinem Vorschlag geäußert hatte. Ich argumentierte zwar zurückhaltend, aber bestimmt für eine für alle durchsichtige, argumentativ abgeklärte und von allen getragene Problemlösung, ohne mich für die verdeckten Durchsetzungszwecke einzelner Teilnehmer in Anspruch nehmen zu lassen.
Wie vorauszusehen, kam es bei dieser widersprüchlichen, aber verdeckt gehaltenen

Erwartungsstruktur zwischen den Teilnehmern und mir innerhalb kurzer Zeit zu Konflikten. Diese äußerten sich darin, daß einzelne Teilnehmer mein Verhalten als Seminarleiter (also nicht das ihrer Kollegen!) als zu passiv beklagten, daß eine allgemeine Ungeduld und Unsicherheit über den schleppenden Fortgang des Seminars festzustellen war, daß einzelne Teilnehmer mich drängten, endlich mit dem »eigentlichen Seminar« zu beginnen, daß ein Teilnehmer plötzlich die (vom Träger der Maßnahme vorbereiteten) Namensschilder aus einer Ecke hervorholte und sie verteilte (wohl in der Hoffnung, damit das Problem zu lösen), daß dezidiert gefordert wurde, endlich mit der »Vorstellungsgeschichte aufzuhören« bzw. eine Pause zu machen, daß sich der Seminarton von der anfänglichen Unverbindlichkeit und Freundlichkeit hin zu mehr Gereiztheit veränderte. Und dies letztlich alles »nur«, weil ich es ablehnte, als oberste Instanz zu entscheiden, in welcher Form sich die Teilnehmer am besten gegenseitig kennenlernen konnten und welche Aspekte ihres Personseins sie in dieser Anfangsphase von sich preisgeben sollten. Die z. T. massiven Erschütterungen der Erwartungen der Teilnehmer an ein »normales Seminarleiterverhalten« und ein »angemessenes Teilnehmerverhalten« waren die Kehrseite meines Widerstandes, mich von den Teilnehmern vorschnell in das »normale« unterrichtliche Rollenmuster drängen zu lassen: Der Seminarleiter als unabhängige, mit pädagogischer Allmacht ausgestattete Entscheidungsinstanz, die Teilnehmer als abhängige Variablen der unterrichtlichen Entscheidungen des Seminarleiters.

Soweit zur sicherlich recht unvollkommenen und nur einseitig aus der Seminarleiterperspektive entwickelten Beschreibung der Entwicklung eines Entscheidungskonfliktes, in dem sich das Thema dieser Abhandlung zentral wiederfinden läßt: *Wer* entscheidet in Lernsituationen *in welcher Weise, welche didaktischen Handlungen* sich letztlich durchsetzen? Entgegen meiner normativen Annahmen (Teilnehmer *sollen* an didaktischen Entscheidungen mitwirken) hatten die meisten Teilnehmer dieses Kurses mein Beteiligungsangebot nicht begeistert angenommen. Im Gegenteil: Sie wehrten sich nachhaltig dagegen, in die Entscheidungsstrukturen in der Weise einbezogen zu werden, daß sie zu Mitverantwortlichen für das, was sich als Lernstruktur entwickelte, wurden. Das im Thema dieser Abhandlung angesprochene inhaltliche Chaos war zum Teil seminaristische Wirklichkeit geworden. Deshalb fordert die Szenenbeschreibung zu einer genaueren Untersuchung heraus, die ich an einigen ausgewählten Fragestellungen im folgenden durchführe.

(1) Mancher Leser wird sich im Anschluß an die Beschreibung der Seminarszene gefragt haben, ob es vertretbar ist, *zu Beginn* eines Seminars den Teilnehmern eine derartig schwierige Konfliktsituation zuzumuten. Vieles spricht dagegen; vor allem die generellen Orientierungsprobleme, die die Teilnehmer zu Beginn eines Kurses haben. Verhaltensunsicherheiten, Ängste und das starke Bedürfnis nach einer festen Struktur sind charakteristische Befindlichkeiten von Teilnehmern in Anfangssituationen von Bildungsveranstaltungen.

Die Forderung, sich an den Entscheidungsprozessen zu beteiligen, dürfte in aller Regel bei den Teilnehmern diese Befindlichkeiten verstärken. Deshalb empfehlen viele Autoren, die Teilnehmer ganz allmählich, sozusagen unmerklich, zu größerer Dozentenunabhängigkeit zu führen. Mir erscheint dies als eine stark manipulative Sichtweise des Problems. Die Teilnehmer können nicht erkennen, welche Bildungskonzeption der Dozent vertritt. Demgemäß kann es zu keiner argumentativ geführten Interessenabklärung zwischen Teilnehmern und Dozent kommen. Mitbestimmungsfähigkeit als Ergebnis manipulativer didaktischer Handlungen erscheint mir deshalb als Widerspruch in sich selbst. Dieser ist meines Erachtens nur aufzulösen, wenn die Teilnehmer im Kurs erkennen können, daß Kursleiter auch bestimmte Interessen verfolgen, die nicht immer die ihren sind und daß es notwendig und möglich ist, sich für die eigenen Interessen beim gemeinsamen Lernen einzusetzen.

Es gibt aber auch noch andere gute Gründe, die für eine solche Vorgehensweise zum Seminarbeginn sprechen. Meines Erachtens ist zu bedenken, daß der Anfangsphase in jeder Erwachsenenbildungsveranstaltung insofern eine besondere Bedeutung zukommt, als sie im Sinne einer *erhöhten Lernbereitschaft* bei allen Beteiligten für den späteren Kursverlauf Weichen stellt. Erleben die Teilnehmer den Kursleiter gleich zu Beginn als betont normsetzend, steuernd, regulierend, beherrschend, sich selbst hingegen als einflußlos, ausgesetzt abhängig, so sind damit wesentliche Rollenmuster geschaffen, die in Richtung auf mehr Teilnehmermitbestimmung zu verändern allen Beteiligten große Schwierigkeiten bereiten dürfte.

Ich gehe also davon aus, daß in jedem Kurs in der Erwachsenenbildung sehr schnell so etwas wie ein Entscheidungsstil entsteht, der sich als durchgängiges Verhaltensmuster aller Kursbeteiligter in *allen* Entscheidungssituationen durchsetzt. Dieser Entscheidungsstil ist auch abhängig von den unmittelbaren Erfahrungen der Teilnehmer im Umgang mit Entscheidungssituationen *im Kurs.* Die Teilnehmer erfahren und erkennen im Vollzug des Kurses sehr rasch, wie ernst es dem Kursleiter mit ihren Mitwirkungs- und Mitentscheidungsmöglichkeiten ist. Umgekehrt kann der Kursleiter sofort erkennen, wie abhängig bzw. unabhängig sich einzelne Teilnehmer im Lernprozeß sehen. Die Frage ist dann, wie veränderbar diese Verhaltensmuster im weiteren Kursverlauf noch sind und wer überhaupt ein Interesse daran haben kann, eine »funktionsfähige«, dozentenabhängige Lerngruppe im Verlauf des Kurses immer wieder zu destabilisieren.

Bei diesen sich widersprechenden Argumenten eine »sichere« Entscheidung zugunsten der einen oder anderen Vorgehensweise zu treffen ist nicht möglich. Letztlich hängt diese Entscheidung sehr stark von der Bereitschaft des Kursleiters ab, sich in risikoreiche Kurssituationen zu begeben. Wobei eben das Risiko nicht nur die Gefahr des Scheiterns einer didaktischen Vorstellung beinhaltet, sondern auch die Chance der geglückten Verwirklichung einer den Kursleiter und die Teilnehmer befriedigenden Bildungsarbeit.

(2) Mancher Leser wird sich bei der Szene auch fragen, ob es angemessen ist, die Mitbestimmungsproblematik am Beispiel der Notwendigkeit des sich Vorstellens einzuführen.

Erscheinen die vorstehenden Argumente hinsichtlich der Plazierung des Mitbestimmungs-
problems zu Beginn des Kurses plausibel, so sind damit auch Argumente für das Thema
»sich vorstellen« gegeben. Allerdings sehe ich auch den Einwand, daß es sicherlich bri-
santere didaktische Entscheidungsprobleme in der Erwachsenenbildung gibt, die sich besser für eine Aussprache eignen. Nur ziehe ich aus diesem Sachverhalt einen anderen Schluß
als die Kritiker meines Beispiels. Gerade die unterstellte Nebensächlichkeit der Frage des
Sichkennenlernens im Kurs ist die Stärke dieses Beispiels, weil es zwei Aspekte erkennen
läßt: Die mögliche Widersprüchlichkeit des Kursleiters sowie die Ernsthaftigkeit seines
didaktischen Anliegens.

Ein Kursleiter, der meint, in sogenannten »nebensächlichen Fragen« über die Teilnehmer
verfügen zu können, und gleichzeitig von ihnen verlangt, daß sie an der Lösung »unter-
richtsbedeutsamer didaktischer Probleme« kompetent mitwirken sollen, kann von diesen
nur als widersprüchlich erlebt werden. Dies gilt zumindest dann, wenn die Frage, was
nebensächliche bzw. bedeutsame Probleme sind, alleine vom Kursleiter entschieden wird.
Andererseits gilt, daß gerade die Problematisierung eines von den Teilnehmern bisher in
ihrem Leben als unproblematisch erlebten sozialen Zusammenhangs (sich vorstellen, sich
kennenlernen) die Ernsthaftigkeit des zunächst einseitigen Anspruchs des Kursleiters un-
terstreicht. Die Chance für eine ernsthafte Diskussion der Lernsituation und das Bemühen,
eine Abklärung der Interessen vorzunehmen, dürften deshalb bei allen Beteiligten besonders hoch sein.

(3) Neben diesen beiden grundsätzlichen Problemen macht meine Szenenbeschreibung
noch auf einige interessante Details aufmerksam. Es wird deutlich, wie die Teilnehmer mit
den Entscheidungssituationen umgehen: Einerseits übergehen sie das Entscheidungsproblem; andererseits versuchen sie vom Thema abzuweichen. Das *Übergehen* besteht darin,
daß einzelne Teilnehmer immer neue Entscheidungsalternativen (Vorstellungsverfahren)
vorschlagen, ohne daß sie jemand beachtet. So ergibt sich allmählich eine solche Fülle von
Alternativen, daß die Entscheidungssituation absolut unübersichtlich und nicht mehr hand-
habbar wird. Solches Übergehen findet sich nicht selten in neuen Lerngruppen, deren Mitglieder mit den vielfältigen Problemen der Anfangssituation belastet sind. So z.B., daß
viele Gruppenmitglieder den ungefähr gleichen starken Einfluß haben, daß ein Teilnehmer
ungeniert aggressiv wird, daß die Stärken und Schwächen der einzelnen noch nicht hinreichend bekannt sind, daß ein Teilnehmer seinen Vorschlag nicht klar ausdrücken und begründen kann, oder daß sich noch keine griffigen und allen verfügbaren Entscheidungsverfahren herausgebildet haben. Das Übergehen ist aber auch in schon länger bestehenden
Lerngruppen zu beobachten, dann nämlich, wenn die Gruppenstrukturen sehr festgefahren
sind, d.h. sich einzelne Cliquen gebildet haben.

Die Versuche, vom Thema abzuweichen, zeigten sich an den Vorschlägen, »mit den Inhalten zu beginnen« bzw. »endlich anzufangen«. Damit sollte das Vorstellungsthema – ob-
schon unerledigt – abgehakt werden. Werden solche Strategien der Teilnehmer nicht er-

kannt, wird das Ausgangsproblem im Fortgang der Diskussion nur noch verzerrt wahrnehmbar. Die Lerngruppe fällt schließlich Entscheidungen, die ihr ursprünglich fernlagen. Beide Strategien stellen Herausforderungen an die Ernsthaftigkeit des Dozenten dar, mit der er sein Bildungskonzept vertritt. Denn läßt sich der Dozent von den Teilnehmern widerstandslos auf solche Fährten führen, dann verschwindet sein Mitbestimmungsanliegen stillschweigend und es wird sich eine an der Normalität des dozentengesteuerten Kurses ausgerichtete Lernsituation einstellen. Anspruch und Wirklichkeit werden dann wieder, wie so oft in der Bildung, auseinanderfallen.

(4) Aus der Szenenbeschreibung nicht unmittelbar ersichtlich sind noch einige andere Klippen, auf die das Mitbestimmungskonzept auflaufen kann, wenn sie vom Dozenten und den Teilnehmern nicht erkannt und bearbeitet werden. Dazu zunächst eine Erfahrung, die ich schon oft gemacht habe:
Der Kursleiter fragt die Teilnehmer an einer bestimmten Stelle des Lernprozesses, welche Inhalte er den besonderen Interessen der Teilnehmer entsprechend nun entwickeln soll, welches methodische Arrangement wie Einzelarbeit, Gruppenarbeit, Dozentenvortrag u.ä. für die Teilnehmer die günstigsten Lernbedingungen schaffen. Er bittet sie also, sich an den anstehenden didaktischen Entscheidungen zu beteiligen. Daraufhin schweigen die Teilnehmer. Nach wenigen Sekunden, in denen der Kursleiter ängstlich-erwartungsvoll die Teilnehmer mustert und sie durch Gestik und Mimik ermuntert, sein Angebot anzunehmen, entscheidet er dann selbst und legt die nächsten Kursinhalte bzw. -methoden fest. Hier wird ein bestimmtes Entscheidungsritual praktiziert, das in der Abfolge liegt: Mitbestimmungsangebot – Teilnehmerschweigen – Leiterentscheidung. Andere in der Kurspraxis oftmals feststellbaren Umgangsweisen mit Entscheidungssituationen sind:

– Ein einzelner (in der Regel der Kursleiter, manchmal einzelne »starke« Teilnehmer) maßt sich das Recht an, eine Entscheidung im Namen der gesamten Lerngruppe zu treffen.
– Zwei oder mehrere Teilnehmer verbünden sich zu einer Interessengruppe und beherrschen die Entscheidungssituationen (Cliquenbildung).
– Die Kursteilnehmer werden in den Entscheidungssituationen vom Kursleiter oder anderen Teilnehmern unter Druck gesetzt (z.B. durch taktisch-rhetorische Fragen wie: »Wir sind uns doch in diesem Punkt alle einig, nicht wahr?«). Einzelne Teilnehmer wagen es nicht mehr, gegenteilige Meinungen zu äußern, weil sie fürchten, nicht unterstützt zu werden und als Außenseiter dazustehen. Die Einstimmigkeit der Gruppenentscheidungen, die auf diese Art und Weise zustandegekommen sind, täuscht darüber hinweg, daß einzelne oder auch die Mehrheit der Teilnehmer nicht mit der Entscheidung zufrieden sind und daß daher die Entscheidung in der Kurspraxis unterlaufen werden wird (z.B. durch betont langsames Arbeiten, Vorgeben von Verständnisschwierigkeiten, Themenabschweifungen, Nebengespräche u.ä.).

– Es werden formalisierte Entscheidungsverfahren (z.B. Abstimmung mit einfacher Mehrheit) eingeführt, die sich an den politischen Abstimmungsverfahren orientieren. Der Vorteil dieser Vorgehensweise ist, daß sie wenig zeitaufwendig ist und durch das numerische Ergebnis sehr klare Handlungsperspektiven eröffnet. Vielen Kursleitern und Teilnehmern erscheint dies der einzige und beste Weg zu sein, in den von widersprüchlichen Interessen bestimmten Lernsituationen zu Entscheidungen zu kommen. Es wird dabei jedoch übersehen, daß trotz oder gerade wegen der Abstimmung die *Unterlegenen* gegen die Entscheidung eingenommen bleiben können und sich verdeckt gegen deren Durchsetzung zur Wehr setzen.

Den Hauptnachteil bei diesem Verfahren sehe ich also darin, daß Teilnehmer zu Siegern und Besiegten gemacht werden, weil solche Abstimmungen oft unter Konkurrenzbedingungen ablaufen. Nach meinen Erfahrungen halten viele in Entscheidungsverfahren unterlegene Teilnehmer oft mit großer Zähigkeit an ihren Vorstellungen fest und versuchen sie an anderer Stelle doch noch durchzusetzen. Mir sind Situationen in Erinnerung, in denen Teilnehmer noch drei Wochen nach einer Abstimmungsniederlage ihre Vorschläge immer wieder hervorgebracht haben.
Einzelne Teilnehmer haben also zum Teil große Schwierigkeiten, mit der Tatsache einer Abstimmungsniederlage fertig zu werden. Werden solche Erfahrungen in einer Lerngruppe zur Dauererfahrung, ist der Grundstein für Außenseitertum und oppositionelle Gruppen gelegt, die das Lernklima in einem Kurs nachhaltig belasten und damit zu »gestörten« Lernbemühungen führen können. Spätestens hier wird die kritiklose Übertragung des Abstimmungsmodells aus der Politik in die Erwachsenenbildung überdeutlich. Ich ziehe das Fazit: Je wichtiger das Entscheidungsproblem für den Lernprozeß desto mehr Zeit sollte für eine *auf Konsens* und nicht auf Abstimmung beruhende Entscheidung genommen werden. Diesen Gedanken werde ich im letzten Teil dieses Beitrages noch genauer entwickeln.

Hintergründe für Konflikte in mitbestimmungsorientierten Lernsituationen

Weshalb haben Teilnehmer in mitbestimmungsorientierten Lernsituationen Schwierigkeiten?

Zunächst eine Vorbemerkung: Das im folgenden entstehende Bild »vom Teilnehmer« in der Erwachsenenbildung, das einseitig und damit realitätsverzerrend auf eine Defizitbeschreibung »der« Teilnehmer zielt, trifft sicherlich einen wesentlichen Teil der Erwachsenenbildungspraxis nicht: Die tatsächlichen, vielfältigen und nach Entfaltung drängenden Fähigkeiten der Teilnehmer zur Mitgestaltung ihrer Lernsituationen. Ich stimme deshalb auch grundsätzlich der Kritik H. Daubers am Denkansatz vieler Kursleiter zu, die sich

zuallererst oder ausschließlich mit den sogenannten Defiziten ihrer »Klienten« beschäftigen, wohl um sich selbst als Helfer zu bestätigen bzw. die Beschäftigung mit den eigenen
Defiziten zu verdrängen (vgl. Dauber 1980, S. 149). Den Fähigkeiten der Teilnehmer eine
echte Chance zum Wirksamwerden zu geben, ist vor diesem Hintergrund eine wichtige
Herausforderung an jeden Kursleiter.

Worauf es mir mit dem folgenden (Zerr-)Bild also nicht ankommt ist, einerseits von den
Leiterschwierigkeiten abzulenken und andererseits die Teilnehmer abzuqualifizieren oder
gar zu verurteilen. Vielmehr will ich einen Teil der erwartbaren Schwierigkeiten bei Mit-
beteiligungskonzepten und ihre Gründe offen ansprechen, um sie handhabbarer zu machen. Es nützt nach meinen Überlegungen und Erfahrungen nämlich nur der Erhaltung des
Status quo, wenn in Didaktikkonzepten »blauäugig« der sogenannte mündige Teilnehmer
und der kompetente Leiter unterstellt werden ohne nachzuprüfen, wer in den Bildungsprozeß welche Stärken und Schwächen einbringt. Problematisch werden solche verallgemei-
nernde Defizitbeschreibungen allerdings für den Leser, der solche Hinweise lediglich zum
Aufbau bzw. zur Festigung seiner Vorurteile gegenüber seinen Kursteilnehmern umsetzt.

Üblicherweise kommen Teilnehmer mit einer eher passiven Erwartungshaltung des »Et-
was-geboten-Bekommens« in die Kurse. Diese Teilnehmer sind in erster Linie an der didaktischen Strukturierung des Kurses durch den Dozenten interessiert; sie haben keine
»Antenne« für die Notwendigkeit der Klärung von Entscheidungsstrukturen; sie sind
kaum daran interessiert, von anderen Teilnehmern zu lernen; sie haben gelernt, nur das als
lernbedeutsam anzusehen, was vom Leiter kommt; sie statten diesen mit didaktischer Allmacht aus und definieren sich selbst zu didaktischen Laien. Sie können nicht spontan eine
relativ offene Lernsituation in eine arbeitsfähige Lerngruppe überführen; dazu fehlen ihnen die erforderlichen Erfahrungen, Geübtheiten, Fähigkeiten. So werden z.B. viele Teilnehmer einen eingebrachten Lösungsvorschlag dann sehr rasch akzeptieren, wenn sie beobachten, daß die übrigen Teilnehmer ebenfalls dafür eintreten. Die positiven Reaktionen
der anderen bewirkt die subjektive Gewißheit, daß der Vorschlag wohl in Ordnung sei.
Dahinter steht die Meinung, daß die anderen den Vorschlag schon geprüft haben. Die damit
einhergehenden Unklarheiten bezüglich der Entscheidungsverantwortung (Risikover-
schiebung) lassen eine Lerngruppe dann riskantere Entscheidungen treffen als dies der
Risikobereitschaft jedes einzelnen entspricht.

Andererseits, und dies hat meine Szene auch beleuchtet, werfen die Teilnehmer mangels
Erfahrung dem Leiter bei Mitbeteiligungsangeboten Passivität, Nachgiebigkeit und didaktische Unfähigkeit vor, werden aggressiv und haben Schwierigkeiten, ihre Gefühle so zu
äußern, daß sie für die Bewältigung der Problemsituation hilfreich sind. Dazu sind sie, vor
allem am Kursanfang, viel zu sehr mit ihren Versagensängsten beschäftigt. Dazu ist jeder
viel zu sehr auf sich gerichtet. Es fehlt oft an Selbstvertrauen und Selbstsicherheit, an
sprachlichen, geistigen und sozialen Fähigkeiten, in der Diskussion offen den eigenen
Standpunkt zu vertreten, sich für dessen Durchsetzung zu engagieren; dabei jedoch auf
andere zu hören, auf deren Beiträge einzugehen, sprachlich und inhaltlich damit umzuge-

hen, eigene Positionen zu verändern, manipulative Tendenzen (sprachlich) aufzudecken, gegen eingesetzte Macht- und Herrschaftsmittel (sprachlich) vorzugehen u.ä.

W. Lenz stellt dazu zusammenfassend fest: »Erwachsene verzichten gerne auf Eigeninitiative, ordnen sich der Autorität des Lehrenden unter, verlangen genau strukturierte Lernschritte und gesicherte Wissensinhalte; sie wünschen – speziell von Wissenschaftlern – Rezepte für richtiges Handeln; sie sperren sich gegenüber Problematisierungen von Sachverhalten, besonders wenn damit Veränderungen für den eigenen Lebensvollzug angesprochen werden« (Lenz 1982, S. 120). Ein im gesamten Bildungsbereich gängiges, weil sehr einfaches und bequemes Muster im Umgang mit solchen Teilnehmern ist, ihnen die persönliche Verantwortung für ihre Schwierigkeiten zuzuweisen. »Jemand, der eine ihm gebotene Mitbeteiligungschance nicht wahrnimmt, ist selbst schuld.« Dieses einfache Lösungskonzept lenkt einerseits von der Tatsache ab, daß solche Schwierigkeiten *auch* von den Kursleitern und der von ihnen (hauptsächlich) gestalteten Lernsituation ausgelöst und verstärkt werden können (= der *personale und situative Anteil* an den Schwierigkeiten eines einzelnen Teilnehmers), andererseits wird damit verdeckt, daß die Teilnehmer einen Großteil dieser Schwierigkeiten ja in die Lernsituation mitbringen (= der *gesellschaftliche Anteil* von Familie, Schule, Beruf/Betrieb). Zu letzterem einige Hinweise, die ich aus Untersuchungen von H. Siebert entnommen habe. Generell kann gesagt werden, daß diejenigen Teilnehmer am ehesten Schwierigkeiten mit Mitbestimmungsangeboten seitens der Kursleiter haben, die in ihrem bisherigen Lebenszusammenhang im Hinblick auf ihre Mitbestimmungsbereitschaft kaum gefordert bzw. gefördert wurden. Es sind Menschen, die sich in Familie und Beruf eher unterordnen mußten und deren schulische und berufliche Lebensläufe nicht den gängigen Karrieremustern entsprechen. Es zeigt sich, daß insbesondere »Frauen, ältere Menschen sowie Teilnehmer ohne höhere Schulbildung erheblich weniger Mitbestimmungsbereitschaft erkennen lassen als Männer, Jüngere, Realschulabsolventen und Abiturienten«. (Siebert 1980, S. 127; vgl. auch Siebert 1977, S. 76). Diese oft unsicheren, ängstlichen, schwachen, wenig leistungsmotivierten und erfolgsungewohnten Teilnehmer haben weder den Anspruch auf Mitbestimmung noch die entsprechenden Erfahrungen und Geübtheiten. Sie bringen die in der Vergangenheit gemachten Erfahrungen mit Unterordnung unter fremde Interessen und Anpassung an fremdbestimmte Leistungen in die Lernsituation sozusagen als Werkzeug zur Bewältigung der Lernsituation ein. Fordert nun die Lernsituation von ihnen andere Fähigkeiten wie Sprachgewandtheit, Mut zur Äußerung und Durchsetzungsbereitschaft, versagen ihre bisherigen Verhaltensmuster; sie sind also gezwungen, massiv auf die Herstellung einer Lernsituation hinzuwirken, die ihren Fähigkeiten entspricht.

Institutionelle und gesellschaftliche Hemmnisse für mitbestimmungsorientierte Lernsituationen

Widerstände gegen mitbestimmungsorientierte Lernarrangements in der Erwachsenenbildung sind jedoch nicht nur von Teilnehmern zu erwarten. Auch in den Bildungsinstitutionen selbst und im gesellschaftlichen Umfeld von Erwachsenenbildung ist mit Einflüssen zu rechnen, die dieses Bildungskonzept in Frage stellen. Ich will auf einige Punkte aufmerksam machen, um die begrenzten Handlungsspielräume für Kursleiter und Teilnehmer bei der Umsetzung dieser Bildungskonzeption herauszuarbeiten.

Gerade die in der Erwachsenenbildung vorherrschende Veranstaltungsform: $1^1/_2$stündige Abendkurse im Semesterrhythmus schafft denkbar schlechte Voraussetzungen für eine notwendigerweise konflikthaft verlaufende Auseinandersetzung zwischen Kursleiter und Teilnehmern über die angemessensten Lernstrukturen im Kurs. Die Konflikte können aus Zeitmangel und durch die Zerstückelung der Veranstaltungen nicht kontinuierlich zu einem vorläufigen Modus vivendi gebracht werden. Sie werden nicht selten nach außen verlagert und in Formen des Kursabbruchs »erledigt«. Daran kann nun wiederum weder der Kursleiter noch die Institution interessiert sein, so daß sich daraus für den Kursleiter neue Probleme ergeben. Zur Erläuterung dieses Sachverhalts greife ich auf eine Erfahrung zurück, die ich in dem schon beschriebenen Seminar gemacht habe.

Eine Teilnehmerin, die andernorts selbst Seminare leitete und dies wohl nach dem Muster stark dozentengesteuerter Lernsituationen, beendete den Kurs nach einer Woche, weil sie mit dem Anspruch, als Teilnehmerin in die Verantwortung für das Gelingen des Seminars einbezogen zu sein, nicht zurechtkam und sich nur in Abwehrhandlungen übte. Zur Rechtfertigung ihres Kursabbruches rief sie den Seminarträger an, um sich über die Unfähigkeit (d.h. nicht die Unwilligkeit!) des Seminarleiters, einen »normalen Unterricht anzubieten«, zu beschweren. Dies hatte zur Folge, daß ich dem Seminarträger gegenüber unter Rechtfertigungsdruck geriet, da dieser weniger an einer konflikt- und damit erfahrungs- und lehrreichen Seminarkonzeption interessiert war, als an der Zufriedenheit der Teilnehmer.

Hier deutet sich eine Grenze für die Durchsetzung von auf Mitbeteiligung der Teilnehmer ausgelegte Lernsituationen in Institutionen der Erwachsenenbildung an, die meines Erachtens in der Praxis der Erwachsenenbildung von großer Bedeutung ist, die allerdings eher unterschwellig wirkt. Und zwar in der Weise, daß viele Kursleiter – im Vorgriff auf jene Schwierigkeiten, die sie von den Institutionen bei einem »unnormalen Kurskonzept« zu bekommen fürchten – solche Konzepte erst gar nicht zu realisieren versuchen. Diese Form der vorwegnehmenden Selbstdisziplinierung ist ein wirksames Mittel, um innovative didaktische Elemente aus der Erwachsenenbildungspraxis auszublenden.

Es steht mir indes nicht an, mit erhobenem Zeigefinger diese für viele Kursleiter notwendige Form der (wirtschaftlichen) Selbsterhaltung anzuprangern. In der Erwachsenenbildung ist im Gegenteil besonderes Verständnis für diese Kursleiter notwendig, weil diese, im Unterschied z.B. zu den beamteten Schullehrern (wirtschaftlich, oft auch rechtlich) in einem extremen Abhängigkeitsverhältnis zu den Institutionen stehen und weil die Institutionen selbst wieder auf die (auf welche Weise begründete?) Zufriedenheit ihrer (zahlenden Kunden =) Teilnehmer angewiesen sind.[*] Hier schließt sich ein Bedingungskranz um den Kursleiter, der von ihm schon außerordentliche Standhaftigkeit, großes Selbstbewußtsein und ein gefestigtes Bildungsverständnis erfordert, will er dagegen angehen. Zu wünschen wäre indes, daß Kursleiter in der Erwachsenenbildungspraxis nicht nur aufgrund ihrer *bloß vorgestellten* Befürchtungen über Schwierigkeiten mit der Institution handeln, sondern die tatsächlichen Grenzen für offenere Bildungskonzepte immer wieder neu ausloten bzw. zu erweitern versuchen. Dies beinhaltet, gegenüber der Erwachsenenbildungsinstitution auf solche Kursformen, Zeitstrukturen, Finanzierungsbedingungen, Raumangebote und politischen Rahmenbedingungen hinzuwirken, die den didaktischen Anspruch möglichst wenig behindern. Hier ist der Kursleiter als jemand gefordert, der sein Arbeitsfeld aktiv gegen restriktive Widerstände entwickelt.

Eine zweite Erfahrung aus dem obigen Seminar beleuchtet die Einbindung eines mitbestimmungsorientierten Bildungskonzeptes in gesellschaftliche Zusammenhänge.

Ein immer wieder von einzelnen Teilnehmern ins Seminar eingebrachtes Argumentationsmuster gegen mein auf Mitbeteiligung ausgerichtetes Lernangebot war der Hinweis, daß sie selbst solche Lernsituationen an ihrem Arbeitsplatz, d.h. in den Wirtschaftsbetrieben nicht entwickeln und schon gar nicht durchsetzen könnten, selbst wenn sie wollten (wobei der Hinweis natürlich so zu verstehen war, daß dies die Rechtfertigung dafür war, es erst gar nicht zu versuchen). Das von mir im Seminar gegebene »Vorbild« sei insofern praxisfern. Ihre Rolle als Ausbilder sei auf die bloße Vermittlung beruflichen Wissens und beruflicher Fertigkeiten festgelegt. Die Unterordnung der Interessen ihrer Lehrlinge unter die Interessen des Betriebes sei zudem normal und gerechtfertigt; sie als Ausbilder hätten auch dafür zu sorgen, daß die Lehrlinge sich an die betrieblichen Anforderungen anzupassen hätten. Selbstverantwortungsfähigkeit und Selbstbestimmungsfähigkeit seien, so das Fazit, keine betrieblichen Lernziele.

An solchen Diskussionen wird deutlich, wie über die Teilnehmer und natürlich auch über die Kursleiter jener Teil an gesellschaftlicher Praxis in die Lernsituation hineinwirkt, der zusammen mit den Lebensbedingungen in den Schulen und Familien die Teilnehmer an der Erwachsenenbildung am stärksten in ihren Einstellungen und Erwartungen, ihren Fähigkeiten und ihrem beruflichen und gesellschaftlichen (politischen) Wissen bestimmt: Die Sphäre beruflichen Arbeitens in den Betrieben. Die diesbezüglichen kritischen Hin-

---

[*] Natürlich gibt es in der Praxis der Erwachsenenbildung noch eine ganze Reihe anderer Faktoren, die über die entsprechende Institution den didaktischen Handlungsspielraum der Kursleiter begrenzen. Ich erinnere z.B. an die Einbindung der meisten Volkshochschulen in kommunalpolitische Strukturen, wobei klar erkennbar ist, daß einzelne Parteien zur Selbstbestimmungsfähigkeit des Menschen im allgemeinen und zu offeneren Lernsituationen ganz unterschiedliche Meinungen haben. Dementsprechend werden die Kommunalpolitiker auch ganz unterschiedliche Grenzen setzen. Dasselbe gilt sinngemäß bei kirchlichen, gewerkschaftlichen u.ä. Trägern der Erwachsenenbildung.

weise der Teilnehmer einfach beiseitezuschieben wäre sowohl eine Form herrschaftlichen Verhaltens als auch das Vertrauen in der Lernsituation zerstörend. Ihnen einfach nachzugeben, würde die Auslieferung jeglichen Bildungsstrebens an den Status quo der gesellschaftlichen Praxis bedeuten – somit zur Aufhebung von Bildung als solcher führen. In diesem Dilemma, das einen Grundsachverhalt jeglichen pädagogischen Denkens beinhaltet, nämlich die alte Formel von Anpassung und/oder Widerstand, wird deutlich, daß der Kursleiter in der Erwachsenenbildung sich mit seinen didaktischen Entscheidungen nicht nur auf »ein paar Teilnehmer«, sondern auf gesamtgesellschaftliche Strukturen und Verhältnisse bezieht. Wenn z.B. wirtschaftsbetriebliche, hierarchisch und funktionsorientiert aufgebaute Arbeitsstrukturen zuallererst den unterordnungswilligen und weisungsorientierten Mitarbeiter verlangen, dann tritt Erwachsenenbildung mit ihrem Interesse an mitbestimmungsfähigen Menschen zumindest teilweise dazu in Konkurrenz. Dementsprechend klar werden auch die Versuche sein, entweder solche didaktischen Konzepte auszugrenzen[*] oder aber als »Abnehmer« von Erwachsenenbildung auf solchermaßen gebildete Teilnehmer zu verzichten.

Auch hier ist es aus Gründen – wie bei der institutionellen Problematik schon angeführt – für einen angemessenen Umgang mit diesem Problem wenig hilfreich, sich moralisch über diese Teilnehmer zu entrüsten und Kursleiter, die sich bei diesem Dilemma eher nach dem Motto verhalten: Wes Brot ich ess, des Lied ich sing – zu diffamieren. Wünschenswert wäre indes auch hier, daß Kursleiter und Teilnehmer zusammen in den Kursen den Mut fänden, ihre Schwierigkeiten und Ängste im Umgang mit diesem Problem offenzulegen und gemeinsam nach praktikablen Möglichkeiten zur Erweiterung der Verfügungsmöglichkeiten der Menschen über sich selbst – auch in Wirtschaftsbetrieben – suchten. Sie würden damit einer aktuellen Tendenz zur Humanisierung der Arbeitswelt zuarbeiten.

Handlungsperspektiven

Mit all den bisher dargelegten, das mitbestimmungsorientierte Bildungskonzept relativierenden Erfahrungen und Überlegungen ist eine Gesamtsituation beschrieben, auf die sich jeder an diesem Bildungskonzept interessierte Dozent einstellen muß. Damit stellt sich natürlich erneut die Frage nach der Legitimierbarkeit des ganzen Konzeptes. Denn welchen erwachsenenpädagogischen Sinn soll es haben, wenn ein Dozent *gegen* die vorherrschenden Erwartungen der Teilnehmer arbeitet, wenn er sie quasi *zwingt,* sich mit seinem Bildungskonzept auseinanderzusetzen? Kann bzw. darf dies der Effekt einer Bildungsver-

---

* Sei es politisch durch Einflußnahme auf die entsprechenden Erwachsenenbildungsinstitutionen, sei es praktisch, indem z.B. im eigenen Wirkungsbereich, wie etwa in der innerbetrieblichen Erwachsenenbildung, solche Konzepte keine Durchsetzungschance bekommen.
  Vgl. zur Bestätigung dieser Überlegung Wittwer 1982.

anstaltung sein, in der erwachsene Menschen – in der Regel freiwillig gekommen – vom Kursleiter vor allem Hilfe bei der Wissenserweiterung erwarten? Handelt also nicht jener eingangs erwähnte Dozent verantwortlich, der sich den Erwartungen der Teilnehmer beugt und die notwendigen didaktischen Entscheidungen sicherlich im »wohlverstandenen Interesse der Teilnehmer«, selbst trifft?

Dies sind eine ganze Anzahl von Fragen, auf die ich keine glatten Antworten weiß. Vor allem keine, die ich *stellvertretend* für andere Kursleiter und Dozenten in der Erwachsenenbildung geben könnte. Denn diese Fragen berühren im Kern das pädagogische Selbstverständnis des Kursleiters (Mitbestimmung als Bedingung für *pädagogisches* Handeln). Meine eigene Sichtweise dieser schwierigen Situation ist die, daß ich weder der schnellen Anpassung des Kursleiters an die Teilnehmererwartungen noch der »zwangsweisen« Durchsetzung der Bildungskonzeption gegen die Teilnehmererwartungen das Wort rede. Vielmehr versuche ich, mit den Teilnehmern in ein intensives Gespräch darüber zu kommen,

– weshalb mir dieses auf Mitbestimmung der Teilnehmer angelegte Bildungskonzept so wichtig ist (ich legitimiere meinen Anspruch),

– wie ich mir dessen praktische Umsetzung vorstelle (wir sprechen über die Konsequenzen für die Kursgestaltung),

– wie ich es mir erkläre, daß das Konzept auf Widerstand stößt (wir sprechen über die Gründe für Akzeptanz- und Umsetzungsschwierigkeiten).

Auf ein solchermaßen auf Verständigung angelegtes Vorgehen, dies ist meine bisherige Erfahrung, gehen die Teilnehmer bereitwillig ein. Sie sind offen für pragmatische Lösungen der Konfliktsituation und für das *schrittweise* Überprüfen des Angebotes, das ich ihnen mache. Um in ein solches ernsthaftes Gespräch mit den Teilnehmern eintreten zu können, bedarf es nach meiner Erfahrung allerdings nun gerade einer *Konflikterfahrung* aller Beteiligten. Ich erweitere diese meine Erfahrung zu einer allgemeinen These: Nur in den Kursen der Erwachsenenbildung, in denen Kursleiter und Teilnehmer tatsächlich, sozusagen am eigenen Leib, die Schwierigkeiten erfahren haben, die aus dem Bildungskonzept »mitbestimmtes Lernen« folgen, ist es möglich, solche Gespräche zu führen und damit gemeinsam Lernstrukturen zu schaffen, die dann tatsächlich die Teilnehmer als mitverantwortliche Kursgestalter fördern.

Hinter dieser auf Dialog ausgerichteten Empfehlung steht als mögliches Entscheidungsverfahren das sogenannte *Konsensmodell* (Entscheidung durch Übereinstimmung; im Unterschied zum oben erwähnten Abstimmungsmodell) bei dem die Beteiligungschancen aller Teilnehmer am größten sind. Diese Vorstellung besagt, daß eine didaktische Entscheidung erst dann getroffen wird, nachdem im Prinzip allen die Möglichkeit gegeben war, die verschiedenen Seiten des Problems ausgiebig zu erörtern und mit Argumenten darauf hinzuwirken, daß zum Schluß alle darin übereinstimmen, daß die vorgeschlagene Entscheidung die bestmögliche ist.

Auch wenn bei diesem Entscheidungskonzept zu dessen Gelingen eine ganze Reihe von Bedingungen gegeben sein müssen (z.B. Vertrauensklima, die Erfahrungen, daß Rollenwechsel möglich ist, psychische Stabilität der einzelnen Teilnehmer im Umgang mit Konflikten u.ä.), ist das Konsensmodell sicherlich das aus pädagogischer Sicht wünschenswerte Modell für gelungene Entscheidungssituationen in der Erwachsenenbildung. Von ihm erwarte ich ein Höchstmaß an Mitbestimmungsmöglichkeiten für die Teilnehmer. Allerdings wäre es nach alledem, was ich bisher über die Schwierigkeiten einer an Partizipation interessierten Erwachsenenbildungspraxis geschrieben habe, naiv zu glauben, dieses Konsensmodell würde sich problemlos vom Kursleiter einfordern lassen.

Insofern stellt es lediglich eine *Handlungsperspektive* dar, an der entlang die Bildungsarbeit im Kurs ausgerichtet werden kann. Wie nahe sich ein jeweiliger Kurs an dieser Idealvorstellung heranzuarbeiten vermag, hängt von den Besonderheiten jedes einzelnen Kurses ab: Von den Bereitschaften und Fähigkeiten der jeweiligen Teilnehmer, von den Vorstellungen der jeweiligen Bildungsinstitution von »gelungener« Bildungsarbeit und der daraus möglicherweise sich ergebenden »Rückendeckung« und nicht zuletzt von den gegenwärtigen gesellschaftlichen Gegebenheiten. So gesehen wird dieses Konzept zu einer persönlichen und didaktischen Herausforderung für jeden Kursleiter.

Literatur

Dauber, H.: Selbstorganisation und Teilnehmerorientierung als Herausforderung für die Erwachsenenbildung, in: Breloer, G./Dauber, H./Tietgens, H.: Teilnehmerorientierung und Selbststeuerung in der Erwachsenenbildung, Braunschweig 1980, S. 113–176.

Kempkes, H.-G.: Teilnehmerorientierung in der Erwachsenenbildung. Eine themenorientierte Dokumentation. Pädagogische Arbeitsstelle des Dt. Volkshochschulverbandes (Berichte, Materialien, Planungshilfen), Bonn 1987.

Lenz, W.: Grundbegriffe der Weiterbildung, Stuttgart 1982.

Müller, K.R.: Teilnehmerorientierung und Lebensweltbezug im sozialisationstheoretischen und bildungspraktischen Zusammenhang, in: Arnold, R., Kaltschmid (Hrsg.), Erwachsenensozialisation und Erwachsenenbildung, Frankfurt am Main 1987, S. 229–256.

Olbrich, J. (Hrsg.): Legitimationsprobleme in der Erwachsenenbildung, Stuttgart 1980.

Siebert, H.: Wissenschaft und Erfahrungswissen in der Erwachsenenbildung, Paderborn 1977.

Siebert, H.: Teilnehmerorientierung als eine didaktische Legitimationsgrundlage, in: Olbrich, J. (Hrsg.): Legitimationsprobleme in der Erwachsenenbildung, Stuttgart 1980, S. 113–133.

Siebert, H.: Erwachsenenbildung als Bildungshilfe, Bad Heilbrunn 1983.

Siebert, H.: Erwachsenenpädagogische Didaktik, in: Erwachsenenbildung, Band 11 der Enzyklopädie Erziehungswissenschaft, hrsg. von D. Lenzen, Stuttgart 1984, S. 171–184.

Wittwer, W.: Weiterbildung im Betrieb. Darstellung und Analyse, München 1982.

Frauen und Männer

Es ist doch gleich viel netter,
wenn auch eine Frau dabei ist

Cornelia Edding

Frauen und Männer
in der Erwachsenenbildung

Es ist noch gar nicht lange her, da schienen Männer fraglos geeignet zur Behandlung aller nur denkbaren Themen der Erwachsenenbildung. »Neue Entwicklungen der Regeltechnik« und »Streitfragen internationaler Politik« fielen ebenso in ihre Kompetenz wie »Die Berufsprobleme junger Arbeiterinnen« und »Eine Analyse typischer Konklikte beim Stillen«. Nicht zuletzt unter dem Einfluß der Frauenbewegung ist inzwischen das Bewußtsein für die Absurdität solch fragloser Zuständigkeit gewachsen. Die fraglose Nicht-Zuständigkeit von Frauen für viele Bereiche der Erwachsenenbildung ist dagegen noch weitgehend intakt.

An den Veranstaltungen im Rahmen betrieblicher Fortbildung, die ich leite[*], nehmen häufig viele Männer und nur einzelne Frauen teil. Die Probleme zwischen Männern und Frauen, mit denen ich mich im Seminar auseinandersetze, werden bereits im Vorfeld sichtbar als geschlechtsspezifische Zugangsmöglichkeiten zu Themen, Trägerorganisationen, Teilnehmerkreisen und Geld.

So, wie es in der Buchhandlung an der Ecke »Bücher« und »Frauenbücher« gibt, so gibt es im Bereich der Erwachsenenbildung »Themen« und »Frauenthemen«. Für diese sind nicht nur weibliche Dozentinnen zuständig, sondern mit ihnen wird gleichzeitig ein bestimmter Veranstaltungsstil des intimen Erfahrungsaustausches auf der Grundlage persönlicher Betroffenheit assoziiert. Diese Ausgliederung erscheint mir zwiespältig, Fortschritt und Gefahr zugleich. Das größere Angebot frauenspezifischer Themen anerkennt die Tatsache, daß Frauen von anderen Fragen bewegt werden als Männer und daß sie von gemeinsamen Fragen anders betroffen sein können als Männer. Es schafft Frauen die Möglichkeit, sich ihrer eigenen Sichtweise erst einmal zu vergewissern, bietet die Chance, Probleme anzusprechen, die bisher unterschlagen wurden und Frauen anzusprechen, die bisher in der Erwachsenenbildung mit ihren Fragen nicht vorkamen. Für Teilnehmerinnen und Dozentinnen gleichermaßen liegt die Gefahr darin, in einen »Frauenbereich« abgeschoben zu werden, der angeblich die Männer nicht betrifft; die Frauen sind versorgt und ausgegrenzt, die wichtigen Dinge geschehen anderswo. Alle anderen Themen sind grundsätzlich erst

---

[*] Meine Erfahrungen beziehen sich vor allem auf Vollzeitseminare, die mehrere Tage dauern und bei denen die Teilnehmer auch in der Tagungsstätte untergebracht sind. Thema ist in der Regel das Verhalten der Teilnehmer: es geht um Führung, Konfliktbearbeitung, Kooperation u.ä.

einmal eine männliche Domäne. Hier entwickelt sich langsam ein Bewußtsein dafür, daß auch »das weibliche Element« vertreten sein sollte, daß die Veranstaltung ergänzt werden könnte durch die Präsenz und die Sichtweise einer Frau. In den letzten Jahren bekomme ich häufiger Einladungen zu Veranstaltungen mit dem Hinweis: »Wir dachten, es wäre doch schön, wenn auch eine Frau dabei wäre.« In der Gegenwart einer Frau, so höre ich, werden die Stimmen sanfter, wird das Klima friedlicher, die Witze werden weniger derb und in die Sprache von Leistung, Konkurrenz und Geschäftsmäßigkeit schleicht sich gelegentlich ein flirtender Unterton. So freundlich diese Reden klingen – ich werde nicht gern eingeladen als eine Art Spray zur Verbesserung der Luft im Klassenzimmer. Das Grundmodell bleibt unverändert: die anderen, nämlich die Frauen, bekommen Gelegenheit, das Eigentliche, nämlich die Sichtweise der Männer, abzurunden und zu ergänzen. »Und was sagen Sie als Frau denn dazu?«

Genau wie alle anderen gesellschaftlichen Bereiche, ist auch das Feld der Erwachsenenbildung fein säuberlich aufgeteilt. Grob gesprochen können wir davon ausgehen, daß unwichtige Teilnehmer, unwichtige und/oder Frauenthemen, niedrig dotierte Stellen oder Honorartätigkeit eher weiblichen Dozentinnen zufallen. Ob in Schule oder Hochschule, in Betrieben, in öffentlichen oder privaten Einrichtungen der Erwachsenenbildung, immer wird sich ein ähnlicher Trend aufzeigen lassen: je besser die Bezahlung, je einflußreicher und sicherer der Arbeitsplatz, je wichtiger und aktueller das Thema, je höher der Status der Teilnehmer, desto geringer die Zahl der als Dozentinnen tätigen Frauen. Dieses Verhältnis ist mittlerweile für viele Arbeitsbereiche nachgewiesen (vgl. z.B. Beck-Gernsheim 1976). Es gibt Veranstaltungen, zu denen eine Frau als Dozentin nie eingeladen würde, weil sie, wie der betriebliche Fortbildner das nennt, »Akzeptanz-Probleme« hätte, und es gibt Seminare, bei denen diese Frage gar nicht auftaucht, weil niemand auch nur im Traum darauf käme, dafür eine Frau als Leiterin zu verpflichten. Wenn zu einem Kurs Männer und Frauen erwartet werden, hat der Träger es nicht gern, wenn von den drei Dozenten zwei Frauen sind; der Zuständige könnte sagen: »Da fühlen sich unsere Herren nicht aufgehoben«, aber das geschieht in der Regel nicht. Es wird nur diskret abgewunken. Nicht-Einladungen müssen nicht begründet und können nicht diskutiert werden – und nur manchmal erfährt man etwas von den Verhandlungen hinter den Kulissen. Denn diese Arbeitsteilung ist ja keine offizielle; aber sie wird langsam bekannter durch die Forschungen von Frauen und die Berichte Betroffener (s. päd extra sozial, 3/82). Diese Informationen und die Gespräche mit Frauen in ähnlicher Situation haben mich von dem Gefühl persönlichen Versagens entlastet und haben mein Bewußtsein für die Bedeutung der Rahmenbedingungen einer Veranstaltung geschärft. Im Gespräch mit Kolleginnen war uns verblüffend oft die Naivität im Umgang mit institutionellen Bedingungen und Strukturen gemeinsam. Da wurden Arbeitsaufgaben und Organisationsformen akzeptiert, die nur zum Mißerfolg führen konnten. Diese strukturell vorprogrammierten Mißerfolge werden dann von den Betroffenen und den anderen als Fälle individuellen Versagens erlebt und bezeichnet. Diskriminierung hat ja nicht nur einen persönlichen Aspekt, sondern vor allem einen strukturellen. Wenn Frauen zugelassen werden – nicht als »weibliches Element«, sondern als Verantwortliche – zu einem Bereich, der eine Domäne der Männer ist, dann gilt es, sorgfältig zu prüfen, ob die Bedingungen, unter denen diese Zulassung erfolgt, eine befriedigende und potentiell erfolgreiche Arbeit überhaupt gestatten. Gerade, wenn die Gesprächspartner freundlich sind und die Aufgabe ehrenvoll erscheint, ist die Versuchung groß, sich auf Veranstaltungen einzulassen, deren Nicht-Gelingen ziemlich genau vorprogrammiert ist, dann aber als Bestätigung dafür genommen wird, auf die Mitarbeit von Frauen in Zukunft lieber zu verzichten.

Heute bedenke ich sorgfältig, was es über die Institution, über den Stellenwert der Veranstaltung und des Themas aussagt und was es für die Teilnehmer bedeutet, wenn ich zu diesem Seminar als Dozentin eingeladen werde. Bedeutet es, daß sie keinen anderen gefunden haben, daß jemand abgesagt hat, heißt es, daß die Veranstaltung keine Zukunft hat, daß sie abgeschrieben wurde, ehe sie begann, ist es eine Veranstaltung, die unter der Überschrift von Veränderung dafür sorgen soll, daß alles beim alten bleibt; soll nur irgendeiner Kritik vorgebeugt oder dem einzelnen Wunsch eines wichtigen Menschen entsprochen werden; welchen Stellenwert hat der Kurs in den Augen des Trägers, welche Bedeutung hat er für die Teilnehmer? Nehmen diese das Thema ernst, ist es ihnen wichtig für ihre berufliche oder persönliche Weiterentwicklung oder ist es eine Pflichtübung, die sie abzusitzen gedenken, im Einverständnis mit dem Veranstalter? Was spielen Frauen in der Organisation sonst für eine Rolle? Gibt es noch andere Dozentinnen, gibt es Frauen unter den Teilnehmern, an wichtigen Stellen der Institution? Ich bin vorsichtiger geworden in meinen Zusagen und großzügiger in meinen Absagen. Ich habe mein Lehrgeld gezahlt.

Wenn ich zugesagt habe und mich auf eine Veranstaltung vorbereite, an der überwiegend Männer teilnehmen, bin ich mehr als sonst daran interessiert, nicht nur über die Rahmenbedingungen, sondern auch über die Teilnehmer möglichst viel vorher zu erfahren. Trotzdem stellt sich, wenn meine Gedanken lange vorher die Veranstaltung streifen, ein unbehagliches Gefühl ein.

Ich bereite mich besonders gründlich vor. In der Nacht bevor das Seminar beginnt, schlafe ich schlecht. Ich fühle mich angespannt und unsicher. Morgens überlege ich mir besonders genau, was ich anziehen will. »Etwas, woran es nichts zu kritisieren gibt« ist, glaube ich, mein Auswahlkriterium. Nicht zu flott und nicht zu schlotterig, eher unauffällig als auffällig; ordentlich, respektabel und seriös.

Ich gehe in die Veranstaltung hinein mit Anspannung und Leistungsdruck. Ich habe das Gefühl, daß ich mich ganz besonders anstrengen müsse, dabei weiß ich von mir: je mehr ich unter Druck stehe, desto weniger steht mir meine soziale Kompetenz zur Verfügung. Also versuche ich, mich zu beruhigen: ich rufe mir schön gelungene Seminare der letzten Monate ins Gedächtnis; ich erinnere mich daran, daß ich eine erfahrene Dozentin bin, die mit angemessenem Ernst, aber auch mit leichter Hand Lernprozesse bei anderen Menschen anregen und begleiten kann. Viele Männer, so erzähle ich mir vor, schätzen mich als Kollegin – die können sich doch nicht alle täuschen! Aber gleichzeitig durchkreuzen andere Gedanken diese therapeutischen Bemühungen: ob die Teilnehmer wohl freiwillig kommen? Ob sie eigentlich einen Mann als Dozenten erwarten? Ob es mir gelingen wird, die Barrieren zu überwinden und mit ihnen in Kontakt zu kommen? Ich gehe hinein in den Kurs mit der Vorstellung, abgelehnt zu werden. Ich erwarte Vorbehalte, Kritik und Anmache und bin erleichtert, wenn ich nur auf vorsichtiges Abwarten treffe.

Häufig werden schon die ersten Akzente gesetzt, wenn ein Vertreter des Veranstalters mich einführt: »... und hier, meine Dame, meine Herren, darf ich Ihnen Frau ... vorstellen; ich bin sicher, bei ihr sind sie mit all ihren Bedürfnissen und Interessen in den besten Händen!« Verständnisvolles Schmunzeln ringsum. Ich bin nicht ärgerlich, eher verzweifelt: »Jetzt geht das schon wieder los!« In der ersten Pause folgen vorsichtig-testende Fragen: ob ich sowas zum ersten Mal machen würde; was denn mein Mann – ich sei doch sicher verheiratet – dazu sagen würde, wenn ich hier allein ... mit all den fremden Männern ...? »Neulich«, sagt ein junger Mann, »habe ich diese interessante Untersuchung gelesen ... ach, die kennen Sie nicht? ... ich dachte eigentlich ... ist das nicht Ihr Fach?« An der Kaffeetheke geht es weiter: »So eine junge Frau und schon einen Doktor!« (Ich bin 39 Jahre alt und sehe auch so aus.) »Sie kennen ja sicher den netten Witz: wenn Sie bis 30 noch keinen Doktor haben, müssen Sie ihn selber machen?« Es folgen andere Witze, nette und weniger nette.

Bei den ersten strukturierenden Interventionen gibt es Gegenwind: »Was soll denn das jetzt?« »Ich war mal auf einer Fortbildung, da haben wir das ganz anders gemacht ...« »Diese Aufteilung in Gruppen, ist das eigentlich noch modern?« »Sie haben doch sicher nichts dagegen, wenn wir das mal hier diskutieren?« Natürlich habe ich sehr viel dagegen, eine neu zusammengesetzte Gruppe die Veranstaltung planen und über jeden Lernschritt entscheiden zu lassen; das ist nicht ihre Aufgabe; Thema der Veranstaltung ist schließlich nicht: Entscheidungsprozesse in Großgruppen. Ich beharre also auf meinem Vorschlag, merke schon, wie ich langsam defensiv und unflexibel werde, und so nimmt der erste Tag seinen Lauf.

Ich habe das Gefühl, ich müßte jeden einzeln für mich gewinnen, persönliche Überzeugungsarbeit leisten, ehe wir eigentlich anfangen können zu arbeiten. Gleichzeitig weiß ich, daß die Fragen des Vorgehens, des Zeitrahmens und all der Dinge, die da angesprochen werden, nicht die Fragen sind, die geklärt werden müssen, damit wir zusammenarbeiten können.

Schwieriger noch als diese offenen Vorbehalte ist die unausgesprochene Form, die sich durch eine Veranstaltung hindurchziehen und das Klima bestimmen kann für alle; für diejenigen, die sich einlassen wollen und können und für diejenigen, die zu viel Angst haben. Da sind die Teilnehmer, die nach jeder Pause zu spät kommen, die ständig halblaute Bemerkungen zu ihrem Nachbarn machen; da sind die, die nach einem Lernschritt fragen: »Was war denn das Ziel dieses Vorschlags?« und sich nach einer Antwort höflich-ungläubig bedanken. Da sind diejenigen, die einfach nur schweigend dabeisitzen; die in der Mit-

73

tagspause zu mir kommen und sich für den Nachmittag mit einem dringenden Termin entschuldigen; da ist dieses mühselig-widerwillige Sich-Erheben, wenn Arbeit in Dreiergruppen vorgeschlagen wird, und da ist das schlaffe Sich-Setzen, mit allen Zeichen des Widerwillens und der Langeweile, wenn wir zu einer Auswertungsrunde zusammenkommen. Und auch nach all den Jahren habe ich mich noch nicht damit versöhnt, daß die Teilnehmer in der Anfangsphase sich häufig um meine männlichen Kollegen versammeln, wenn wir uns für die Arbeit in Untergruppen aufteilen.

Diese Dinge geschehen nicht in jedem Seminar und auch nicht alle in einem, aber das Erlebnis all dieser Widrigkeiten hat meine Erwartungen an Seminaranfänge mit männlichen Teilnehmern geprägt. Immer wieder habe ich erfahren, daß die Teilnehmer und ich für gesellschaftlichen Einstellungen, die sich in diesen Vorbehalten ausdrücken, immer wieder neue individuelle Lösungen erarbeiten mußten. Gerade die stete Wiederholung dieser Schwierigkeiten macht mürbe, obwohl meine Erklärungsmöglichkeiten dafür sich erweitert haben. Lange Jahre hat es mich nur immer wieder überrascht, auf diese Widerstände zu stoßen. Ich habe daraus jeweils nur die Lehre gezogen, mich beim nächsten Mal eben mehr anzustrengen. Inzwischen habe ich auch andere Erklärungsmöglichkeiten als die des individuellen Versagens. Trotzdem erfüllt es mich manchmal mit Müdigkeit und Verbitterung, immer wieder zu erleben, daß die Teilnehmer mir als Leiterin keinen Millimeter Vertrauensvorschuß geben, den ich als Grundlage für die Entfaltung meiner Fähigkeiten nutzen könnte. Einmal, so wünsche ich mir, möchte ich von einer Gruppe so mühelos anerkannt werden wie die Kollegen.

Es genügt nicht, diese Vorbehalte als Ausdruck individueller Schwierigkeiten zu verstehen: Herr Z. hat gerade Krach zu Hause; Herr M. mag nun mal keine Frauen und Herr K. redet mit seiner Sekretärin genauso.

Es reicht auch nicht aus, der Leiterin zu sagen, sie solle selbstbewußter, weniger empfindlich und nicht so distanziert sein. Die Konflikte, die entstehen, wenn eine Frau nicht nur »nett dabei« ist, sondern in einer Lehr-Lernsituation mit überwiegend männlichen Erwachsenen eine Leitungsfunktion übernimmt, müssen zwar individuell gelöst werden, sind aber gesellschaftlich vermittelt und aufrechterhalten.

In unserer Gesellschaft wird die traditionelle Arbeitsteilung zwischen den Geschlechtern zwar gelegentlich durchbrochen und an den Rändern ausgefranzt, aber sie ist grundsätzlich intakt. Sie entspricht unseren Vorstellungen vom »natürlichen Wesen der Geschlechter«[*]. Zu diesen Vorstellungen gehört auch, daß Frauenarbeit weniger wert sei; entsprechend schlechter wird sie bezahlt.

Innerhalb des sozialen Gefüges, in dem wir leben, begegnen wir einander als Inhaber von

---

[*] Frauenarbeit ist sowohl die Arbeit, die Frauen gewöhnlich tun als auch jede beliebige Arbeit dann, wenn eine Frau sie tut.
Eine schöne Schilderung traditioneller weiblicher Aufgaben und ihrer Gestalt in der modernen Industriegesellschaft findet sich bei Novarra (1982).

Positionen und als Angehörige von Gruppen in Rollen: Leiterrolle – Teilnehmerrolle; Männerrolle – Frauenrolle. Diese Rollen sind durch Verhaltenserwartungen beschrieben, die wir an uns selbst und an den jeweiligen Rollenpartner haben. Diese Rollen haben wir gelernt zu spielen – Part und Gegenpart, und ihre Kenntnis erlaubt uns die grobe oder feinere Orientierung über ein der Situation und dem Gegenüber angemessenes Verhalten. Zweifel darüber, in welcher Rolle uns jemand begegnet, schaffen Verhaltensunsicherheit. Das Wissen um die Geschlechtsidentität unseres Gegenübers z.B. ist von großer verhaltenssteuernder Wirkung: die Geschichte von Baby X verdeutlicht dies, dessen Geschlecht geheimgehalten wurde und das deshalb die Menschen in große Unsicherheit stürzte, weil sie nicht wußten, was sie ihm schenken, wie sie es anreden und in welcher Farbe sie das Kinderzimmer streichen sollten. Bis in unsere Wahrnehmung hinein wirkt die Information über die Geschlechtszugehörigkeit sich aus: Luria (1979) fand, daß Erwachsene dasselbe Neugeborene völlig anders beschreiben, je nachdem ob sie meinen, von einem Jungen oder einem Mädchen zu sprechen.

Tritt eine Frau als Dozentin auf, erleben die Teilnehmer – in unterschiedlicher Stärke – einen Konflikt zwischen der ihnen vertrauten Frauenrolle und der Dozentenrolle. Die Leiterin erlebt ihn auch. Männer kennen Frauen aus dem alltäglichen Umgang als Partnerinnen, Mitarbeiterinnen, vielleicht als Kolleginnen. Diesen Erfahrungen entsprechend verhalten sie sich gegenüber Frauen und erwarten von diesen auch ein bestimmtes Verhalten. Einige Forschungsergebnisse aus Diskussionssituationen verdeutlichen, wie Männer und Frauen »normalerweise« im Gespräch miteinander umgehen:

- Männer sprechen mehr, Frauen weniger (Wagner 1973);
- Frauen werden fünfmal häufiger unterbrochen als Männer und lassen sich auch häufiger unterbrechen (Metz-Göckel 1979);
- Männer sagen häufiger ihre Meinung; Frauen unterstützen häufiger die Meinung anderer (Wagner 1973);
- Frauen benutzen mehr Füllwörter, die ihre Aussagen relativieren bzw. vom Inhalt ablenken (Metz-Göckel 1979);
- Männer und Frauen betrachten Themen, die von Frauen ins Gespräch gebracht werden, als relativ unwichtig. Themen, die Männer vorschlagen, werden dagegen von Männern und Frauen aufgenommen und verfolgt (Fishman 1978).

Eine Dozentin kann sich aber nicht darauf beschränken, einfühlsam zuzuhören und die Themen der Teilnehmer aufzugreifen. In ihrer Rolle als Leiterin sollte sie auch Entscheidungen treffen, Lernschritte einleiten und Diskussionen im Sinne des gemeinsamen Fortschritts strukturieren. Die Führungsaufgaben in der Dozentenrolle widersprechen den Verhaltenserwartungen an die Frauenrolle.

Für diesen gesellschaftlich nicht gelösten Konflikt müssen Leiterin und Teilnehmer ihre individuelle Lösung entwickeln, die die Verhaltensunsicherheit reduziert und der gemeinsamen Arbeit eine Grundlage schafft.

Teilnehmerinnen erleben diesen Konflikt nicht in gleicher Weise. Ihre Rolle als Frau ist durch eine Leiterin nicht bedroht, im Gegenteil, eine mächtige Frau erlaubt auch ihnen, sich als potentiell mächtige zu sehen.

Die gemeinsame Arbeit am Umgang mit diesem Rollenkonflikt ist anstrengend und eine zusätzliche Aufgabe. Manchmal, wenn ich zu Beginn eines Seminars mit Unlust daran denke, daß gleich wieder die üblichen Bemerkungen kommen werden, stelle ich mir vor, daß es den Teilnehmern so ähnlich geht: sie haben vielleicht auch keine Lust, sich die Mühe zu machen und ihren Kurs mit dieser Zusatzarbeit zu belasten, so wie ungewohnte Kontaktpartner anstrengend sind und Deutsche zu Hause es »nicht nötig haben«, sich um die Eigenarten des einsamen Ausländers zu bemühen. Von einzelnen Frauen unter den Teilnehmern wird denn auch häufig erwartet, daß sie nicht stören, und falls sie nicht besonders attraktiv sind, wird mit ihnen verfahren nach dem Motto: wenn sie was will, kann sie ja kommen. Die Leiterin einer Veranstaltung in dieser Weise auszublenden ist nicht so einfach. Mit ihr müssen sich alle irgendwie einrichten. Insbesondere auf zwei Fragen muß jeder Teilnehmer im Laufe der Veranstaltung seine Antwort finden, so verschieden diese Antworten auch sein mögen:

– wie ist sie als Fachkraft, d.h. kann ich mich dieser Dozentin als Lernender anvertrauen?
  und
– wie ist sie als Frau, d.h. komme ich mit ihr als Mann zurecht?

Die gesellschaftliche Abwertung, die jede Arbeit erfährt, wenn sie von einer Frau getan wird, wird durch den Mangel an Erfahrung ergänzt, den die meisten Teilnehmer mit weiblichen Dozentinnen haben; eine eher skeptische Voreinstellung vieler Teilnehmer ist die Folge. Die Frage, »ob sie überhaupt was kann«, »ob man sie als Autorität akzeptieren kann«, muß daher erstmal geklärt werden. In dieser Phase des Testens und der Herausforderung gibt es Mißverständnisse. Männliche Teilnehmer erwarten Kompetenzbeweise und Leistung gekoppelt mit all den Verhaltensweisen der »Güte«, die sie gewohnt sind. Sie erwarten ein Verhalten, das weiblichen Dozentinnen weder zur Verfügung steht noch an ihnen akzeptiert würde. Ich kann zum Beispiel einen Widerspruchsgeist nicht gleich am Anfang »zusammenfalten«, wie Kollegen es mir empfehlen; und wenn ich es tue, dann nicht auf die Art, die Kollegen und Teilnehmer als kompetentes Zusammenfalten anzusehen gelernt haben. Da hat es die Dozentin, die mit Widerspruch vorsichtiger umgeht, die ein langsameres Tempo anschlägt, die sich nicht auf männliche Art in Szene setzt, zunächst schwerer. Die Teilnehmer müssen erst erfahren, daß Kompetenz sich auch anders zeigen kann und daß sie auch so etwas lernen können. Die Dozentin muß ihre Fähigkeiten erst nachweisen, während ihr Kollege bis zum Beweis des Gegenteils mit seinem Vertrauensvorschuß wuchern kann.

Manche Männer finden es so schwierig, sich mit einer Dozentin zu arrangieren, daß sie die Frage: wie ist sie als Frau? einfach ausblenden. Sie erklären die Leiterin zum »Leiter« und haben sich auf diese Weise des Problems entledigt (vgl. Königswieser 1981). Sie können beim besten Willen keinen Unterschied entdecken, ob nun da vorn ein Mann sitzt oder eine Frau und wundern sich, daß es anderen nicht so geht.

Die meisten aber beobachten genau: wie sieht sie aus; finde ich sie attraktiv oder nicht; ist sie streng oder hat sie Humor; nimmt sie Komplimente an oder würgt sie sie ab; hat es Sinn, mit ihr zu flirten oder nicht; kokettiert sie, spielt sie die Männer gegeneinander aus, versucht sie mit »weiblichen Mitteln« ihre Gunst zu gewinnen; sieht sie mich eigentlich nur als Teilnehmer oder auch als Mann; ist sie zu allen gleichmäßig oder zieht sie einige vor; interessiert sie sich überhaupt für mich oder nicht?

Viele Männer sind unsicher. Sie haben gelernt, sich einer Frau gegenüber zu verhalten und sie haben auch gelernt, die Signale dieser Frau zu interpretieren; sie wissen, was Dozent und Teilnehmer voneinander zu erwarten haben. Was aber einer Dozentin gegenüber angemessen ist, dafür haben sie kein sicheres Gefühl. Diese Unsicherheit schafft eine Spannung, die zugleich irritierend und anregend sein kann und die sich – je nach dem, wie die Beziehung zwischen Teilnehmern und Dozentin sich entwickelt – störend oder auch fruchtbar auf den Lernprozeß auswirkt. Jede Dozentin muß mit dieser Situation ihre eigene Umgangsform entwickeln, ihre eigenen Signale setzen zur Orientierung und Klärung für sich selbst und die Teilnehmer. Eine Kollegin erzählt[*]:

> »Die Teilnehmer haben mir mal offen und ehrlich gestanden, wenn da eine Frau anmarschiert, als Leiterin, dann überlegen sie sich schon: läuft da was, könnte ich mit der, wollte ich mit der, was läuft da?
>
> Ich verhalte mich in dieser Situation, glaube ich, eher als Neutrum, ich blende die aus als potentielle Partner. Das wirkt sich so aus, daß ich zwar freundlich-herzlich bin, aber doch eher schwesterlich. Ich versuche nicht, die Gunst der Teilnehmer über Flirten zu kriegen, da läuft nichts. Das sind Leute, mit denen arbeite ich. Nachdem sie mir das erzählt haben, da amüsiert es mich heute manchmal, wenn ich vor eine neue Gruppe trete und die glotzen alle so blöd, vielleicht weil sie irgendwas nicht verstanden haben oder aus sonstigen Gründen. Aber dann sag ich mir, aha, jetzt denken sie alle darüber nach, ob sie wollten und könnten oder nicht.«

Wünschenswert erscheint mir eine Dozentin, die diesen Aspekt der Beziehung nicht ausblendet, aber klare Grenzen setzt und eine mittlere Distanz herstellt, die es den Beteiligten erlaubt, sich als Männer und Frauen zu erleben, ohne daß das gemeinsame Arbeitsvorhaben in den Hintergrund tritt.

Obwohl für Leiterin und Teilnehmer die Notwendigkeit besteht, ihre Rollen im Verlauf der Zusammenarbeit auszuhandeln und situative Lösungen für die vorhandenen Rollenkon-

---

[*] Im Rahmen einer anderen Arbeit habe ich mit Frauen gesprochen, die überwiegend mit Männern zusammenarbeiten. Dieses und alle folgenden Zitate stammen aus diesen Interviews.

flikte zu entwickeln, hat die Dozentin dabei den schwierigeren Part. Wenn ich mit Krappmann (1975, S. 10) davon ausgehe, daß in der Auseinandersetzung mit widersprüchlichen Rollenerwartungen die Identität des (sic!) einzelnen sich erst forme und entfalte, so bietet das berufliche Dasein als weibliche Dozentin und Leiterin besonders gute Chancen zur Persönlichkeitsentfaltung. Es ist allerdings auch anstrengend. Denn es gilt ja nicht nur, mit sich selber ins reine zu kommen, sondern es bedeutet auch, bei jedem neuen Teilnehmerkreis in eine neue Klärung und Auseinandersetzung einzutreten, sich selber zu verdeutlichen, den Teilnehmern zu helfen, sich zu orientieren und die Akzeptanz-Barrieren zu überwinden. Während die Teilnehmerrolle Abwarten und Stillhalten erlaubt, verlangt die Dozentenrolle ein aktives Betreiben dieser Klärung im Interesse der gemeinsamen Arbeitsfähigkeit. Die Teilnehmer können sich bedeckt halten, die Dozentin muß sich exponieren. Sie ist außerdem allein, sie kann sich nicht austauschen, Erfahrungen vergleichen und sich so entlasten. Kollegen machen andere Erfahrungen und haben auch eine andere Problemsicht. Bei ihnen heißt es eher: »Das ist aber eine schwierige Gruppe« als: »Ich habe Schwierigkeiten mit dieser Gruppe.« Männer haben zur Lösung dieses speziellen Integrationsproblems wenig anzubieten, denn es betrifft sie nicht. Natürlich gibt es auch weibliche Kolleginnen, aber da der oben beschriebene Mechanismus der Zugangsregelung wirksam ist, können wir davon ausgehen, daß in einer Veranstaltung mit überwiegend männlichen Teilnehmern nicht zwei Frauen als Dozentinnen auftreten.

Wenn es aber gelingt in der konkreten Situation die Widersprüche miteinander zu versöhnen und das Vertrauen der Teilnehmer zu gewinnen, hat eine Dozentin auch ganz besondere Arbeitsmöglichkeiten. Eine Kollegin schildert das folgendermaßen:

> *»Was zu meiner Akzeptanz beiträgt, ist diese Diskrepanz: auf der einen Seite diese Entschiedenheit und Härte fast, auf der anderen das totale Gegenteil ... ich merke, daß ich auch eine große Wärme und Herzlichkeit den Teilnehmern gegenüber an den Tag lege und wirklich auf sie eingehen kann; ich versuche, ihnen zu helfen und sie zu unterstützen. Da nutze ich auch sehr weibliche Verhaltensmöglichkeiten aus.*

Baker Miller (1976) und Josefowitz (1980) halten beide hohes Einfühlungsvermögen für eine notwendige Eigenschaft von Menschen, die in Abhängigkeit leben. Diese müssen sich besonders einfühlen in diejenigen, die mächtiger sind und ihr Leben bestimmen, um deren Wünsche, auch die ungenannten, vorwegzunehmen und zu erfüllen. Nach Meinung der Autorinnen handelt es sich nicht um eine frauenspezifische Eigenschaft, sondern um eine Haltung, die in der Beziehung zwischen Herr und Diener, Mann und Frau, Schwarzem und Weißem der jeweils schwächere Partner entwickeln muß.

Wer häufiger mit gemischten Gruppen arbeitet, weiß zudem, daß Frauen ehrlicher sein können mit ihren Gefühlen, daß sie sich weniger schützen, Verletzungen zeigen und ihr Verhalten offener zur Diskussion stellen, d.h. in verhaltensbezogenen Seminaren oft mutiger und direkter sind als Männer. Baker Miller (1976, S. 21ff.) meint, daß Frauen bestimmte, von der Männergesellschaft verdrängte und geleugnete Aspekte der Realität stellvertretend ausdrücken und ungestraft zeigen dürfen.

Wenn es also einer Frau gelingt, in der Rolle als Leiterin Klarheit, Zielorientierung und Selbstbehauptung zu verbinden mit Einfühlungsvermögen, emotionaler Transparenz und dem Mut, sich selber zu stellen, erwachsen ihr daraus besondere Arbeitsmöglichkeiten.

Die Frage nach dem Weg dorthin kann nicht eine Frage nach der richtigen Technik sein, obwohl ich manchmal in Situationen arger Bedrängnis gern ein Zauberwort wüßte, das mir all diese Schwierigkeiten und meine eigenen Ängste vom Halse schafft. Die Beziehungen von Männern und Frauen im Seminar werden sich verändern, wie wir uns selbst verändern; sie werden sich wandeln, wenn Frauen in dieser Rolle häufiger, normaler und damit für Männer gewohnter geworden sind. Die Konflikte werden abnehmen in dem Maße, in dem sich die traditionelle Arbeitsteilung auflöst. Einstweilen suche ich nach Möglichkeiten, den Rollenkonflikt für den gemeinsamen Lernprozeß und damit für die Veränderung des Bewußtseins der Beteiligten zu nutzen. Ich selbst hätte es auch gern etwas leichter.

Für eine Frau ist der Druck stark, diesem Rollenkonflikt vermeintlich dadurch zu entgehen, daß sie sich männlichen Leitern möglichst ähnlich macht und den Teilnehmern hilft, die beschwerliche Tatsache, daß sie eine Frau ist, rasch zu vergessen. Sie verzichtet dann darauf, ihre Rolle individuell auszugestalten, sie sorgt dafür, daß möglichst wenig von ihr selbst sichtbar wird; unter der Tarnkappe von Sachlichkeit und Kompetenz kann sie hoffen, unbehelligt, tüchtig und nicht sonderlich beliebt, ihren Weg zu gehen. Die persönlichen Kosten dieser Strategie können hoch sein, wenn sie nämlich eines Tages feststellt, daß die Tarnkappe festsitzt. Eine Frau, die lange Jahre versucht hat, auf eben diese Weise ihren Platz unter männlichen Kollegen zu behaupten, meint nun bitter:

»Erst wenn sie dich zum Mann pervertiert haben, dann erlauben sie dir großzügig den Aufstieg und sind noch stolz auf ihre Fortschrittlichkeit.«

Die besonderen Arbeitsmöglichkeiten einer Frau gehen ihr dabei verloren und den Teilnehmern bleibt die Auseinandersetzung mit dem Konflikt erspart.

Andere versuchen, möglichst rasch das »Kompetenz-Problem« zu erledigen und haben dafür entsprechende Vorgehensweisen entwickelt:

»Am Anfang sorge ich immer dafür, daß ich einen starken Part bekomme und klotze gleich mal richtig ran, dann stellt sich die Kompetenzfrage nicht mehr.«
Oder:
»Am Anfang halte ich mich immer sehr zurück und beobachte die Leute ganz genau. Dann komme ich mit sehr persönlichen Aussagen raus, die bei dem einzelnen richtig sitzen. Dann sind alle beeindruckt.«

Seit ich akzeptiert habe, daß die Schwierigkeiten, die ich erlebe, nicht nur Ausdruck meiner persönlichen Inkompetenz und besonderen psychischen Struktur sind, seit ich also das Problem anders definiere, weigere ich mich, es mit mir allein abzumachen. Es soll nicht vom Tisch, sondern auf denselben. Dies ist notwendig, wenn auch bei Männern das Bewußtsein für ihre Schwierigkeiten im Umgang mit einer Frau in einer ungewohnten Rolle geweckt werden soll. Die Auseinandersetzung mit diesem nun als »gemeinsames« definierten Problem ist für Leiterin und Teilnehmer nicht einfach. Es ist unsinnig, das Thema abstrakt zu diskutieren – auf dieser Ebene können wir alle mühelos unsere progressiven Einstellungen schildern. Also müssen beide Seiten sich als betroffene Personen der Diskussion stellen, und damit muß die Leiterin den Anfang machen. Die Teilnehmer bedürfen oft erheblicher Ermutigung, die Ebene der besprochenen Inhalte zu verlassen und die Beziehung zwischen Dozentin und Teilnehmern zu thematisieren. Sie sehen sich nicht gern als Menschen, die mit Frauen in Leitungsfunktionen Schwierigkeiten haben und sie wissen oft keine Antwort auf die Frage: wie setzt man sich eigentlich mit einer Frau in dieser Rolle auseinander? Dennoch spreche ich geduldig und beharrlich unsere gemeinsame Situation in der konkreten Veranstaltung an, wenn ich meine, die Klärung der Verhältnisse sei notwendig, um miteinander arbeiten zu können. Im Verlauf solcher Gespräche wird oft deutlich, wieviel Angst und Hilflosigkeit sich hinter Anmache und Widerstand verbergen. Stellenwert und Ausmaß dieser Klärung sind bestimmt durch das gemeinsame Lernvorhaben und durch die Ereignisse im Seminar. Denn nach wie vor handelt es sich um eine Lehr-Lernveranstaltung für Erwachsene, in der die Leiterin zuerst Ansprechpartnerin und Lernhelferin für alle Beteiligten ist und nicht vor allem Kämpferin für die Rechte der Frau, die die Gelegenheit nutzt, den Männern eine Strafpredigt zum Thema: »Frauenfeindlichkeit« zu halten.

Immer wichtiger wird mir auch der *Mut zur Abweichung*. Als Dozentin von Männern weiche ich ab von der Frauenrolle und als weiblicher Dozent weiche ich ab von der Leiterrolle. Ich habe Verhaltensweisen, Äußerungsformen, Gefühle und Ansichten, von denen ich meinte, daß die Teilnehmer sie von männlichen Dozenten nicht gewohnt seien, manchmal unterdrückt. Ich habe zu oft darauf verzichtet, mich deutlicher zu machen, aus Angst, der Lächerlichkeit preisgegeben zu sein, aus Sorge darüber, daß ein in dieser Weise abweichendes Verhalten mit Inkompetenz gleichgesetzt würde – und ich habe erfahren, daß ich da zu ängstlich war. Aus der Befürchtung heraus, mit einem Gefühl oder einer Sichtweise allein dazustehen und damit in die »Frauenecke« gestellt zu werden, habe ich mich unnötig eingeschränkt. Diese Einschränkung kommt nicht von ungefähr, denn auch ich bin unsicher darüber, wieviel »Frau« denn in einer Leiterrolle vorkommt. Die »Frauenecke« nicht als solche zu betrachten, sondern sie zu einem freundlichen, weiträumigen Platz zu machen, bedeutet, Freiräume zu erkunden, sich Freiheiten zu nehmen und Platz zu beanspruchen. Das eigene Anders-Sein gegenüber männlichen Teilnehmern zuzulassen, in Auseinandersetzungen zu verdeutlichen und für den Lernprozeß fruchtbar zu machen, erfordert Kraft und Mut; nett sein ist einfacher.

Literatur

Baker Miller, J.: Toward a new psychology of women, Boston 1976.

Beck-Gernsheim, E.: Der geschlechtsspezifische Arbeitsmarkt, Frankfurt 1976 (= Arbeiten aus dem Sonderforschungsprogramm 101 der Universität München).

Beruf: Bildungsreferentin, in: päd. extra Sozialarbeit 6. Jg. (1982), H. 3, S. 20–38.

Fishman, P.M.: Interaction: the work women do, in: Social Problems 25. Jg. (1978), S. 397–406.

Josefowitz, N.: Paths to power, Reading, Mass. ^{2}1980.

Jurinek-Stinner, A./Weg, M.: Frauen lernen ihre Situation verändern. Was kann Bildungsarbeit dazu beitragen, München 1982 (= Reihe Erwachsenenbildung und Gesellschaft aktuell).

Königswieser, R.: Mutter – Hexe – Trainerin, in: Gruppendynamik 12. Jg. (1981), S. 193–207.

Krappmann, L.: Soziologische Dimensionen der Identität, Stuttgart ^{4}1975.

Luria, Z.: Geschlecht und Etikettierung: Der Pirandello-Effekt, in: Sullerot, E. (Hrsg.): Die Wirklichkeit der Frau, München 1979, S. 272–283.

Metz-Göckel, S.: Feminismus an der Hochschule: Erfahrungen und Überlegungen zur Arbeitsform in Frauenseminaren, in: Metz-Göckel, S.: Frauenstudium, Hamburg 1979, S. 47–48 (= Blickpunkt Hochschuldidaktik 54).

Novarra, V.: Die Geringschätzung der weiblichen Arbeitskraft, Reinbek 1982 (= Frauen aktuell Nr. 4723).

Wagner, A.: Vorurteile gegenüber Frauen als Beispiele für eine nichtbewußte Ideologie, in: Schmidt, H.D. u.a.: Frauenfeindlichkeit, München 1973, S. 123–142.

Inhaltsvermittlung

Wie bringe ich den Lernstoff
an die Teilnehmer?

Bernd Weidenmann

Das Problem der Vermittlung von Bildungsinhalten

Der Vermittlungs-Vertrag als »Falle«

Der Schülerspruch: »Alle schlafen, einer spricht; das ganze nennt man Unterricht« beschreibt treffend auch viele Veranstaltungen der Erwachsenenbildung. Bei den Didaktikern allerdings sind Frontalunterricht, Dozieren, überhaupt die sogenannten darbietenden Methoden, in Verruf geraten; entdeckende, teilnehmer- und erfahrungsorientierte Lernformen gelten als erwachsenengemäße Methodik. Das Wort im Kurs sollen vor allem die Teilnehmer haben. In einem Buch über Unterrichtsmethoden heißt es zur pädagogischen Rede: »Wir würden heute schon froh sein, wenn jeder Erwachsenenbildner, ehe er vorzutragen oder ein Gespräch einzuleiten beginnt, sich eine Viertelstunde lang gleichsam in geistige Klausur begeben, still meditieren und sich ernsthaft fragen würde: Habe ich meinen Partnern etwas wirklich Wesentliches zu sagen? Ist mein Wort notwendig?« (Pöggeler 1975, S. 227).

Manche Kursleiter beginnen ihre Veranstaltung tatsächlich mit einem hartnäckigen Schweigen. Allerdings wollen sie damit nicht kundtun, sie hätten nichts Wesentliches zu sagen; sie schweigen bekanntlich aus pädagogischen Motiven, als Botschaft an die Teilnehmer: »Ihr zuallererst tragt die Verantwortung für den Lernprozeß«. Die Mehrzahl der Kursleiter wird hingegen die eigene Praxis ganz anders wahrnehmen: Hier gibt es Lerninhalte, den »Stoff«, dort warten die Teilnehmer, ich selbst stehe dazwischen, als Medium, Vermittler, Moderator, Referent, Dozent, Aufbereiter, Darbieter. In dieser Sicht fühlt man sehr hautnah eine Verantwortung dafür, daß die Vermittlungsarbeit gelingen wird. Und ein Mißlingen ist in den meisten Kursen ja unübersehbar: Teilnehmer bleiben einfach weg, wenn ihnen zuviel unklar erscheint oder die Anforderungen zu hoch sind. Ist eine solche Abstimmung mit den Füßen organisatorisch ausgeschlossen, kommt es zum Abschalten bzw. zu niederschmetternden Wissenslücken bei gelegentlichen Kontrollfragen oder Übungen. Als Kursleiter diagnostiziert man dann, daß »nichts angekommen« sei und grübelt, welche Gründe sich dingfest machen lassen könnten: Habe ich zu viel oder zu wenig geredet? Hätte ich mehr Beispiele bringen sollen? Gab es zu viel Fremdwörter? Waren die Teilnehmer zu dumm, zu müde, zu unwillig?

Mißlungene Vermittlung erschüttert offenbar *Vermittlungserwartungen,* die jeder hegt, der die Wissensvermittlerrolle annimmt. Da ist die Erwartung, Teilnehmer und Kursleiter würden »sich verstehen«; es bestünde Übereinstimmung in Sprache und Interesse. Man hegt die Hoffnung, die Vermittlung mache die Teilnehmer kundiger, beseitige ein Informationsgefälle, mache aus Lehrenden und Lernenden schließlich eine Gemeinschaft der Eingeweihten. Und erwartet nicht im stillen der Vermittler, seine Vermittlungsarbeit werde belohnt, mit Anerkennung und Zuneigung von seiten der reicher und gleicher gewordenen Wissens-Empfänger? Dieses für die Rolle als Wissensvermittler typische Erwartungsmuster wird in der Regel von den Lernenden geteilt und mitgeteilt. Verhält sich ein Kursleiter dazu nicht konform, muß er sich auf Widerstand einstellen. Gerade Erwachsene mit hoher Bildungsmotivation – besser gesagt: ausgeprägtem Bedürfnis, Wissen anzusammeln – erwarten vom Kursleiter effektive (d.h. pro Zeiteinheit maximal verarbeitbare) Wissensvermittlung, egal ob es um Fremdsprachen oder Psychologie, um Fotografieren oder das Betriebsverfassungsgesetz geht. So gibt es nicht nur eine *Vermittlungsabsicht* von seiten der Lehrenden, sondern einen *Vermittlungsdruck* von seiten der Teilnehmer.

Teilnehmer sehen in Befragungen die Dozentenqualifikation übereinstimmend als »Vermittlungsfähigkeit«. In einschlägigen Studien wird z.B. von Kursleitern verlangt, sie müßten »Leute ansprechen können«, »nicht über die Köpfe hinwegreden und mit Fremdwörtern um sich werfen« (Schulenberg 1957). Der ungeschriebene Vertrag heißt: *»Sie als Kursleiter vermitteln mir Wissen, ich als Teilnehmer kaufe es Ihnen ab«* (wobei die Währung Geld oder Anerkennung ist, meist beides zusammen). Basis für diesen Vertrag – und dies ist so banal wie folgenreich – ist die (reale oder phantasierte) Unzugänglichkeit von Wissen für die Lerner. Wären sie der Meinung, sich die Inhalte selbst erschließen zu können, wäre ein Vermittler nicht gefragt; Bergführer leben von Gipfelhungrigen, die fürchten, sich ohne Beistand zu verirren oder abzustürzen. Auf dem Boden dieser teils angetragenen, teils selbst gewählten Situationsdefinition handeln nun Kursleiter sehr verschieden. Zwei typische Handlungsmuster sollen im folgenden kurz umrissen werden, um eine für die weitere Argumentation wichtige These zu stützen: Daß nämlich der Wissensvermittlungs-Vertrag zwischen Kursleiter und Teilnehmern eine »double-bind«-Situation darstellt, eine Zwickmühle, eine Falle, eine Einladung zu Plus-Minus-Konflikten.

Zwei Vermittler-Typen

Als erstes idealtypisches Handlungsmuster des Vermittelns sei jenes vorgestellt, das sich einem »*Authentizitäts-Dogma*« verpflichtet weiß. Der Kursleiter sieht hier seine Vermittlungsaufgabe darin, Informationen – die er ausgewählt hat oder die als Curriculum vorgegeben sind – möglichst exakt und quellengetreu zu präsentieren. Diesem Reinheitsgebot widerspricht zutiefst jede Vereinfachung und Elementarisierung; sie muß als Verfälschung erscheinen. Vermittler nach dem Authentizitäts-Dogma riskieren bewußt, daß manche Teilnehmer überfordert werden; solche Kursleiter zögern nicht, ihre Ehrfurcht gegenüber dem »reinen« Wissen über ihren – und der meisten Teilnehmer – Wunsch zu stellen, möglichst die ganze Lerngruppe des Wissens teilhaftig werden zu lassen. Mit dem tiefen Respekt vor der Wissenschaft verträgt sich ja problemlos die Überzeugung, daß nicht jeder ein Eingeweihter werden kann und muß. Es mag überraschen, daß diese Überzeugung von nicht wenigen Teilnehmern an Veranstaltungen der Erwachsenenbildung geteilt wird. Sie treten den Kurs mit einer gehörigen Portion Ehrfurcht vor dem Wissensgebiet an; verlieren sie dann den Faden, kreiden sie es oft nicht dem Vermittler an, sondern sehen sich in ihren Zweifeln bestätigt, daß die Materie für sie eben zu schwierig sei. Das Authentizitäts-Dogma schreibt dem Vermittler die Sprache vor, wie sie dem gerade behandelten Wissensgebiet angemessen ist, obwohl diese im Kontext von Forschungshandeln entsteht und dessen Strukturen wenig mit den Arbeitsstrukturen von Nicht-Wissenschaftlern gemein hat. So bleiben manche Teilnehmer nicht erst auf der Strecke, weil die Wissensstruktur zu kompliziert erscheint, sondern weil die Sprachbarrieren, die den Zugang zum Wissen versperren, zu hoch sind. Authentizitäts-Kursleiter sehen da keinen Widerspruch zur Absicht, Kontakt zum Wissen herzustellen: Nur der »unverfälschte« Zugang ist für sie ein Zugang; vereinfachen, sich Laien anpassen, das hieße von der Wissensquelle wegführen.

Eine zweite Methode zum Einlösen des Vermittlungsvertrages folgt dem *»Verständlichkeits-Dogma«*. Wer als Kursleiter danach unterrichtet, sieht sich mehr als Ombudsmann der Teilnehmer. Didaktisieren, Elementarisieren, Aufbereiten, kennzeichnen diese Vermittlungsstrategie. Sie verfolgt nachdrücklich die Hoffnung, daß jeder Teilnehmer jederzeit jede Information verstehe. Verstehensprobleme lösen bei solchen Kursleitern Alarm sowie Maßnahmen zu deren Behebung aus. Vermuten sie z.B. Sprachbarrieren, so suchen sie in Alltagssprache zu dolmetschen; erscheint ihnen der Gegenstand zu komplex, scheuen sie weder Reduktion noch Veranschaulichung durch Analogien oder durch Beispiele aus Bereichen, die den Teilnehmern vertrauter sind. Keiner soll zurückbleiben, jeder das Wissensziel erreichen, auch wenn man einen Teilnehmer zeitweise lernpsychologisch Huckepack tragen müßte.

So unterschiedlich die Vermittlung nach Authentizitäts-Dogma einerseits und Verständlichkeits-Dogma andererseits auch ausfallen mag, im entscheidenden Punkt sind sie vergleichbar: Beide Formen akzeptieren das Vermittlungs-Abkommen, wie es oben skizziert wurde (»Sie bieten mir Wissen an; ich kaufe es Ihnen ab!«). Und damit gehen Kursleiter beider Typen in die Falle: In der Absicht, den Stoff durch die Zwischenschaltung der eigenen Person zu vermitteln, verhindern oder erschweren sie Aneignungs-Erfahrungen, die die Lerner nur machen können, wenn sie mit dem Lerngegenstand unmittelbar zusammenkommen, wenn sie ihn nach ihrem Willen drehen und wenden, zergliedern und zusammensetzen, abstoßen und vereinnahmen können.

Im Authentizitätsmodell realisiert der Kursleiter seinen Part, indem er Stoffauswahl und Anordnung vornimmt, sich im übrigen aber als Diener und zugleich Experte des Wissensgebietes versteht. Dies kommt sehr nah dem »Bankierskonzept« des Unterrichts (Freire 1973): Der Pädagoge deponiert Wissen als Anlage in den Köpfen der Lernenden. Für den Teilnehmer verschmelzen aber dann Person des Lehrenden und Lerngegenstand (z.B. Wissensinhalte und ihre Produzenten) zu einem unauflöslichen Gebilde, ähnlich wie Karajan, wenn er die Neunte zum Tönen bringt, für viele Zuhörer ein wenig Beethoven wird: Die Vermittlungsprozedur suggeriert Authentizität im Sinne eines »so und nicht anders ist es«. Dazu kommt die Bevormundung durch die Vortragsmethode: Jedes Buch läßt mehr Aneignungserfahrung zu als ein Referat nach dem Authentizitäts-Dogma. Beim Text kann ich bestimmen, wo ich mit dem Lesen beginne, in welcher Reihenfolge ich vorgehe, was ich wiederhole, in welchem Tempo ich lese; und da bei diesem Medium die Person des Verfassers weniger wahrgenommen wird (das bringt auch Gefahren), fällt es leichter, die Aussagen sachlich zu analysieren oder schlicht abzulehnen. Kurz: Die Falle, in die sich der Authentizitäts-Kursleiter begibt, besteht darin, daß die Meinung, er sei »neutrales« Sprachrohr, eine Fiktion ist. Er zerstört gerade Authentizität, weil die Teilnehmer ihn als Medium von der Botschaft nicht trennen.

Aber auch Aufbereitung des Lerngegenstandes im Verständlichkeitsmodell, die Versuche der Kursleiter, den Stoff »mundgerecht« zuzubereiten, nimmt den Teilnehmern wichtige Aneignungserfahrungen. Das Aufeinandertreffen von Lerngegenstand und Lernsubjekt wird harmonisiert, und wie bei jeder Harmonisierung wird dabei Erkenntnis behindert: Erkenntnis der eigenen Position der Teilnehmer zum Gegenstand, Erkenntnis dessen Eigenart, Erkenntnis der Widerstände und der eigenen Verarbeitungskräfte. Der Verständlichkeitsdogmatiker als Erwachsenenbildner neigt zu einem Übermaß an schützendem Verhalten und muß sich fragen, ob die psychologische Deutung für überbehütendes Erzieherverhalten (Overprotection) auch für ihn zutrifft: Daß nämlich hinter dem Bestreben, anderen Mühnisse abnehmen und ihnen Belastungen ersparen zu wollen, eigene Bedürfnisse nach Unersetzlichkeit stehen, eigene Ängste und Minderwertigkeitsgefühle bei der Bewältigung von Herausforderungen. Jedenfalls stärkt solches Vermittlungsverhalten nicht die Aneignungskompetenzen bei den Teilnehmern, sondern fördert passivistische Haltungen wie z.B. die Erwartung, Lernen müsse reibungslos und ohne Umwege vonstatten gehen.

Gerade beim Thema der »Stoffvermittlung« stellt sich das für die Pädagogik allgemein gültige *Double-bind-Problem* (vgl. Doerry 1981) in aller Deutlichkeit. Kursleiter wollen – indem sie sich vermittelnd zwischen Stoff und Teilnehmer einschalten – Lernen erleichtern, das selbständiger machen soll; zugleich verstellen sie gerade durch ihr Eingreifen wichtige Aneignungserfahrungen. Die Teilnehmer wollen sich vom Vermittler helfen lassen; zugleich begeben sie sich in eine lähmende Abhängigkeit. Der Vermittlungsvertrag – Kursleiter vermitteln Wissen, die Teilnehmer kaufen es ihnen ab – hat schließlich noch eine unheilvolle Implikation, auf die dem Erfahrungsansatz verpflichtete Erwachsenenpädagogen nicht müde werden, hinzuweisen: Alles gerät in Gefahr, zu »*Stoff*« zu werden, den es in einer Wissenschaftssprache bzw. Fachsprache zu »vermitteln« gilt. Bekanntlich hat Adorno das Resultat solchen Lernens als verdinglichtes Bewußtsein beschrieben: »Das verdinglichte Bewußtsein schaltet Wissenschaft als Apparatur zwischen sich selbst und die ›Erfahrung‹; es ist ›die Unfähigkeit‹, Erfahrungen zu machen und zu irgendeiner Sache sich frei und autonom zu verhalten.« (Adorno 1964, S. 49 und S. 38) Das verdinglichte

Bewußtsein taugt gerade noch dazu, Wissen – etwa in Prüfungen – wieder zu reproduzieren weil dieses Wissen lediglich deponiert, nicht angeeignet wurde, weil es zwar verfügbar aber nicht ein Teil der subjektiven Struktur des Lerners geworden ist, wird es folgenlos bleiben. Der Lerner merkt sehr bald, »daß der pädagogische Stoff kaum handlungsbestimmend, selten orientierend ist, und verhält sich nach Gesichtspunkten eigener Lebenserfahrung und unmittelbarem ›Instinkt‹. Zum ›Stoff‹ gemachte Pädagogik verhindert selbst ihre eigene Anwendung.« (Heintel 1981, S. 22, vgl. auch Negt zur Dialektik von formaler Wissenschaftssprache und praktischem Bewußtsein in Negt 1981, S.75ff.)

Nicht Stoff vermitteln, sondern Aneignungserfahrungen

Wer als Kursleiter dem Wissensvermittlungs-Vertrag zwischen Lehrenden und Lernenden mißtraut, wird nach einer Alternative suchen: Sie soll einerseits der Notwendigkeit gerecht werden, daß »Wissen« (Fachwissen, wissenschaftliche Aussagen usw.) Lerngegenstand ist; andererseits soll sie verhindern, daß man sich als Kursleiter (mit welch lauteren Absichten auch immer) zwischen Gegenstand und Lerner stellt und der Entwicklung eines verdinglichten Bewußtseins, eines bloß äußerlichen Verhältnisses zum Wissen sowie leiterabhängigem Lernverhalten, Vorschub leistet. Die Frage lautet präzise: »Wie kann nun in der Erwachsenenbildung mit den wissenschaftlichen Erfahrungen, mit den fremden Interpretationen der Lebenszusammenhänge so umgegangen werden, daß die beteiligten Subjekte in ein produktives Verhältnis zu dieser mittelbaren Erfahrung kommen und diese mit ihrem eigenen Lebenszusammenhang zu verbinden mögen?« (Geißler/Kade 1982, S. 93) Vermitteln kann für Kursleiter somit nur heißen, dieses »produktive Verhältnis« der Lerner zum tradierten Wissen zu fördern. Anstatt Stoff zu vermitteln, geht es darum, Aneignungserfahrungen zu ermöglichen und zu unterstützen. Denn was heißt aneignen anderes als die im sogenannten Lehrstoff geronnenen mittelbaren Erfahrungen der Wissensproduzenten mit dem eigenen Lebenszusammenhang zu verbinden, als Subjekt bei dieser Tätigkeit Erfahrungen zu machen, die produktiv sind?

Kursleiter, die nicht Stoff, sondern Aneignungserfahrungen vermitteln wollen, denken und handeln anders als solche, die sich als Wissensvermittler definieren. So haben sie *ein anderes Bewußtsein von »Wissen«*. Es verliert den Resultatcharakter (Heintel 1981, S. 24f.); die Teilnehmer sollen sowohl die Gewordenheit als auch die praktischen Wirkungen von autorisiertem Wissen wahrnehmen. Diese Kursleiter arrangieren *andere Lernsituationen*. Ihre didaktischen Entscheidungen orientieren sie daran, ob und in welcher Form sie Aneignungserfahrungen zulassen. Ein Vortrag läßt z.B. nur rezeptiven, individualistischen und durch den Referenten vermittelten Kontakt mit dem Gegenstand zu; ein Projekt dagegen, das von einem praktischen Teilnehmerproblem ausgeht und in weitgehend selbst organisierter Form – mit Hilfe wissenschaftlicher und selbst erforschter Informationen – auf Veränderung dieser Praxis zielt, gibt Raum für eine Vielfalt von individuellen wie kollektiven Aneignungsformen. Prinzipiell wird die Kursleitertätigkeit dem Nachfrageprinzip folgen: Man wird sich einschalten, wenn die Teilnehmer glauben, einen zu brauchen.

Ein weiteres Charakteristikum für die Vermittlung von Aneignungserfahrungen ist der Gebrauch von Medien, speziell der Sprache. Da über Probleme bei der Verwendung von Medien der Beitrag von Dera (s. S. 141ff. in diesem Band) informiert, will ich mich auf die Rolle der *Sprache* in diesem Vermittlungs-Konzept beschränken.

Das Problem »Kommt denn überhaupt an, was ich sage?« muß den Stoff-Vermittler ganz besonders beunruhigen; wer mit Sprache aber vor allem selbständige Aneignung des Lerngegenstandes durch die Teilnehmer fördern will, wird dieses Medium häufiger für andere Funktionen einsetzen als zur Vermittlung von Wissens-Informationen. Sprache dient dann vorwiegend als Organisationsinstrument für die Herstellung aneignungswirksamer Situationen sowie dazu, Erfahrungen an wichtigen Punkten des Lernprozesses festzuhalten und auszuwerten. Beschränkt sich die Sprachverwendung im traditionellen Vermittlungsvertrag also vor allem auf das Mitteilen und Informieren, so setzt sie ein Kursleiter, der Aneignungserfahrungen vermitteln will, auch prozeßorientiert ein: Zum Anregen, Explorieren, Verbalisieren (von Erlebnissen, Emotionen, Interessen usw.), Konfrontieren (z.B. mit Fakten der Alltagswirklichkeit oder alternativen wissenschaftlichen Konzepten), Differenzieren und Abwägen, Auswerten, Zusammenfassen, Verunsichern und Ermutigen. Dies verlangt von Kursleitern mehr als gute Absichten, weil derartige Kommunikationsstile in der üblichen beruflichen Biographie – das Schülerdasein eingeschlossen – kaum entwickelt werden und dazu auch Vorbilder fehlen. Diesen Mangel an Erfahrungen bringen die Teilnehmer ebenso mit und neigen daher dazu, Kursleiter sozial zu bestrafen, wenn jene ihre Erwartungen – zum Resultatcharakter bzw. zur Eindeutigkeit von Wissenschaft und zur Bringschuld des Kursleiters im Hinblick auf die Wissensvermittlung – beharrlich enttäuschen.

Dazu folgt nun ein Beispiel aus einem Seminar. Es wurde nicht zuletzt deshalb ausgewählt, weil sicher der eine oder andere Leser ähnliche Erfahrungen mit Vermittlungserwartungen von Teilnehmerseite gemacht hat und sich entschuldigend auf sie berufen wird, wenn er am traditionellen Vermittler-Modell festhält, mag es didaktisch noch so fragwürdig sein.

Beispiel »Ich halte mich als Experte zurück«

Die folgenden Tonbandtranskripte stammen aus einem Familienseminar (Mayr-Kleffel/ Hüfner 1977, S. 280f.) mit Eltern als Teilnehmern. Der Ausschnitt gibt die Kritik einer Teilnehmerin (»T«) am Verhalten der Dozentin (»D«), einer Psychologin, wieder. Am Kursabend davor waren über das Thema »Märchen« Unstimmigkeiten zwischen Teilnehmern entstanden. Von der Dozentin war erwartet worden, als Expertin das letzte Wort zu sprechen und eine gültige Empfehlung abzugeben. Die Dozentin meinte: »Ja, ich wehre mich eigentlich ein bißchen dagegen, daß ich immer das Abschlußwort spreche. Man hat ja gesehen, es gibt hier verschiedene Meinungen dazu, aber im Grunde geht's doch darum, daß hier doch alle sehen, daß das Problem mit diesen grausamen Märchen in irgendeiner Form besteht.« Darauf nun bezieht sich am nächsten Kursabend eine Teilnehmerin:

T: »Ja aber wissen Sie, wenn ich mir so ein Thema anhöre, dann mach ich einen gemütlichen Kaffeenachmittag und lade die Damen und Herren ein und dann reden wir mal ein bißchen, und ich will die Meinung jedes einzelnen wissen. Aber wenn eine konkrete Frage gestellt wird, wie die von der Frau ... und zwar an die Leiterin, dann hätte man doch gern von der Psychologin die konkrete Antwort gehabt. Das hat mich offen gestanden sehr gestört, daß Sie sich so zurückgehalten haben, daß man nichts gehört hat, nichts, nichts. Man hat alle anderen gehört, nicht uninteressant, es hat mich schon interessiert, aber da mach ich einen gemütlichen Kaffee am Nachmittag und dann wird das viel zünftiger, weil ich dann auch was zum Essen krieg.«

D: »Ja, einmal finde ich die Idee mit dem zünftigen Kaffee gar nicht so schlecht. ... Ich spreche damit an, daß man sich selbst noch einmal zusammentut und die Probleme, die einen generell interessieren und die für einen wichtig sind, nochmal beredet. Aber das andere Problem, ich meine das hatten wir mehrfach angesprochen mit der Leitung und dem Schlußwort des Psychologen. Das hat halt seine Schwierigkeit. Wenn ich was sage, ich kann ihnen im Grund nur das vermitteln, was ich selbst theoretisch mitgekriegt habe, während meines Studiums, zum anderen eben meine persönliche Meinung. Das vermischt sich ein bißchen, natürlich, ich weiß. Und ich bin kein Spezialist für Märchen z.B. wenn ich Ihnen da z.B. meine Meinung kundtue, dann hat die ein bestimmtes Gewicht, weil ich als Psychologin hier sitze. Und das ist meiner Meinung nach eine gewisse Gefahr, daß man das übernimmt und als etwas wissenschaftlich fundiertes und damit richtiges anwendet, ohne daß man selber noch einmal darüber nachdenkt. Und deswegen versuche ich immer, mich ein bißchen zurückzuhalten und nur, wenn ich eine andere Meinung habe oder wenn ich glaube, daß das hier in eine falsche Richtung läuft, einzugreifen, weil ich es eben für wichtiger halte, daß Sie sich selbst Gedanken darüber machen, denn Sie müssen Ihre Kinder erziehen, nicht ich.«

T: »Ja sicher, wir haben uns auch Gedanken gemacht, sonst wären wir vielleicht gar nicht mit dem Thema gekommen ..., aber wir haben halt nicht mehr aus noch ein gewußt und haben halt gedacht, jetzt fragen wir mal ganz konkret, um eine Antwort zu bekommen.«

Dieses Beispiel enthält so viele für die Erwachsenenbildung typische Aspekte, daß es schwerfällt, sich bei der Analyse auf das Thema »Vermittlung und Aneignungserfahrungen« zu konzentrieren. Im Hinblick auf diese Dimension läuft folgendes »Spiel«:

T zur D: »Sag mir, was richtig ist.«
D »Es gibt kein richtig. Sei kein Kind.«
T: »Ich weiß nicht, was richtig ist.«

Spiele-Deuter Berne (1967) könnte für Kindheits-Ich-Verhalten kaum ein eindrucksvolleres Beispiel präsentieren als es die Teilnehmerin hier an den Tag legt. Sie definiert nicht nur sich selbst als inferior, sondern macht deutlich, daß sie die Meinungen der anderen »Teilnehmer-Geschwister« ebenfalls für unbedeutend hält (als Szenarium wählt sie das Kaffeekränzchen; es könnte auch ein Kindergeburtstag sein, bei dem der Kuchen als regressives Dekor nicht fehlen darf). Die Kursleiterin hat es entsprechend schwer, die massiv angetragene Komplementär-Rolle des Eltern-Ichs (wie sie im Wissensvermittlungs-Vertrag angelegt ist) zu verweigern. In den abgedruckten Passagen hält sie diese Linie durch (nach Berne »Erwachsenen-Ich«); sie vermeidet z.B. jegliches »Sie sollten«, »Sie müßten«. Ganz eindeutig ist ihre Absicht, den manifesten Konflikt für den Lernprozeß fruchtbar werden zu lassen, die Enttäuschung der Teilnehmerin als Lernchance zu nutzen. Das Protokoll ist zugleich eine Illustration für Verwendungsweisen von Sprache, die im Stoffvermittlungs-Modell fehlen: z.B. Metakommunikation, die Verbalisierung von subjektiven Meinungen, Wünschen, Erlebnissen. Sprache muß also keineswegs – wie bisweilen behauptet wird – Erfahrungen totschlagen; sie tut dies nur, wenn sie auf die immanent autoritäre Vermittlung von Fachwissen beschränkt bleibt oder wenn nur noch geredet, nicht mehr gehandelt wird. Aneignungsfördernde Dialoge wie im Beispiel »Elternseminar« können sich nicht entwickeln, wenn sich Kursleiter für mehr oder weniger autoritäre Vermittlungsformen entscheiden; Frontalmethoden »schützen« umgekehrt auch vor Auseinandersetzungen dieser Art (wie sie die Teilnehmer vor Lernen »schützen«). Die im Beispiel gewählte Form der Kleingruppen-Diskussion machte hier die Situation erst möglich und erfahrbar, daß sich zwischen Teilnehmern Meinungsverschiedenheiten auftun, die als Spannung erlebt werden und das »heilige Psychologin, steh uns bei« auslösen. An dieser Stelle allerdings verschenkt die Kursleiterin m. E. Chancen, weitere Aneignungserfahren zu vermitteln. Sie unterbricht – und gibt damit faktisch dem Ausweichversuch der Teilnehmerin nach – die Lernarbeit gerade an der Stelle, wo die Aneignungs-Arbeit in die entscheidende Phase kommt. Konsequent nach dem zuletzt skizzierten Modell zur Vermittlung von Aneignungserfahrungen wäre gewesen, alles zu tun, um die Diskussion bis zu einer Einigung innerhalb der Gruppe weiterzuführen. Als konkrete Vermittlungs-Interventionen von seiten der Kursleiterin hätten sich z.B. angeboten: Anregen der Gruppe, abzustimmen, ob man die Kontroverse bis zur Klärung weiterführen solle; Appell an die Gruppe, die Herausforderung durch den Gegenstand anzunehmen; Frage an die Teilnehmer, ob sie mit dem erreichten Stand der Arbeit (Kontroverse) schon zufrieden seien.

Eine Fortsetzung der Kontroverse bis zu einer Einigung hätte unmittelbarer die Ziele der Kursleiterin realisieren können, daß die Teilnehmer sich und ihre Äußerungen ernst nehmen, daß sie selbständig weitere (auch wissenschaftliche) Informationen zur Klärung suchen, daß sie schließlich – dann aber mit einem guten Gefühl – die Ambiguität des »es kann so oder so richtig sein« akzeptieren. Die Kursleiterin hätte in dieser Version mehr auf *die Kraft der (von ihr mit-)arrangierten Situation* gesetzt während sie im Beispiel ihre Vermittlungsaufgabe über Sprache, verbal-aufklärend, zu lösen suchte.

Man könnte einwerfen, das Thema »Märchen« sei ohnehin nur als Seitenthema in den Seminarablauf geraten und so habe auch die Zeit gefehlt, die inhaltliche Diskussion konsequent weiterzutreiben. Deshalb habe die Kursleiterin den kürzeren Weg gewählt und ihre Absichten verbal zu erreichen versucht. Jeder professionelle Vermittler kennt das Argument der knappen Zeit und weiß doch im selben Moment, daß der Vollständigkeits-Anspruch, alles Geplante im Kurs zu vermitteln, gerade die unplanbaren Glücksfälle verstreichen läßt, wo Aneignung gelingen könnte. Wer nicht Stoff, sondern Aneignungserfahrungen vermitteln will, muß bescheiden werden, weil sein Anspruch so hoch ist. Es genügt was Botho Strauss fürs Theater wünscht:

»Nicht das Aha! des Festgestellten und Durchschauten möge dem Menschen und Zuschauer entschlüpfen, sondern nun ein Ha! – staunend ein winzig Wesentliches erwischt zu haben.«

Literatur

Adorno, Th. W.: Philosophie und Lehrer, in: ders.: Eingriffe, Frankfurt 1964, S. 29ff.

Berne, E.: Spiele der Erwachsenen, Reinbek 1967.

Doerry, G.: Sozialemotionale Bedingungsfaktoren des Lernverhaltens von Erwachsenen, in: ders. u. a. (Hrsg.): Bewegliche Arbeitsformen in der Erwachsenenbildung, Braunschweig 1981, S. 9–62.

Freire, P.: Pädagogik der Unterdrückten, Reinbek 1973.

Geßler, Kh.A./Kade, J.: Die Bildung Erwachsener, München 1982 (darin Kap. 5: Integration von lebensweltlicher und wissenschaftlicher Erfahrung im Bildungsprozeß, S. 93ff.).

Heidack, C. (Hrsg.): Lernen der Zukunft – Kooperative Selbstqualifikation, München 1989.

Heintel, P.: Verdirbt die Wissensvermittlung die Lehrerpersönlichkeit? in: Gudjons, H./Reinert, G.-B. (Hrsg.): Lehrer ohne Maske, Königstein 1981, S. 17–31.

Mayr-Kleffel/Hüfner, K.: Veranstaltung der Elternbildung 11: Inhalte und Methoden, München 1977.

Negt, O.: Soziologische Phantasie und exemplarisches Lernen, Frankfurt 1981 (Neuauflage).

Pöggeler, F.: Methoden der Erwachsenenbildung, Freiburg 1975.

Prenzel, M. (Hrsg.): Autodidaktisches Lernen, in: Unterrichtswissenschaft, Heft 3, 1990.

Schulenburg, W.: Ansatz und Wirksamkeit der Erwachsenenbildung, Stuttgart 1957.

Strauss, B.: Paare, Passanten, Frankfurt 1981.

Weidenmann, B.: Durch die Technik dem Schlaraffenland immer näher. Über die zunehmende Verhätschelung des Lerners, in: Congress und Seminar, Heft 6 1988, S. 25–26.

Institutionelle Kontrolle

Am liebsten ist es mir, wenn
sich der Veranstaltungsträger
aus dem Kursgeschehen
möglichst heraushält!

Raúl Claro

Das Problem der institutionellen Kontrolle

Das Grundrecht der Freiheit der Lehre[*] gilt auch im Bereich der Erwachsenenbildung (vgl. Becker/Sensky 1974, S. 307 und 313). In der Praxis aber unterrichtet der Dozent im Spannungsfeld konkurrierender Interessen. Diese erlegen ihm Grenzen auf und machen ihm gelegentlich das Leben schwer. Daher das Thema dieses Beitrags.

Die Lernbeziehung

Wie kaum ein anderer Teil des Bildungswesens bezieht sich die Erwachsenenbildung auf die Interessen ihrer Teilnehmer. Mindestens in diesem Sinne dürfte das didaktische Prinzip der *Teilnehmerorientierung* verstanden werden, das in der bundesrepublikanischen Erwachsenenbildung gegenwärtig eine zentrale Rolle einnimmt. Zwei Momente sind dabei ausschlaggebend. Die Teilnehmer sind erwachsen, *mündig,* bedürfen also nicht der curricularen Führung durch die Kultusministerien. Sie kommen auch meist *freiwillig* in die Kurse, machen also das Veranstaltungs-Lehrziel zum eigenen Lernziel. Diesem starken Bezug der Lernsituation auf die Teilnehmerinteressen entspricht wiederum deren ebenfalls oft sehr starke Verankerung in persönlichen Motiven des Dozenten. Bei einer Berliner Untersuchung nennen Dozenten als wichtigste Gründe für ihre Tätigkeit in der Erwachsenenbildung: »Es macht mir Freude zu unterrichten«, »Ich treffe in der Volkshochschule (... im Gegensatz zur Schule) auf lernwillige Teilnehmer« und »Mein fachliches Angebot wird dringend benötigt«. (Vgl. Dieckmann 1981, S. 85ff.)

In diesem Sinne können wir von einer besonders intensiven didaktischen Beziehung in der Erwachsenenbildung zwischen Dozenten und Teilnehmern sprechen. Die Teilnehmer übertragen dem Dozenten viel Macht, sie setzen in ihn hohe Erwartungen, da sie von ihm die Förderung eigener, oft zentraler Interessen erhoffen. Sie gehen dann aber auch mit ihm hart ins Gericht, wenn er diese Erwartungen nicht erfüllt. Der Dozent in der Erwachsenenbildung arbeitet an exponierter Stelle. Er geht auch oft – wie die oben genannte Untersu-

---

[*] »Im Rahmen dieses Gesetzes gilt der Grundsatz der Freiheit der Lehre« (Gesetz über Weiterbildung im Lande Bremen, 3 [7]); »Die Freiheit der Lehre ... werden gewährleistet« (Gesetz zur Förderung der Erwachsenenbildung in Bayern, Art 4. [3]).

chung von Dieckmann zeigt – mit großem Einsatz an seine Aufgabe heran, der vor allem den inhaltlichen und teilnehmerbezogenen Aspekten der Tätigkeit gilt (die finanziellen treten als Folge eher geringer Bezahlung zurück).[*]

Interessenkonflikte

Diese Beziehung zwischen Teilnehmern und Dozenten vollzieht sich aber nicht im leeren Raum. Unmittelbar findet sie in einer Institution statt, die ihr eine Form gibt. Mittelbar wirken auch auf sie die verschiedenen organisierten Interessengruppen: Parteien, Staat, Kirchen, Wirtschaftsverbände, Arbeitnehmerorganisationen. In einer ständigen Bewegung findet hier ein Interessenausgleich statt, der zu immer neuen Lösungen führt, aber auch immer wieder in Frage gestellt werden und zu Konflikten führen kann. Somit besteht für den Dozenten nicht nur die Möglichkeit von Konflikten mit seinen Teilnehmern, sondern auch die von Konflikten mit der Institution der Erwachsenenbildung, in der er arbeitet, und mit den gesellschaftlichen Gruppen, die sich für die Erwachsenenbildung interessieren. Seine Tätigkeit im Kurs ist ja das zentrale Moment der ganzen Erwachsenenbildung und der Konvergenzpunkt aller Interessen, die dabei im Spiele sind. Die Herstellung von Gütern in industriellen Prozessen mag inzwischen vor allem Sache von mehr oder weniger automatisch arbeitenden Maschinen sein; in der Erwachsenenbildung ist der »Arbeiter«-Dozent die bestimmende Größe.

Kontrollen

Daher ist es verständlich, daß die Frage der Kontrolle bzw. der institutionellen Reglementierung im Kurs eine wichtige Rolle spielt. Sie ist im Grunde nur die Fortsetzung des Auswahlprozesses von Themen und Dozenten, die unter verschiedenen Kriterien die Erwachsenenbildungsinstitutionen vornehmen – und des Planungsprozesses, die diese aufgrund von Richtlinien und konkreten Programmentscheidungen zusammen mit den jeweiligen Dozenten vor Durchführung des Kurses in Gesprächen und Diskussionen vollziehen. Die Kontrollformen sind vielfältig. Einerseits üben die Teilnehmer selbst Kontrolle auf den Dozenten aus. Zwar kann man nicht vor »institutioneller Kontrolle« sprechen, solange eine Auseinandersetzung zwischen Teilnehmern und Dozenten im Kurs selbst geführt und zu Ende gebracht wird – eher von einer konsequenten »Teilnehmerorientierung«. Aber die Teilnehmer wenden sich mit ihren Beschwerden auch an die Institution, gelegentlich sogar

---

[*] Bei der Berliner Erhebung rangieren die »finanziellen Gründe erst an vierter Stelle ..., gefolgt von dem Wunsch, bestimmte Zielgruppen zu erreichen und seiner sozialen Verantwortung auch in der Erwachsenenbildung gerecht zu werden.« *(Dieckmann* 1981, S. 87)

an andere gesellschaftlich einflußreiche Gruppen, an die Aufsichtsgremien, ja an die Öffentlichkeit (ein Fall dieser Art Kontrolle wird später geschildert). Und sie lösen dadurch Maßnahmen aus, die Kontrollcharakter annehmen: Erkundungen über den Unterrichtsstil des Dozenten, seine Inhalte und Methoden, über Reaktionen der Teilnehmer. Und gegebenenfalls Eingriffe der Institution zur Beseitigung der wahrgenommenen »Mißstände«, die von Mahnungen und Forderungen an den Dozenten bis zu seiner Kündigung reichen können.

Die Institution hat aber auch ihr Kontrollsystem. Zum Beispiel Hospitationen in den Kursen, Teilnehmerlisten, regelmäßige mündliche oder schriftliche Befragung der Dozenten über den Kursverlauf, gelegentliche Befragung von Teilnehmern.

Schließlich wird die Arbeit einer Institution der Erwachsenenbildung auch von der Öffentlichkeit oft aufmerksam verfolgt, so daß ein Kurs Gegenstand von Fragen, Lob oder Kritik seitens gesellschaftlicher Gruppen oder Medien werden kann. Im Falle von Verdächtigungen oder Beschwerden wird sich die Leitung der Institution meistens veranlaßt sehen, einzugreifen.

Im normalen Ablauf der Erwachsenenbildungsarbeit wird vom Dozenten diese Präsenz der Institution bei seinem Unterricht nicht unbedingt als störend erlebt. Sie kann im Gegenteil Sicherheit bieten, da sie einen klaren Rahmen, klare Regeln setzt. Der Dozent weiß woran er ist, seine Verantwortung ist dadurch begrenzt. Er kann auch in gewissem Umfang mit dem Schutz der Institution im Falle von Angriffen der Teilnehmer oder von Teilen der Öffentlichkeit rechnen.

Gelegentlich aber kommt es zu einem Konflikt – und die unterschiedlichen bzw. gegensätzlichen Interessen prallen aufeinander. Der Dozent muß sich damit auseinandersetzen. Wie?

Schilderung eines Falles

Vor einigen Semestern leitete ich einen Kurs im Bereich der politischen Bildung. Das Thema war Peru, eine Einführung in die allgemeine soziale und wirtschaftliche Problematik des Landes. Ich fing damit an, daß ich einen peruanischen Film zeigte, die Verfilmung eines Klassikers der peruanischen Literatur, der den Kampf zwischen Großgrundbesitzern und indianischen Bauern schildert, als Dürre und Hungersnot die Region bedrohen. Nach der Vorführung setzte ich mich mit den Teilnehmern zu einer Besprechung zusammen. Da mein Thema für die nächsten Stunden »Theorien der Unterentwicklung« sein sollte, fragte ich die Teilnehmer nach ihrer Meinung: Welches sind die Zeichen und Ursachen der Unterentwicklung? Eine Dame nahm das Wort, beklagte, daß der Film äußerst einseitig wäre und bezog sich auf ihre Erfahrungen während eines Aufenthaltes in Ecuador. Da habe sie erfahren, daß manche Firmen auch gegen guten Lohn keine Einheimischen zum Arbeiten bewegen könnten. Faulheit, Bequemlichkeit, seien bestimmende Gründe für die Unterentwicklung.

Die anderen Teilnehmer reagierten zum Teil recht heftig auf diese Meinung, mit Spott und Ärger. Ich nahm die Teilnehmerin in Schutz, denn ich wollte nicht, daß irgendwelche Meinungen im Kurs unterdrückt würden. Durch Fragen und schließlich in der Zusammenfassung versuchte ich, ihre Ansicht (die übrigens eine weitverbreitete »Unterentwicklungstheorie« darstellt) zu präzisieren, neben die anderen Meinungen zu stellen und sie so in den Kurs zu integrieren. Es half aber nichts. Bei dem nächsten Treffen war sie, zu meinem Bedauern, nicht mehr da. Sie erschien auch im weiteren Verlauf des Kurses nicht wieder. Und in meinem Bedauern war eine Spur Angst. Einige Wochen nach dem Kurs kamen dann Briefe. Die Stadtverwaltung und das Kultusministerium wollten eine Stellungnahme der Institution zu den Vorwürfen eines nicht näher bezeichneten Kursteilnehmers der Peru-Veranstaltung. »Massenagitation, Vorführung eines einseitigen Films, Befürwortung einer gewaltsamen Revolution« waren einige der Vorwürfe.

Meine Stellungnahme, die die oben beschriebene Schilderung enthielt und die Vorwürfe zurückwies, wurde von der Institution akzeptiert. Und schließlich auch von der Beschwerdeführerin selbst, die sich später zu erkennen gab und sich zu einem persönlichen Gespräch bereit erklärte. Damit waren dann auch die Stadt und das Kultusministerium zufrieden und alles schien bereinigt ... obwohl die Frage bleibt: ist nicht etwas hängengeblieben? Wird mein Handeln bei solchen Kursen künftig genauso unbefangen, meine Stellung als Dozent genauso sicher wie vor diesem Vorfall sein?

Analyse des Falles

Die Teilnehmerin

Hier haben wir also einen Fall, bei dem Kontrollmaßnahmen von einem Kursteilnehmer initiiert werden. Dieser setzt staatliche Aufsichtsinstanzen in Bewegung, die schließlich die Erwachsenenbildungsinstitution zur Kontrolle veranlassen. Auf diesen verschiedenen Ebenen kann man sich die Frage stellen: was hat die Teilnehmerin (die staatliche Instanz bzw. die Institution) bewogen, gegen diesen Kurs vorzugehen bzw. ihn zu kontrollieren? Mit welchen möglichen Absichten? Waren die Methoden und Formen angemessen? Wie hätte ich anders reagieren können – gegenüber der Teilnehmerin im Kurs und nachher, als die Beschwerden eintrafen, gegenüber der Institution?

Zunächst also, was hat die Teilnehmerin zu diesen Angriffen veranlaßt? Soweit ihre Interessen auf eine Wissenserweiterung bezüglich Peru und seiner Unterentwicklung gerichtet waren – Lehrziel des Kurses – hatte sie keinen Grund zur Klage. Wie gut wissenschaftlich fundiert, wie gut didaktisch, ja wie ausgewogen das Thema im Kurs insgesamt behandelt wurde, konnte sie selber nicht unbedingt beurteilen, da sie den Kurs nach dem ersten

Abend verließ. Vielleicht waren im Kurs die Voraussetzungen nicht gegeben, die für sie aber unerläßlich waren, damit sie ihr Interesse an einer Wissenserweiterung befriedigen konnte (ich unterstelle, daß sie nicht von vornherein den Kurs ausschließlich mit Kontrollabsichten besucht hat). Was könnten diese Voraussetzungen sein? Ich kann nur meine Vermutung äußern, daß sie im Kurs eine bestimmte Denkweise vertreten sehen wollte, eine bestimmte, heute wissenschaftlich überholte Analyse von Unterentwicklung hören wollte, die ihre Ursachen mehr in individuellen, in rassenbiologischen, in klimatischen Gegebenheiten als in machtpolitischen und wirtschaftlichen Strategien sieht. Und sie ertrug es nicht, daß ihre Sicht der Unterentwicklung von einem Film, vom Dozenten oder von der Mehrheit der Teilnehmergruppe in Frage gestellt wurde.

Aus der sozialpsychologischen Einstellungsforschung wissen wir, daß der Änderung von Einstellungen Widerstand entgegengesetzt wird und diejenigen Informationen gesucht und akzeptiert werden, die die bestehende Einstellung bestätigen. Gegengerichtete Informationen werden dann gemieden oder abgewehrt, bevor sie das ursprüngliche Orientierungsmuster angreifen können. Soweit mußte ich auf Probleme dieser Art gefaßt sein. Was mich aber überrascht hat, war die heftige Reaktion der Teilnehmerin trotz meiner Versuche, eine sachliche und offene Atmosphäre zu schaffen (mir schien gerade wichtig, daß die überholten Erklärungen auch die Chance bekamen, anhand neuer Gedanken und Forschungsergebnisse überprüft zu werden). Es wurde mir stärker bewußt, daß die Kriterien wissenschaftlicher Objektivität und Überprüfbarkeit keineswegs immer ausschlaggebend für die Qualität von Informationen in den Augen der Teilnehmer sind. Oft spielt die entscheidende Rolle für deren Akzeptanz eher die Bedeutung der Informationen für besondere Einstellungen und Interessen. Der Lernprozeß ist somit nicht ein vom Dozenten vollständig planbarer und steuerbarer Vorgang. Seine Angebote, seine Beiträge werden ihm quasi aus der Hand gerissen und in einem beim Teilnehmer selbständig (wenn auch keineswegs isoliert oder unbeeinflußbar) ablaufenden Prozeß für die eigenen Ziele und nach den eigenen Gesetzen verwertet (vgl. Claro 1980, S. 330ff.). Dies zeigt die realen Grenzen des Dozenten und seiner Verantwortung für das Endergebnis eines Lernprozesses.

Warum hat sich die Teilnehmerin des Peru-Kurses gleich an die Stadtverwaltung und Regierung gewandt, statt ihre Beschwerden an mich oder an die Institution zu richten? Vermutlich lag ihr daran, nicht nur den Dozenten, sondern gleich die gesamte Institution zum Gegenstand von Kontrollen zu machen. Sie wußte wohl, daß in den Wirbel politischer Interessen nicht nur ein einzelner Dozent, sondern schnell auch eine gesamte Einrichtung geraten kann. Dies zu erreichen war wohl ihr Anliegen.

Die Landesregierung und die Stadtverwaltung sahen sich veranlaßt, den Vorwürfen nachzugehen und die Institution um Stellungnahme zu bitten (an sich auch keine Selbstverständlichkeit, denn sie hätten sich auch auf die in den Gesetzen garantierte Freiheit der Dozentenwahl und der Selbstverwaltung für die Trägerinstitutionen berufen und die Beschwerdeführerin an diese verweisen können). Die Institution wandte sich sogleich an mich.

Die Institution

Andere Reaktionen der Institution wären denkbar gewesen. Sie hätte scharf gegen mich vorgehen können, die Teilnehmer befragen, Unterlagen fordern, mich zum Vorfall ausfragen können. Oder sie hätte sich selbstbewußter zeigen können und genauere Schilderungen und Beweise von der Beschwerdeführerin verlangen können. Der Weg, den sie wählte, scheint mir aber geeignet, die verschiedenen hier tangierten Interessen einer Institution der Erwachsenenbildung zu schützen (vgl. Dieckmann 1980, S. 295ff.). Konflikte mit einflußreichen Gruppen und vor allem mit dem Staat sind für alle Erwachsenenbildungsinstitutionen unangenehm, oft nachteilig und gefährlich. Da sie wiederum nie ganz zu vermeiden sind, liegt es in ihrem Interesse, sie klein zu halten und schnell zu lösen. Der gewählte Weg war in diesem Sinne der unauffälligste und schnellste, da dadurch die Bereitschaft gezeigt wurde, auch mangelhaft vorgetragene Vorwürfe ernst zu nehmen und ihnen nachzugehen. Mir als Dozenten wurde wiederum die Gelegenheit gegeben, mich selbst zu verteidigen und die Vorwürfe zu entkräften. Der mögliche Effekt einer gewissen Warnung, die mich in der Zukunft vorsichtiger machen würde, lag auch in der Linie der Institutionsinteressen. Ihre Kontrollmöglichkeiten über das, was in den Kursen passiert, ist ja recht begrenzt (vgl. Wittenberg 1980, S. 308). Sie muß sich meistens darauf verlassen können, daß die Dozenten die abgesprochene Planung ohne große Abweichungen durchführen.

Über diese Erfahrung wurde mir besonders deutlich, daß Erwachsenenbildungsinstitutionen einerseits eine Vermittlerrolle zwischen Teilnehmern, die lernen wollen, und Dozenten, die lehren wollen, spielen, sie aber keineswegs bereit sind, jeden Lern- und Lehrwunsch zu erfüllen. *Was* (Inhalte) und *wie* (Methoden) gelehrt bzw. gelernt wird, muß bestimmten Kriterien genügen, die allerdings nicht immer deutlich formuliert sind. Diese Kriterien können positiv wirken und weisen dann darauf hin, welche Themen, Inhalte und Methoden angeboten werden sollten. Oder sie wirken negativ, indem sie gleichsam die Grenzen angeben, den Filter bilden, der die akzeptablen von den inakzeptablen Inhalten bzw. Methoden trennt. Die wichtigsten positiven Kriterien sind einerseits die jeweiligen bildungspolitischen Schwerpunkte der Institution (die evtl. gruppengebundene Interessen widerspiegeln können, wie etwa bei kirchlichen Institutionen), andererseits die Nachfrage der Teilnehmer und Angebote potentieller Dozenten. Negativ sind vor allem drei Dimensionen zu nennen, die sich gleichsam additiv verhalten: eine günstige Ausprägung in einer kann eine ungünstige Ausprägung in einer anderen für einen Kurs wettmachen. Es sind: Wissenschaftlichkeit, gesellschaftliche Anerkennung, Berührung bedeutsamer Interessen allgemeiner oder lokaler Art. Wissenschaftlich stark untermauerte oder gesellschaftlich als solide anerkannte Inhalte können eher kritisch gegenüber Machtinteressen sein; Inhalte, die diese nicht berühren – etwa die Art und Weise, wie eine griechische Mousaka zubereitet wird – können dagegen einseitig oder unwissenschaftlich vorgetragen werden, ohne sich Vorwürfen ausgesetzt zu sehen. Inhalte, die wiederum nicht als wissenschaftlich ausgewiesen gelten bzw. noch sehr umstritten sind (Yoga und einige psychologische Schulen könnten hier als Beispiel dienen) werden den Filter trotzdem passieren, wenn die öffentliche Meinung sie hinreichend anerkannt hat.

Reaktionen des Dozenten

Diese Erfahrungen und Überlegungen lassen mich auch andere Handlungs- und Lösungsmöglichkeiten überdenken. Wie hätte z.B. meine Kursplanung und -ankündigung anders aussehen können, um solche Konflikte mit den Teilnehmern zu vermeiden? Dies ist ein grundlegendes Problem bei vielen Kursen in der Erwachsenenbildung, die sich mit ihren Themen auf Einstellungen der Teilnehmer beziehen, wie z.B. in der politischen Bildung, im Bereich der Psychologie oder der Erziehung. Es geht bei der Kursankündigung darum, das Kursthema für die künftigen Teilnehmer interessant und werbewirksam zu formulieren, so daß möglichst viele zum Kursbesuch und zur Mitarbeit im Kurs angeregt werden. Das verlangt aber, daß die Formulierungen sich weitgehend an die Erfahrungen und Begriffe der künftigen Teilnehmer, an die ihnen eigene Sicht des Problems anlehnen. Denn die Begriffe des Dozenten und die wissenschaftliche Sicht, die im Kurs vermittelt werden soll, sind ihnen noch fremd – ex definitione, da sie gerade deswegen den Kurs besuchen sollten, um sich mit der neuen Sicht auseinanderzusetzen. In solchen Fällen steht der Dozent vor der Alternative – etwas überspitzt gesagt – seine Ankündigung voll nach seinen inhaltlichen Vorstellungen zu schreiben – um den Preis, daß sie vielleicht unverständlich oder abweisend wirkt –, oder sich inhaltlich selbst zu verleugnen, indem er eine Inhaltsbeschreibung vornimmt, die er für wissenschaftlich falsch oder zumindest überholt hält. Es gilt eine Kompromißformulierung zu finden, hinter der einerseits der Dozent stehen kann und die andererseits von den künftigen Teilnehmern auch verstanden und angenommen wird. In bezug auf meinen Fall schien nun dies gelungen zu sein. Da also lag das Problem nicht unbedingt.

Meine Strategie gegenüber der Gruppe, als die Teilnehmerin den Film kritisierte und ihre Unterentwicklungstheorie unterbreitete, bestand darin – wie ich sie bei der Schilderung des Falles erläuterte –, erst einmal ihren Beitrag unvoreingenommen aufzunehmen und neben die Beiträge der anderen zu stellen. Dabei mußte ich sie gegen Angriffe anderer Teilnehmer in Schutz nehmen, die ihre Meinung politisch und menschlich negativ bewerteten. Ich hielt mich mit meiner eigenen Meinung – daß ihre Ansicht schon von einem wissenschaftlichen Standpunkt her fragwürdig war – so weit wie möglich zurück. Mein Ziel war, im Kurs eine tolerante und für eine Meinungsvielfalt offene Atmosphäre zu erreichen und dadurch die Teilnehmerin für die weitere Teilnahme und eine vertiefte Auseinandersetzung auf dem Thema zu gewinnen. Dazu kam es aber indes nicht. Hätte ich mich anders verhalten können? Nur wenn ich massiv und konsequent für ihre »Unterentwicklungstheorie« und gegen diejenigen der anderen Teilnehmer Partei ergriffen hätte, wäre es denkbar gewesen, daß der Konflikt anders verlaufen wäre. Das war mir inhaltlich jedoch nicht möglich.

Es war auch keineswegs so, daß alle anderen Teilnehmer einer Meinung waren; es gab durchaus unterschiedliche Ansichten. Aber alle anderen konnten sich in einen Lern- und Diskussionsprozeß begeben. Ich muß deshalb die ablehnende Reaktion der Teilnehmerin nicht einem offenkundlichen didaktischen Fehler zuschreiben, sondern sie als eine zwar selten auftretende aber nicht grundsätzlich zu vermeidende Folge polarisierter und sehr emotional bestimmter politischer Standorte interpretieren. Der Anspruch, bei politisch brisanten Themen allen Teilnehmererwartungen zu entsprechen ist zudem idealistisch. Schon bei politisch wenig kontroversen Themen ist dies kaum möglich, denn allein der Unterrichtsstil und die didaktische Vorgehensweise werden von den Teilnehmern unterschiedlich beurteilt und in Extremfällen so kritisch, daß diese den Kurs abbrechen. Je mehr Möglichkeiten allerdings die Teilnehmer haben, ihre Kritik und ihre Einwände *im Kurs* selbst zu äußern, desto unwahrscheinlicher ist es, daß sie vom Kurs wegbleiben. Jede diesbezügliche Äußerung kann Spannungen lösen, und der Dozent hat Gelegenheit, wenn er gelassen bleibt, auf diese Einwände einzugehen, sie aufzunehmen und die die Teilnehmer eher motivierenden Momente stärker zu betonen.

All diese Erfahrungen haben bei mir die Erkenntnis bestärkt, daß Konflikte, die im institutionellen Rahmen der Erwachsenenbildung entstehen, nicht unter allen Umständen zu vermeiden sind, sondern ausgetragen werden müssen und können. Es ist möglich und es soll auch möglich bleiben, daß Dozenten und Teilnehmer in ihren Kursen Standpunkte vertreten, die nicht immer von allen geteilt werden bzw. kontrovers sind. Wichtig scheint mir dabei zu sein, daß diese inhaltlichen Positionen hinreichend begründet sind und daß den Gegenpositionen argumentativ und fair begegnet wird. Die Konflikte, die dabei entstehen, sind unvermeidlicher Teil unserer täglichen Arbeit in der Erwachsenenbildung.

Literatur

Becker, A./Sensky, K.: Band 2: Handbuch der Erwachsenenbildung, Management und Recht der Erwachsenenbildung, hrsg. von F. Pöggeler, Stuttgart 1974.

Claro, R.: Was machen die Teilnehmer mit der Erwachsenenbildung? in: Volkshochschule im Westen. Jg. (1980), S. 330–332.

Dieckmann, B. Verwaltung und Weiterbildung – Weiterbildung in der Verwaltung. In: Weymann, A. (Hrsg.): Handbuch für die Soziologie der Weiterbildung, Darmstadt 1980, S. 294–307.

Dieckmann, B. u.a.: Nebenberufliche Kursleiter in den Volkshochschulen von Berlin (West) mit einem Tabellenanhang, TUB-Dokumentation Weiterbildung, Heft 2, Berlin 1981, S. 85ff.

Wittenberg, R.: Organisationsanalyse einer Volkshochschule, in: Weymann, A. (Hrsg.): Handbuch für die Soziologie der Weiterbildung, Darmstadt 1980, S. 308–322.

Kursabbrecher

Was kann ich als Dozent
eigentlich dazu beitragen,
daß Teilnehmer den
Kurs nicht abbrechen?

Christine Gruber

Über das Problem des Wegbleibens von Teilnehmern

»Kursabbruch« aus der Sicht von Teilnehmern und Dozenten

»Der Dropout[*] ist ein konstitutives Merkmal der Erwachsenenbildung ... Geht der Anteil der Wegbleibenden nicht über ein Drittel der Gesamtteilnehmerzahl – bei einer durchschnittlichen Kursgröße von zirka zwanzig – hinaus, so bewegt sich der Dropout noch im Bereich des durchschnittlich Üblichen« (Tietgens 1979, S. 8), so lautet eine Stellungnahme der Pädagogischen Arbeitsstelle des Deutschen Volkshochschulverbandes zum Thema »Teilnehmerschwund« in der Erwachsenenbildung.
Aus dieser Aussage kann man schließen, daß ein gewisses Ausmaß von Kursabbrechern von den Fachleuten und Einrichtungen der Erwachsenenbildung als Selbstverständlichkeit hingenommen wird. Ein ähnliches Bild erhält man auch, wenn man Dozenten nach ihrer Einstellung zum Kursabbruch befragt[**]:

Dozenten meinen

> *»Praktisch gesehen, können nicht alle durchkommen. Es ist sogar gut, wenn anfangs einige aufhören, weil immer zu viele Leute im Kurs sind.«*
> *»Es tut mir leid, wenn Leute wegbleiben, die gut waren, jedoch empfinde ich persönlich nichts, weil der Dropout etwas Natürliches ist.«*
> *»Am Anfang meiner Tätigkeit hat mich der Dropout schon verunsichert, später habe ich gesehen, daß dies ein ganz natürlicher Vorgang ist.«*
> *»Es ist von vornherein klar, daß nicht alle durchkommen können, weil es keine Aufnahmeprüfung gibt wie in Fachschulen.«*

---

[*] »to drop out« wird aus dem Englischen mit »sich zurückziehen«, »nicht mehr daran teilnehmen«, »verschwinden«, »ausfallen« übersetzt. Dropout hat sich in der nüchternen Wissenschaftssprache als Kürzel für den Sachverhalt des »Wegbleibens von Teilnehmern« von Veranstaltungen in der Erwachsenenbildung, für die sie sich eingeschrieben bzw. an denen sie schon teilgenommen haben, durchgesetzt. Dieser Sachverhalt wird von mir im folgenden mit »Kursabbruch« bezeichnet, die entsprechenden Teilnehmer sind dann »Kursabbrecher«.

[**] Entnommen einer Befragung von Dozenten und Teilnehmern des Berufsförderungsinstituts Linz (vgl. Gruber 1981).

»Wenn der Abbruch zu Beginn des Kurses stattfindet, ist es mir egal, später mache ich mir schon Gedanken darüber.«
»Abbruch bringt mir schlaflose Nächte.«
»Ich bin vom Abbruch persönlich betroffen.«
»Ich werte Kursabbruch als persönliche Niederlage.«

Aus den Aussagen der Dozenten lassen sich zwei Einstellungsmuster ablesen: Teilnehmerschwund ist etwas »Normales«, »Natürliches« und Teilnehmerschwund stellt eine »persönliche Niederlage« dar. Aus den Äußerungen ist weiters zu erkennen, daß diejenigen, die den Kursabbruch als normal bezeichnen, ohne Aufforderung ihre Einstellung legitimieren. Ein präziseres Bild von den Begründungen lieferte die Frage »Warum bricht ein Teilnehmer vorzeitig einen Kurs ab?« (vgl. Gruber 1981):

Dozenten suchen nach Gründen

»Gründe für den Abbruch sind die zu hohen Erwartungen, weiters Zeitknappheit und Prüfungen.«
»Falsche Vorstellungen der Teilnehmer vom Kurs sind häufigster Abbruchgrund. Viele unterschätzen die Anfordernisse des Kurses. In zweiter Linie ist es ein Begabungsmangel.«
»Ursache ist die zu große Belastung (familiärer, beruflicher Natur) bzw. eine Selbstüberschätzung.«
»Es gibt zwei Gründe für den Abbruch: jene, die es einmal versuchen wollen, und wenn es nicht leicht geht, aufhören und jene, die aus persönlichen Gründen abbrechen (Streß, Lernschwierigkeiten).«
»Viele müssen zum Bundesheer, Montage usw., dadurch entsteht eine lange Pause. Die ist zu groß, und die Leute kommen dann nicht mehr mit.«
»Mangel an Kontakt zwischen den Teilnehmern und mir als Leiterin.«
»Selbstüberschätzung, anderweitige Belastungen (berufliche und private), mangelnde Selbstdisziplin, Überforderung, Frustration durch das Ausbleiben von Erfolgen, mangelnde Voraussetzungen, Faulheit, Überschätzung des Arbeitsaufwandes, Familiensituation und Einschränkung der eigenen Freizeit können zum Abbruch führen.«

Die Mehrzahl der Dozenten vermutet als Ursachen für einen vorzeitigen Kursabbruch Gründe, die zuallererst dem Teilnehmer (z.B. mangelnde Lernfähigkeit) und/oder der Unvereinbarkeit von Beruf/Familie und Kurs zuzuordnen sind. Ihrer Ansicht nach wird ein vorzeitiger Kursabbruch kaum durch den Kurs bzw. dessen Gestaltung verursacht.
Im Rahmen meiner Untersuchung wurden auch die Abbrecher aus den Kursen interviewt, in denen die befragten Dozenten unterrichteten.

Teilnehmer meinen

»Mit dem Vortrag in Form eines Frontalunterrichts war ich nicht zufrieden, wie in der Schule, das motiviert überhaupt nicht zur Mitarbeit. Vom Inhalt her fehlte mir der erhoffte Praxisbezug.«

»Ich konnte mich zwischen 20.00 und 22.00 Uhr kaum mehr konzentrieren, zwischen 18.00 und 20.00 Uhr konnte ich dem Vortrag einigermaßen folgen, mein Arbeitsbeginn ist 7.00 Uhr. Ich hätte mir den Stoff der zweiten Einheit daheim erarbeiten müssen. Dazu war ich nicht bereit, das führte zu Lernschwierigkeiten. Ich glaubte, es liegt an mir, mit diesem Problem fertig zu werden, daher brach ich ab.«

»Der Großteil der Teilnehmer erschien zu zweit, ich alleine, daher hatte ich kaum Gelegenheit, mit anderen in Kontakt zu kommen. Die Kurszeit war ebenfalls nicht sehr günstig, und die Hausaufgaben eine zeitliche Belastung. Ich mußte dem Kurs wegen Erkrankung der Kinder einige Male fernbleiben, daher beschloß ich endgültig, den Kurs abzubrechen, der meinen Erwartungen ohnedies nicht entsprach.«

»Eigentlicher Grund für den Abbruch ist die Nichterfüllung meiner Erwartungen und die Unzufriedenheit mit dem Vortrag.«

»Nach ca. vier Abenden mußte ich abbrechen, weil ich mich überraschend einer Operation unterziehen mußte. Aufgrund der langen Genesungsdauer konnte ich nicht fortsetzen.«

»Ich fühlte mich zu wenig gefordert, ich war mit dem Unterricht nicht zufrieden, er war nicht lebendig. Ich ging zuerst unregelmäßig, und dann brach ich ab, weil ich das Gefühl hatte, nichts dazu zu lernen.«

»Es ging wie in der Schule zu. Das Niveau war für einen Abendkurs viel zu hoch. Besonders ein Lehrer behandelte uns wie Schüler und wies stets darauf hin, daß seine Schüler in der HTL dies und jenes viel besser können. Die Klasse spaltete sich rasch in zwei Gruppen, die Streber und die anderen. Zuerst fühlte ich mich wohl im Kurs, mit der Zeit blieben nette Kollegen weg. Ich besuchte zuerst den Kurs unregelmäßig, dann blieb ich endgültig fern.«

»Wegen des Hausbaues war meine Freizeit schon knapp, daher hatte ich keine Zeit zum Lernen daheim und bekam Schwierigkeiten beim Mitkommen.«

»Mein erster Grund war, daß mir der Kurs zu schwer wurde, ich hätte Hausübungen machen und regelmäßig mitarbeiten müssen. Weiters war mit der Lehrer unsympathisch, er war überheblich, und ich hatte viel Aversion gegen ihn, mit ihm konnte man nichts ausreden.«

Aus den Äußerungen läßt sich ablesen, daß die Teilnehmer ihren vorzeitigen Abbruch häufig mit Unzufriedenheit mit dem Kurs – im speziellen mit der Kursgestaltung und dem Leiter –, mit Lernschwierigkeiten, mit mangelnder Zeit für Hausaufgaben und mit nicht vorhersehbaren Ereignissen begründen. Teilnehmer führen meistens mehrere Ursachen für den Abbruch an. Am häufigsten werden Kombinationen von kritischen Äußerungen über den Kurs mit subjektiven Tatbeständen genannt.

Die Aussagen von Dozenten und Abbrechern sind widersprüchlich

Kursleiter sehen in erster Linie die Ursache bei den Teilnehmern. Für die Abbrecher ist die Kursgestaltung nahezu immer ein Teil ihrer Begründung. Einigkeit besteht in bezug auf den Grund »Unvorhersehbare Ereignisse«.
Der Kursabbruch ist meistens nur als Folge des Zusammenwirkens von mehreren Ereignissen erklärbar.

Systematisch gesehen heißt das: Es gibt
- personenbezogene Faktoren wie individuelle Merkmale (Lernfähigkeit, Lernvoraussetzungen) und soziale Merkmale (Familienstand, Beruf)
- kursbezogene Faktoren in Form von institutionellen bzw. organisatorischen Bedingungen/Merkmalen und Eigenheiten der Lehr-/Lernsituation sowie
- eine Restkategorie, die ich »unvorhergesehene Ereignisse« nenne (Unfälle).

»Kursabbruch« aus der Sicht der Dropout-Untersuchung

Als individuelle Merkmale gelten Alter, Geschlecht, Schulbildung, Durchhaltevermögen, Belastbarkeit, individuelle Verarbeitungsmuster, Lern- und Leistungsfähigkeit, Motivation.
In den bisherigen wissenschaftlichen Untersuchungen, die zu diesem Thema vorgelegt wurden, werden nur die ersten drei Variablen berücksichtigt. Aus diesen Arbeiten geht hervor, daß tendentiell jüngere Teilnehmer häufiger abbrechen als ältere. Zum Zusammenhang zwischen *Alter* und Kursabbruch ist zu sagen, daß nicht das Alter eines Teilnehmers an sich einen Einfluß ausübt, sondern jene Merkmale, die einen Altersabschnitt prägen; z.B. ist bei Personen über 25 Jahre die Schaffung einer beruflichen, familiären Existenz von vorrangigem Interesse.
Ähnlich verhält es sich auch mit dem *Geschlecht.* Frauen beenden nicht aufgrund ihres Geschlechts einen Kurs häufiger vorzeitig als Männer, sondern aufgrund anderer Phänomene, die die Rolle »Frau« prägen; z.B. begünstigt die Doppelbelastung Beruf, Familie und Haushalt den Abbruch.
Die in der Literatur häufig formulierte Hypothese, daß Volksschulabsolventen häufiger abbrechen als Absolventen mit *höherer Schulbildung* bestätigt sich in den empirischen Studien nicht, wobei zu berücksichtigen ist, daß Volksschulabsolventen generell in den Institutionen der Erwachsenenbildung unterrepräsentiert vertreten sind und eine ausge-

wählte Gruppe darstellen (vgl. Ebner 1980). Betrachtet man den Zusammenhang zwischen Schulbildung und Kursabbruch differenziert nach Inhalt und Kursdauer, so kristallisiert sich vor allem in Sprachkursen und in Kursen, die sich über einen längeren Zeitraum erstrecken, heraus, daß Teilnehmer mit höherer Schulbildung seltener abbrechen.

Welche Rolle spielen soziale Merkmale?

Zu dieser Kategorie werden die Variablen Beruf, Familienstand und Wohnort – im speziellen die Weglänge zum Kursort – gezählt. Alle Untersuchungen, die in der Bundesrepublik durchgeführt wurden, stellen keinen Zusammenhang zwischen Berufsgruppenzugehörigkeit und Kursabbrechern fest. Dies dürfte darin begründet sein, daß Arbeiter und Un- bzw. Angelernte nur einen Volkshochschulkurs besuchen, wenn sie besonders motiviert sind. Zu einem anderen Ergebnis kommt meine, die am Berufsförderungsinstitut Linz durchgeführt wurde (vgl. Gruber 1983). Aufgrund dieser Studie ist die Kursabbruchsrate in Kursen niedriger, in denen mehr Facharbeiter als Angestellte teilnehmen (vgl. dazu die späteren Ausführungen S. 109).
Der Frage, inwieweit die *Lebenssituation* einer Person einen Einfluß auf den Kursabbruch ausübt, wird in den bisherigen Untersuchungen wenig Aufmerksamkeit geschenkt. Zangerl stellt fest, daß verheiratete Teilnehmer häufiger durchhalten als alleinlebende Personen (vgl. Zangerl 1980).
Die Bedeutung *regionaler* Bedingungen für den Kursabbruch wird nur von Hupka analysiert. Er stellt eine höhere Abbrecherrate im städtischen Raum fest und erklärt dies einerseits mit dem größeren Angebot an Bildungsmöglichkeiten, andererseits mit einer geringeren sozialen Integration der Person (Anonymität erleichtert Kursabbruch (vgl. Hupka 1979). Meine Untersuchung am Berufsförderungsinstitut in Linz zeigt auf, daß Kurse, in denen die Mehrheit der Teilnehmer aus der Stadt Linz kommt, eine höhere Abbruchsrate aufweisen als Kurse, deren Teilnehmer zum überwiegenden Teil außerhalb der Stadt Linz wohnen (vgl. Gruber 1983).

Welche Rolle spielen unvorhergesehene Ereignisse?

In dieser Restkategorie werden jene Gründe eingeordnet, die vom Teilnehmer selbst nicht beeinflußbar und oft nicht vorhersehbar sind. Dazu werden gerechnet: spezielle berufliche Situation (z.B. Montage), unvorhergesehene Berufs-/Betriebs-/Wohnortwechsel, Krankheiten, Unfälle, Todesfall in der Familie, etc. Sowohl Abbrecher als auch Dozenten messen diesen externen Faktoren eine große Bedeutung bei.

Welche Einflüsse haben institutionelle/organisatorische Kursbedingungen?

Art der Institution, also z.B. Volkshochschulen oder Akademien, Kursdauer, Häufigkeit des Kurses pro Woche und Kursgruppengröße, alle diese Bedingungen beeinflussen das Durchhaltevermögen der Teilnehmer. Übereinstimmend stellen Hupka (1979) und Gruber (1983) für den Bereich der Volkshochschule fest, daß ein deutlicher Zusammenhang zwischen Kurslänge und Abbruchquote besteht, d.h. je länger Kurse dauern, desto höher ist die Abbruchrate. Für den Abbruch ist weiters von Bedeutung, wie oft eine Veranstaltung wöchentlich stattfindet. Teilnehmer brachen häufiger ab, wenn sie einen Kurs zweimal in der Woche besuchen sollen. Beinahe alle Untersuchungen bestätigen die Wichtigkeit der Kursgröße für den Teilnehmerschwund. Es besteht eine positive Korrelation zwischen Gruppengröße und Abbruchrate. »Kurse, die eine Teilnehmerzahl von zwanzig nicht überschreiten, haben eine wesentlich niedrigere Dropoutquote« (Dittmann 1975, S. 76).

Haben kursspezifische Merkmale Einflüsse?

Beinahe alle Untersuchungen gehen der Frage nach, inwieweit sich die Abbruchsrate nach dem Themenbereich unterscheidet. Eine erste grobe Unterscheidung der Inhalte nach dem Verwertungsaspekt zeigt auf, daß der Durchschnittswert des Kursabbruchs in berufsbezogenen Kursen geringer ist als in freizeitorientierter (vgl. Schröder 1976). Zu einem ähnlichen Ergebnis kommt meine eigene Untersuchung (Gruber 1983). Nach dieser Studie beträgt der Mittelwert der Abbruchsrate im Berufsförderungsinstitut Linz 23,2 Prozent und in der Volkshochschule Linz (die in Österreich kaum berufsbezogene Kurse anbietet) 28,14 Prozent. Innerhalb der einzelnen Institutionen gestaltet sich der Teilnehmerschwund je nach Kursbereich unterschiedlich. Die folgende Tabelle verdeutlicht die Streuung der Abbruchrate innerhalb der und zwischen den Institutionen.

		Kursbereiche		
Beförderungsinstitut Linz	23,22 %		Volkshochschule Linz	28,14 %
Abendschulen	29,52 %		Haushaltskurse	8,51 %
Technische Kurse	12,06 %		Hobbykurse	12,87 %
Lehrabschlußprüfung	13,89 %		Arbeitskreise zu verschiedenen Themen	30,56 %
Betriebswirtschaftl. und kaufmännische Kurse	22,26 %		Berufsbezogene Kurse	42,17 %
Sprachkurse	32,15 %		Sprachkurse	40,90 %

Allgemein läßt sich sagen, daß die Kursabbruchrate in der berufsbezogenen Erwachsenenbildung um fast fünf Prozent niedriger ist. Noch deutlicher wird dies, wenn man diese Frage institutions- und themenspezifisch analysiert. Die niedrigsten Zahlen wiesen die technischen Kurse und Kurse auf, deren Ziel es ist, Erwachsenen die Möglichkeit zu geben die Lehrabschlußprüfung nachzuholen. Ein positiver Kursabschluß ist vielfach Voraussetzung für die Verbesserung der beruflichen Position (z.B. vom Un-/Angelernten zum Facharbeiter aufzusteigen). Etwas anders verhält es sich bei den betriebswirtschaftlichen und kaufmännischen Kursen, die nur von einem Teil der Teilnehmer aus direkt beruflichem Interesse besucht werden. Deren Bedeutung ist für den Beruf nicht so eindeutig wie bei technischen Kursen. Der Kursbereich »Abendschulen« zeigt deutlich, daß organisatorische Bedingungen und andere Faktoren eine große Bedeutung auf den Abbruch ausüben. Ziel der Abendschulen ist das Nachholen eines formalen Bildungsabschlusses (z.B. Hauptschule). Obwohl der Abschluß eines derartigen Kurses für den einzelnen von beruflicher Relevanz wäre (Voraussetzung für berufliche Verbesserung, speziell im öffentlichen Dienstverhältnis), ist in diesen Kursen die Abbruchrate relativ hoch. In meiner Untersuchung wird nachgewiesen, daß der Kursbereich einen negativen Einfluß auf die Anzahl der Kursabbrecher ausübt, jedoch geht von anderen Faktoren eine derart große positive Wirkung aus, die erstere aufhebt. Im speziellen sind dies folgende Faktoren: Kurslänge, Häufigkeit des Kurses pro Woche, sehr große Kursgruppen, externe Prüfungen und Prüfer, für den Teilnehmer fremder Stoff, zu starke schulähnliche Situation, Lernungewohnheit der Teilnehmer, frühere negative Schulerfahrungen.

Die höchste Zahl von Kursabbrechern verzeichnen im Berufsförderungsinstitut die Sprachkurse. Sie sind jene Gruppe, deren unmittelbare berufliche Verwertbarkeit am geringsten ist und von den Teilnehmern aus den verschiedensten Gründen besucht werden (z.B. Interesse an der Sprache wegen Urlaub, Auffrischungsinteresse, Fremdsprache wird im Beruf gebraucht, Fremdsprache gehört zur Allgemeinbildung).

Ganz anders verhält sich der Teilnehmerschwund in der Volkshochschule. Die niedrigste Abbruchrate weisen Haushalts- und Hobbykurse auf. Sie werden meistens aus einem spezifischen Interesse (Nähen, Kochen, Malen usw.) besucht.

Ein weiteres Charakteristikum dieser Kurse ist, daß sie dem Teilnehmer häufig sehr direkte »Erfolgserlebnisse« meist in Form von »sichtbaren Produkten« vermitteln (vgl. Zangerl 1980, S. 96).

Die mittlere Position nehmen die Arbeitskreise zu verschiedenen Fachbereichen (z.B. Psychologie, Pädagogik, Naturwissenschaft, Religion, Philosophie) ein. Sie werden aus Interesse am Thema, Dozenten und/oder aus einem sozialen Bedürfnis besucht. Dem Kurs wird meist keine besondere Bedeutung beigemessen, er liegt unter Umständen im Widerstreit mit anderen Freizeitinteressen. Ein Abbrecher drückte das im Interview so aus: »Grundsätzlich finde ich das Thema nach wie vor interessant, aber ich gehe nicht mehr zum Kurs, weil am selben Abend jetzt das Fußballspielen im Verein stattfindet.«

Sprachkurse, die eine der höchsten Abbrecherraten aufweisen, unterscheiden sich von der vorhergehenden Kursgruppe insofern, weil von ihnen häufig kontinuierliches Lernen zu Hause verlangt wird. Teilnehmer sind laut eigenen Angaben selten bereit, in ihrer immer zu knappen Freizeit noch für den Kurs zu arbeiten. Im Kurs kommen sie dann jedoch schwer mit, wenn sie daheim nicht lernen.

Die Frage, inwieweit die Gestaltung des Unterrichts den Kursabbruch begünstigt, führt zum Ergebnis, daß Kursabbrecher häufiger Kritik am Unterricht üben als Dableiber (vgl. Schroeder 1976, S. 163ff.). Ihre Kritik bezieht sich auf folgende Punkte: Auswahl und Aufbereitung der Inhalte, Besprechung des Lernstoffes, Anforderungsniveau, mangelnde Zielstrebigkeit, unklare Unterrichtsgestaltung, Lerntempo, Zusammensetzung der Kursgruppe, Verhalten des Dozenten.
Sowohl Teilnehmer, die sich über – als auch unterfordert fühlen, bleiben dem Kurs fern, wobei sie weder ihr Überlastetsein, noch das zu wenig Ausgefülltsein mit der eigenen Lernfähigkeit in Verbindung bringen, sondern mit der Gestaltung des Unterrichts und der Kurszusammensetzung. Die inhaltlichen Einwände richten sich zum Teil gegen den Kurs als Ganzes, zum Teil nur gegen einzelne Aspekte. Abbrecher sind mit der Unterrichtsgestaltung und der Person des Dozenten häufiger unzufrieden. Sie bemängeln einerseits die mangelnde Zielstrebigkeit im Unterricht, andererseits die zu geringe Berücksichtigung von Teilnehmerwünschen, -interessen und der beruflichen Situation/Erfahrung. Man erwartet sich eine »spannende, humorvolle« Gestaltung des Unterrichts und kein perfektes, routinemäßiges Vorgehen. Wegbleiber beklagen sich sowohl über zu langsames als auch über zu rasches Unterrichtstempo. Mit letzterem sind häufig Lernschwierigkeiten gekoppelt. Wegbleiber äußern in höherem Ausmaß Angst vor Lernkontrollen und Prüfungen. Man hat Angst, sich nicht nur vor dem Lehrer, sondern auch vor den Kollegen zu blamieren. Die heterogene Zusammensetzung der Kurse in bezug auf Alter, Beruf, Ziele und Erwartungen wird von Abbrechern störender empfunden als von Dableibern, insbesondere empfinden sie die unterschiedlichen Vorkenntnisse und Interessen als störend. Wegbleiber wünschen sich mehr Hilfsbereitschaft bei Problemen (z.B. Lernschwierigkeiten) vom Dozenten und einen intensiveren Kontakt sowohl zu dem Dozenten als auch zu den anderen Teilnehmern, wobei vom Dozent erwartet wird, daß von ihm die Initiative ausgeht (vgl. Schroeder 1976).

Kann eine empirische Untersuchung Hilfe sein?

Die Bedeutung der Untersuchungen liegt darin, daß sie Zusammenhänge und Ursachen des Kursabbruchs aufzeigen. Man muß jedoch klar sehen, daß empirische Studien das Problem selbst nicht lösen, sondern lediglich Anregungen, Hilfen zur Problembewältigung geben können. Indem sie vom Einzelfall – von der Einzelsituation – absehen, können die Ergebnisse der Untersuchungen selten oder nur zum Teil auf die Situation des einzelnen Kurses bezogen werden. Dennoch kann deren Kenntnis für den einzelnen Dozenten von Bedeutung sein, weil sein Problembewußtsein erweitert und vertieft werden kann. Die Kenntnis der Gründe, die Kursabbrecher als Ursachen nennen, kann Dozenten veranlassen, ihre Vorstellungen über den Kursabbruch zu überdenken und/oder zu verändern. Andererseits können Dozenten, die dazu tendierten, die Ursachen des Kursabbruchs fast ausschließlich beim Teilnehmer zu suchen, durch die Untersuchungsergebnisse angeregt werden, über die eigenen Anteile am Teilnehmerschwund nachzudenken. Der Dozent kann hinterfragen, inwieweit sein Verhalten und/oder sein Aufbau des Kurses, seine Gestaltung des Lehr-/Lernprozesses einen Beitrag zum Kursabbruch geleistet hat, und was er verändern könnte, damit vielleicht weniger Teilnehmer vorzeitig abspringen.

Handlungsmöglichkeiten des Dozenten im Hinblick auf das Problem des Kursabbruchs

Einleitend erinnere ich noch einmal an die verschiedenen Ursachen des Kursabbruchs. Der Teilnehmerschwund kann in der Person des Teilnehmers und/oder in kursbezogenen Faktoren begründet sein. Dementsprechend hat der Dozent verschiedene Möglichkeiten, den vorzeitigen Abbruch – vielleicht – zu verhindern. Erfolgt der Kursabbruch aufgrund persönlicher und/oder beruflicher Probleme des Teilnehmers, hat der Dozent keine bzw. kaum Möglichkeiten, sofern sie nicht in der didaktischen Anlage des Kurses berücksichtigt werden können. Wird der Kursabbruch durch organisatorische/institutionelle Probleme hervorgerufen, hat der Dozent indirekte Einflußmöglichkeiten, indem er versucht, mit der Institution Kontakt aufzunehmen und sie über die Schwierigkeiten zu informieren. Liegt die Ursache des Abbruchs im Kurs selbst bzw. in Bedingungen der Lehr-/Lernsituation, hat der Dozent am ehesten die Chance, einen vorzeitigen Kursabbruch zu verhindern.

Bevor ich auf einzelne Möglichkeiten eingehe, Vorschläge mache, decke ich mein Verständnis von der Lehr-/Lernsituation im Kurs auf. Es beschreibt eine optimale pädagogische Situation.
Die *Lehr-/Lernsituation* wird von mir verstanden als wechselseitiger Interaktionszusammenhang zwischen Teilnehmer und Dozenten, der von allen Beteiligten gestaltet werden soll. Ein derart verstandenes Kurskonzept schließt die Eigen- und Mitverantwortlichkeit der Teilnehmer ein. Das heißt, die Teilnehmer haben Mitverantwortung für das, was im Kurs geschieht, was sie lernen bzw. nicht lernen. Die jeweilige Lehr-/Lernsituation ist das Ergebnis von immer wieder angeregten, gemeinsamen Aushandlungs-/Entscheidungsprozessen. Das Kurskonzept selbst zeichnet sich durch relative Offenheit im Hinblick auf die Lernziele und die Veranstaltungsabläufe aus. Hierdurch erhalten Lehrende und Lernende Handlungsspielräume, die durch individuelle und gemeinsame Interessen, Bedürfnisse, Erfahrungen, Wünsche usw. ausgefüllt werden können. Neben der Mitwirkung aller Be-

teiligten am Lehr-/Lernprozeß selbst, nehmen die Kursteilnehmer auch an der Planungs-, Vorbereitungs- und Auswertungsphase teil, bzw. diese jeweiligen Sequenzen werden Bestandteile des Lehr-/Lernprozesses selbst.

● Relativ offene Kursplanung:

Bei der Kursplanung orientiere ich die Auswahl der Themen nicht nur an einem vorgefertigten Lehrplan, Buch, meinen Interessen oder der jeweiligen Fachdisziplin, sondern versuche, die Interessen der Teilnehmer mitzuberücksichtigen. Ich lege genau fest, welche Inhalte und Ziele ich unbedingt im Kurs vermitteln will, damit der Freiraum für spezifische Teilnehmerinteressen deutlich wird. Weiter überlege ich, wie ich den Kursanfang gestalte, welche Schritte ich setze, damit die Anonymität zwischen den Teilnehmern und zwischen den Teilnehmern und mir abgebaut wird. Für diese Aufgabe informiere ich mich bei der Institution über die Teilnehmer, die sich angemeldet haben, damit ich je nach Gruppe Einstiegssituationen vorbereiten kann.

● Gestaltung des Kursbeginns:

Es sollen sowohl die inhaltlichen als auch methodischen Erwartungen der Teilnehmer und des Dozenten an den Kurs besprochen werden. Ziel ist eine Übereinstimmung über Ziele, Inhalte und Vorgehensweise. Der Sinn der gemeinsamen Planung des Kurses ist ebenfalls Gegenstand des Gesprächs. Neben dem Aspekt der gemeinsamen Planung ermöglicht das Gespräch über die Kurserwartungen und die Beweggründe für den Kursbesuch ein erstes Kennenlernen. Durch das Mitteilen der eigenen Wünsche, Interessen, Erwartungen erhält der Dozent wichtige Hinweise für die Aufbereitung der einzelnen Inhalte, dadurch wird ein Anknüpfen an die (berufliche) Erfahrung/Situation des einzelnen erleichtert. Da Teilnehmer sehr oft Hemmungen haben, vor anderen in neuen Situationen zu reden, versuche ich diese »Schwellenangst« mittels einer Kleingruppenarbeit zum Thema »Warum besuche ich diesen Kurs?« abzubauen, damit diesen Teilnehmern die Integration in die Lerngruppe erleichtert wird. Weiters versuche ich in der ersten Veranstaltung abzuklären, inwieweit die organisatorischen Bedingungen (z.B. zeitliche Lage des Kurses) für alle günstig sind.

● Reflexion des laufenden Kursgeschehens (Metakommunikation):

Im laufenden Kursgeschehen prüfen wir immer wieder, inwieweit die Interessen und Erwartungen der Teilnehmer und des Dozenten ausreichend Berücksichtigung finden, ob die Teilnehmer mit dem Kursverlauf, dem Lerntempo zufrieden sind. Dies kann ich während und/oder am Ende eines Kursabends in Form eines mündlichen oder schriftlichen Feedbacks anregen. Besonders beachte ich dabei, daß nach Möglichkeit alle Teilnehmer ihre

Meinung äußern. Wichtig ist vor allem, daß Unzufriedenheit geäußert und Veränderungs-/ Verbesserungsvorschläge gemeinsam für den Kurs gesucht werden.

● Integration der (beruflichen) Erfahrungen:

Mein Ziel ist es, den Lehrstoff nach Möglichkeit an den (beruflichen) Situationen, Erfahrungen, Problemen der Teilnehmer zu orientieren bzw. diese aktiv in den Kurs einzubinden. Aus diesem Grunde werden Lehr-/Lernformen bevorzugt, die vom Teilnehmer Aktivität und Mitverantwortung verlangen. Wenn es erforderlich ist, wird versucht, das Problem der Teilnehmerheterogenität durch Differenzierung der Inhalte, Ziele und Aneignungsformen zu berücksichtigen (z.B.: Teilnehmer, die lieber alleine als in der Gruppe lernen, sollen alleine arbeiten können. Teilnehmer lernen aufgrund unterschiedlicher Vorkenntnisse, Ziele nicht dasselbe, sondern je nach Wissensstand, Interesse werden die Aufgaben spezifiziert). Gleichzeitig rege ich an, daß die Teilnehmer voneinander lernen und sich gegenseitig unterstützen und mich nicht mehr als die zentrale Figur im Lehr-/ Lernprozeß sehen. Durch das Engagement des einzelnen in der Lerngruppe steigt auch die Mitverantwortung des einzelnen am Kursgeschehen.

● Mitteilen der eigenen Probleme mit dem Wegbleiben:

Mit den Teilnehmern treffe ich die Vereinbarung, daß sie mir sagen, ob sie das nächste Mal (die nächsten Male) nicht am Kurs teilnehmen können. Ich erkläre den Teilnehmern, daß diese Information deshalb für mich und uns wichtig ist, weil sie keine falschen Interpretationen über das Wegbleiben zuläßt. Ich halte es für wichtig, daß Teilnehmern, die eine oder mehrere Veranstaltungen begründet versäumt haben, der Einstieg in den Kurs bzw. der Anschluß erleichtert wird. Ich rege daher an, daß der versäumte Stoff kurz wiederholt wird. Im laufenden Lehr-/Lernprozeß achte ich besonders bei den Teilnehmern darauf, die gefehlt haben, daß sie dem neuen Lehrstoff folgen können.

● Besprechen von Lernschwierigkeiten:

Ich versuche im Kurs Lernschwierigkeiten, die z.B. durch zu rasches Vorgehen im Kurs, zu wenig Erklärungen und/oder mangelnde Zeit für die Kursvorbereitung zu Hause etc. entstehen können, anzusprechen, wenn ich den Eindruck habe, daß welche bestehen. Speziell handle ich mit den Teilnehmern zu Kursbeginn aus, in welchem Ausmaß sie aufgrund anderer Belastungen, Arbeiten zu Hause erledigen können.

Diese Liste von »Maßnahmen«, die einen Beitrag zur Reduzierung des Teilnehmerschwundes leisten können, ließen sich noch fortsetzen; gleichzeitig muß aber auch bedacht werden, daß die eine oder andere Maßnahme bzw. ein derartiges Kurskonzept auch wieder vorzeitigen Kursabbruch produzieren kann, wenn Teilnehmer eine derartige Kursgestaltung ablehnen. Der Möglichkeitsrahmen des Dozenten sollte deshalb nicht überschätzt werden. Für wichtig halte ich, daß Dozenten weder die Vorstellung vom Kurs noch die Erwartung an die eigene Person haben, daß niemand abbricht, sondern versuchen, das Phänomen »Kursabbruch« in ihre didaktische Konzeption des Kurses einzubinden.

Literatur

Dittmann, R.: Ansätze zur Erklärung der Teilnehmerfluktation in Weiterbildungslehrgängen, Dipl. Arbeit, Braunschweig 1975.

Ebner, H.: Bedingungen der Weiterbildungsbereitschaft. Eine empirische Studie zur unterrichtlichen Selektion der Teilnehmerschaft institutionalisierter Erwachsenenbildung, Diss., Univ. Salzburg 1980.

Geißler, Kh.: Mehr Mitbestimmung in der Erwachsenenbildung, in: Erwachsenenbildung in Österreich 32. Jg. (1981), H. 2, S. 3–5.

Gruber, Ch.: Teilnehmerschwund in der beruflichen Erwachsenenbildung, unveröffentlichtes Manuskript, Linz 1981.

Gruber, Ch.: Der Kursabbruch als erwachsenenpädagogisches Problem, Dissertation Universität Linz, 1983.

Gruber, Ch.: Determinanten des Kursabbruchs in der Erwachsenenbildung, Beiträge zur Berufs- und Wirtschaftspädagogik, Band 2, Linz 1985.

Hupka, H.: Untersuchungen zu einigen Problemen des vorzeitigen Abgangs im Bereich der Erwachsenqualifizierung, in: Nuissl, E./Sutter, H.: Dropout in der Weiterbildung, Heidelberg 1979.

Schroeder, H.: Teilnahme und Teilnehmerschwund als Problem der Erwachsenenbildung, Stuttgart 1976.

Tietgens, H.: Anmerkungen zum Teilnehmerschwund, Deutscher Volkshochschulverband, Arbeitspapier, Frankfurt 1979.

Zangerl, L.: Das Durchhaltevermögen in der Erwachsenenbildung und seine Bestimmungsgründe, Diss., Univ. Salzburg 1980.

Kurstransparenz

Wenn ich nur wüßte,
wie ich es schaffen könnte,
daß das Kursgeschehen
für alle Beteiligten
durchsichtiger würde!

Reinhard Czycholl

Das Problem der Durchschaubarkeit des Kursverlaufes

Dozenten wie Teilnehmer benötigen Informationen mit einem entsprechenden Beschreibungs- und Beurteilungswert, um angemessen miteinander umzugehen und ihr Verhalten zu steuern und zu verbessern. Das ist leichter gesagt als getan. Ein Hauptproblem liegt darin, daß es den »guten« Kurs oder das »richtige« Verhalten im Kurs »an sich« nicht gibt.

Jeder Dozent und Teilnehmer hat aufgrund seiner Lebens- und Schulerfahrungen eine sehr persönliche Auffassung von einem »guten« Kurs generell und spezielle Erwartungen an die Güte des gerade bevorstehenden Einzelkurses.

– Teilnehmer A sieht den Dozenten als Stoffexperten. »Ich habe meine Kursgebühr bezahlt, dafür hat der Dozent eine Bringschuld zu begleichen; die will ich schwarz auf weiß nach Hause tragen.«
– Teilnehmer B setzt sich in die letzte Reihe. »Erstmal abwarten und Tee trinken, mal sehen, was da so kommt.«
– Teilnehmer C wird von seinem Betrieb »geschickt«, um die staatlich anerkannte Kursprüfung abzulegen; diesen Prüfungsschein möchte er mit dem geringsten Kraftaufwand erreichen.
– Teilnehmer D ist primär an Erfahrungsaustausch und sozialen Kontakten interessiert.

Diese unterschiedlichen Ziele, Einstellungen und Erwartungen führen dazu, daß ein und derselbe Kurs, ein und dieselbe Kurssituation, ein und dieselbe Dozenten- oder Teilnehmerhandlung von verschiedenen Kursteilnehmern ganz unterschiedlich gesehen, erlebt und beurteilt werden (Selektivität der Wahrnehmung). Je eher und je öfter dieser Sachverhalt allen am Kursgeschehen Beteiligten durchsichtig gemacht wird, um so weniger geraten sie in Gefahr, den Kurs einseitig nur aus dem Blickwinkel »ihrer Brille« her zu bewerten, um so besser wird die Grundlage, um die Situationen und Interaktionsmodalitäten des Kurses jeweils gemeinsam auszuhandeln. Besondere Überlegungen, wie sich die Durchsichtigkeit des Geschehens im Kurs erhöhen ließe, sind daher zu Beginn des Kurses und während des Kursablaufes wichtig.

Erhöhung der Durchsichtigkeit des Geschehens im Kurs zu Kursbeginn

Ich möchte als Dozent einen partizipativen Unterricht[*] gestalten. Ich weiß, daß dies viele Teilnehmer nicht erwarten, es nicht gewohnt sind und daher vielleicht auch keinen Beitrag dazu leisten können. Ich rechne damit, daß mein Kurskonzept auf bewußten oder unbewußten Widerstand mancher Teilnehmer stoßen wird. Ich möchte die Kursteilnehmer vom Sinn meines Kurskonzeptes überzeugen. Zu diesem Zweck muß ich es offenlegen. Mein Ziel ist es, zu Kursbeginn mit den Teilnehmern einen Lernkontrakt auszuhandeln, der zur Transparenz des Kursablaufes beiträgt. Das könnte so aussehen, wie im Beispiel 1 beschrieben.

● *Beispiel 1:* Vereinbarung von Lern- und Arbeitsregeln zu Kursbeginn
  (vgl. Geißler/Hege 1981, S. 249ff.).

Meine Damen und Herren, liebe Kursteilnehmer:
die meisten von Ihnen sind folgenden Unterricht gewohnt: der Lehrer betritt den Kursraum, stellt sich vor, bespricht die Organisationsnotwendigkeiten und beginnt mit seiner Stoffvermittlung. Die Teilnehmer sind zur Stoffaufnahme bereit, hören zu, schreiben mit, antworten auf Lehrerfragen. Das jetzige und zukünftige Kursgeschehen scheint durchschaubar, berechenbar, verleiht eine Grundsicherheit, weil »wie gehabt«.
Mein Selbstverständnis als Dozent und meine Vorstellungen von einem guten Kursablauf mit Erwachsenen sehen anders aus. Auch Sie haben vielleicht unterschiedliche Vorstellungen. Ich jedenfalls wünsche mir, daß Sie sich als Teilnehmer anders verhalten, und wir nicht so miteinander im »Lehrer-Schüler-Verhältnis« umgehen, wie wir es von unserer Schulzeit her gewohnt sind.
Manche von Ihnen spielen Karten. Der folgende Vergleich hinkt zwar, veranschaulicht aber vielleicht mein Anliegen. Es gibt unterschiedliche Regeln und Gewohnheiten z.B. beim Skat- oder Canasta-Spiel. Treffen sich Kartenspieler zum ersten Mal, tauschen sie ihre Spielerfahrungen und -gewohnheiten aus und treffen dann eine Abmachung an welche Spielregeln sie sich während ihres gemeinsamen Spieles halten wollen. Bevor sie spielen, sprechen sie über das Spielen (Metakommunikation). Bevor wir unseren Lehr-/Lernprozeß beginnen, sollten wir über unseren Lehr-/Lernprozeß sprechen. Wir sollten uns auf ein paar Regeln der gemeinsamen Kursarbeit einigen. Ich schlage folgende Abmachung vor:

---

[*] In die folgende Darstellung fließen viele Erfahrungen ein, die ich zusammen mit Karlheinz A. Geißler im team-teaching in pädagogisch-psychologischen Grundseminaren mit partizipativem Anspruch zur Fortbildung von nebenamtlichen Lehrern der Erwachsenenbildung gewonnen habe. Vgl. dazu Czycholl, R./Geißler, Kh.A. 1979, S. 323–333.

Regel 1

Die Verantwortung für die Steuerung Ihres Lernprozesses haben in erster Linie Sie selbst.

Erläuterung: Nicht ich als Dozent, sondern Sie als Lerner stehen im Zentrum des Kursgeschehens. Ich kann als Stoffexperte zwar den »Stoff abladen«, ihn verständlich und gut strukturiert vermitteln, aber das Wichtigste kann ich nicht, nämlich das Lernen, d.h. den Stoff verarbeiten, mit der je eigenen Lebens- und Berufserfahrung verknüpfen, ihn anwenden und verwerten. Diese Lernarbeit muß jeder für sich allein durchführen. Ich als Dozent und die Lerngruppe können den einzelnen dabei unterstützen. Zu diesem Zweck muß jeder eine sichtbare Lernaktivität zeigen, indem er z.B. den Dozenten oder den Kurskollegen immer wieder einen Erfahrungsaustausch anbietet oder sucht bzw. mitteilt, wo er Verständnisschwierigkeiten hat.

Regel 2

Legen Sie Ihre persönlichen Lernziele und Lerninteressen auf den Tisch.

Erläuterung: Jeder Teilnehmer besucht den Kurs, um anschließend »seine« Praxis besser bewältigen zu können. Was er dafür besonders benötigt, weiß weder ich als Dozent noch die Lernkollegen. Da jede Praxis anders aussieht, ist es real zu akzeptieren, daß sich die individuellen Lernziele schwerpunktmäßig unterscheiden. Von daher wäre es ideal, wenn am Ende des Kurses nicht alle das gleiche gelernt haben, sondern jeder das, was ihm persönlich am meisten nützt.

Regel 3

Treten Sie während des Kursgeschehens immer wieder für Ihre persönlichen Lernziele ein.

Erläuterung: Ziehen Sie sich nicht zurück, wenn Sie merken, daß auf Ihre Lerninteressen nicht eingegangen wird. Überlegen Sie zusammen mit den Kollegen und der Kursleitung, wie sich dies ändern ließe. Äußern Sie Ihre Lerninteressen im Kurs, wie z.B.:
»Könnten Sie das nicht intensiver behandeln?«
»Kann mal jemand aus seinem Betrieb ein Beispiel bringen?«
»Kann mir das jemand in einfachen Worten erklären?«
»Das ist für mich alles sehr unwichtig.«

Regel 4

Machen Sie nicht nur Aussagen zum Stoff, sondern auch persönliche Aussagen.

Erläuterung: Wenn Sie nicht in Stimmung sind, können Sie den Lerninhalten nicht so intensiv folgen, als wenn sie ausgeglichen wären. Denn Lernen geschieht immer mit »Kopf« und »Bauch« zugleich. Ist die Gefühlsebene gestört (Ärger zu Hause, mit Kollegen, Prüfungsangst, Übermüdung), dann wird das Lernen auf der Inhaltsebene emp-

120

findlich behindert. Deshalb ist es wichtig, daß Sie beim Lernen auch Ihre Gefühle und Empfindungen ausdrücken, anstatt sie zu unterdrücken (letzteres führt zu Frustrationen und schließlich zu Aggressionen).

Regel 5

Seien Sie sich bewußt, daß das Kursgeschehen ein wechselseitiger Interaktionsprozeß und Aushandlungsprozeß ist.

Erläuterung: Sie lernen vom Dozenten und von ihren Kurskollegen. Ich als Dozent und die Kurskollegen akzeptieren es, daß Sie auf bestimmten Gebieten Ihrer Lebens- oder Berufserfahrung überlegen sind. Die Lehr- und Lernrollen können und sollen daher wechseln. Im übrigen gehen Sie davon aus, daß mehr Lehrziele und Lernziele vorhanden sind, als im Zeitrahmen unseres Kurses behandelt werden können. Daher ist es sinnvoll, über die Lehr-/Lernziele und über andere wichtige Kursfragen durch Aushandlung zu einer Lösung zu kommen, die von allen Beteiligten getragen werden kann.

Zusammen mit den Teilnehmern bespreche und modifiziere ich diese Lern- und Arbeitsregeln, um sie anschließend zu vereinbaren. Da eine solche Lernabmachung während des ganzen Kursverlaufes als roter Handlungsleitfaden dienen soll, hänge ich sie als Flip-Chart im Kursraum auf oder vervielfältige sie für die Hand der Teilnehmer.

Erhöhung der Durchsichtigkeit des Geschehens im Kurs während des Kursablaufes

Die Befolgung der Lern- und Arbeitsregeln wird zum Lernziel (das Lernen lernen, das Kommunizieren lernen) für den ganzen Kurs. Die meisten Teilnehmer sind ein solches aktives Lernverhalten nicht gewohnt und haben damit ständig Schwierigkeiten, besonders am Anfang. Als Dozent sollte ich darüber sprechen (Metakommunikation), dafür Verständnis zeigen und selbst ein diesbezügliches Modellverhalten äußern.
Dies heißt für den Dozenten, sich als ganze Person, einschließlich seiner Gefühle, Empfindungen und Schwächen in die Kursgruppe einzubringen. Das erst macht es den Kursteilnehmern leichter, ebenfalls Gefühle, Empfindungen und Schwächen zu zeigen. Viele Dozenten definieren durch ihr Verhalten die Gefühlsebene aus dem Kurs heraus: im Kurs spielen sie die stofforientierte *Rolle* des Lehrers, am Biertisch nach dem Kurs zeigen sie sich als *Person*. Lern- und Kommunikationsschwierigkeiten, die ihre Ursache auf der Gefühlsebene haben, müssen von den Lernern in diesem Fall auf der Stoffebene ausgetragen werden, und der Dozent bringt sich selbst um die angemessene Diagnose von Kurskonflikten, die ihre Ursache auf der Gefühls- bzw. Beziehungsebene haben.

Als ergänzende Unterstützung der Lern- und Arbeitsregeln hat sich die Verwendung eines Kursbarometers bewährt (vgl. Beispiel 2).

● *Beispiel 2:* Kursbarometer

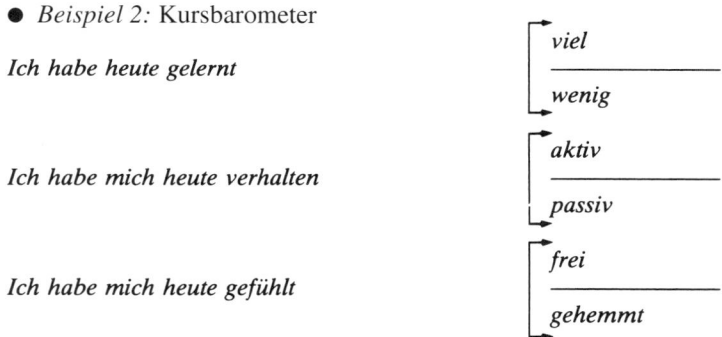

Ich habe heute gelernt

    viel

    wenig

Ich habe mich heute verhalten

    aktiv

    passiv

Ich habe mich heute gefühlt

    frei

    gehemmt

Es hängt als Flip-Chart an der Wand. Am Ende jeder Kurseinheit gehen die Teilnehmer daran vorbei und tragen ihre Kurseinschätzung als Kreuzchen ein. Es zeigt sich manchmal, daß am Anfang eines Kurses die Atmosphäre noch nicht einmal dafür offen genug ist, und viele Teilnehmer eine Scheu haben, ihr Kreuzchen vor den Augen der anderen zu machen. In diesem Fall empfiehlt es sich, ein Kursbarometer bzw. einen kurzen Fragebogen (vgl. Beispiel 3) zu vervielfältigen und am Ende einer Kurseinheit zur je individuellen Ausfüllung auszuteilen …

● *Beispiel 3:* Kurzfragebogen zum Ablauf einer Kurseinheit

Ein solcher Kurzfragebogen (S. 123) kann sich auf zu vereinbarende Merkmale des Dozentenverhaltens und/oder Teilnehmerverhaltens beziehen. Er kann nach einer einzelnen Einheit oder nach mehreren Kurseinheiten zur Prozeßanalyse eingesetzt werden.
Noch am Ende der Kurseinheit oder zu Beginn der nächsten Einheit sollte diese schriftliche Rückmeldung der Teilnehmer über ihre Einschätzung des Kursgeschehens besprochen und mögliche Konsequenzen daraus zur Verbesserung des Kursablaufes abgeleitet und vereinbart werden. Auf diese Weise üben die Teilnehmer die Technik der Metakommunikation, daß heißt die Fähigkeit, kritisch über ihre persönliche Einschätzung des Kurses zu sprechen. Gleichzeitig erfahren und erleben sie, daß ich als Dozent kritisierbar bin und es ernst meine mit der Kursmitsteuerung durch die Teilnehmer.
Je nach Stand der Offenheit in der Lerngruppe kann ich parallel dazu oder einige Kursabschnitte später das Geben und Empfangen von mündlichen Rückmeldungen während des Kursprozesses noch gezielter angehen. Ich stelle heraus, daß im Mittelpunkt der Lern- und Arbeitsregeln ein Hauptprinzip unterrichtlicher Kommunikation steckt, nämlich das Prinzip der Rückmeldung (sog. Feedback-Prinzip).

a) *Teilnehmerverhalten*

	1	2	3	4	5	

1. *Wie stark habe ich mich für die Erreichung meiner Lernziele eingesetzt?* — *viel* ... *wenig*

2. *Wieviel Erfahrung konnte ich für meine berufliche Tätigkeit gewinnen?* — *viel* ... *wenig*

3. *Wie groß war meine aktive Lernbeteiligung in der Gruppe?* — *stark* ... *schwach*, *gelöst selbständig* ... *gehemmt unselbständig*

4. *Wie habe ich mich in der Kursgruppe gefühlt?* — *interessiert* ... *gelangweilt*

5. . . . .

b) *Dozentenverhalten* — *eher ja* — *eher nein*

1. *Drückt sich klar und verständlich aus* ☐ ☐
2. *Zeigt stoffliche Sicherheit* ☐ ☐
3. *Spricht deutlich und angemessen schnell* ☐ ☐
4. *Verdeutlicht seine Lehrziele* ☐ ☐
5. *Geht auf Lernziele der Teilnehmer ein* ☐ ☐
6. *Läßt den Unterrichtsprozeß durch die Teilnehmer mitsteuern* ☐ ☐
7. . . . . ☐ ☐

Übersicht A: Kommunikation im Kursgeschehen (vgl. Dubs 1978, S. 64)

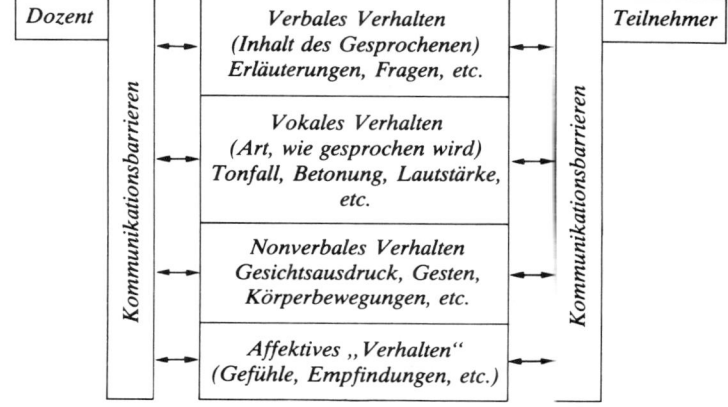

Kommunikationsbarrieren auf seiten des Dozenten und Teilnehmers:
– Als Sender: Unfähigkeit, so zu senden, wie man möchte
– Als Empfänger: Unfähigkeit, so wahrzunehmen, wie gesendet wurde

Rückmeldungen können Kommunikationsschwierigkeiten und Kommunikationsbarrieren im Lernprozeß (vgl. Übersicht A) sichtbar und damit überwindbar machen. Kommunikationsbarrieren bewirken von zwei Seiten her, daß ein bestimmtes Verhalten vom Empfänger nicht so wahrgenommen wird, wie es vom Sender beabsichtigt wurde. Einerseits kann der Sender (z.B. Dozent) nicht ausdrücken, was er möchte; verbal nicht, weil er z.B. zu hochgestochen spricht und damit nicht die rechten Worte findet; vokal nicht, weil er vielleicht zu schnell spricht; und nonverbal nicht, weil er z.B. den Augenkontakt und damit die Beziehung zum Partner nicht findet. Andererseits ist der Empfänger (z.B. Kursteilnehmer) nicht fähig, so aufzunehmen, wie er es möchte; verbal nicht, weil die hochgestochene Sprache ihn überfordert; vokal nicht, weil für ihn vielleicht zu leise gesprochen wird; nonverbal nicht, weil sich der Dozent z.B. zu häufig bewegt, und es dem Lerner damit erschwert, sich auf den Inhalt zu konzentrieren (vgl. Dubs 1978, S. 63). Weiterhin können Barrieren zwischen Inhalts- und Gefühlsebene wirksam werden.

Rückmeldung bzw. Feedback (vgl. Geißler/Hege 6. Aufl. 1992, S. 174f. und 185f.) ist die beabsichtigte bzw. ausdrücklich vereinbarte Mitteilung der Wahrnehmung des Verhaltens und Erlebens von einem Lerngruppenmitglied an ein anderes Lerngruppenmitglied oder die ganze Lerngruppe mit dem Ziel,

– die soziale Fremd- und Selbstwahrnehmungsfähigkeit zu fördern,
– die Verständigungsbereitschaft und -fähigkeit im Kurs zu verbessern,
– soziale Vorurteile sichtbar und revidierbar zu machen,
– eine Lerngruppe als soziale Einheit erfolgreicher werden zu lassen.

Feedback ist für Geber, Empfänger und Kursgruppe eine Lernchance. Dabei erweist sich die Befolgung bestimmter Feedback-Regeln (vgl. Beispiel 4) als nützlich und so wichtig, daß diese gegebenenfalls den Kursteilnehmern auch schriftlich ausgehändigt werden sollten.

● *Beispiel 4:* Regeln für das Geben und Empfangen von Feedback im Kursgeschehen

Für den Geber von Feedback
– Möglichst nachprüfbare Beschreibung eines konkreten Verhaltens (z.B. »Ich sehe, daß Sie die Prüfungsarbeit nicht mitschreiben«) ohne moralische Bewertung (z.B. nicht »na ja, Sie Faulpelz, wohl keine Prüfungsvorbereitung gemacht?«).
– Ergänzende Beschreibung der eigenen Gefühlsresonanz (z.B. »Ihr Nichtmitschreiben der Prüfungsarbeit irritiert mich.«).

- Den Zweck des Feedback verdeutlichen (z.B. »Kann ich Ihnen helfen?«).
- Vergewissern, ob das Feedback willkommen ist (z.B. »Ich möchte Sie nicht bedrängen.«).

Für den Empfänger von Feedback
- Zuhören, aufnehmen
- Nicht verteidigen oder rechtfertigen
- Bestätigen oder sachlich bzw. persönlich Richtigstellen.

Die Hauptfehlform des Feedback im Kursgeschehen entspricht der »Kriegsform« der Alltagskommunikation: der Sender greift an, der Empfänger verteidigt sich; mit »geschlossenem Visier« wird um Sieg oder Niederlage gestritten. Die Feedback-Regeln möchten sozusagen zu einer »friedlichen« Kommunikation mit »offenem« Visier bzw. ohne Visier verhelfen.

Auf der Inhaltsebene bei der täglichen Durcharbeitung des Lernstoffes ist es wichtig, meine Lehrabsichten für die bevorstehende Kurseinheit den Kursteilnehmern so weit wie möglich durchsichtig zu machen. Der informierende Kurseinstieg (vgl. Beispiel 5) geht davon aus, daß Kursteilnehmer besser lernen, wenn sie Ziel und Sinn der Arbeit kennen und das Was, Wie und Warum ihrer Lernarbeit mitbestimmen können.

● *Beispiel 5:* Informierender Kurseinstieg
(vgl. die ausführliche Darstellung bei Grell/Grell 1979, S. 134ff.)

- Ich gebe den Teilnehmern die Ziele des Kurses bekannt, mündlich und/oder schriftlich an die Tafel (Was soll gelernt werden).
- Ich begründe die Ziele und/oder diskutiere ihre Wichtigkeit mit den Teilnehmern (Warum soll man das lernen).
- Ich gebe eine Übersicht über den von mir geplanten Stundenverlauf (Wie soll gelernt werden).
- Ich mache deutlich, daß dies mein Vorschlag bzw. Kursangebot ist, das mit den Teilnehmern zu besprechen, zu ergänzen, zu verändern und schließlich zu vereinbaren ist.

Als sogenanntes Prinzip der Rollenkommentierung ist diese Vorgangsweise während des laufenden Kursgeschehens für alle Kursteilnehmer empfehlenswert, nämlich das Was, Wie und Warum des einzelnen Verhaltens im Kurs für die anderen durchsichtig zu machen.

Individuelle Lernziele, die aus der gemeinsamen Planung einer Kurseinheit herausfallen, können per Flip-chart gesammelt werden, damit sie nicht in Vergessenheit geraten und gegebenenfalls in den Zusammenhang anderer Einheiten eingebaut werden können.

Aufgrund empirischer Unterrichtsforschung lassen sich Aussagen über wahrscheinliche Zusammenhänge von Lehr- und Lernverhaltensweisen machen. Kennen Dozent und Teilnehmer diese Zusammenhänge, können sie sich problembewußter und problemgerechter verhalten. Als Dozent lerne ich auf diese Weise, daß meine aufgrund persönlicher Verhaltensbeobachtungen gewonnenen Annahmen über die Persönlichkeitsstruktur von Kursteilnehmern häufig falsch sind, weil sie dem »logischen Fehler« verfallen, d.h. der Tendenz, von wenigen beobachtbaren Verhaltensweisen der Teilnehmer auf deren persönliche Eigenschaften zu schließen und einen bestimmten Zusammenhang von Eigenschaften anzunehmen, was logisch möglich, aber häufig empirisch falsch ist (vgl. Übersicht B), mit der Folge, daß ich als Dozent mit solchen »falsch« beurteilten Teilnehmern unangemessen kommuniziere und ihnen als Konsequenz keine personangemessenen Lernchancen gewähre.

Übersicht B: Dozenten-Urteilsbildung im Fall des »logischen Fehlers«
(vgl. Achtenhagen 1976/77, S. 15)

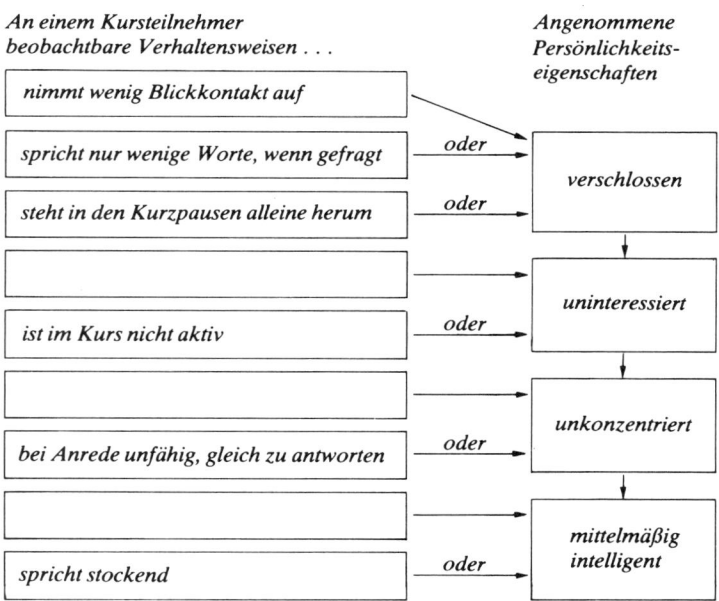

Aus empirischem Wissen allein gewinne ich keine Handlungshilfen für eine konkrete Kurssituation. Ich weiß, daß meine soziale Wahrnehmungsfähigkeit im Hinblick auf die vielen Kursteilnehmer überfordert ist, ich weiß aber nicht, welche Kursteilnehmer ich zum Beispiel unangemessen behandle. Hier wird das Geben und Empfangen von Teilnehmer-Feedback geradezu zu einer Überlebensstrategie für Dozent und Kursteilnehmer.

- Woher erfahre ich, ob für jeden Kursteilnehmer das Lerntempo und die Lernzeit optimal sind?
- Wie weiß ich, ob mich die Teilnehmer verstanden haben?
- Wann sollte ich eine Unterrichtspause machen?

Auf diese und andere Fragen erhalte ich eine personen- und situationsangemessene Antwort nicht aus wissenschaftlichen Büchern (auch nicht aus diesem Handbuch), sondern von meinen Teilnehmern, wenn ... ja, wenn ich als Dozent die Teilnehmer mitbestimmen lasse, und die Kursgruppe es geschafft hat, eine so offene Kursatmosphäre zu entwickeln, daß jedes Gruppenmitglied den Mut und die Fähigkeit zeigt, seine Lerninteressen einzubringen.

Dozenten verfallen häufig in die Routine, die Kursgruppe als Superorganismus (vgl. Grell/Grell 1979, S. 72f.) zu betrachten, der im Gleichschritt lernt. Die Äußerung eines Lerners wird in diesem Fall als repräsentative Stichprobe dessen interpretiert, was gleichzeitig in den Köpfen aller Kursteilnehmer vorgeht. Die inhaltlichen Beiträge einiger aktiver Lerner beschleunigen das Lehrgesprächs-Spinnrad, auf dem die Lehrer frohgemut ihren Kursstoff abspulen, ohne zu bemerken, »daß es immer nur einzelne sind, die lernen und daß sich unter der unauffälligen Oberfläche eines gut laufenden Erarbeitungsgesprächs die abenteuerlichsten Lernschwierigkeiten abspielen können« (vgl. Grell/Grell 1979, S. 74).

Mögen die Kursteilnehmer mit ihrem subjektiven Teilnehmerfeedback mich und Sie, verehrte(r) Leser(in), vor solchem Lehrertrott bewahren!

Literatur

Achtenhagen, F. et al.: Schülerbild des Lehrers – Lehrerbild des Schülers. Arbeitsheft zu Videobandkassetten. Institut für Film und Bild in Wissenschaft und Unterricht. Grünwald 1976/77.

Czycholl, R./Geißler, Kh.A.: Elemente einer Didaktik didaktischer Dozentenfortbildung in der beruflichen Erwachsenenbildung, in: Die Deutsche Berufs- und Fachschule 75. Band (1979), Heft 5, S. 323–333.

Dubs, R.: Aspekte des Lehrerverhaltens, Zürich 1978.

Geißler, Kh.A./Hege, M.: Konzepte sozialpädagogischen Handelns, 6. Auflage, Weinheim und Basel 1992.

Grell, G./Grell, M.: Unterrichtsrezepte, München 1979.

Lernverweigerungen

Manche Teilnehmer machen
mir durch Anpassung
oder Protest die Arbeit im Kurs
sehr schwer

Winfried Münch

Über stille und laute Lernverweigerer

Es ist inzwischen fast gang und gäbe geworden, daß Dozenten der Erwachsenenbildung sich bemühen, in ihren Veranstaltungen teilnehmerorientierte Lernverfahren anzuwenden. Sie versuchen, auf die spezifischen Lernbedürfnisse und -fähigkeiten ihrer Kursteilnehmer Rücksicht zu nehmen, ein angenehmes Lernklima herzustellen – auch dadurch, daß sie ihre Autorität soweit wie möglich zurücknehmen und sie sich ihren Teilnehmern als kooperationsbereite ›Teamer‹ anbieten.

Diese Bemühungen verhindern aber nicht, daß sie immer erneut die Erfahrungen machen müssen, daß ihnen von Teilnehmern Autorität zugespielt und von anderen jedwede Autorität abgesprochen wird. Jeder Dozent kann sich sicherlich an Seminarteilnehmer erinnern, die ohne Widerstand auf seine Lernangebote eingegangen sind, an andere, die zögerlich, fragend und kritisierend mitgearbeitet haben, an solche, die nichts an sich herankommen ließen und immer wieder deutlich machten, daß sie von alledem nichts hielten und schließlich auch an die vielen, die still und oft blaß dabeisaßen, ohne sich viel zu rühren.

Da aber viele Dozenten – oft entgegen ihrer erklärten Absichten – schnell von der Lust an ihrem eigenen intellektuellen Spiel und vom Eifer ihres Zielstrebens erfaßt werden, passiert es ihnen, daß sie ihre Lerngruppe und einzelne Teilnehmer völlig aus den Augen verlieren und sich nur noch mit denen in Interaktion befinden, die den intellektuellen und emotionalen Kontakt zum Dozenten halten können und sein zielorientiertes Streben unterstützen.

In einem solchen Falle würde der Kursleiter eine Lernsituation reproduzieren, die seinen Teilnehmern aus deren eigener Schulzeit allzu bekannt sein dürfte. Es handelt sich hierbei schlicht um die Tatsache, daß unter den erwähnten Gegebenheiten insbesondere diejenigen Teilnehmer gefördert werden, die die Fähigkeit besitzen, sich innerhalb der vom Dozenten maßgeblich gestalteten Lernsituation fortdauernd zu ihrem Vorteil zur Geltung zu bringen. Sie erfahren gewöhnlich Anerkennung und Unterstützung.

Andere hingegen, die sich nicht so wie jene zu ihrem Nutzen entfalten können, weil ihre Gefühle, zum Beispiel Wut oder Angst, sie daran hindern, sie keine Zugehörigkeitsgefühle entwickeln können oder sie sich klein und wertlos fühlen, werden als Störer identifiziert, wegen ihrer Nichtbeteiligung mit Nichtbeachtung bestraft, stoßen auf Ablehnung oder ziehen Hilfsaktionen auf sich, die sonst eher in caritativen Organisationen praktiziert werden. Überhaupt scheinen auch in der Erwachsenenbildung die meisten Dozenten dazu zu neigen, Verhaltensweisen ihrer Teilnehmer und die Vorgänge in ihren Lerngruppen auf der Grundlage tendenziöser und vorurteilsgebundener Sichtweisen wahrzunehmen. Dies hängt damit zusammen, daß sie für die komplexen Vorgänge in Lerngruppen nach einfachen und handhabbaren Erklärungen suchen, die die Komplexität auflösen und Strukturen sichtbar machen. So wird beispielsweise eine Lerngruppe in begabte, mäßig begabte oder unbegabte Teilnehmer gruppiert, oder es werden die motivierten von den nicht motivierten geschieden. – Solche Kategorien entlasten aber vor allem den Dozenten, weil sie auf einfache Zusammenhänge, in die der Dozent nicht einbezogen ist, zurückgreifen: Der Teilnehmer X arbeitet nicht mit, weil er nicht motiviert ist. – Der Dozent übersieht dabei, daß Lerngruppen im hohen Maße in Normen, Erwartungen und Ansprüche eingebettet sind und die Beziehungen der Teilnehmer zueinander und auf den Dozenten bezogen von Abhängigkeitswünschen, Konkurrenz- und Machtbedürfnissen gekennzeichnet sind. In dem Spiel dieser Kräfte, die auch die Ansprüche des Dozenten auf humane Umgangsformen – Gleichberechtigung, Kooperation, Rücksicht usw – über den Haufen zu werfen drohen, kann sich nur derjenige als mitgestaltungsfähig erweisen, der im Lern- und Gruppengeschehen seine Persönlichkeit kreativ und produktiv entfalten kann. Es sind zunächst personengebundene Fähigkeiten wie Selbstvertrauen, Spontanität, Offenheit, Stärke, aber auch Akzeptierung der anderen, die von dem einzelnen in der Lerngruppe eingesetzt werden müssen, um sich darin eine Position zu erwerben, die es ihm relativ angstfrei ermöglicht, seine Motivation zu zeigen und seine Intelligenz einzusetzen (vgl. Wellendorf 1978, S. 161ff.). – Teilnehmer hingegen, die in Lerngruppen vorwiegend mit defensiven Verhaltensweisen, aus denen Furcht, Mißtrauen, Abhängigkeit oder Feindseligkeit spricht, auftreten, erwecken bei den anderen eher Argwohn und Ablehnung. Sie finden sich dann auf Positionen innerhalb der Gruppenstruktur wieder, wo sie mit Außenseiterproblemen konfrontiert werden und ihnen auch deshalb wenig Spielraum zur Mitarbeit am Lerngeschehen in der Gruppe übrig bleibt.

Besonders in Lerngruppen der beruflich orientierten Erwachsenenbildung, die sachbezogen, erfolgs- und zielorientiert arbeiten, muß sich jeder einzelne Teilnehmer als jemand verstehen, der nicht unter Berücksichtigung seiner *Individualität* und seiner ganz *persönlichen Situation* in der Gruppe wahrgenommen wird, sondern auf Grund seiner wahrnehmbaren Verhaltens- und Leistungsdarbietungen im Vergleich mit denen, die ihm der Zufall in der Lerngruppe an die Seite gestellt hat. In diesem Kollektiv tritt also jeder mit jedem nicht so sehr als ein anderer in Beziehung, der sich in Vielerlei von dem jeweils anderen Teilnehmer unterscheidet, sondern mehr als ein scheinbar Gleicher, der allerdings wiederum durch die Ergebnisse, die ihm sein Verhalten und seine Leistungen in der Lerngruppe einbringen, zu einem Einzelnen gemacht wird. Andererseits wird an den Dozenten von den Teilnehmern oftmals die Erwartung gerichtet, daß er sie gleich behandele und jedem gerecht werde. Diese Erwartung ändert jedoch nichts an der Tatsache, daß beinahe jedes Gruppenmitglied im Geheimen darauf hofft, derjenige zu sein, der von der Person, die Autorität, Macht und Wissen besitzt, am meisten geschätzt, bevorzugt oder mit Nachsicht behandelt wird. Aber, so schreibt Freud, »wenn man schon nicht der Bevorzugte sein kann, so soll doch wenigstens kein anderer bevorzugt werden« (1974, S. 112). Solche verständlichen Erwartungen und geheimen Wünsche, die Seminarteilnehmer an ihren Dozenten richten, können von diesem kaum je erfüllt werden. Ohnehin neigt jeder Mensch erst einmal dazu, sich mit besonderer Aufmerksamkeit denen zuzuwenden, denen er sich – aus welchen Gründen auch immer – verpflichtet oder nahe fühlt. Und wer kann es eigentlich einem Seminarleiter verdenken, wenn er sich in der Seminarsituation gerade auf die stützt, die seine Ansprüche erfüllen und ihn unterstützen? Dazu zählen dann meistens diejenigen angepaßten und aufgeweckten Teilnehmer, die glänzend die intellektuellen Anforderungen bewältigen, die sich als verantwortungsbewußte Mitglieder der Lerngruppe hervortun und auf die sich der Leiter auch in schwierigen Situationen verlassen kann. – Eine Pädagogin spricht diese Zusammenhänge ganz offen aus: »Wer nicht auf mich zukam, den habe ich nicht beachtet. Das war mir alles zu viel. Ich hatte genug mit denen zu tun, die mich gestört haben oder die auf mich zugekommen sind, die vor allem positiv auf mich zugekommen sind.*

Jene Pädagogin teilt ihre Teilnehmer – gewiß nicht zufällig – in drei Gruppen ein: die Stillen und Zurückhaltenden, die von ihr unbeachtet bleiben, die Störer, die in nicht vorgesehener Weise auf sich aufmerksam machen, und die Angenehmen, die auf sie zugehen und sich in ihrem Sinne positiv verhalten. – Mit der zuletzt genannten Gruppierung brauche ich mich im Rahmen dieser Abhandlung nicht weiter ausführlich zu befassen; ihre Mitglieder erhalten ohnehin genügend positive Aufmerksamkeit und Unterstützung. – Mein Blick richtet sich hier auf die beiden anderen Gruppierungen. Wer ihnen erst einmal angehört, ist meistens dazu verurteilt, seine Mitgliedschaft in Lerngruppen als einen ununterbrochenen Existenzkampf zu erleben, und er wird solche Gruppen am Ende immer wieder mit dem Gefühl verlassen, erfolglos geblieben und geschädigt worden zu sein. Natürlich könnte ich an dieser Stelle versuchen, das zu befriedigen, wonach viele Pädagogen, auch die Dozenten in der Erwachsenenbildung, immer verlangen: nämlich präzise Anweisungen zu geben, derer sie sich bedienen können, um Schweiger zum Reden zu bringen, Außenstehende in die Gruppe zu integrieren oder Unzufriedene zur aktiven Mitarbeit zu bewegen. – Wie ein gutes Rezept jedoch noch keinen guten Koch macht, so wäre überhaupt nicht sichergestellt, wie der einzelne in der praktischen Situation mit einer hier gemachten Rezeptverschreibung konkret zu Werke ginge. Aber mehr noch zu bedenken ist vielleicht der Einwand, daß ein Verfahren nach Regeln und Mustern den sogenannten Pädagogen-Pragmatismus, der in dieser Berufsgruppe weit verbreitet ist und der letztlich darauf hinausläuft, Techniken und Instrumente in die Hände zu bekommen, mit denen man möglichst erfolgreich auftretende Probleme oder Konflikte im Kursalltag beheben kann, ohne dabei zu sehr das eigene Verhalten hinterfragen und die eigene Person ins Interaktionsspiel ein-

---

* Tonbandausschnitte aus einer Supervisionsgruppe im Rahmen der Lehrerweiterbildung; vgl. hierzu Münch 1979, S. 145ff.

bringen zu müssen, unterstützen würde. – Meine Überlegungen sind deshalb nicht hauptsächlich dafür vorgesehen, dem Leser und Dozenten in der Erwachsenenbildung aufzuzeigen, wie sie ihre Selbstansprüche besser erfüllen und ihre Arbeit noch besser und richtiger machen können. Sie sollen vielmehr dazu beitragen, daß diese ihre eigene Kurspraxis kritischer beobachten, um vielleicht herauszufinden, wodurch und auf welche Weise sie – neben der Vermittlung des Fachlichen – auf ihre Lerngruppen und auf einzelne Teilnehmer einwirken und welche Wirksamkeiten und Bedeutungen diese eigenen Verhaltenspraktiken für andere haben könnten. Sie sollen ferner sensibilisieren für das Erkennen von Absichten und Erwartungen von solchen Teilnehmern an Erwachsenenbildungsveranstaltungen, die sich entweder mündlich gar nicht mitteilen oder die solche Mitteilungsformen wählen, die nach den üblichen Deutungsmustern von Dozenten als unangemessen, störend oder gar krankhaft bezeichnet werden.

Dozenten wissen in der Regel wenig von alledem, was ihre Teilnehmer an behinderndem Ballast in die Seminare mitbringen. Und wenn sie es wissen, dann fühlen sie sich oft nicht in der Lage, angemessen damit umzugehen. Diese Schwierigkeit hängt einerseits damit zusammen, daß sie über Ursachen und Gründe von Verhaltensweisen, die in Lerngruppen nicht vorgesehen sind, meistens nur allgemeine und abstrakte Vorstellungen haben. Andererseits, daß sie selbst mit ihren ihnen oftmals unbekannten Gewohnheiten, Gefühlen und Wünschen als maßgebliche Mitgestalter und Beeinflusser wie auch als Beeinflußbare in das Beziehungs- und Interaktionsgeflecht ihrer Lerngruppen eingebunden sind. Diese Tatsache bedeutet, daß sie mit ihrer eigenen Subjektivität, die ihnen nur begrenzte Möglichkeiten läßt, das Geschehen in den Lerngruppen zu erkennen, ihre Rolle als Lehrende ausgestalten.

Eine Dozentin, die junge Erwachsene unterrichtete, wunderte sich darüber, daß es in einem ihrer Kurse eine große Gruppe von Teilnehmerinnen gab, die – so drückte sie das wörtlich aus – »so was schlimm Gleichgültiges an den Tag legen. Die sitzen die ganze Stunde so da. Die greifen mich nicht an, machen aber auch sonst nichts.« *– Was sich für diese Dozentin zunächst als ein unerklärliches, aber abweichendes Verhalten dieser Teilnehmerinnen darstellte, entpuppte sich nach näherer Untersuchung als Verachtung und stummer Protest gegenüber einer Dozentin, die nichts Schlimmes dabei fand, sich mit besonderer Aufmerksamkeit einigen wenigen Teilnehmern des Kurses zuzuwenden und anderen, besonders den Teilnehmerinnen, mit Gleichgültigkeit zu begegnen.*

Was dieses Beispiel so beeindruckend macht, ist die Tatsache, daß diese Teilnehmerinnen ein Verhalten zeigen, das zwar ihre Dozentin als einen Schlag gegen ihre Person und zugleich als nicht angepaßt interpretiert, aber daß sie dabei – wahrscheinlich zu ihrem eigenen Schutz – übersieht, daß das Verhalten der Teilnehmerinnen nichts anderes ist, als eine unbeholfene, jedoch berechtigte Kritik an ihrem eigenen Verhalten.

Auch für die Erwachsenenbildung gilt wohl, daß die Dozenten in der Regel eine Vorliebe für solche Teilnehmer haben, die ihre zielgerichteten Dozenteninteressen nicht behindern. Es handelt sich hierbei um Teilnehmer, die sich angepaßt verhalten. Aber diese Anpassung hat unter Umständen wenig mit dem Akzeptieren der vom Dozenten gestalteten Lehr-/Lernsituation zu tun. Dies ist mit Sicherheit daraus zu entnehmen, daß die einen Teilnehmer Möglichkeiten besitzen, sich anpasserisch zu verhalten, während andere sich dafür entscheiden, im Kurs mit Verhaltensweisen aufzuwarten, die sie in oft leidvolle Situationen bringen.

Wer die vorgegebene Lehr-/Lernsituation im Kurs nicht akzeptieren kann und sich entweder aus ihr schweigend zurückziehen will oder sich gegen sie durch antisoziale Verhaltensweisen wehrt, stellt natürlich dadurch indirekt die jeweilige soziale Ordnung im Kurs in Frage. Sie attackieren damit die Konformisten, stören mit ihrem abweichenden Verhalten deren Interaktionen. Sie rufen Widerstand hervor, aber auch Schuldgefühle. Sie machen Angst und werden schließlich lästig. Oft können sowohl Seminarleiter wie auch angepaßte Teilnehmer ihre Aggressivität gegen diese passiven oder aktiven Aussteiger und Verweigerer nur notdürftig verbergen. Sie werden entweder unter Druck gesetzt, endlich mal was zu sagen, oder es werden ihnen antisoziale Tendenzen unterstellt. Es wird erwartet, daß sie sich ändern, jedoch wohl seltener der Versuch unternommen, die gegebene Situation gemeinsam zu untersuchen und zu verstehen.

Gewiß ist es nicht leicht, die Abwehrhülle, mit der sich Schweiger, Geistesabwesende und unzufriedene Protestler umgeben, zu durchdringen. Mit Hilfe dieser Hülle wollen sie sich unnahbar und unantastbar machen. Sie soll sie vor Angriffen und Verletzungen schützen. Sie scheinen den anderen mitzuteilen: »Laßt mich in Ruhe, ich will nicht behelligt werden, ich bin unzufrieden.« Zugleich kann aber ihre abweisende Abwehrbotschaft auch als eine Aussage über ihre eigene Person und Situation verstanden werden. Diese kann zum Beispiel heißen: »Mir fehlt die Kraft, *hier* etwas zu sagen; ich habe *hier* offenbar nichts zu sagen; es hat gar keinen Zweck, daß ich *hier* etwas sage; ich werde *hier* nichts sagen.«

Zwei voneinander zu unterscheidende und doch miteinander verknüpfte Abwehrhaltungen spielen dabei eine Rolle: die *passive* und die *aktive Nichtbeteiligung*. Diese Abwehrhaltung zeichnet sich mehr durch antisoziales Verhalten aus, während sich jene mehr durch stummen, vorwurfsvollen Protest bemerkbar macht.

Die passive Form der Verweigerung wird in erster Linie von solchen Teilnehmern benutzt, die sich nur mit Mühe in der Lernsituation als eigenständige Personen, die von anderen getrennt leben und sich von diesen anderen in einzigartiger Weise unterscheiden, erleben können. Wenn sie sich bedroht fühlen, versinken sie in schweigende und hilflose Passivität. Werden sie in diesen Situationen angesprochen, reagieren sie meistens verstört, suchen unsicher nach Worten, und es gelingt ihnen meistens nicht, über die Rede ihr Dasein zu rechtfertigen. Manchmal bekommt man den Eindruck, als kosteten sie leidend ihre Isolation aus, oder man ist darüber erstaunt, daß sich der eine oder andere von ihnen mit Hilfe des geschriebenen Wortes als Sprecher seiner Wünsche, Phantasien und Ansichten, aber auch seiner Vorwürfe und Voreingenommenheiten deutlich offenbaren kann.

Anscheinend erleben sie die Tatsache, daß sie mit anderen auf der Welt sind und ihr eigenes Dasein auf diese anderen beziehen müssen, als außerordentlich bedrohlich. Ihre Passivität hat die Wirksamkeit eines Schutzschildes. Mit ihm halten sie ihre Mitwelt auf Distanz. Sie vermeiden die Rede, die ihre Gedanken und Einschätzungen verraten könnte – oder die sie verwickeln würde. Sie sind sozusagen gezwungen, in der sozialen Gruppe Rede und Antwort zu verweigern, d.h. sie sind daran gehindert, sich ihre Umwelt im Kurs durch Äußerungen des Verstehens, ihres Wollens und ihrer Befindlichkeit zu erschließen.

Teilnehmer in Kursen der Erwachsenenbildung, die an dem Los ihrer Passivität zu leiden und den anderen buchstäblich nichts mitzuteilen haben, neutralisieren sich in diesen Gruppen. Neutralisiert ist jemand, der seine Bedürfnisse und Interessen nicht aktiv in eine Forderung nach Erfüllung umsetzen kann und der stattdessen träumerisch und scheinbar ohne Zeitnot auf deren Befriedigung wartet. Er ist darauf angewiesen, daß die anderen ihn erreichen und in ihre Aktivitäten hineinziehen.

»Du darfst keine Fehler machen«, muß wohl das verinnerlichte Lebensmotto dieser Menschen sein. – Wer keine sichtbaren Regungen zeigt, also fühllos bleibt, wenn Dinge an ihn herangetragen werden, die in ihm Bewegungen hervorrufen müßten, will nicht zulassen, daß diese Dinge in ihm Reaktionen auslösen, die den anderen zeigen könnten, daß er sich berührt und einbezogen fühlt. – Natürlich könnten sie *über* etwas reden, besonders wenn sie dazu aufgefordert werden. Aber ihre Rede wirkt monoton, sie verheddern sich oder versanden, wenn sie unterbrochen und Nachfragen an sie gestellt werden. Sie benutzen die Worte in einer Art, als wären es nicht die ihrigen, sondern von anderen ausgeliehen oder einem Buch entnommen. – Die Angst, durch Abweichung vom Vorgeschriebenen dadurch etwas falsch zu machen, wenn sie ihre eigene Person ins Spiel brächten und sich auf ihre Empfindungen, Erfahrungen oder Einschätzungen beriefen, veranlaßt sie immer wieder, ihre eigene Person bedeckt zu halten. Das führt vor allem dazu, daß sie für die anderen undurchschaubar werden und sie in den Vorstellungen dieser anderen mehr durch Phantasien und Illusionen Gestalt annehmen als durch ihre wirklichen Personen.

Während sie im Kurs ihre Rolle spielen, beispielsweise die des freundlichen, zurückhaltenden und fleißigen Teilnehmers, sind sie hinter ihrer Rolleneinkleidung und für die anderen unbemerkt damit beschäftigt, die Abgrenzungen zwischen dem eigenen Selbst und den zahlreichen Nicht-Selbsts der übrigen Teilnehmer aufrechtzuerhalten. In Wirklichkeit leben sie wie in einem Exil inmitten einer bedrohlichen Realität, die sie ängstigt und der sie deshalb aus dem Wege gehen wollen.

Das Verhalten dieser Teilnehmer muß man als einen besonderen Kampf um ihre Selbsterhaltung ansehen, den sie nur dann durchstehen, wenn sie *selbst*-genügsam bleiben und alles vermeiden, was aktive Interessen – im Gegensatz zu den passiv-beschützenden – der anderen für sie hervorrufen könnte.

In der Praxis können wir uns auf der einen Seite einen Seminarteilnehmer vorstellen, der auf Grund seiner erfolgreichen Aktivitäten in der Lerngruppe und seiner Anerkennung, die er von anderen dafür erhält, eine hohe Selbsteinschätzung von sich hat und sich in einem

Zustand guten Wohlbefindens erfährt. Nehmen wir darüberhinaus an, er erlebt sich in seiner Gesamtheit seinem Selbst-Ideal ziemlich angenähert, so daß er allen Grund haben kann, mit sich selbst zufrieden zu sein. Einem solchen Teilnehmer wird es in aller Regel nicht schwer fallen, sich mit innerer Gelassenheit und kreativer Aktivität auf die Lernprozesse in der Gruppe einzulassen. – Wenn wir uns jetzt als Gegenbeispiel einen Teilnehmer vorstellen, der sich – wie berechtigt seine Selbsteinschätzung auch sein mag – als Versager einschätzt, weil er seine Schwächen als übergroß erlebt und seine Stärken nicht sehen kann, der sich deshalb im Kreise mit den anderen, die er stark und mächtig sieht, klein und hilflos vorkommt und der die Diskrepanz zwischen seinem Ideal und seinem Sein als unüberbrückbar wahrnimmt, dann können wir vielleicht verstehen, daß dieser Teilnehmer seine Beziehungsinteressen an den Menschen seiner Umgebung zurückhält, Distanz aufrichtet und seine Aufmerksamkeit vorwiegend auf sein eigenes Innenleben, nämlich auf die Gefühlsausdrücke seiner Triebe, richtet. Er wird sich zumeist damit beschäftigen müssen, was ihn bedrohen, wer ihn kränken oder gar beseitigen könnte. Er befände sich demnach in einem Zustand, wo er in mißtrauischer Abwehrhaltung seine Umwelt beobachtet und mit sich selbst kommuniziert.

Teilnehmer, die in Lerngruppen in Sprachlosigkeit und Handlungsunfähigkeit verfallen, führen in diesen Gruppen ein Exildasein, ähnlich wie jemand, der gegen seinen Willen in einem Land leben muß, dessen Sprache er nicht versteht und dessen Sitten und Gebräuche er nicht kennt. Deshalb fühlen sie sich in den Lerngruppen wie Unerwünschte und abhängig von den Eingesessenen. Sie leben unter ihnen in einem Grundgefühl des Mißtrauens und der Hilflosigkeit, das herabsetzend auf das eigene Selbstwertgefühl wirkt. Unter solchen Umständen sehen sie für sich keine Entfaltungsmöglichkeiten, zumal ihre Kräfte fast ausschließlich für das bloße Überleben eingesetzt werden müssen.

Die Folge ist eine weitere Selbst-Verarmung (Leistungsminderung) und damit verbunden eine Vergrößerung der negativen Selbsteinschätzung. – Wer aber nur wenig oder fast nichts mehr von sich hält, kann sich auch nicht leiden und richtet bittere Anklagen und zersetzende Vorwürfe an sich selbst. Das eigene Selbst wird dann zum Objekt eigener Kritik. Dabei tut sich in besonders negativer Weise das zum Selbst gehörende Ich-Ideal hervor, das seine Zeit für gekommen sieht, zum Selbst in Distanz zu gehen und dieses mitleidlos und in herabsetzender Weise zu kritisieren. Das Selbst, so der massiven Kritik ausgesetzt, wird buchstäblich von der Übermacht seines Ideals erdrückt, fühlt sich diesem hilflos ausgeliefert und erlebt sich als dessen gedemütigter Gefangener. Es entsteht das, was Freud als Selbsthaß herausgearbeitet hat.

Aber ein geschwächtes Selbst, das außerdem noch von seinem mächtigen Ideal gequält wird, kann es sich freilich nicht leisten, auch noch mit seinem Haß gegen diejenigen vorzugehen, von denen es sich nicht angenommen fühlt. Folglich wird der Haß gegen die eigene Person gewendet, die ja, das dürfen wir nicht vergessen, von ihrem Selbst-Ideal auch noch eingeredet bekommt, daß sie ein Versager sei. – Selbsthaß ist deshalb auch als ein warnendes Zeichen für extrem verletzte Eigenliebe anzusehen, hinter dem sich tiefer

Haß gegen diejenigen verbirgt, die für das eigene Schicksal verantwortlich gemacht werden. – Der Schriftsteller Gustave Flaubert stellte sich in einem Selbstporträt als schikanierter Schüler dar, der unter seinen Lehrern und Mitschülern gelitten habe. Bereits als Siebzehnjähriger schrieb er sich in den »Erinnerungen eines Irren« (Mémoires d'un fou) seinen Haß auf Lehrer und Mitschüler von der Seele: »Ich kam mit zehn Jahren ins College und faßte dort schon sehr früh eine tiefe Abneigung gegen die Menschen. Diese Kindergesellschaft ist ebenso grausam gegen ihre Opfer wie die andere kleine Gesellschaft, die der Erwachsenen. Dieselbe Ungerechtigkeit der Menge, dieselbe Tyrannei der Vorurteile und der Stärke, derselbe Egoismus ... Ich wurde in allen meinen Vorlieben gekränkt: in der Klasse wegen meiner Ideen, in den Pausen wegen meiner Neigungen zur einzelgängerischen Menschenscheu ... Ich lebte dort also allein und verdrossen, von meinen Lehrern schikaniert und von meinen Kameraden verspottet.« (Zit. n. Sartre 1978, S. 477f.)

Hier offenbart uns der Schriftsteller noch eine weitere, aber ebenfalls problematische Lösungsmöglichkeit, den bedrohten Selbsterhalt zu sichern. Vielleicht erinnern wir uns in diesem Zusammenhang zunächst an Seminarteilnehmer, die einen sozusagen fragen ließen, woher eigentlich ihre übertrieben hohe Selbsteinschätzung, für die man gar keine Berechtigung fand, kommt. Wenn man die Geschichte dieser Menschen erforschen kann, so findet man, daß sie ihre zahlreichen Enttäuschungserlebnisse dazu genutzt haben, um sich aus sozialen Zusammenhängen herauszulösen, das Schlechte und Negative bei den anderen zu sehen und alles Gute, Große, Schöne, Kraftvolle am eigenen Selbst zu entdecken. Es sind Menschen, die ihr gefährdetes Selbst durch eine irrealistische Selbstidealisierung aus der Erniedrigung erheben und plötzlich erhaben, manchmal voller Hochmut und Verachtung, auf diejenigen herabblicken, die sich in idiotischer Geschäftigkeit mit den Belanglosigkeiten und Kleinlichkeiten dieser Welt abgeben. – Flaubert hatte offenbar diesen Weg für sich gewählt, auf dem sich in einem Selbst-Verklärungsgeschehen das feierliche Gefühl einstellt, größer als alle anderen zu sein. Er schrieb: »Ich sehe mich noch auf der Schulbank in meinen Zukunftsträumen versunken, in Gedanken an das Erhabenste, was die Phantasie eines Kindes träumen kann, während der Pädagoge sich über meine lateinischen Verse lustig machte, meine Kameraden mich feixend ansahen. Die Idioten! Sie, und über mich lachen! Sie, so schwach, so gewöhnlich, so engstirnig; ich, dessen Geist an den Grenzen der Schöpfung ertrank, der verloren war in allen Welten der Poesie, der ich mich größer fühlte als sie alle, der unendliche Wonnen empfing und himmlische Ekstasen hatte angesichts all der inneren Erleuchtungen meiner Seele! Ich, der ich mich groß fühlte wie die Welt.« (Zit. n. Sartre 1978, S. 478)

Es hat den Anschein, als könnten diese Menschen allein zwischen Ohnmacht und Allmacht wählen. Sie sind gebunden an Bewegungen zwischen einer Alternative, die nichts anderes als eine Entscheidung zwischen zwei Übeln desselben Ursprungs anbietet. Während sich in der Ohnmacht die Unfähigkeit zum aktiven Handeln ausdrückt und sich der Ohnmächtige als manipuliertes Opfer der anderen wähnt, ist die Allmacht eine phantasierte und geborgte Größe, die ohne Bezug zur eigenen inneren und äußeren Realität existiert und die Macht und Kontrolle über alles besitzen möchte. Sie ist die Wahl zur Freiheit zum Bösen, zur Gewalt über die anderen – und, sofern die Unterdrückung nicht gelingt, zur Zerstörung.

Phantasierte und geborgte Größe läßt sich vorzüglich im Rollenspiel einsetzen, eignet sich zum großen Auftritt, bei dem durch Maskerade und Staffage eine Fiktion vom eigenen Selbst mit dem Ziel dargestellt wird, die anderen über das reale Selbst zu täuschen und durch das Vorgetäuschte zu faszinieren. Die anderen sind bei diesem Spiel in den Rollen beifälliger Zuschauer oder zu- und untergeordneter Mitspieler vorgesehen. Wer sich dem widersetzen oder sich selbst ins Rampenlicht drängen will, wird rücksichtslos beiseite geschoben oder lächerlich gemacht. Es handelt sich also um ein Spiel, das nur auf die anderen, die kleingeschriebenen ›anderen‹ – wie es übrigens der Duden wohlweislich vorschreibt –, einwirken soll. Anerkennung und Beifall werden für die Maske und deren gelungenes Spiel verlangt, aber nicht für die reale Person, die ja auch vor den anderen ihre wahren Absichten und Gründe geheim halten möchte. Die reale Person bleibt dadurch zwar in Einsamkeit, aber auch den anderen verborgen, die auf die Vorführungen der Maske so reagieren, als ob eine reale Person die Wirklichkeit darstellte.

Dieses Verhalten basiert auch auf den psychodynamischen Verhaltensmechanismen der Abspaltung und Projektion. Alles Schwache und Schlechte, die eigene Passivität, Angst und Hilflosigkeit, werden am eigenen Selbst, das sich fühllos gemacht hat, nicht mehr wahrgenommen. Statt dessen wird es an anderen Menschen, die als schwach, hilflos, ängstlich, gefühlsbetont, abartig usw. identifiziert werden, entdeckt und kann an diesen heftig und unbarmherzig bekämpft werden (vgl. Miller 1980, S. 99ff.).

Vielleicht sollten wir uns hier kurz daran erinnern, daß sich besonders die Lehrtätigkeit für Selbstdarstellungen eignet. Aber kommen wir wieder auf die Teilnehmer an unseren Bildungsveranstaltungen zurück, und zwar auf die, die uns deswegen in schlechter Erinnerung geblieben sind, weil sie die Fähigkeit besaßen, mit der Überlegenheit des Siegers und in der Pose des Anklägers unentwegt an der Disqualifikation ihrer Dozenten oder bestimmter Seminarteilnehmer zu arbeiten.

Ein Berufsschullehrer, der erwachsene Abiturienten unterrichtete, berichtete: »Ich habe mal einen in der Klasse gehabt, der hat das unheimlich schnell raus gehabt, wo ich ankratzbar bin. Und in jeder Situation, wo es nur ging, hat der mir einen reingesetzt. Der war auch verbal unheimlich geschickt ... Der hat mich total abblitzen lassen. Der hat, wenn er nicht mitmachen wollte, seine Heftchen gelesen.«

In einem derartigen Verhalten zeigt sich nicht nur ein merkwürdiger Mangel an Einfühlsamkeit und eine beängstigende Ignoranz gegenüber den eigenen Gefühlen, sondern die andere Variante der Verweigerung, die oben bereits als aktive Nichtbeteiligung bezeichnet worden ist. Gemeint sind damit solche Aktivitäten von Kursteilnehmern, in denen sich lediglich das Nein mit dem Nicht verbindet. Dieses Nein-Nicht-Verhalten steht im Gegensatz zur bejahenden Aktivität, die sich am deutlichsten im »Ich-will« oder im »Ich-möchte« sprachlich und verhaltensmäßig zum Ausdruck bringen läßt.

Während bejahende Verhaltensweisen über Beziehungen zu anderen Objekten und über kreative Aktivitäten auf direktem Wege nach Lustgewinn suchen, dabei jedoch Risikobereitschaft zeigen und Selbstwertschwankungen in Kauf nehmen, will das Nein-Nicht-Verhalten bezwecken, sich auf nichts einlassen zu müssen. Es verfolgt konsequent und kompromißlos das Ziel, solche Situationen erst gar nicht aufkommen zu lassen, die Mißerfolg und Kränkung einbringen könnten. Es ist als eine Aktivität des bedrohten Selbst zu verstehen, mit der es Unlust und Leid verhüten will. Es ist die fatale Lust am *Nein*, genauer gesagt: an der Unterdrückung oder Beschneidung der eigenen Bedürfnisse, und die Lust daran, die Wünsche und Interessen der anderen sadistisch zu negieren.

Das Nein-Nicht-Verhalten bewerkstelligt sozusagen den Rückzug aus einem Realitätsbereich, in dem das Selbst nicht genügend Kräfte aufbringen kann, sich mit Befriedigung zu behaupten. In ihm organisiert sich eine aus Angst und Wut gespeiste Kraft, die mit der Bösartigkeit des Opfers gegen alles vorgeht, was sich verfolgen läßt. Es ermöglicht dem Opfer, zum Peiniger seiner Peiniger zu werden, indem es nicht nur als gegengerichtete Kraft auftritt, sondern auch, zumindest tendenziell, für niemanden und für nichts ist. – Diese Gleichgültigkeit gegenüber den anderen und den Dingen, mit denen sich die anderen beschäftigen, ist insofern verständlich, als jemand, der sich im Tiefsten selbst ablehnt und als unnütz einschätzt, auch in allem anderen keinen Nutzen und Gewinn sehen kann. Er muß es verneinen.

Im Grunde ist es so, daß sich die zerstörerische Aggression gegen jedes Mitglied der Lerngruppe richtet. Die Wahl eines bestimmten Opfers wird weitgehend durch die Gelegenheit bestimmt, weil ihr die unbewußte Motivation zu Grunde liegt, auf die eigene Zurücksetzung aufmerksam zu machen. Ob die aktive oder passive Form der Verweigerung sich bei jemandem durchsetzen kann, hängt möglicherweise nur von einem geringen Unterschied in seiner Charakterstruktur ab, weil diese hier beschriebene Form der Aktivität lediglich eine darunter verborgene Passivität verdeckt.

Abschließend sollten wir noch bedenken, daß ein gegenwärtiges Verhalten im Kurs nicht allein durch die Bedingungen der Gegenwart bestimmt wird. Aus den Ergebnissen der Sozialisationsforschung wissen wir, daß die Art und Weise, wie ein Kind in die soziale Welt eingefaßt wird, angefangen bei den allerfrühesten Vorgängen zwischen Mutter und Kind bis über den Spracherwerb und die Sauberkeitserziehung weitgehend darüber entscheiden, mit welcher charakterlichen Ausstattung dieses Kind einmal als Erwachsener in seine soziale Welt eintreten wird. Kinder, deren Bedürfnisse nach Eigenaktivität und -kreativität immer wieder eingeschränkt und deren Selbst-Produktionen für wertlos und unbedeutend erklärt werden, beginnen schon frühzeitig, an sich selbst zu zweifeln. Sie entwickeln sich nicht zu selbständigen Menschen und können deshalb nur verkürzt oder verkümmert ihre Bedürfnisse und Interessen ausdrücken. Sie leben mit dem Gefühl, daß andere über sie verfügen und sie selbst nichts zu sagen haben, was von Bedeutung wäre. Sie können ihre eigene Wirklichkeit nicht in Worte fassen und über das gesprochene Wort an andere vermitteln. Sie sind im eigentlichen Sinne stumm.

Vielleicht kann dieser Beitrag bewirken, das Geheimnis der passiven und aktiven Verweigerer in Lerngruppen der Erwachsenenbildung ein wenig zu lüften und für die Art und Formen ihrer Verweigerungen Verständnis zu wecken. In der Praxis des Dozenten wird es dennoch schwer bleiben, mit ihnen zurechtzukommen. Wer sich ihnen nicht durch Verstehen – nicht Verständnis! – und mit Einfühlung nähern kann, sondern vor ihnen zurückschreckt oder sie links liegen läßt, wird ohnehin bei ihnen keinen Zugang finden. Er wird entweder das Opfer ihrer Provokationen werden oder sich weiterhin, soweit es die Stillen betrifft, in bloßer Gedankenarbeit mit ihnen befassen.

Literatur

Freud, S.: Massenpsychologie und Ich-Analyse (1921), in: Studienausgabe Bd. IX, Frankfurt 1974.
Miller, A.: Am Anfang war Erziehung, Frankfurt 1980.
Rogers, C.R.: Lernen in Freiheit, Frankfurt am Main (Geist und Psyche Bd. 42307) 1988.
Sartre, J.-P.: Der Idiot der Familie, Bd. III, Reinbek 1978.
Wellendorf, F.: Der Alltag in der Schule und die Rede des Lehrers von »Intelligenz«, »Begabung« und »Dummheit«, in: Schmid, R. (Hrsg.): Intelligenzforschung und pädagogische Praxis, München/Wien/Baltimore 1978.

Medien

Was ich anschaulich
vermittle, glauben mir die
Teilnehmer viel eher.
Aber: »Glauben«
ist nicht »Wissen«!

Klaus Dera

Über den Umgang mit Medien

Auflockern durch Medien?

In einem Bildungsurlaubsseminar im Rahmen der politischen Bildung mit Industriearbeitern wollten wir Referenten einmal die übliche Erfahrungsaustauschrunde zu Beginn der Veranstaltung etwas auflockern. Obwohl die mündlichen Erfahrungsberichte für uns Referenten immer höchst interessant waren, weil wir damit die Teilnehmer – und diese sich gegenseitig – gleich zu Beginn ein wenig kennenlernen konnten, hatten wir doch den Eindruck, daß sich die Teilnehmer nach einiger Zeit immer langweilten. Eigentlich verständlich, denn häufig treten in den Erfahrungsberichten viele Wiederholungen auf. Für die Referenten ist dies ein Anzeichen »gemeinsamer Betroffenheit«, für die Teilnehmer sind diese Wiederholungen jedoch nichts anderes als eben Wiederholungen.

Gegen Langeweile im Seminar helfen, das weiß jeder erfahrene Dozent, Medien. Es lag also für uns nahe, mal einen Film einzusetzen, um daran anschließend die Erfahrungen der Teilnehmer zu diskutieren. Ein Spielfilm über eine betriebliche Problemsituation erschien dazu geeignet, weil er Information und Unterhaltung ausgezeichnet verband.

Nach dem Einsatz des Films verbuchten wir auch tatsächlich einen vollen Erfolg. Die Teilnehmer fühlten sich in ihrer Erwartung bestätigt, daß ihnen in diesem Seminar »etwas geboten wird« – in diesem Fall sogar unterhaltsam – und honorierten die Erfüllung ihrer Erwartung durch eine rege Beteiligung an der anschließenden Diskussion. Von Langeweile keine Spur.

Was in anderen Seminaren oft nur recht mühsam gelang, nämlich die Aufarbeitung der Widersprüche im Arbeitsalltag von Industriearbeitern und die daraus resultierende Notwendigkeit der kollektiven Interessenorganisation, *glaubten* die Teilnehmer aufgrund des Films auf Anhieb. Sie hatten ja schließlich im Film mit eigenen Augen gesehen, wohin es führt, wenn Einzelne ausscheren und damit eine effektive Interessendurchsetzung der Arbeitnehmer gefährden. Die Schauspieler, die dieses unsolidarische Verhalten vorführten, wurden entsprechend vehement kritisiert: »So läuft das nicht, das hat man ja hier deutlich gesehen!«

Alle normalerweise auftretenden Schwierigkeiten solidarischen Handelns, die u. a. aus den konkurrenzfördernden Lohn- und Hierarchiesystemen der privatwirtschaftlichen Betriebsorganisation resultieren, waren vorübergehend unwichtig geworden. Die Teilnehmer stimmten mit der Aussage des Films prinzipiell überein, daß nur eine kooperative und solidarische Interessenorganisation aller Belegschaftsmitglieder – oder besser: aller Arbeitnehmer – ein wirksames Gegengewicht gegen den Herrschaftsanspruch der Unternehmensleitung garantiert.

Der Einsatz des Films hatte uns Referenten somit eine unerwartete »Sternstunde« bereitet. In bisherigen Seminaren hatten wir oft die mühselige Erfahrung machen müssen, daß die uns geläufigen »theoretischen Widersprüche« in den Erfahrungsberichten der Teilnehmer zwar punktuell (mit unterschiedlichen Ausprägungen) immer wieder ihre praktische Bestätigung fanden – aber: Die Teilnehmer deuteten dies völlig anders. Probleme mit Vorgesetzten z.B. waren für uns Referenten »Erscheinungsformen der privatwirtschaftlichen Produktionsorganisation«, für die Teilnehmer dagegen hatten diese Probleme etwas mit der Person ihres Vorgesetzten zu tun und mit sonst gar nichts.

In solchen Fällen steht zunächst einmal Meinung gegen Meinung. Nun wird es einem durch lange Erfahrungen gereiften Referenten nicht allzu schwer fallen, kraft seiner Autorität, seines Wissensvorsprungs und seiner Redegewandtheit in diesem Meinungsaustausch die Oberhand zu behalten. Auch ein weniger erfahrener Referent ist solchen Situationen nicht hilflos ausgesetzt. Was er selbst (noch) nicht leisten kann, leisten an seiner Stelle die »richtigen« Medien: In diesem Falle beispielsweise ein Artikel eines Experten, den er den Teilnehmern zur intensiven Bearbeitung in Arbeitsgruppen überreicht. Das wäre doch gelacht, wenn die Teilnehmer nach dieser »Informationsphase« immer noch auf ihrer kleinkarierten Meinung über die Gründe für Konflikte mit ihren Vorgesetzten beharrten!

Dieser Medieneinsatz erweist sich in der Regel als durchaus wirksam: Die Teilnehmer geben letztlich klein bei. Sie haben ja nun von einem Experten schwarz auf weiß gelesen, daß ihr Referent kein überspannter Spinner ist, der alle Teilnehmeräußerungen für seine theoretischen Höhenflüge vereinnahmt, sondern daß er sich auf dem Boden »wissenschaftlicher Erkenntnis« bewegt. Dem hat man aber normalerweise als Teilnehmer wenig entgegenzusetzen. Höchstens dies: »Das mag ja alles ganz richtig sein, aber in unserer Firma sieht das doch etwas anders aus ...« Diese Redewendung ist bei allen Referenten, nicht nur in der politischen Bildung, so bekannt wie unbeliebt. Eine typische »Killer-Phrase«, d.h. eine Aussage, die jede weitere Diskussion über das Thema abrupt ›tötet‹.

Der Film hatte diese Probleme geradezu schlagartig beseitigt. Er hatte den Teilnehmern ohne theoretische Kapriolen des Referenten »auf die Sprünge« geholfen und er hat uns Referenten vor Augen geführt, was Medien leisten können. Überzeugend.

Leider ließ unsere anfängliche Begeisterung bald nach. Nachdem der Film ausdiskutiert war, ging es in den folgenden Tagen wieder um die alltagspraktischen Probleme der Teilnehmer in ihrer eigenen Arbeitssituation. Und die war nun wieder »ganz anders« als im Film. Die Referenten, hilflos: »Aber wir haben doch am Montag im Film klar gesehen, daß ... ; und wir haben doch auch diskutiert, wie ...« Die Teilnehmer: »Tjaa, das war ja nun mal ein Film. Im Prinzip stimmte der ja auch. Aber bei uns sieht das doch etwas anders aus. Unser Chef zum Beispiel ...« usw.

Die »Sternstunde« des Medieneinsatzes verblaßte nachhaltig. Trotz des wunderbaren Effekts, daß die Autorität der Referenten nicht durch eine noch höhere Autorität (Expertenartikel) abgestützt werden mußte, sondern daß sich deren Meinung im Medium Film augenscheinlich bestätigte, blieb die Wirkung doch auf längere Sicht bescheiden. Der Film hatte die Teilnehmer dazu gebracht, uns vorläufig zu glauben, weil er unsere abstrakten Aussagen *sinnlich wahrnehmbar* untermalte und untermauerte. Die Teilnehmer haben das, was sie im Film wahrgenommen haben, erst einmal für »wahr« genommen. Aber danach ging es wieder ans »Eingemachte«: An die eigene alltagspraktische Erfahrung; und die stellt unerbittlich den allerhöchsten Grad an Glaubwürdigkeit dar, weil sie nicht nur aus unmittelbarer Anschauung resultiert, sondern weil sie sich auch täglich immer wieder neu bestätigt.

An dieser Stelle ist es notwendig, einem möglichen Mißverständnis zuvorzukommen. Erwachsenenbildung umfaßt nicht nur politische Bildung, von der hier die Rede ist. Berufliche Weiterbildung z.B. hat gegenwärtig in der Bildungspraxis andere Zielsetzungen, nämlich einen Zuwachs an Wissen über eine konkret definierte zukünftige Arbeitstätigkeit. Es geht dabei vor allem um Wissensvermittlung, nicht um (politische) Bewußtseinsbildung – daß das manchmal unter dem Stichwort: Integration von beruflicher und politischer Bildung versucht wird, ist leider noch nicht die Regel und soll deshalb hier nicht weiter verfolgt werden. Wenn sich die Zielsetzung der Weiterbildung jedoch auf eine reine Wissensvermittlung konzentriert, dann können auch die Medien zweifellos dazu beitragen, abstrakte Zusammenhänge anschaulich zu präsentieren und damit das Erkennen der wesentlichen Aspekte zu erleichtern. Bereits vorhandenes Wissen wird durch neues Wissen erweitert; beide »Wissensebenen« können mehr oder weniger nahtlos aneinandergefügt werden. Das Ergebnis dieses Lernprozesses ist ein Wissenszuwachs über einen Gegenstand, über eine Tätigkeit oder über ein Handlungsfeld, über das die Teilnehmer noch keine oder wenig Informationen besitzen.

In der politischen Bildung ist der Grundsachverhalt ein anderer. Hier werden die Teilnehmer mit neuen politischen Interpretationen einer Lebenssituation konfrontiert, die oft viele ihrer bisherigen Meinungen, Deutungen und alltagspraktischen Erfahrungen in einem anderen Licht erscheinen lassen oder gar grundsätzlich in Frage stellen. Die konkrete Lebenssituation, in der man sich häuslich eingerichtet hat, wird als eine veränderbare gesellschaftliche Erscheinung dargestellt, die (zumindest theoretisch) durch das Handeln der Beteiligten und Betroffenen beeinflußt werden kann und – das ist das Ziel politischer Bildung – auch verändert werden soll.
Diese Interpretation steht oft in Widerspruch zu der bisherigen Lebenserfahrung der Teilnehmer. Sie haben ihre alltägliche Lebenswelt in der Regel als weitgehend unveränderbar erfahren und haben gelernt, sie so zu nehmen, wie sie eben ist. Das »neue Wissen« kann also in diesem Fall dem bereits vorhandenen Wissen nicht einfach hinzugefügt werden,

sondern es stellt dies weitgehend in Frage. Was heißt das alles für den Medieneinsatz in der politischen Bildung?

Was sagen die Medientheorien?

Leider gibt es bislang keine Medientheorien und keine Medienforschung, die diese Fragen umstandslos beantworten könnten. Das ist weniger auf die begrenzte Auffassungsgabe der Medienforscher als vielmehr auf die Komplexität der Fragestellung zurückzuführen. Noch relativ einfach stellt sich das Problem dar, wenn man Lernprozesse nur unter dem Blickwinkel der Wissensvermittlung betrachtet. Lernen besteht dann in der Übernahme von Wissen, das andere (Experten) hergestellt haben und das von anderen in eine bestimmte Form (Unterrichtsmedien) gebracht wurde. Dies ist der Fall bei allen sog. »geschlossenen Medien« wie z.B. Lehrfilmen, Ton-Dia-Shows, Tonkassetten, Büchern, Grafiken, Tabellen usw. Diese Medien sind geschlossen, weil sie »fertige« Inhalte präsentieren. Diese sollen von den Lernenden angeeignet und richtig verarbeitet werden.

Diese Aneignung wirft allein schon so viele Fragen auf, daß sich ein ganzer Zweig der Medienforschung, die Wirkungsforschung, seit einigen Jahrzehnten damit befassen kann. Ging es dabei zunächst vorwiegend um physiologische Probleme des Zusammenhangs von Auge, Ohr, Hand und weiteren Nerventätigkeiten beim Lernen, so traten doch bald auch Fragen auf, die aus der psychischen Struktur des Lernenden resultieren: Mit welcher Motivation nimmt er das Medium wahr? Wie (und wozu) kann ihn das Medium stimulieren, motivieren usw.? An den Ergebnissen dieser Forschungen ist verständlicherweise die Industrie (speziell die Werbe-Industrie) besonders interessiert und sie hat auch die finanziellen Mittel, diese Forschungen besonders zu fördern.

Fraglich ist darüber hinaus, wie der Lernende die in den Medien enthaltenen Informationen gedanklich verarbeitet. Über die Herausbildung und die psychische Struktur des Denkvorgangs beim Menschen gibt es unterschiedliche Theorien, die wiederum unterschiedliche Schlußfolgerungen für die Organisation von Lernprozessen und über den »richtigen« Medieneinsatz zulassen. Es soll darauf verzichtet werden, diese Theorien und die daraus resultierenden Kontroversen hier zu referieren. Obwohl sie für die Erkenntnisgewinnung über das menschliche Denken von (unterschiedlich) großer Bedeutung sind, weisen sie doch meist einen entscheidenden Mangel auf: Ihre Fragestellung ist, wie *vorhandenes* Wissen vom Menschen gedanklich verarbeitet wird; unbeantwortet bleibt dagegen meist, wie dieses Wissen, das es aufzunehmen gilt, überhaupt entsteht. Wer z.B. daran mit welchen Interessen beteiligt ist und wie dies sich auf das Wissen auswirkt.

In Bildungsprozessen ist diese Frage, z.B. bei einem naturwissenschaftlichen Lehrinhalt, möglicherweise wenig relevant, weil oder solange man sich auf dem tragfähigen Boden gesicherter naturwissenschaftlicher Erkenntnisse bewegt. Es genügt, zu wissen, daß sich die Erde um die Sonne dreht und daß es sich keineswegs umgekehrt verhält. *Wie* die Wissenschaft zu diesen Erkenntnissen gelangt ist, das hat für den Einzelnen zwar einen hohen Informationswert, es ist aber in der Regel kaum von praktischer Bedeutung. Bei einem gesellschaftlichen Thema – wie es in der politischen Bildung in der Regel der Fall ist – bekommt diese Fragestellung eine größere Bedeutung, schon weil es hier keine »gesicherten Erkenntnisse« im naturwissenschaftlichen Sinne geben kann. Trotz des Einsatzes eines wissenschaftlichen Instrumentariums bei der Erkenntnisgewinnung (= Produktion von Wissen) der Gesellschaftswissenschaften sind die Ergebnisse dieser Forschungen in aller Regel doch in hohem Maße interpretationsbedürftig, also unterschiedlich auslegbar. Dies hat wiederum etwas zu tun mit »herrschenden« Verfahren der Erkenntnisgewinnung und nicht zuletzt auch etwas mit dem gesellschaftlichen Standort des Wissenschaftlers selbst und der »Abnehmer« seiner Forschungsprodukte. Politische Bildung hat diesen Sachverhalt zur Kenntnis zu nehmen. Daraus folgen schwierige Probleme bei der Bestimmung der Kursinhalte, auf die hier jedoch nicht näher eingegangen werden kann.

Der kurze Ausflug in die Medienforschung soll an dieser Stelle abgebrochen werden, weil er Probleme aufwirft, die über das Thema »Medien« hinausgehen. Festzuhalten ist, daß Medien im Unterricht meist Erkenntnisse vermitteln, die von *anderen gemacht* wurden und die vom Lernenden übernommen werden sollen. Der Lernende verarbeitet also einen fertigen Inhalt, er hat aber normalerweise keine Vorstellung, wie dieser zustande gekommen ist. Solange er das aber nicht weiß, hat er auch keine Möglichkeit, das im Medium enthaltene Wissen auf seine ›Richtigkeit‹ hin zu überprüfen. Er kann es glauben oder bezweifeln – widerlegen kann er es nicht. Dazu müßte er das Insrumentarium beherrschen, das dieses Wissen hervorgebracht hat.

Reicht Anschauung als Erkenntnisprinzip?

Die Teilnehmer verfügen über ein anderes Instrumentarium als die Medienersteller, mit dessen Hilfe sie ihre (gesellschaftliche) Realität entschlüsseln: Ihre unmittelbare Anschauung, ihre konkreten Erfahrungen und ihre persönlichen Interpretationsmuster. Diese Interpretationsmuster haben den Vorteil, daß sie sich in der Alltagspraxis augenscheinlich wiederholt bestätigen, auch wenn sie theoretisch noch so falsch sein mögen: Ein Arbeitnehmer, der das psychische Leid seines Abhängigkeitsverhältnisses auf die Persönlichkeitsstruktur seiner Vorgesetzten zurückführt, hat letztlich Recht und Unrecht zugleich. – Wie können die Medien dazu beitragen, daß er genau das erkennt und nicht etwa seine »falsche« Meinung gegen eine »richtige« Meinung einfach austauscht und diese dann nach Beendigung des Seminars – wie es meist geschieht – genauso einfach wieder aufgibt? Zur Beantwortung dieser Frage ist es hilfreich, auf das Filmbeispiel zurückzugreifen. Warum haben die Teilnehmer der Aussage des Mediums mehr geglaubt als dem Vortrag eines Referenten? Ein Referent kann viel erzählen, ein Film zeigt, wie es tatsächlich ist. Das ist der Trick. Ein zweifellos beliebter und effektiver Trick, der immer wieder zu scheinbaren

Lernerfolgen verhilft. Er schlägt nämlich – zumindest vorübergehend – die Teilnehmer mit ihren eigenen Waffen im Meinungsgefecht mit dem Referenten: Mit der unmittelbaren Anschauung.

Es hilft also nichts; Erkenntnisse gewinnt man nicht dadurch, daß man etwas von anderen bereits Erkanntes »frißt«, und sei es noch so anschaulich medial aufbereitet, sondern indem man das *Erkennen selbst erlernt.* »Glauben« ist nicht »Wissen«, deshalb ist der Effekt offenbar auch nur von sehr begrenzter Dauer. Medien können dagegen zur Erkenntnisgewinnung beitragen, wenn in ihnen die Alltagserfahrungen der Teilnehmer nicht einfach – und sei es mit noch so raffinierten Mitteln – als falsch widerlegt werden, sondern wenn sie als ein Mittel eingesetzt werden, mit dessen Hilfe die Teilnehmer selbständig neue Erfahrungen machen können. Solche Erfahrungen ermöglichen die sog. »offenen Medien«. Leider eignet sich dieser Begriff nicht besonders gut für eine Klassifikation der Medien. Auch ein sog. »geschlossenes Medium« kann zum »offenen Medium« werden, wenn man seine Entstehung, seine Funktionsweise und seine Anwendbarkeit zum Gegenstand des Nachdenkens macht; es wird damit nachträglich »geöffnet«. Ob ein Medium »offen« oder »geschlossen« ist, hängt also wesentlich vom didaktischen Einsatz ab.

Offene Medien – was ist das?

Es soll hier genügen, solche Medien als »offene Medien« zu bezeichnen, die keinen fertig produzierten Lehrinhalt enthalten, sondern die von den Teilnehmern zur Erarbeitung eines Lerninhalts benutzt werden können. Solche Mittelfunktion kann wiederum von nahezu jedem Medium erfüllt werden, es gibt aber auch Medien, die keinerlei Inhalt enthalten, sondern mit denen Inhaltliches erzeugt werden kann. Dies gilt z.B. für Fotoapparate, Videokameras, Tonbänder, Wandzeitungen, Notizblocks, Kreide, Pinsel und Bleistift und so fort. Einen Bleistift als »Medium« zu bezeichnen, erscheint vielen auf den ersten Blick etwas wunderlich. Die weitverbreitete Vorstellung, ein richtiger Medieneinsatz sei nur mit Hilfe eines voll ausgebauten Bildungsmaschinenparks möglich, läßt jedoch die Tatsache außer acht, daß Generationen von Schülern und Teilnehmern in der Erwachsenenbildung ihr gesamtes Wissen einem vergleichsweise so primitiven Medium wie der Kreide verdanken und daß dabei keineswegs eine minderwertige Bildung herauskam. Zweifellos ist es sinnvoll und notwendig, alle vorhandenen technischen Möglichkeiten auch in Bildungsprozessen zu nutzen, sofern sie dem angestrebten Ziel gerecht werden. Nicht sinnvoll dagegen ist es, sie einfach nur deshalb zu benutzen, weil es sie nun mal eben gibt.

Es soll hier jedoch keine Wertung vorgenommen werden, welches Medium in welcher Bildungssituation als »einzig richtig« anzusehen ist. Festzuhalten bleibt, daß offene Medien gegenüber geschlossenen Medien kein fertiges Wissen vermitteln, sondern den Teilnehmern die Möglichkeit geben, einen Inhalt selbständig zu erarbeiten, und daß diese

Funktion prinzipiell sowohl von einer kompletten Video-Anlage als auch von einem Bleistift erfüllt werden kann.

Das eingangs beschriebene Beispiel hatte sich also bei genauerer Betrachtung zwar als durchaus effektvoll, aber letztlich im Sinne des Bildungsanliegens des Seminars als wenig sinnvoll erwiesen. Obwohl der Film die »Glaubensbereitschaft« der Teilnehmer gesteigert hatte, ließ er ihnen doch die Möglichkeit, sich jederzeit wieder davon zu distanzieren, sobald ihre eigene konkrete Situation zur Debatte stand. Überspitzt könnte man sagen: Das Medium hatte eine Wirkung, ohne Bildung zu bewirken.

Wenn nun der Einsatz eines so bescheidenen Mediums wie Papier und Bleistift vorgestellt wird, dann muß zuvor ein naheliegendes Mißverständnis ausgeräumt werden: Es geht nun keineswegs darum, einer Abkehr von »modernen« Unterrichtsmedien das Wort zu reden. Es ist aber auch eine Tatsache, daß die Unterrichtstechnologie die emanzipatorischen Erwartungen nicht erfüllt hat, die bis vor wenigen Jahren noch von vielen an sie gerichtet wurden. Emanzipatorischer Unterricht stellt sich nicht schon dadurch ein, daß statt einer Schiefertafel ein Overheadprojektor eingesetzt wird. Viele der neuen Medien sind nichts anderes als die alten Vermittlungsmittel in neuem – technischem – Gewand. Auch sie können emanzipatorisch genutzt werden, sie erfüllen diesen Effekt aber nicht schon durch ihr bloßes Vorhandensein. Die emanzipatorische Anwendung ist weitgehend unabhängig vom eingesetzten Medium, sie läßt sich selbst mit einem herkömmlichen lehrerzentrierten Medium wie der Schultafel realisieren. Sofern das gelingt, können auch neue Ansprüche an die Anwendung moderner technischer Medien formuliert und realisiert werden.

Papier und Bleistift werden in der Regel in Bildungsprozessen als Medium zum »Mitschreiben« benutzt. Man kann Papier und Bleistift jedoch auch zu anderem benutzen, z.B. zur Herstellung einer Zeichnung. Da der Filmeinsatz nicht dazu geführt hatte, daß sich die Teilnehmer mit den dort dargestellten Arbeitsbedingungen ernsthaft auseinandersetzten, lag es nahe, sie zur selbständigen zeichnerischen Darstellung ihrer eigenen Arbeitsbedingungen aufzufordern. Wenn die Teilnehmer befähigt werden sollen, *ihre* Arbeitsbedingungen kritisch analysieren zu können, dann kann man ihnen letztlich keine *anderen* Arbeitsbedingungen zur Analyse anbieten. Die Teilnehmer sind es gewohnt, Probleme sehr konkret zu diskutieren und ein wesentliches Motiv, sich mit Problemen überhaupt auseinanderzusetzen, ist die persönliche Betroffenheit. Hinzu kommt ein weiterer wichtiger Aspekt: Die Konkretheit des Films ist letztendlich nur bloßer Schein. Weder die dargestellten Arbeitsplätze noch die Arbeiter waren »real«; sie sind Produkte der Vorstellungen und der Absichten des Filmregisseurs. Die Teilnehmer hatten somit durchaus Recht, wenn sie sich – nach einer kurzen Phase der Identifikation durch »Anschauungsüberraschung« – von diesem künstlichen Produkt distanzierten. Ein Film ist ein Film; er kann Situationen dramaturgisch zuspitzen, Erfahrungen in einem neuen Licht erscheinen lassen, zum Nachdenken anregen usw.; die Realität des Betrachters authentisch abbilden aber kann ein Film nicht – aber er erweckt diesen Eindruck.

Wenn *dieser* Zusammenhang zum zentralen Gegenstand der anschließenden Diskussion gemacht wird, dann könnten auch Filme eine politische Bewußtseinsbildungsfunktion erfüllen. Dazu reicht aber meist die Zeit in Bildungsveranstaltungen nicht aus. Eine oberflächliche Diskussion des dargestellten Inhalts führt jedoch unausweichlich auf die falsche Fährte einer naiven Anschaulichkeit, die die Scheinhaftigkeit der arrangierten filmischen Realität überdeckt. Ein Film ist keineswegs weniger abstrakt als das Referat eines Referenten, er erscheint nur konkreter.

Ein Experiment

Aus diesen Überlegungen heraus[*] machten wir den Versuch, die Teilnehmer ihre eigene Arbeitssituation in einer Zeichnung selbst darstellen zu lassen. Vor diesem Versuch hatten sie über ihre Erfahrungen bereits mündlich berichtet. Dabei stellte sich heraus, daß sie kaum problematische Aspekte ihres Arbeitsalltags anführten, sondern »im Großen und Ganzen« durchaus zufrieden mit ihren Arbeitsbedingungen waren und die auftretenden Probleme und Belastungen als völlig »normal« bezeichneten.
Diese Teilnehmerzeichnungen waren in mehrerer Hinsicht verblüffend. Zunächst stand die zeichnerische Darstellung der Arbeitssituation in einem unübersehbar krassen Gegensatz zu den mündlichen Erfahrungsberichten. Die Zeichnungen zeigten belastende Arbeitsbedingungen in technischer und sozialer Ausprägung, Unterwürfigkeitshandlungen von Arbeitern gegenüber Vorgesetzten, die verschiedenen Formen des Leistungsdrucks, negative Auswirkungen der Arbeit auf den einzelnen und auf die Gesellschaft insgesamt, Auswirkungen der Anwendung der Technik als Rationalisierungsmaßnahme, Auswirkungen der Arbeit auf das Freizeitverhalten u.a.m.
Darüber hinaus wurden oft Gegenstände des betrieblichen Alltags allegorisch dargestellt: Wanduhren wurden zu Instrumenten der Arbeitshetze umstilisiert, Meister hielten Peitschen in der Hand, Arbeiter nahmen in tief gebückter Haltung Befehle entgegen und ähnliches.
Kurz: Die Teilnehmer hatten sich mit ihren Zeichnungen ohne Zuhilfenahme von Informationsmaterialien einen Einstieg in das Seminarthema (Humanisierung der Arbeit) selbständig und praktisch erarbeitet. Die Referenten griffen während der Phase der zeichnerischen Darstellung inhaltlich nicht ein und beantworteten lediglich Fragen zur zeichnerischen Umsetzung. Einige Teilnehmer versuchten beispielsweise, eine möglichst korrekte technische Zeichnung ihres Arbeitsplatzes anzufertigen. In diesen Fällen mußte diskutiert werden, daß es nur darauf ankam, wesentliche *Merkmale* darzustellen. Diese sind manchmal

[*] Natürlich haben diese Überlegungen auch einen theoretischen Hintergrund. Der interessierte Leser kann sich dazu weitere Informationen bei der Lektüre von Walter Benjamin, Bert Brecht, Alexander Kluge und Paulo Freire verschaffen.

stärker in der allgemeinen Arbeitsorganisation zu finden als in der technischen Struktur des Arbeitsplatzes.

Die meisten Teilnehmer setzten deshalb auch Sprechblasen ein, um damit zwischenmenschliche Beziehungen zu kennzeichnen.

Nach Fertigstellung der Zeichnungen war ein so offensichtlicher Meinungsumschwung hinsichtlich der Beurteilung der eigenen Arbeitssituation festzustellen, daß eine weitere Einführung in das Seminarthema überflüssig wurde. Die Zeichnungen blieben während des gesamten Seminars an den Wänden hängen und veranschaulichten stets den realen Hintergrund der Diskussion von Belastungsursachen und Verbesserungsmöglichkeiten des Arbeitens in den Betrieben. Dieses Experiment wurde von uns anschließend in zahlreichen weiteren Seminaren durchgeführt und schließlich in modifizierter Form zu einem festen Bestandteil des Seminarleitfadens ausgebaut. Zur Interpretation der Wirkungsweise dieses Mediums ist es hilfreich, einige Äußerungen der Teilnehmer hinzuzuziehen, die wir im Rahmen von Tonbandinterviews gesammelt haben:

> *»Also, ich war wirklich vollkommen überrascht, sowas, überhaupt auf den Gedanken zu kommen, sowas zu machen, weil ... es gibt Menschen, die nicht so reden können und denen man so Gelegenheit gibt, bildlich auszudrücken, was man so denkt. Ist ja auch viel einfacher, das zeichnerisch darzustellen, weil ... Man kann doch mit ein paar Strichen mehr sagen als mit einer DIN A4-Seite, die vollgeschrieben ist und die vielleicht letzten Endes nichtssagend ist.«*
> *»Es waren wirklich Arbeitsplätze gezeichnet, die konnte man sich so nicht vorstellen.«*
> *»Durch diese Zeichnungen habe ich mir ein Bild machen können, woraus die einzelnen Probleme entspringen, die der einzelne Kollege hat.«*
> *»Mit wenigen Strichen etwas andeuten und etwas darstellen, was man so vielleicht selbst nicht sagen würde ...«*
> *»Nach den Zeichnungen konnte man sich ungefähr ein Bild machen, so denkt der und so ist ungefähr die Richtung, wie er es sieht.«*
> *»Es kam ja echt darauf an, daß man einfach Zusammenhänge erkannte, die Aussagekraft haben. Und das haben ja irgendwie alle Zeichnungen letztendlich ergeben.«*
> *»Ich hatte den Eindruck, daß diese Zeichenaktion allgemein das ganze Bewußtsein der Kollegen irgendwie ein bißchen aufgelockert hat.«*

Lernen durch Medien, nicht mit Medien

Es bleibt die Frage zu beantworten, auf welche Weise dieses Medium »das ganze Bewußtsein der Kollegen ein bißchen aufgelockert hat«. Auffällig ist zunächst, daß die mündlich geäußerten Erfahrungen den Schein der Alltagsrealität wiedergaben, während demgegenüber die zeichnerischen Darstellungen diesen Schein problematisierten. Ähnliche Ergebnisse konnten wir auch mit der Anwendung von Collagen-Techniken erzielen. Zweifellos haben die Teilnehmer während der Herstellung der Zeichnungen einen »Erkenntnisprozeß« vollzogen, der zwar nicht den theoretischen Ansprüchen »begreifenden Erkennens« genügen kann, der aber dennoch den Schein der Alltagsrealität insoweit entlarvt, als die mündlich proklamierte »Normalität« des Arbeitsalltags nun als eine bedrohliche und entwürdigende dargestellt wird.

Für diesen Lerneffekt sind offenbar mehrere Bedingungen des Mediums »Zeichnerische Darstellung« bedeutsam. Die zeichnerische Darstellung (des Arbeitsplatzes) löst den Gegenstand der Reflexion aus seiner alltäglichen Umgebung; er wird sozusagen wie unter einer Brennglasperspektive der Alltäglichkeit enthoben und somit als ein Teil-Bereich des betrieblichen Gesamtzusammenhangs wiederhergestellt. In diesem Rekonstruktionsprozeß werden gleichzeitig die eigenen Erfahrungen mit-rekonstruiert, die aus dem täglichen Umgang mit diesem Gegenstand oder dieser Situation resultieren. Diese durch subjektive Erfahrung gebrochene Rekonstruktion von Alltäglichem weist diesem nun jedoch eine Bedeutung zu, die über die pure Anschauung hinausgeht: Die Wanduhr an der Werkshalle, die sich in vielen Zeichnungen drohend über die Arbeitsplätze und über die Arbeiter erhob, verliert hier ihren scheinbar neutralen Charakter und wird zum Wahrzeichen für Arbeitshetze und damit zum Wahrzeichen kapitalistischer Rationalität.

Bei der Herstellung einer Zeichnung über den eigenen Arbeitsplatz wird man vor das Problem gestellt, die zerstückelten Erfahrungen zunächst allgemein zu organisieren, um die wesentlichen Seiten in der Darstellung hervorheben zu können. Der Unterschied zu Erfahrungsberichten besteht darin, daß nicht isolierte Erlebnisse vorgestellt werden, sondern daß das Erlebnisumfeld, seine technisch/organisatorische Struktur, seine Auswirkungen auf die alltägliche Erfahrungswelt sichtbar werden. Das Medium der zeichnerischen Darstellung vermittelt offenbar den Anstoß, diesen Erfahrungsprozeß denkend nachzuvollziehen.

Die Teilnehmer haben in ihren Zeichnungen diese Aufgabenstellung gelöst, indem sie sich zunächst einmal die notwendigen Teilelemente vergegenwärtigten, die in der Darstellung in Erscheinung treten müssen; indem sie diese anschließend aufgrund vorhandener Erfahrungen zueinander in Beziehung setzten und abschließend eine Gewichtung bzw. eine Wertung vornahmen, um den zentralen Charakter des dargestellten Tätigkeitsfeldes zu verdeutlichen. Wenn man sich die Elemente dieses Prozesses einmal genau ansieht, dann sind es dieselben wie in einer Tätigkeit, die man gemeinhin als »*Forschung*« bezeichnet.

Auch wissenschaftliche Untersuchungen werden nach denselben Gesichtspunkten angelegt. Sie unterscheiden sich von dem oben dargestellten Prozeß nicht prinzipiell, sondern höchstens graduell durch die Anwendung ausgefeilterer Untersuchungsmethoden und vielleicht durch den Grad der kritischen Verarbeitung des Untersuchungsmaterials. Dieses Vorgehen schrittweise zu erlernen, zu verfeinern und auszubauen ist die einzige Chance, selbständig zu Erkenntnissen über die (gesellschaftliche) Realität zu gelangen.

Was tun? – Medien in der Bildungsarbeit

Bildungsarbeit, die zum bewußten Erkennen führen soll und ein entsprechendes Handeln anregen will, kann, dies ist meine allgemeine Schlußfolgerung, den Teilnehmern nicht einfach von anderen produzierte Erkenntnisse ›zum Fraß vorwerfen‹ und die Medien als eindrucksvollen Präsentierteller benutzen. Das Erkennen erlernt man nicht durch »an-erkennen«, sondern allein durch das Anwenden geeigneter Methoden und Instrumente.

Die Teilnehmer benötigen dazu Medien, mit deren Hilfe sie sich selbst Erkenntnisse erarbeiten können (vgl. dazu Deva 1983). Daß sie lernen, diese Tätigkeit zunehmend systematischer, kompetenter und bewußter auszuüben, bleibt die Aufgabe der Referenten. Ihre Funktion ist dabei nicht die eines »Wissensvermittlers«, sondern sie leisten Hilfestellung im selbständigen Forschungsprozeß der Teilnehmer, indem sie die Methoden weitergeben, mit denen sie sich selbst ihr Wissen angeeignet haben – sofern sich diese als geeignet erwiesen haben.

Diese Funktionsbestimmung von Medien in Bildungsprozessen schließt also die Referenten mit ein und zielt darauf ab, Medien als Instrumente von Problemlösungsprozessen durch die Teilnehmer anzuwenden. Daß diese Funktion auch von einfachsten Medien wie z.B. Bleistiften erfüllt werden kann, bedeutet keineswegs, daß die teuren »Bildungsmaschinen« in den Schulungsheimen und Bildungszentren überflüssig wären. *Wie* diese allerdings sinnvoll dazu benutzt werden könnten, selbständiges, forschendes Lernen zu ermöglichen statt hinterfragwürdiges Wissen zu verbreiten, ist immer noch der Phantasie der Referenten überlassen und stellt die eigentliche Herausforderung an ihn dar.

Es bleibt zu hoffen, daß wachsende Enttäuschungen über die Kluft zwischen dem medientechnischen Aufwand und den erreichten Bildungsergebnissen in der Erwachsenenbildung dazu beitragen, diese Phantasie freizusetzen. Wieweit diese Phantasietätigkeit praktisch zum Durchbruch kommt, ist wohl letzlich auch ein (bildungs-)politisches Problem. Angesichts der industriellen Expansion der technologischen Massenmedien und »Kommunikationsmittel«, die alles mögliche – nur keine Kommunikation – ermöglichen, muß ohnehin die Frage offenbleiben, ob nicht alle Bestrebungen zu einem emanzipatorischen Medieneinsatz in Bildungsprozessen längst das Schicksal eines Kampfes gegen Windmühlenflügel teilen. Aber Resignation ist zweifellos kein guter Wegweiser für eine engagierte Bildungspraxis.

Literatur

Dera, K. (Hrsg.): Lernen für die Praxis. Medien, Techniken, Methoden. München 1983.

Motivationen

Oft ist mir völlig unklar,
weshalb die Teilnehmer
an meinem Kurs teilnehmen –
der Kursinhalt interessiert
sie jedenfalls herzlich wenig

Horst Siebert

Das Problem der Motivation

Zur Problemstellung

Es mag sein, daß das obige Impulszitat Ihren Erfahrungen als Kursleiter oder Teilnehmer nicht entspricht. Wer einen Englischkurs besucht, der interessiert sich sicherlich für Englisch. Das ist zweifellos richtig, doch bei einer Befragung, die ich mit anderen vor einigen Jahren durchgeführt habe, gab eine überraschend große Anzahl der Befragten zu Protokoll, sie würden irgendein anderes Seminarthema auswählen, falls der gewünschte Kurs belegt sei. Offenbar ist die Bildungsmotivation komplizierter und problematischer, als es den Anschein hat, und nicht ohne weiteres aus dem Kursthema abzuleiten.

Die Motivation der Teilnehmer ist für denjenigen Kursleiter kein Problem, der vor allem ein bestimmtes Stoffpensum vermitteln will und der seinen Kurs ausschließlich nach sachlogischen Gesichtspunkten strukturiert. Das Verständnis des Herausgebers dieses Buches von einem »guten«, »gelungenen« Seminar ist jedoch ein anderes: Erwachsenenbildung wird hier als eine soziale Interaktion verstanden, in der sich alle Beteiligten über ihre lebensgeschichtlich bedingten Motive und Erwartungen verständigen, um möglichst selbstbestimmt und kooperativ lernen zu können. Bei einem solchen Konzept aber wird die Motivation der Beteiligten zur didaktischen Schlüsselfrage:

Nicht nur der Kursleiter benötigt Informationen über die Teilnahmemotive, sondern auch die Teilnehmer selbst müssen ihre oft noch vagen Bedürfnisse und Interessen aufklären und mit den anderen »verhandeln«. Bei dieser »Suchbewegung« (Tietgens 1981, S. 80ff.) können neue Motive geweckt und latente Bedürfnisse aktualisiert werden. Es kann zu Annäherungen in der Gruppe, aber auch zu Polarisierungen kommen. Nicht zuletzt müssen die Erwartungen der Teilnehmer mit der didaktischen Planung des Kursleiters koordiniert werden.

Zum Problem wird die Teilnahmemotivation nicht erst am ersten Kursabend, sondern schon vor Kursbeginn: Große Gruppen nehmen das Angebot der Erwachsenenbildung gar nicht in Anspruch und scheinen nicht zu ihrer Weiterbildung motiviert zu sein. Deshalb lautet die Frage, die den Veranstalter interessiert: Welche Adressatengruppen sind überhaupt zur Teilnahme motiviert? Wie können vor allem die bildungsbenachteiligten Schichten zur Teilnahme motiviert werden? Daran schließt sich die Frage des Kursleiters an: Wie können die Motive seiner anwesenden Kursteilnehmer festgestellt und ggf. modifiziert und ergänzt werden? Was bedeutet die Motivation für sein didaktisches Handeln?

Noch eine Bemerkung am Rande: Viele Theorien versuchen zu erklären, wie eine Lernmotivation zustande kommt und pädagogisch gefördert werden kann. Vielleicht ist die Antwort ganz einfach: Die Motivation, Neues kennenzulernen, seinen Horizont zu erweitern, etwas Sinnvolles zu tun, ist ein anthropologisches Grundbedürfnis. Dann aber ist eher zu fragen, wodurch dieses »natürliche« Lernbedürfnis vielfach verkümmert und verschüttet wird. Wie also können wir Erwachsenen unsere ursprüngliche Bildungsmotivation angesichts von Entfremdung und Fremdbestimmung wiedergewinnen?

Ich verzichte hier auf eine Darstellung der verschiedenen Motivationstheorien und -definitionen (vgl. Karl 1979, S. 308ff.) und stelle zunächst die Ergebnisse der Motivationsforschung zu diesen Fragen vor, um anschließend aus einer lebensweltbezogenen Perspektive die Motivationsproblematik in einer Fallstudie zu veranschaulichen.

Teilnahmemotivation in der Erwachsenenbildung

Die meisten Untersuchungen gehen davon aus, daß die Bildungsmotivation sozioökonomisch und soziokulturell bedingt ist. Sie analysieren die Abhängigkeit der Inanspruchnahme der Angebote der Weiterbildung von sozialstatistischen Faktoren wie Alter, Beruf, Geschlecht usw. Ihre Fragestellung ist bildungssoziologisch, ausgewertet werden Bevölkerungs- und Teilnahmestatistiken sowie Befragungen. Die Reichweite dieser Auswertungen ist unterschiedlich, nur wenige Forschungen sind Repräsentativerhebungen für das gesamte Bundesgebiet.

Die erste größere westdeutsche Untersuchung von W. Strzelewicz u. a. (1966) ist in mehrfacher Hinsicht bemerkenswert. Die Stichprobe war repräsentativ für die westdeutsche Bevölkerung; es wurden nicht nur Teilnehmer der Weiterbildung, sondern auch Nicht-Teilnehmer berücksichtigt, die Untersuchung war »mehrstufig« angelegt, d.h. es wurden standardisierte schriftliche Befragungen, Intensivinterviews und Gruppendiskussionen durchgeführt; die Befragung wurde – als Längsschnittuntersuchung – nach 15 Jahren wiederholt (vgl. Schulenberg u. a. 1979), die Ergebnisse stimmten weitgehend mit amerikanischen Forschungsresultaten überein (vgl. Strzelewicz 1979, S. 146ff.), die meisten Erkenntnisse sind bis heute lediglich ergänzt und modifiziert, aber nicht widerlegt worden.

Die Ergebnisse dieser bildungssoziologischen Forschungen lassen sich wie folgt zusammenfassen:

Arbeiter, ältere Menschen, Ausländer, Erwachsene ohne höhere Schulbildung, Eltern mit mehreren Kindern und Bewohner ländlicher Gebiete nehmen an Kursen zur Weiterbildung seltener teil als Angestellte und Beamte, als jüngere Erwachsene und solche mit höherer

Schulbildung, als Ledige und Bewohner größerer Städte. Bei Frauen muß unterschieden werden zwischen erwerbstätigen und nicht erwerbstätigen Frauen sowie zwischen ihrer Beteiligung an allgemeiner, beruflicher und politischer Bildung.

Doch die sozialstatistischen Daten alleine erklären die Bildungsmotivation nur unzureichend. Wichtig ist es, die für bestimmte »Sozialcharaktere« typischen Werte, Mentalitäten und Einstellungen in ihrer Bedeutung für Bildungsaktivitäten zu erfassen. Auch in dieser Hinsicht war die Untersuchung von Strzelewicz u. a. wegweisend, da sie Zusammenhänge zwischen dem Gesellschaftsbild, dem Bildungsverständnis und der Weiterbildung aufzeigte. So sind Angehörige der Mittelschicht eher überzeugt, in einer mobilen, leistungsorientierten Mittelschichtgesellschaft zu leben, die einen Aufstieg durch individuelle Bildungsbemühungen ermöglicht, während Bildung nach Auffassung der Arbeiter eher ein Statussymbol der oberen Sozialschichten ist, zu denen sie keinen Zugang haben. Ein Zusammenhang zwischen beruflichen und sozialen *Aufstiegshoffnungen* und Weiterbildungsmotivation wurde durch andere Untersuchungen bestätigt (Köln-Porzer-Studie 1965, S. 84).

Als gesichert kann auch der Zusammenhang zwischen *Problembewußtsein* und Weiterbildungsmotivation gelten. So nennen Volkshochschulteilnehmer mehr Interessen und Themen, über die sie Bescheid wissen möchten, als Nicht-Teilnehmer. Bei den Volkshochschulteilnehmern überwiegen aktive Freizeitbeschäftigungen wie z.B. Lesen, bei den Nicht-Teilnehmern eher passive Tätigkeiten wie Fernsehen (Kreuzberger Studie 1969, S. 15).

Nachgewiesen wurde ferner ein positiver Einfluß *politischer* und *betriebsdemokratischer Interessen* auf die allgemeine und berufliche Weiterbildung (Lempert/Thomssen 1974, S. 181ff.; Labonté 1973, S. 53). Gewerkschaftlich aktive Arbeiter bilden sich häufiger weiter als nicht-organisierte (Kreuzberger Studie, S. 16). Teilnehmer der Weiterbildung sind auch in Vereinen, Verbänden, Parteien usw. überdurchschnittlich aktiv, so daß ein allgemeiner Faktor »gesellschaftliche Aktivität« angenommen werden kann.

Ein weiterer Zusammenhang besteht zwischen Weiterbildung und *Lerngeschichte*. Damit sind nicht nur die erreichten formalen Schulabschlüsse, sondern auch Schulerinnerungen und positive Erfahrungen in der Weiterbildung gemeint (Siebert/Gerl 1975, S. 75). Bei einer großen gefühlsmäßigen und sozialen Distanz zu höheren Schulen (Grimm 1966, S. 62ff.) scheint auch die Weiterbildungsmotivation geringer zu sein.

Zusammenfassend läßt sich feststellen, daß Alter, Schulbildung und Beruf die Weiterbildungsmotivation am stärksten beeinflussen. Dabei kann von einer kumulativen Benachteiligung gesprochen werden: niedrige Schulbildung hat meist unqualifizierte Arbeit, geringeres Einkommen und schlechtere Bildungsmöglichkeiten zur Folge. Allerdings wird die Teilnahme an der Weiterbildung nicht einseitig von dem Sozialstatus determiniert; die soziale Lage wirkt sich meist vermittelt über sozialisationsbedingte Denkstile, Normen und Einstellungen auf das Bildungsinteresse aus. So wurde festgestellt, daß Erwachsene, die zu Vorurteilen neigen und über ein geringes gesellschaftliches Konfliktbewußtsein verfügen (geringe Ambiguitätstoleranz), auch weniger lernbereit sind (Brödel 1976, S. 116ff.). Aus diesen Untersuchungen kann nicht ohne weiteres geschlossen werden, daß benachteiligte Gruppen wie Arbeiter, Ausländer usw. lernunmotiviert sind, sondern daß sie mehr Barrieren zu überwinden haben, um an Veranstaltungen der Weiterbildung teilzunehmen. Außerdem muß die Teilnahmemotivation, die durch diese Untersuchungen ermittelt wird, nicht identisch mit einer Bildungsmotivation sein, denn viele Erwachsene bilden sich außerhalb der institutionalisierten Erwachsenenbildung weiter.

Motivierung benachtelligter Zielgruppen

Die Befragungen haben gezeigt, daß die Bildungsmotivation Erwachsener von ihrer sozialen Lage, von biographischen Bildungserfahrungen, von soziokulturell geprägten Werten und Einstellungen, aber auch von dem Veranstaltungsangebot der Weiterbildung abhängt. So nehmen viele Erwachsene an diesen Veranstaltungen nicht teil, weil sie nicht in ihrer Nähe angeboten werden oder weil sie über dieses Angebot nur unzureichend informiert sind. Deshalb erscheint es denkbar, durch ein verbessertes Bildungsprogramm und durch Bildungswerbung neue Teilnehmer für die Weiterbildung zu gewinnen.
Der Bundesminister für Bildung und Wissenschaft hat seit 1973 bisher 34 solcher Projekte, z.B. für Arbeiter, Arbeitslose, Ausländer, Frauen, Strafgefangene, Behinderte und die Landbevölkerung unterstützt (Kejcz u. a. 1982, S. 6). Diese Projekte spiegeln die verstärkte Zielgruppenorientierung seit Anfang der 70er Jahre wider, bei der verstärkt sozialpädagogische Gesichtspunkte berücksichtigt werden. Das pädagogische Interesse an einer emanzipatorischen Bildungsarbeit mit benachteiligten Gruppen berührt sich hier mit sozialpolitischen Zielen einer Integration von »Randgruppen«, wobei zwischen Pädagogik und Sozialpolitik durchaus Zielkonflikte möglich sind.
Bei den unterschiedlichen Zielgruppen und Modellversuchen ist es schwierig, eindeutige und verallgemeinerbare Forschungserkenntnisse festzustellen. Die meisten biographisch »gewachsenen« und von vielfältigen sozioökonomischen und soziokulturellen Faktoren beeinflußten Bildungsbarrieren können nur selten durch kurzfristige pädagogische Maßnahmen abgebaut werden.

Mit diesen Einschränkungen lassen sich folgende *Thesen* aufstellen:

Bei bildungsbenachteiligten Adressaten lassen sich durch spezielle Angebote für homogene Lerngruppen sozialemotionale Ängste und damit Bildungsbarrieren abbauen. Allerdings darf diese Zielgruppenorientierung nicht zur erneuten Isolation führen.
Durch Lernorte in der vertrauten Umgebung, vor allem durch eine Stadtteilarbeit (vgl. v. Werder 1980) können Bildungsbarrieren verringert werden. Eine Ansprache und ständi-

ge ermunternde Kontakte durch bekannte Personen – im Sinne einer aufsuchenden Bildungsarbeit – wirken motivierend (vgl. A. Karl u. a. 1979).

Durch kulturelle »Bildungswochen«, an die sich längerfristige Seminare anschließen und an denen alle örtlichen Vereine und Organisationen beteiligt sind (Hasselhorn/Niehuis 1976, S. 9ff.), können Dorfbewohner zur Weiterbildung aktiviert werden.

Konkrete gesellschaftliche Probleme und Gefährdungen der eigenen Existenz können zur Weiterbildung motivieren, sofern dadurch die eigenen Handlungsfähigkeiten verbessert und Mitbestimmungsmöglichkeiten gesehen werden. Beispiele dafür sind zahlreiche Bürgerinitiativen z.B. zum Umweltschutz und gegen Kernenergie (Moßmann 1976, S. 161). Generell hängt die Handlungsbereitschaft von den Handlungsmöglichkeiten ab: Je mehr politische Mitbestimmung eine Gesellschaft ermöglicht, desto größer ist die Motivation zum politischen Lernen.

Eine wirkungsvolle Motivation besteht also in dem – erhofften und tatsächlichen – Erfolg der Bildungsmaßnahme. Dieser Erfolg besteht für viele vor allem in der Sicherung des Arbeitsplatzes und in der Beendigung einer Arbeitslosigkeit. Zwar läßt sich Arbeitslosigkeit generell nicht durch Weiterbildung beheben, aber die individuellen Vermittlungschancen steigen durch eine berufliche Qualifizierung (Fink/Sauter 1980, S. 16f.).

Neben der Verwertbarkeit des Gelernten beeinflußt das gesellschaftliche und schichtspezifische Lernklima die Weiterbildungsmotivation. So wies W. Schulenberg vor mehreren Jahren darauf hin, daß Lernen nicht zu den gesellschaftlichen Rollenerwartungen an einen Erwachsenen gehört (Schulenberg 1968, S. 151), und zwar insbesondere nicht in den unteren Sozialschichten. Deshalb fanden Erwachsene, die nachträglich einen höheren Schulabschluß anstrebten, oft wenig Unterstützung in ihren Bezugsgruppen. Hier scheint sich ein sozialer Wandel zu vollziehen, der aber hinsichtlich der Weiterbildung noch genauer zu untersuchen ist. Immerhin ist erkennbar, daß von den neuen »sozialen Bewegungen« (Frauen-, Jugend-, Senioren-, Ökologie-, Friedensbewegung) auch Lernimpulse ausgehen.

Bildungsinteressen und Motivationsrichtungen

Einige motivationspsychologische Untersuchungen haben Aufschluß über verschiedene Motivationsrichtungen ergeben. Bisher schien die Mehrzahl der Erwachsenen beruflich-pragmatisch motiviert zu sein – eine utilitaristische Tendenz, die sich von 1958 bis 1973 eher noch verstärkt hat (Schulenberg u. a. 1979, S. 93). Neuere Befragungen deuten jedoch an, daß allgemeine, musisch-kulturelle und politische Interessen auch bei Arbeitern zuzunehmen scheinen (Siebert/Dahms/Karl 1982, S. 165).

Mehrfach nachgewiesen wurden »*Motivkombinationen*«, die zur Teilnahme an der Weiterbildung führen. So ist eine Verknüpfung von »allgemeinen« und »beruflichen« Motiven durchaus nicht selten; sehr häufig ist eine Verbindung von Sachmotiven und sozialemotionalen Kontaktmotiven (Barres 1972, S. 193). Daß oft auch ein Geltungsbedürfnis und

Wünsche nach sozialer Anerkennung zur Teilnahme motivieren, ist wahrscheinlich, aber noch nicht hinreichend untersucht worden.

Kontaktmotive werden bei Befragungen selten an erster Stelle genannt, aber sie sind bei der Mehrzahl der Teilnehmer die wichtigsten »Sekundärmotive«. Bei einer Schweizer Untersuchung wurde festgestellt, daß für jeden zweiten Teilnehmer auch Kontakt- und »Abwechslungsmotive« wichtig sind (Vontobel 1972, S. 85). Dabei stehen thematische und soziale Motive nicht unverbunden nebeneinander, sondern sie bilden eine Einheit: man will nicht nur andere Menschen kennenlernen, sondern mit ihnen über gemeinsame Themen und Probleme sprechen. Diese sozialen Motive sind unterschiedlich stark ausgeprägt: sie sind in Internatskursen stärker als in Abendkursen, in der sprachlichen und kulturellen Bildung intensiver als in der beruflichen Bildung, bei Ledigen deutlicher als bei Verheirateten.

Der Zusammenhang zwischen Lebensphasen und Lerninteressen ist Thema einer biographisch orientierten Lebenszyklenforschung. Erst seit einigen Jahren wird Weiterbildung als Bestandteil der Erwachsenensozialisation, der Identitätsfindung und der Bewältigung von Lebenskrisen, »Schaltstellen« und »Übergängen« interpretiert (vgl. Griese 1979, S. 189). Daß berufliche, pädagogische oder philosophische Themen in bestimmten Altersstufen besondere Bedeutung erlangen, ist bekannt. Darüber hinaus ist der Einfluß von Lebensphasen und biographischen Grenzsituationen empirisch bisher wenig untersucht worden.

Auch der Motivationsgehalt gesamtgesellschaftlich relevanter Probleme (z.B. Ökologiekrise, Energiekrise) ist kaum erforscht. Dabei ist zu beachten, daß Interessen nicht unbedingt Teilnahmemotive einschließen. So interessieren sich zwar 63% der von Infratest Befragten für Fragen der Gesundheit, 71% davon haben aber diese Kenntnisse »nebenbei« erworben, 20% durch Bücher und Zeitschriften und nur 15% haben dazu Veranstaltungen der Weiterbildung besucht. Anders sieht es bei Fremdsprachen aus: 42% interessieren sich dafür, 11% haben dazu Kurse besucht und nur 12% haben eine Fremdsprache »nebenbei« gelernt (Infratest 1980, Blatt 4).

Neuere Untersuchungen lassen einen Interessen- und Wertewandel der westdeutschen Bevölkerung erkennen. So scheinen berufsbezogene Interessen, die sich auf Leistung und höheres Einkommen beziehen, an Bedeutung zu verlieren gegenüber dem Wunsch nach mehr Lebensqualität in der Freizeit, nach Sozialkontakten und selbstbestimmten Aktivitäten. Das wachsende Interesse an »freizeitkulturellen« Tätigkeiten spiegelt sich auch in den Teilnahmestatistiken der Weiterbildung wider. Neben der musisch-kulturellen Bildung wächst die Bereitschaft zu freier, meist unbezahlter Eigenarbeit (Gartenbau, Hausbau u.ä.) sowie ein soziales Engagement z.B. in Vereinen, Krankenhäusern und Selbsthilfegruppen (vgl. Opaschowski/Raddatz 1982, S. 38). Dieser Wandel der Werte und des Lebensstils verweist auch auf neue Bildungsbedürfnisse.

Motivierung durch eine teilnehmerorientierte Didaktik

Bisher war vor allem von der Initialmotivation, die zur Teilnahme an Weiterbildung führt, die Rede. Diese Motive können *in* der Bildungsveranstaltung verstärkt, ergänzt oder auch enttäuscht werden. Eine solche Stärkung oder Schwächung der Motivation wirkt sich positiv oder negativ auf die künftigen Bildungsaktivitäten aus. Aber die Motivation beeinflußt auch die Intensität des Lernens und die Regelmäßigkeit der Kursteilnahme. Deshalb untersucht vor allem die sog. Drop-out-Forschung den Zusammenhang von Motivation, Bildungsangebot und vorzeitigem Kursabbruch (vgl. Nuissl/Sutter 1979).

Nicht nur die Intensität, sondern auch die Vielfalt der Motive bestimmt den Lernerfolg: Je mehr kommunikative und thematische Motive vorhanden sind, desto größer ist die Zufriedenheit und desto unwahrscheinlicher der Kursabbruch. Dabei scheinen Kontaktmotive oft unbefriedigt zu bleiben: Fast die Hälfte der befragten Kursabbrecher hatte mehr soziale Kontakte in dem Kurs erhofft (Schroeder 1976, S. 118).

Generell läßt sich behaupten, daß die Lernerfolge bei einer nicht motivierten, sondern fremdbestimmten Teilnahme an Weiterbildung meist gering ist. Allerdings hängen Lernerfolg und Zufriedenheit nicht nur von der Befriedigung manifester Motive ab. Die Erwartungen an die Weiterbildung sind oft diffus und ambivalent, so daß auch von latenten Motiven gesprochen wird. Diese äußern sich in einem Unbehagen mit der derzeitigen Situation und dem Wunsch nach Neuem oder nach einer sinnvollen Tätigkeit.

Nach meinen eigenen Untersuchungen gelingt eine Motivierung um so eher,
– je mehr kognitiven *und* sozialemotionalen Bedürfnissen entsprochen wird,
– je mehr der Kurs dem Anspruchsniveau und den Lernvoraussetzungen angemessen ist,
– je deutlicher Praxisrelevanz und Verwertbarkeit des Gelernten sind,
– je mehr an frühere Lernerfahrungen angeknüpft wird,
– je mehr die Teilnehmer an der Kursplanung beteiligt werden,
– je mehr Lernfortschritte erkannt und bestätigt werden,
– je mehr Lernschwierigkeiten besprochen und abgebaut werden,
– je einsichtiger der Lerninhalt strukturiert ist,
– je angstfreier die Gruppenatmosphäre ist,
– je mehr eine Aktivierung z.B. durch Methodenwechsel gelingt,
– je mehr eine Balance zwischen Bekanntem und Neuem, Bestätigung und Verunsicherung möglich ist,
– je konkreter die Vorinformationen über eine Bildungsveranstaltung sind.

(Siebert/Gerl 1975, S. 112)

Motivierend scheint auch eine leichte Überforderung zu sein, dagegen ist eine Unterforderung häufiger Grund für einen Kursabbruch. Während Motivkombinationen zuverlässig untersucht sind, sind *Motivkonflikte* bisher kaum erforscht worden. So wird ein Kursabbruch oft nicht durch abnehmende Lernmotivation verursacht, sondern durch konkurrierende Motive und Verpflichtungen, z.B. in der Familie oder in einem Verein oder durch das Interesse an einer Fernsehsendung.

Motivation und Lebenswelt

Durch diese sozialwissenschaftlichen Untersuchungen wissen wir gut über Bedingungen und Barrieren der Weiterbildung Bescheid. Allerdings sind die meisten Ergebnisse für den Bildungsplaner nützlicher als für den Kursleiter in der konkreten Lehr-/Lernsituation, in der er keine gesellschaftlichen Bedingungen der Erwachsenenbildung *analysieren* kann, sondern angemessen *handeln* muß. Charakteristisch für die meisten empirisch-analytischen Motivationsforschungen sind Abstraktionen: die Motive werden klassifiziert (z.B. in extrinsisch und intrinsisch, aktual und habitual, themenbezogen oder kontaktbezogen) und mit einzelnen sozialstatistischen Merkmalen (Alter, Schulbildung, Geschlecht) korreliert. Dadurch wird die Abhängigkeit der Motivation von der sozialen Lage deutlich. Aber diese Komplexitätsreduktion nützt dem Kursleiter wenig, für den es in der Lehr-/Lernsituation nebensächlich ist, welche Schichten aus welchen Gründen *nicht* an diesem Kurs teilnehmen, und der nicht anonyme Repräsentanten demographischer Merkmale (»lediger Angestellter über 40«) vor sich sieht, sondern denkende Subjekte mit individuellen und einzigartigen Biographien, Enttäuschungen und Hoffnungen (vgl. Geißler/Kade 1982). Der Kursleiter sollte sich sogar davor hüten, aus solchen Merkmalen voreilige didaktische Schlüsse zu ziehen (»aha, Arbeiter, also restringierter Code und aufstiegsmotiviert«). Genauso falsch wäre es allerdings, schichtspezifische Unterschiede einfach zu ignorieren.

Vielmehr sind Bildungsmotive und Lerninteressen Bestandteil von *Lebenswelten«* (vgl. Schütz/Luckmann 1979). Der Begriff Lebenswelt berücksichtigt, daß der Mensch individuelles und gesellschaftliches Wesen zugleich ist. Es gilt also, Motive nicht nur zu klassifizieren, zu messen und zu korrelieren, sondern sie im Kontext ihrer Lebenswelt zu verstehen und zu interpretieren, um typische motivationale Strukturen zu entdecken. Damit ist der Wechsel von einem normativen zu einem interpretativen Forschungsparadigma angesprochen (vgl. Siebert u.a. 1982, S. 29ff.). Dies sei abschließend an einem konkreten Beispiel erläutert.

In einem Ökologieseminar wurden die Teilnehmer nach ihren Teilnahmemotiven befragt. Den traditionellen Merkmalen gemäß war die Gruppe sehr homogen: Alter 30 bis 40 Jahre, höhere Schulbildung und Erfahrungen in der Erwachsenenbildung, politisch kritisch, alle ökologisch interessiert und überdurchschnittlich informiert. Und dennoch unterscheiden sich die Teilnahmemotive z.T. beträchtlich. Ein Teilnehmer A erzählt:

»Ich habe mich früher schon eingehend mit ökologischen Problemen beschäftigt, aber

mich immer mit Gleichgesinnten getroffen. Bei denen ist fast nur eine Bestätigung ge-laufen, und ich wollte jetzt eigentlich hier an dem speziellen Thema mich auch mal mit anderen ein bißchen auseinandersetzen ... Ja, ich hab anfangs gesagt, daß ich im Mo-ment in einer resignierenden Phase bin, es kam durch sehr viele Sachen, ich hatte vor, hier neu anzufangen, neue Möglichkeiten zu suchen, und bin über das letzte Jahr resi-gniert worden, was Möglichkeiten betrifft, wie ich meine Lebenssituation ändern könn-te und bin jetzt eigentlich durch so manche Impulse (in diesem Seminar, H.S.) darauf gekommen, daß es durchaus Möglichkeiten gibt. Ich gehe im Moment mit ein bißchen mehr Hoffnung hier jetzt nach Hause.«

Ich habe aus dem umfangreichen Interviewprotokoll lediglich zwei »Schlüsselaussagen« ausgewählt: (1) A nimmt nicht teil, um in seiner Meinung bestätigt zu werden, sondern um sich mit Andersdenkenden auseinanderzusetzen. Aus seiner Lebenswelt wird dieses hohe Maß an Selbstsicherheit als Voraussetzung für eine produktive Verunsicherung (vgl. Ziehe 1982, S. 169ff.) verständlich. A hat studiert, ist als Biologe Experte und in seinen Bezugs-gruppen offenbar opinion leader, ein Mangel an sozialemotionalen Kontakten besteht kaum. (2) Dennoch befindet sich A in einer existenziellen Krise, er fragt nach dem Le-benssinn und ist auf der Suche nach neuen Aufgaben. Diese Krisensituation wird erst ver-ständlich, wenn man erfährt, daß A schon seit längerem arbeitslos ist. In dem Seminar entdeckt er neue konkrete Möglichkeiten ökologischer Betätigung, u.a. die Mitarbeit in einem Umweltladen. Das Seminar hilft ihm, seine Resignation aktiv zu überwinden. Die Teilnehmerin B schildert ihre Motivation wie folgt:

»Bei mir gibt es verschiedene Sachen, u.a. die menschliche Sache, daß ich grundsätz-lich zu Seminaren gerne gehe, vor allem Wochenendseminare, Seminare, die etwas länger dauern, weil ich da Kontakte kriege zu Menschen. Das Thema ist für mich ei-gentlich zweitrangig gewesen. Bis ich mir dann ein Thema ausgesucht habe, was mich interessiert und wo ich glaube, daß ich auch Menschen treffe, die mich interessieren. Zur Zeit ist es so, daß mich Ökologie sehr stark beschäftigt ... Ich lerne was, und ich fühle mich auch bestätigt. Ich erfahre Bestätigung, daß das, was ich vorhabe, richtig ist. Oder das, was ich denke, daß ich irgendwie auf dem richtigen Weg bin ... Ich bin bestätigt worden, ich bin auf der richtigen Linie und mache weiter. Es kommt ja immer wieder in der Familie vor, daß es angezweifelt wird. Auseinandersetzungen mit Leuten, die das nicht verstehen, die das auch ablehnen. Mir ist schon passiert, daß ich selbst ins Zweifeln komme, und dann brauche ich Bestätigung, daß ich auch die Kraft habe, weiterzumachen. Ich brauche Argumente, daß ich diskutieren kann, auch anderen ge-genüber, weil ich dann auch sicherer werde.«

Auch diese Teilnehmerin befindet sich an einer biographischen Schaltstelle, aber bei ihr ist eine andere Motivationslage erkennbar als bei A, die ebenfalls lebensgeschichtlich verständlich wird. Erneut seien nur zwei Schlüsselaussagen ausgewählt: (1) B sucht in der Erwachsenenbildung Kontakte zu Menschen, die sich für dieselben Themen interessieren wie sie (Hier wird deutlich, daß Sachmotive und Kontaktmotive kein Gegensatz, sondern eine Einheit darstellen). (2) Sie erhofft sich – im Unterschied zu A – eine Bestätigung für ihre eigene Lebensentscheidung und angesichts der Kritik ihrer Umwelt. Auch für B unterstützt die Erwachsenenbildung eine persönliche Neuorientierung: Sie ist 36 Jahre alt und hat ihren Beruf als Fotolaborantin aufgegeben, ist also »ausgestiegen« und auf der Suche nach einer neuen Lebensorientierung. Dieser »Ausstieg« aber wird von ihrer Familie nicht akzeptiert, B wird ständig verunsichert und sucht Gleichgesinnte, die ihr bestätigen, daß ihre Entscheidung richtig war. Dabei erwartet sie durchaus nicht nur eine rein affektive Stabilisierung, sondern sie will sich kognitiv weiterentwickeln, um sich in ihrer Umwelt argumentativ besser durchsetzen zu können. Deutlicher als bei A wird hier die gesellschaftliche Isolierung einer Frau erkennbar, die den systemkonformen Rollenerwartungen widerspricht.

Solche »dokumentarischen Interpretationen« von Teilnahmemotiven im Kontext der Lebenswelt können repräsentative Befragungen zur Weiterbildungsmotivation nicht ersetzen. Aber solche Fallstudien lassen die Vielschichtigkeit und z. T. auch Widersprüchlichkeit der Motivation deutlicher erkennen als die herkömmlichen Motivkategorien und entsprechende prozentuale Verteilungen. Ein Denken in Alternativen erweist sich meist als unangemessen: Bestätigungsmotive sind kein Gegensatz zur Neugier – nur wer bestätigt wird, kann zugleich auch durch Neues verunsichert werden. Kontaktmotive stehen nicht im Widerspruch zu thematischen Motiven, sondern man will mit anderen Menschen über gemeinsam interessierende Themen diskutieren.

Was läßt sich nun dem verunsicherten Kursleiter raten, der in der Überschrift zitiert wurde? Vielleicht sollte er seine Irritation und seine Vermutung über die Interessen der Teilnehmer darstellen und mit ihnen über die Motivationslage diskutieren. Die Erwachsenenbildung ist eine Situation, in der Menschen sich über ihre Motive und Erwartungen verständigen, auf ein gemeinsames Vorgehen einigen und um eine »Perspektivverschränkung« (Ottomeyer 1977, S. 32) bemühen. Insofern ist die Motivationsklärung eine gemeinsame Lernaufgabe.

Literatur

Barres, E.: Zur Motivation des Volkshochschulbesuchs, in: Picht, G. u.a.: Leitlinien der Erwachsenenbildung, Braunschweig 1972, S. 183ff.

Brödel, R. u.a.: Weiterbildungsverhalten und Weiterbildungseinstellung von Industriearbeitern, hrsg. v. BMBW, 2 Bde., Bonn 1976.

Bundesminister für Bildung und Wissenschaft (Hrsg.): Berichtssystem Weiterbildungsverhalten, Bonn 1990.

Fink, E./Sauter, E.: Stand und aktuelle Probleme der beruflichen Weiterbildung, hrsg. v. BiBb, Berlin 1980 (Ms.).

Geißler, K./Kade, J.: Die Bildung Erwachsener, München 1982.

Griese, H.: Erwachsenensozialisationsforschung, in: Siebert, H.: Taschenbuch der Weiterbildungs-forschung, Baltmannsweiler 1979, 5. 172ff.

Grimm, S.: Die Bildungsabstinenz der Arbeiter, München 1966.

Hasselhorn, M./Niehuis, E.: Politische Erwachsenenbildung in Landgemeinden, Heidelberg 1976.

Hoerning, E. u.a.: Biographieforschung und Erwachsenenbildung. Bad Heilbrunn 1991.

Kade, J.: Gestörte Bildungsprozesse. Bad Heilbrunn 1985.

Karl, A./Boulboullé H./Ließem, H.: Motivierende Bildungsarbeit mit Arbeitern ohne Weiterbil-dungserfahrung, Bonn 1979 (= Schriftenreihe des BMBW Nr. 31).

Karl, Ch.: Motivationsforschung, in: Siebert, H.: Taschenbuch der Weiterbildungsforschung, Balt-mannsweiler 1979, S. 308ff.

Kejcz, Y. u.a.: Modellversuche in der Weiterbildung, hrsg. v. AfeB, 2 Bde., Heidelberg 1982.

Köln-Porzer-Studie: Zum Verhältnis von Aufstiegshoffnung und Bildungsinteresse, hrsg. v. Landes-verband der VHS in NRW, Dortmund 1965.

Kreuzberger Studie: Die Einstellung der Kreuzberger Bevölkerung zur Volkshochschule ..., Berlin 1969.

Labonté, Ch.: Industriearbeiter und Weiterbildung, Stuttgart 1973.

Lempert, W./Thomssen, W.: Berufliche Erfahrung und gesellschaftliches Bewußtsein, Stuttgart 1974.

Moßmann, W.: Volkshochschule Wyhlerwald, in: Dauber, H./Verne, E.: Freiheit zum Lernen, Rein-bek 1976, S. 156ff.

Nuissl, E./Sutter, H.: Dropout in der Weiterbildung, hrsg. v. AfeB, Heidelberg 1979 (Ms.).

Opaschowski, H./Raddatz, G.: Freizeit im Wertewandel, hrsg. v. BAT-Freizeit-Forschungsinstitut, Hamburg 1982.

Ottomeyer, K.: Ökonomische Zwänge und menschliche Beziehungen, Reinbek 1977.

Schroeder, H.: Teilnahme und Teilnehmerschwund als Problem der Erwachsenenbildung, Stuttgart 1976.

Schütz, A./Luckmann, T.: Strukturen der Lebenswelt, Frankfurt 1979.

Schulenberg, W.: Bildungsappell und Rollenkonflikt, in: Ritters, C.: Theorien der Erwachsenenbil-dung, Weinheim 1968, S. 145ff.

Schulenberg, W. u.a.: Soziale Lage und Weiterbildung, Braunschweig 1979.

Siebert, H./Gerl, H.: Lehr- und Lernverhalten bei Erwachsenen, Braunschweig 1975.

Siebert, H./Dahms, W./Karl, Ch.: Lernen und Lernprobleme in der Erwachsenenbildung, Paderborn, 1962.

Strzelewicz, W./Raapke, H.D./Schulenberg, W.: Bildung und gesellschaftliches Bewußtsein, Stutt-gart 1966.

Strzelewicz, W.: Bildungspolitische Forschung im Weiterbildungsbereich, in: Siebert, H. (Hrsg.): Taschenbuch der Weiterbildungsforschung, Baltmannsweiler 1979, S. 140ff.

Tietgens, H.: Die Erwachsenenbildung, München 1981.

Vontobel, J.: Über den Erfolg in der Erwachsenenbildung, Braunschweig 1972.

Werder, L.v.: Alltägliche Erwachsenenbildung, Weinheim 1980.

Ziehe, T./Stubenrauch, H.: Plädoyer für ungewöhnliches Lernen, Reinbek 1982.

Schwierige Teilnehmer

Manche Teilnehmer können
mich an den Rand
der Verzweiflung bringen

Jochen Kade

Über den Umgang mit schwierigen Teilnehmern und Störungen

Der schwierige Teilnehmer, die Verzweiflung des Dozenten und die Leistungsfähigkeit (oder: die Grenzen) der Wissenschaft

Privatgespräche, Rivalitäten zwischen Teilnehmern sowie zwischen Teilnehmern und Dozenten, Motivationsprobleme, Lernschwierigkeiten: gelingt es dem Dozenten nicht, mit Erklärungsmustern und Lösungsstrategien seiner Alltagspraxis solcher Störungen Herr zu werden, so ergreift ihn leicht ein Gefühl der Ohmacht und Hilflosigkeit. Unter dem Zeit- und Handlungsdruck praktischer Erwachsenenbildung führt die Enttäuschung darüber, daß die Teilnehmer nicht so sind und lernen, wie man es erwartet, oft zu innerer und äußerer Abkehr von der pädagogischen Tätigkeit. Das Engagement läßt nach. Oder man wählt – wenn auch mit schlechtem Gewissen – die autoritäre Lösung: statt tiefer den Ursachen für Störungen von Lernprozessen und Lernschwierigkeiten nachzuspüren, beschränkt man sich auf den pragmatischen Umgang mit Störungen, auf deren Verwaltung. Erprobtes Mittel ist die Ausgrenzung des störenden Verhaltens aus dem Lernzusammenhang, die Neutralisierung seiner Wirkungen. Auch in der Rede vom ›schwierigen Teilnehmer‹ schlägt sich diese Ausgrenzungsstrategie nieder: Wenn der Teilnehmer selbst zur Schwierigkeit erklärt wird, ist auch er allein der Grund der Störung und der Dozent kann dafür die Verantwortung von sich wegschieben.

Der Zweifel an den eigenen Fähigkeiten und dem Sinn der pädagogischen Tätigkeit kann den Dozenten jedoch auch weiterbringen, wenn er es schafft, eine gestörte Lehr-/Lernsituation ausreichend zu analysieren und aus der Analyse pädagogisch verantwortbare Schlüsse zu ziehen. Dabei geht es zunächst um folgende Fragen: Welches Verhalten eines Teilnehmers wurde von ihm als Störung begriffen? Worin bestand die Störung, welche Norm, welche Regel gelingender Lernprozesse wurde verletzt? Warum hatte er als Dozent Schwierigkeiten, auf das störende Verhalten pädagogisch angemessen zu reagieren? Worin liegen die Ursachen für das Verhalten des Teilnehmers? Liegen sie – gewissermaßen wie feste Eigenschaften – in seiner Person, in seiner je eigenen Lebensgeschichte, also in dem, was der Teilnehmer vor und außerhalb des Kurses an schulischen, beruflichen, politischen, familiären Erfahrungen gemacht hat; oder liegen die Ursachen vielleicht im Kursthema, in der Weise, wie der Dozent es darbietet; liegen sie ganz im Verhalten der anderen Teilnehmer oder in bestimmten Eigenheiten seiner eigenen Person, in den Besonderheiten der Erwachsenenbildungsinstitution oder überhaupt in den gesellschaftlichen Rahmenbedingungen? Haben vielleicht all diese Faktoren eine Rolle gespielt?

Allein schon die Reihe dieser Fragen kann weiter ermutigen. Selbst wenn man Störungen als Symptom für tiefer liegende Probleme erklären kann: was soll man angesichts so komplexer Erklärungszusammenhänge als Dozent in der Praxis tun? Für mich ist es ein Zeichen wissenschaftlicher Redlichkeit, hier nicht den Eindruck erwecken zu wollen, als könne ich abschließende Erklärungen und daraus abgeleitete präzise Handlungsanweisungen geben. Das wären leere Versprechungen. Was mir möglich erscheint, ist den Fragehorizont, aus dem heraus Dozenten Probleme im Bildungsprozeß angehen und in dessen Rahmen sie sie bearbeiten, zu erweitern. Dazu versuche ich hier den Leser mit dem Spektrum der in der Wissenschaft von der Erwachsenenbildung zu diesem Thema erarbeiteten Fragestellungen bekannt zu machen.

Meine Perspektive ist wesentlich dadurch bestimmt, daß ich Erwachsenenbildung als gegenstandsbezogenen sozial integrierten Lernzusammenhang begreife. Entsprechend begreife ich Störungen als geistig kontrollierten oder gefühlsmäßigen, unbegriffenen *Widerstand* gegen Entwicklungsmöglichkeiten, die Individuen in der Lernsituation offenstehen bzw. angeboten werden. Jedes inhaltliche Lernen findet in einem sozialen Zusammenhang statt. Zum anderen ist jedes inhaltliche Lernen auch unmittelbar ein sozialer Prozeß. Über die Aneignung von Inhalten wird ein gesellschaftlicher Zusammenhang zwischen Individuen hergestellt oder auch zerstört. Wenn man nun aber inhaltliche Lernschwierigkeiten und gestörte Sozialbeziehungen im Kurs gegeneinander verselbständigt, führt dies entweder zu einer inhaltlichen Entleerung der Sozialdimension des Lernens oder zu einer Verdinglichung des inhaltlichen Lernens. Der Schwerpunkt meiner Überlegungen liegt daher darin, auch inhaltliche Schwierigkeiten als ein soziales Anerkennungsproblem zu entfalten. Der Angelpunkt für das Verständnis von störendem Verhalten und schwierigen Teilnehmern ist m. E. das unbegriffene Verhältnis zwischen inhaltlichen Lernprozessen und der sozialen Form, in der sie ablaufen. Meist wird in der Erwachsenenbildung ebenso wie in der Sphäre beruflicher Arbeit die soziale Dimension menschlicher Lebensäußerungen ihrer gegenstandserzeugenden Seite untergeordnet. Die soziale Seite des Lernens wird für den inhaltlichen Lernprozeß funktionalisiert. Nur selten wird ihr ein Eigenwert zugestanden. Daher ist die Blickrichtung einlinig: Der soziale Zusammenhang des Lernens erscheint v. a. als Störung des inhaltlichen Lernens.

Es folgen zwei Fallbeispiele. Beim ersten läßt sich aus der Perspektive eines Teilnehmers – also quer zur dozentenorientierten Fragestellung des Themas – der Zusammenhang von störendem Verhalten und Lernschwierigkeiten entwickeln. Die Darstellung und Analyse des Falles ist von dem Bemühen geleitet, das im offiziellen Lernprozeß meist verschwiegene, nicht zur Sprache kommende, in diesem Sinne gestörte Verhältnis des Teilnehmers zum Kurs herauszuarbeiten. Begreift man Störungen des Lernprozesses nicht nur negativ als Behinderung, sondern auch positiv, insofern in ihnen ein Konflikt zwischen individuellen Lernfähigkeiten und Lernerwartungen einerseits, tatsächlichem Lernprozeß andererseits zum Ausdruck kommt, dann muß der Zusammenhang zwischen geäußertem und (noch) nicht geäußertem Widerstand und Konflikt im Blick bleiben. Die Thematik ›Störungen der Erwachsenenbildung, schwierige Teilnehmer‹ beginnt daher nicht erst dort, wo Teilnehmer dem Dozenten Schwierigkeiten bereiten und der Lernablauf äußerlich wahrnehmbar gestört ist; sie endet auch nicht, wenn ein Kurs keine schwierigen Teilnehmer mehr hat, weil sie sich den Verhaltens- und Lernerwartungen des Dozenten angepaßt oder den Kurs verlassen haben.

Im zweiten Fallbeispiel steht die szenische Vergegenwärtigung der Probleme im Vordergrund, die sich für den Dozenten aus störendem Verhalten von Teilnehmern ergeben. Daher rekonstruiere ich diesen Fall aus der Dozentenperspektive. Die Erklärungsskizzen und Lösungsperspektiven, die ich im Kontext der beiden ausführlichen Fallanalysen eingeführt habe, erweitere und systematisiere ich im dritten Abschnitt (3.). Abschließend (4.) versuche ich, die Thematik ›Störungen, schwieriger Teilnehmer‹ in den Gesamtzusammenhang der Erwachsenenbildung zu stellen. Dies vor dem Hintergrund eines Bildungsverständnisses, für das die soziale Anerkennung des Anderen gerade auch in seinem Anderssein ein zentrales Moment darstellt.

Lernschwierigkeiten und störendes Verhalten – zwei Fallbeispiele

Fallbeispiel: Individuelle Lernschwierigkeiten und sozialer Lernprozeß

In einem der Rubrik ›Kreative Kurse in der Erwachsenenbildung‹ zuzuordnenden Wochenendkurs an einer großstädischen VHS mit dem Thema ›Rhythmus und Improvisation. Übungen mit der Stimme, dem Körper und auf einfachen Instrumenten‹ mit knapp zwanzig Teilnehmern und Teilnehmerinnen hat ein im Vergleich zu den anderen älterer Mann, Herr A., von Anfang an Schwierigkeiten, die vom Kursleiter erklärten und vorgemachten Übungen zu wiederholen. Er meint zwar zu begreifen, worum es jeweils geht, aber die Zeit, die der Leiter zum Nachmachen läßt, reicht für ihn nicht aus. Er beginnt daher zu hetzen. Offenbar fallen den anderen Teilnehmern die Übungen nicht so schwer, wie A. festzustellen meint, wenn er in der Runde herumsieht. Bei manchen Übungen achtet A. mehr auf die anderen, als daß er sich auf seinen Rhythmus konzentriert.

Die Schwierigkeiten von A. resultieren also mit daraus, daß er sich mit anderen vergleicht und in einen heimlichen Leistungswettkampf tritt, zudem noch aus der Position des Unterlegenen. Was einmal darauf hinweist, daß eine hohe Leistungsmotivation Lernschwierigkeiten mit verursachen und zugleich ihre Existenz verdecken kann; zum anderen wird am Verhalten von A. deutlich, daß Leistungsmotivation sich nicht nur in berufs- und zertifikatsbezogenen Kursen der Erwachsenenbildung geltend macht, sondern vom Dozenten oft

168

auch dort zu unterstellen ist, wo es gerade nicht um (berufliche) Leistung, sondern um die Förderung von Kreativität geht.

Zunächst bemüht sich A. angestrengt, die jeweiligen Übungen möglichst oft und fehlerfrei zu wiederholen. Anfangs gelingt ihm dies einigermaßen. Mit der Zeit, so denkt er sich, wird er schon besser zurechtkommen. Er entwickelt ein Vertrauen in seine zukünftige Entwicklung. Aber gerade dadurch hält er sich davon ab, bereits bei den ersten Mißerfolgserfahrungen offen seine Schwierigkeiten auszudrücken und einzugestehen – sich und den anderen –, daß ihm der Kurs schwer fällt.

A. fühlt sich unter Druck gesetzt, insbesondere durch die dem methodischen Vorgehen innewohnenden Lernerwartungen des Dozenten. Er verarbeitet nun den Druck in der Weise, macht ihn also mit seinem Ich-Gefühl vereinbar, indem er dem Leiter die pädagogische Kompetenz abspricht, sich von ihm distanziert, ihn als Lernanspruch von sich wegrückt. Gleichzeitig entwickelt A. ihm gegenüber Aggressionen. Er beschäftigt sich zunehmend mehr mit dem Leiter und dessen pädagogischen Fähigkeiten bzw. Unfähigkeiten als mit den jeweiligen Übungen.

Schematisch gesehen verläuft für A. der Kurs auf zwei Ebenen: der innerlichen Ebene des subjektiven Bewußtseins, auf der er sich mit dem Leiter, aber auch mit den anderen Teilnehmern und sich auseinandersetzt, und der äußerlichen Ebene praktischen Verhaltens, auf der A. die Übungen fast nur noch mechanisch ausführt, dauernd irritiert, gestört durch sein Versagen und seine Fehler.

Indem A. sein Erleben und dessen innere Verarbeitung vom äußeren Verhalten abtrennt, koppelt er sich vom gegenstandsbezogenen Lernprozeß des Kurses ab. Zugleich distanziert er sich auch in sozialer Hinsicht von der Lerngruppe. Dies erkennt der Dozent jedoch nicht, da er das Lernen Erwachsener einerseits unter einer ausschließlich inhaltlichen, auf den Lerngegenstand bezogenen Perspektive betrachtet und/oder weil andererseits die Signale für A.s Lernschwierigkeiten von ihm (noch) nicht wahrgenommen, erkannt und interpretiert werden können.

A. selber läßt sich also seinen eigenen Lernprozeß vom allgemeinen Kursablauf stören. Anstatt zu versuchen, den Lernprozeß von seinen besonderen Fähigkeiten und Fertigkeiten her zu beeinflussen, so daß er in seiner Besonderheit anerkannt würde, läßt A. sich ausgrenzen. Dadurch gerät er in Gefahr, vom vorgegebenen Lernprozeß wie von einem fertigen Ablaufschema beherrscht zu werden. Der Preis für den ungestörten Lernprozeß der anderen ist, daß A. sich ihm unterordnet und die äußere Störung durch eine innere Störung ersetzt wird.

Dieses Beispiel macht deutlich, *daß Störungen in der Erwachsenenbildung immer nur relativ zu einer gegebenen oder unterstellten Lernnorm bzw. Lernregel existieren.* Die grundlegende Regel, auf der in unserem Fall die praktizierte Lernordnung beruht, ist die Unterordnung des einzelnen Teilnehmers unter die große Zahl der Teilnehmer. Diese gelten als Orientierungsmaß für den gelungenen Lernprozeß. Weil A. diese Norm anerkennt, obwohl er unter ihr leidet, hält er seine Lernprobleme aus dem sozialen Lernprozeß heraus.

Da im Fortgang des Kurses die Übungen aufeinander aufbauen und immer differenzierter und komplizierter werden, so daß jeweils bereits Gelerntes und Beherrschtes vorausgesetzt wird, kommt A. hoffnungslos ins Hintertreffen, je länger der Kurs dauert. Zunehmend macht A. die Übungen nur noch mechanisch mit dem Ziel mit, seine Ungeschicklichkeit zu verbergen. Er hofft, daß dem Leiter und den anderen Teilnehmern nicht auffällt, daß er längst aus dem von allen anderen vollzogenen Lernprozeß herausgefallen ist. Sein Lernen reduziert sich weitgehend darauf, sich die Übungen nur noch zu merken, mit dem Vorsatz, sie später zu Hause in Ruhe nachzuholen. Er erinnert sich an den gut gemeinten Spruch aus der Schulzeit, daß die billigsten Nachhilfestunden während des Unterrichts gegeben werden. Aber selbst der Merkprozeß gelingt ihm immer weniger, sein Erinnerungsvermögen wird schwächer, weil seine Aufmerksamkeit nicht von einem inneren Engagement getragen ist. Außerdem wird er von den vielfältigen sozialen Gegebenheiten und Ereignissen während des Lernens abgelenkt, statt sie als Unterstützung für seine Lernbemühungen nutzen zu können. Seine Lernfähigkeit wird von der psychischen Arbeit aufgesogen, die soziale Trennung zwischen sich, dem Leiter und den anderen Teilnehmern für sich erträglich zu halten, sein Unterlegenheitsgefühl zu kompensieren und die Erfahrung seiner Lernunfähigkeit bzw. Lernschwierigkeiten zu verdrängen.

A. sucht nach anderen, die vielleicht auch nicht mehr dem Lerntempo und den Lernerwartungen des Dozenten gerecht werden können.

Dabei orientiert er sich aber nicht an der ganzen Lerngruppe, sondern nur an dem Teil, der ihm von seiner Art, seinem Geschlecht, seinem Verhalten etc. sympathisch ist und gefühlsmäßig zusagt. Nicht mit jedem, der auch Schwierigkeiten hat, möchte er auf eine Stufe gestellt werden. Er sucht nach Bündnispartnern, mit denen er eine Art Aufstand gegen die überhöhten Ansprüche und die pädagogische Inkompetenz des Dozenten inszenieren könnte. Darin könnte er eine Bestätigung finden, daß die Ursache seiner Schwierigkeiten nicht in ihm liegt, sondern in der Art, wie der Dozent den Kurs strukturiert. Vielleicht wartet A. auch darauf, daß der Dozent nun endlich seine Schwierigkeiten bemerkt und das Lerntempo verlangsamt bzw. ältere Übungen wiederholt, ohne ihn als Grund dafür zu benennen und dadurch bloßzustellen. A. privatisiert und individualisiert seine Lernschwierigkeiten, wenn es ihm fast unbewußt durch den Kopf geht: »Es kann ja wirklich sein, daß es nur an mir liegt, wenn ich nicht mitkomme. Ich bin in diesem Kurs eben fehl am Platz, weil ich zu alt und zu ungeschickt bin.« A. erscheint es so, daß jedes Zur-Sprache-Bringen seiner besonderen Lernschwierigkeiten, Lernerwartungen und Lernvoraussetzungen für die anderen Teilnehmer und den Dozenten zu einer Störung würde. Mit dieser Überlegung setzt sich A. innerlich an die Stelle des Dozenten und der anderen Teilnehmer. Er bestimmt seine Reaktion auf seine eigenen Lernschwierigkeiten aus einem starken Verantwortungsgefühl für den ganzen Kurs. Dessen ungehinderter Fortgang und dessen Effektivität werden zur Richtschnur seines Handelns. Er spricht damit den anderen die Fähigkeit ab, ihre Lerninteressen und Lernnormen, ihre Ansprüche an gelungenes Lernen auch gegen ihn vorbringen zu können. Durch dieses selbst erzeugte Verantwortungsgefühl sieht A. von sich und seinen Lerninteressen ab.

Man kann diese Haltung von A. als Teil einer unbewußten Strategie interpretieren, seine Besonderheit, sein Anderssein nicht öffentlich zur Sprache bringen zu müssen, um nicht zum Störfaktor des Kurses zu werden. Indem A. nicht nachprüft, ob das, was er den anderen an Lern- und Verhaltenserwartungen unterstellt, tatsächlich auch gegeben ist, sondern deren Antwort innerlich vorwegnimmt, beginnt er innerlich aus dem Kurs als einem konkreten sozialen Lernzusammenhang auszusteigen. Die Störung des Kurses durch ihn unterbleibt, aber um den Preis, daß er selbst nicht als (möglicherweise) störendes und gestörtes Teil in Erscheinung tritt. Es wird nicht mehr deutlich, daß A. sich selbst stört und durch den Kurs stören läßt, und zwar mit zunehmend größeren destruktiven Wirkungen für die Seite des gegenstandsbezogenen Lernens im engeren Sinne wie für die soziale Seite des Bildungsprozesses.

Der Kurs als ein gegenstandsbezogener sozialer Lernzusammenhang ist gestört, ohne daß dies äußerlich in Erscheinung getreten ist.

Indem also *A. äußerlich nicht stört, trägt er gerade zur Verfestigung der Störung des gemeinsamen Lernens bei.* Indem er seine Lernschwierigkeiten nicht zur Sprache bringt, sondern schweigt, vergibt er die Möglichkeit, daß von seiner Störung aus eine den Kurs positiv beeinflussende Wirkung ausgehen könnte. A. hat zum störenden Verhalten ein einseitig negatives Verhältnis. Daher versucht er es zu verhindern.

In einer etwas längeren Pause hält A. sich abseits und versucht Ordnung in seine Gedanken und Gefühle zu bringen. Ebenso wäre es auch möglich gewesen, daß A. mit anderen Teilnehmern ein Gespräch gesucht hätte; eventuell auch – räumlich ein wenig außer Kontrolle des Kursleiters, im Schutz der Halböffentlichkeit – über Lernerfahrungen und Lernschwierigkeiten in den vorangegangenen Stunden. Pausen sind zunächst einmal Unterbrechungen des Lernprozesses, und dies nicht nur, soweit man Lernen durch ein Dozent-Teilnehmerverhältnis definiert. Auch für die verschiedenen Formen selbstorganisierten Lernens in der Erwachsenenbildung (vgl. dazu Dauber 1980) gilt, daß durch eine Pause der Lernfluß unterbrochen ist. Diese Unterbrechung kann eine Störung darstellen, aber auch das Gegenteil davon. Eine Pause kann gerade dazu beitragen, daß Lernprozesse weniger gestört sind. Von einem Punkt außerhalb des eigentlichen Lernprozesses aus kann eine Verdichtung des Bildungsprozesses bewirkt werden. Die Gefahr, daß Pausen zur Störung des Lernens werden, besteht um so weniger, je mehr durch einen Verständigungsprozeß zwischen Dozent und Teilnehmern geregelt werden kann, wann und wie lange sie stattfinden.

Dennoch aber ist jede Pause aus der Sicht der eigentlichen Lernarbeitszeit zunächst einmal negativ bestimmt: Die Pause ist die Zeit und der Ort, wo nichts gelernt wird, wo Raum für alle anderen Aktivitäten und Äußerungen ist. Es kann gekocht werden, wie dies in solchen Wochenendkursen oft der Fall ist. Es kann über das geredet werden, was einen gerade interessiert, für das aber im Rahmen des Kurses kein Platz war. Es kann gelacht werden, man kann sich zurückziehen, man kann gar nichts machen. In der Pause ist man frei von den Erwartungen und Normen, die mit dem konkreten Lernprozeß verbunden sind. Überspitzt formuliert: In der Pause hört das Lernen auf und kann das ›normale‹ Leben wieder zu seinem, wenn auch zeitlich begrenzten Recht kommen. Von diesen Möglichkeiten her eignet sich die Pause gut als Ventil für das, was aus dem formellen Lernprozeß ausgeschlossen war und was sich daher in den Individuen aufgestaut hatte.

Man kann diese Kompensationsfunktion der Pause als Dozent bejahen und sich zunutze machen, um den Lernprozeß von Teilnehmeransprüchen zu entlasten, die nicht ins eigene Konzept passen. Dieses Verhältnis zur Pause setzt sich meist stillschweigend in der Erwachsenenbildungspraxis durch. In der Theorie wird eine solche Kompensationsfunktion der Pause allerdings kritisiert. Dort wird gefordert, daß die Kurspraxis so zu gestalten ist, daß die Pause gewissermaßen überflüssig wird. Der Lernprozeß im engeren Sinne wäre dann so anzulegen, daß sich die individuellen Interessen in ihm äußern und realisieren könnten.

Beiden Positionen ist gemeinsam, daß die Grundlage der Argumentation die nur negativ als Unterbrechung bestimmte Pause ist. An dem hier diskutierten Fallbeispiel zeigt sich aber, daß es sinnvoll ist, das Verhältnis der Pause zum Lernprozeß auch positiv zu bestimmen. Der Ansatz für eine positive Bestimmung der Pause liegt darin, daß die Individuen in ihr Raum haben, mehr oder weniger frei von den im allgemeinen durch den Dozenten zur Geltung gebrachten Lernerwartungen und Lernmethoden, das in diesem Lernprozeß von ihrer Persönlichkeit Ausgegrenzte und Abgespaltene sich wieder anzueignen, und zwar in einer Form, die nicht zur Zerstörung des gemeinsamen Lernprozesses führt. Die individuellen und kollektiven Reflexions- und Verständigungsprozesse in den Pausen könnten zu einer Quelle für eine Störung werden, die den bisherigen Lernablauf positiv korrigiert.

Es entspricht einer oft gemachten Erfahrung, daß man einen Moment zurücktreten und Abstand gewinnen muß, um sein Verhältnis zum Lernprozeß begreifen und auf ihn einen konstruktiven Einfluß nehmen zu können. Diese Distanz verlangt nicht notwendig eine äußerlich klar umrissene, allgemein verbindliche Pause. Teilnehmer können die Distanz auch individuell und unmittelbar im Kurs sich schaffen, indem sie z.B. schweigen und nachdenken. Aber sicher sind Pausen eine Hilfe für einen individuellen Selbstverständigungsprozeß; für den kollektiven sind sie eine beinahe notwendige Bedingung. Pädagogisch sinnvoll scheint mir also, die Pause nicht nur als bloße Unterbrechung, sondern zugleich als einen notwendigen, dem Lernprozeß zugleich integrierten Teil zu begreifen. Erwachsenenbildung als gegenstandsbezogener, thematisch zentrierter Lernprozeß kommt in der Pause (eher) zum Stillstand. Erwachsenenbildung als sozialer, nur diffus gegenstandsbezogener Lernprozeß läuft auch in der Pause weiter. In ihr können Formen der sozialen Verständigung praktiziert werden, die im Lernprozeß im engeren Sinne nicht oder nur eingeschränkt zur Geltung kommen können, wenn nicht auf organisiertes Lernen überhaupt verzichtet werden soll. Aber auch der gegenstandsbezogene Lernprozeß kann in der Pause weitergehen. Die Pause gibt sowohl Raum für selbstorganisierte Übungen und die Wiederholung von Übungen, u. U. auch in einer anderen, z.B. spielerischen Form; ebenso können in dieser Zeit einzelne auch für sich die eine oder andere Übung in einer freien Form wiederholen oder sie gedanklich vergegenwärtigen.

Eine andere zeitliche Kursform, z.B. zwei Stunden im wöchentlichen Turnus, hätte es A. ermöglicht, einen beliebten Weg der Bearbeitung seiner Schwierigkeiten zu wählen: Er hätte zur Sitzung in der folgenden Woche einfach nicht wieder zu erscheinen brauchen. Zwar hätte er auch bei dem Wochenendkurs in der Pause einfach weggehen können; aber das Weggehen wäre wahrscheinlich von den anderen bemerkt worden. Und in einer solchen Situation fällt es den meisten schwerer wegzugehen, als wenn sie unbemerkt verschwinden können.

A. gibt sich einen Ruck und äußert nach der Pause seine Schwierigkeiten. Keiner lacht über ihn, kritisiert ihn. Vielmehr sprechen auch andere von ihren Schwierigkeiten. Darüber kommt zum erstenmal ein Gespräch im Kurs in Gange, dessen neue Qualität darin liegt, daß die unterschiedlichen Erwartungen und Fähigkeiten zwischen den Teilnehmern sowie zwischen den Teilnehmern und dem Dozenten zur Sprache kommen. Trotz aller gutgemeinten Aufforderungen und Aufmunterungen des Dozenten vorher, zu sagen, wenn man etwas nicht verstanden habe oder etwas anderes lieber lernen wolle, hatte dieses Gespräch bislang nicht im Kurs stattgefunden. Deutlich wird daran die geringe Wirkung von Appellen des Dozenten an die Teilnehmer. Meist weiß dies auch der Dozent; er spricht sie dennoch aus, zum Teil aus Hilflosigkeit und um sich selbst zu beruhigen: ›Ich habe getan, was ich konnte. Wenn die Teilnehmer dennoch nicht ihre Interessen eingebracht haben, ist es ihre Schuld.‹

Mir scheint, daß dies nur die halbe Wahrheit ist. Nur wenn der Dozent Mut zu störendem Verhalten macht, kommt er an den inneren Widerstand heran, der die Teilnehmer daran hindert, sich voreinander und vor ihm in ihren zunächst besonderen Interessen zu äußern. Dabei muß wohl davon ausgegangen werden, daß der Verständigungsprozeß in der Regel sicher nicht so harmonisch verläuft, wie er hier von mir beschrieben wurde. Es ist durchaus möglich, daß die Teilnehmer sich langweilen, wenn der Dozent auf die besonderen Lernschwierigkeiten eines Teilnehmers eingeht. Ebenso kann der Dozent bereits die Langeweile und die Aggressionen anderer Teilnehmer gegen den einen schwierigen Teilnehmer antizipieren. Er kann deren Urteil zu seinem machen und den Teilnehmer mit Lernschwierigkeiten zum Störer stempeln. Er kann dann versuchen, ihn auszugrenzen, indem er ihn übergeht, nicht beachtet oder sonstwie spüren läßt, daß er mit seiner Art und seinen Lernvoraussetzungen im Kurs fehl am Platze ist. Der Dozent sieht sich in diesem Falle nicht in der Lage oder er ist nicht willens, die Besonderheit eines Teilnehmers anzuerkennen und in den sozialen Lernzusammenhang des Kursablaufes zu integrieren.

Indem A. seine Lernschwierigkeiten zur Sprache und somit seine Besonderheit gegenüber dem Allgemeinen des Kursablaufes zur Geltung bringt, unterbricht er ihn. Er stört den geplanten, von individuellen Lerngewohnheiten absehenden Lernprozeß. Störung ist Kritik. Damit steht eine Veränderung des Kurses zur Diskussion, die einen destruktiven oder produktiven Verlauf nehmen kann.

In unserem Fall werden einige Übungen wiederholt; zum Teil nur mit A., wobei die anderen sich selbst beschäftigen; zum Teil sind die Wiederholungen für die anderen auch eine willkommene Gelegenheit, die eigenen Fähigkeiten und Fertigkeiten zu festigen. Konsequenz für A. ist, daß er nunmehr zu sich als einem lernenden Erwachsenen steht, der mit dem Lernen noch Schwierigkeiten hat. Erst indem er seine Besonderheit im Unterschied zu den anderen zum Ausdruck gebracht hat, können sich die anderen auf ihn nicht nur als das abstrakte Bild eines Teilnehmers beziehen, sondern als eine konkrete Person. Die Schwierigkeiten der Integration seines Andersseins erst lassen im Kurs eine neue Qualität gegenstandsbezogener sozialer Integration von Lernenden entstehen. Sie basiert nicht auf Ausgrenzung und der Erfahrung des Ausgegrenztwerdens, sondern definiert sich gerade dadurch, daß die Besonderheit anerkannt wird. Nachdem A. einige seiner Ansprüche und Vorwürfe ausgesprochen hat, kann er sich erleichtert fühlen. Er steht nicht mehr unter dem Druck seines Andersseins, muß darunter nicht privat leiden, weil er seine Schwierigkeiten nur für sich behält und nicht öffentlich gemacht hat.

Fallbeispiel: Störendes Verhalten und Lehr-/Lernerwartungen

In einem wöchentlich am Abend in einem Schulgebäude stattfindenden zweistündigen Englischkurs mit durchschnittlich zwanzig Teilnehmern – die meisten berufstätig, einige Hausfrauen, zwei Schüler – passiert es immer wieder, daß sich aus den vom Dozenten B. initiierten Konversationsübungen auf deutsch weitergeführte Gespräche zwischen einigen Teilnehmer ergeben. Das Gespräch der Teilnehmer verselbständigt sich gegenüber der Lehr- und Lernstrategie des Dozenten.

Dies Reden bringt eine allgemeine Unruhe in den Kurs. Der Dozent fühlt sich gestört, weil er Mühe hat, sich noch verständlich zu machen und den Lernprozeß unter Kontrolle zu halten. Er kann es nicht leiden, wenn Teilnehmer noch von sich aus weiterreden, weil er dadurch seine Autorität als Dozent bedroht sieht. Er hat Angst, der ganze Kurs könne sich in einem allgemeinen Chaos auflösen, so daß der Lernerfolg der Teilnehmer – so wie er ihn definiert – in Frage gestellt sein würde. Dafür fühlt er sich aber allein verantwortlich. Zugleich weiß er nicht, wie er sich pädagogisch sinnvoll den redenden Teilnehmern gegenüber verhalten soll: Duldet er die Privatgespräche, so wird der Lernprozeß behindert; andererseits will er die erwachsenen Teilnehmer aber auch nicht wie Kinder in der Schule behandeln.

Der Dozent hat Schwierigkeiten, mit Disziplinproblemen umzugehen, die durch Erwachsene verursacht sind. Außerdem ist es ihm auch lästig und unangenehm, sich dauernd um Ruhe kümmern zu müssen. Er versteht sich als Dozent für Englisch, nicht als pädagogischer Fachmann für Disziplin- und Motivationsprobleme. B. will den Teilnehmern gegenüber nicht als Aufseher auftreten. Kann er nicht zurecht erwarten bzw. voraussetzen, daß Erwachsene, die ja freiwillig den Kurs besuchen, auch Englisch lernen wollen? Warum sind sie denn sonst überhaupt in den Kurs gekommen? Anders als Schüler könnten sie ja zu Hause bleiben, wenn sie keine Lust zum Englischlernen haben, sondern lieber mit anderen Privatgespräche führen wollen.

Der Dozent überlegt, ob er nicht vielleicht doch wie früher den Englischkurs straffer durchstrukturieren sollte, so daß sich gar nicht erst der Ansatz für solche störenden Teilnehmergespräche ergeben kann. B. ist enttäuscht, daß seine lockere Unterrichtsführung von einigen Teilnehmern so ausgenutzt wird. Dabei hatte er doch gerade ihretwegen seinen Lehrstil verändert. Es hatte ihm eingeleuchtet, daß man mit Erwachsenen den Englischunterricht aufgelockerter gestalten mußte. Aber nun merkt er, daß er Schwierigkeiten hat, dies in der Praxis durchzuführen.

Daß B. sich durch die eigenständigen Teilnehmergespräche gestört fühlt, hat noch einen anderen Grund: er hat ein ambivalentes Verhältnis zu seiner Dozentenrolle. Einerseits versteht er sich als Autorität, die den Lernprozeß fest in der Hand zu halten hat und auch die Verantwortung für Erfolg und Mißerfolg trägt. Andererseits will er sich an den Lernerfahrungen und Lerninteressen der Teilnehmer orientieren, quasi aus ihnen heraus den Lernprozeß entwickeln (zur Widersprüchlichkeit des Prinzips der Teilnehmerorientierung vgl. Kade 1982b).

Ebenso fühlen sich auch andere Teilnehmer gestört, weil sie durch die Privatgespräche vom Englischlernen abgelenkt werden und den Dozenten nicht richtig verstehen. Wie den Dozenten ärgert es auch sie, daß jemand in die Volkshochschule kommt, obwohl er doch offenbar gar kein Interesse hat, Englisch zu lernen, jedenfalls nicht auf dieselbe Weise wie sie.

Es ist bekannt, daß viele Menschen die Kurse der Erwachsenenbildung mit einem ausgeprägtem Bedürfnis nach sozialem Kontakt und nach menschlicher Anerkennung besuchen; denn die menschliche Begegnung kommt sowohl für eine große Zahl von Hausfrauen auf Grund ihrer sozialen Isolierung zu kurz wie auch für viele Berufstätige.

Auch Konversationsübungen in einem Englischkurs führen nicht nur zur Beherrschung der englischen Sprache, sondern bringen Menschen zusammen. Man lernt sich kennen, und zwar um so besser, je lebendiger und personbezogener der Dozent die Gespräche gestaltet. Gerade wenn die Teilnehmer eines Kurses sozial ›ausgehungert‹ sind, wird sich in den ersten Stunden – in denen ja zudem der Reiz des Neuen noch stark wirkt – das soziale Interesse in den Vordergrund schieben. Es ufert aus und überschreitet damit leicht den Rahmen, den der Dozent für die auf den sprachlichen Lernfortschritt bezogene Konversation gesteckt hat.

Selbstdisziplinierung der Teilnehmer und äußerer Druck vom Dozenten her vermögen sicher diese, den Lernprozeß zunächst störenden sozialen Interessen einiger Teilnehmer auf ein Normalmaß zurechtzuschneiden. Man nimmt damit aber auch in Kauf, daß sich die produktive Kraft spontaner Konversation gar nicht erst entfalten kann. Denn wenn Menschen es nicht gewohnt sind, in ihrem Alltag sich auch von ihren sozialen und spontanen Bedürfnissen leiten zu lassen, dann werden sie sich oft zunächst erst mal destruktiv äußern, wo ihnen ein Freiraum zugestanden wird, wo die Sanktionen nicht sehr stark sind. Gestaute Bedürfnisse müssen die Chance zur, vielleicht auch destruktiven Äußerung bekommen, damit sie dann nach ihrer individuell und sozial produktiven Seite entwickelt werden können. Dabei gibt es natürlich immer eine Grenze für das, was an destruktiven Äußerungen, an störendem Verhalten von Individuen zugelassen werden kann. Wer wenig in seinem familiären und beruflichen Alltag als Person anerkannt wird, hat eben nicht die Möglichkeit, ein freies Verhältnis zu seinem Bedürfnis nach sozialer Anerkennung zu entwickeln. Er kennt die soziale Anerkennung seiner Person vor allem als etwas, was ihm nicht zuteil wird. Aus dieser Erfahrung des Mangels heraus bemüht er sich dann in der Erwachsenenbildung darum, anerkannt zu werden, ja überhaupt erst einmal zur Kenntnis genommen zu werden. Daher nehmen viele Störungen in der Erwachsenenbildung die Form eines mehr oder weniger offenen Machtkampfes zwischen Teilnehmern und Dozenten an; wobei einige Teilnehmer das Anerkennungsproblem auch so für sich lösen, daß sie sich mit dem Dozenten identifizieren. Sie treten nicht als Störung des Kurses in Erscheinung, weil sie ihr Bedürfnis nach Anerkennung nicht gegen den Dozenten befriedigen wollen.

Sofern es im Englischkurs nicht um den Erwerb berufsrelevanter Zertifikate geht, kann eine pädagogische Antwort auf überfließende soziale Ansprüche, die sich in störenden Privatgesprächen ausdrücken, darin bestehen, daß man den Kurs in einen geselligeren Rahmen verlegt in den Nebenraum einer Gastwirtschaft oder abwechselnd zu den Teilnehmern nach Hause. Dies wurde in dem von mir beschriebenem Fall auch tatsächlich gemacht. Durch diese Verlegung veränderte sich der Kurs dahingehend, daß der Lernanspruch in Bezug auf zu behandelnde Inhalte immer mehr reduziert wurde. Die Lernbewegung des Kurses wurde nicht mehr von einer abstrakten Fachsystematik bestimmt, sondern von den Themen, die sich aus der jeweiligen konkreten sozialen Situation der Lernenden ergaben. Dabei geschah das Lernen z. T. auch in Formen der Selbstorganisation. Es wurde gemeinsam Essen gekocht, es wurde über die jeweilige Wohnung, in der man sich traf, geredet, Dias wurden gezeigt und auf Englisch erläutert. Der Dozent trat in seiner Leitungsfunktion zurück. Da sich diese geselligen Lerntreffen nicht auf die üblichen, äußerlich festgesetzten zwei Kursstunden beschränken ließen, wurden durch diese Form des Englischlernens auch die Grenzen dessen berührt, was der Dozent von sich beizutragen bereit war. Wie für einige andere Teilnehmer nahm für ihn die soziale Seite des Lernens einen zu breiten Raum ein. Er machte den Kurs ja auch zum Zwecke des Gelderwerbs.

Geht man davon aus, daß das soziale Bedürfnis von einigen Teilnehmern sich besonders stark am Anfang eines Kurses äußert, dann hätte der Dozent auch die Möglichkeit gehabt, nicht durch eine Veränderung der Lernsituation auf die störenden Privatgespräche zu antworten. Er hätte einfach abwarten können, bis sich Formen der Äußerung des sozialen Interesses entwickeln können, die nicht mehr desintegrierend auf den Lernprozeß wirken. Z. B. indem Teilnehmer sich unabhängig vom Kurs noch treffen oder gesicherte Bekanntschaften entstehen, die es erlauben, Gesprächsbedürfnisse auf einen Treff nach dem Kurs zu verschieben. U. U. kann es auch sinnvoll sein, den Kursverlauf von vornherein auf

176

solche am Anfang verstärkt auftretenden sozialen Bedürfnisse einzurichten. Orientieren könnte man sich an dem Modell einer Lernbewegung, die sich aus relativ freien Gesprächen heraus entwickelt und erst langsam zu einem gegenstandszentrierten Lernprozeß verdichtet.

Was kann der Dozent bei Störungen in Lernprozessen Erwachsener tun? Systematisierung von Erklärungszusammenhängen und Handlungsstrategien

Zur Typologie von Störungen der Erwachsenenbildung

Bezogen auf das Problem »Störungen der Erwachsenenbildung«, lassen sich nunmehr drei Typen von Störungen analytisch unterscheiden:

a) Störungen, die sich aus dem *Mißverhältnis von Gegenstands- und Sozialbezug* der Erwachsenenbildung ergeben.
   Entweder verselbständigt sich der gegenstandsbezogene Lernprozeß einzelner Teilnehmer und der Lehrprozeß des Dozenten gegenüber dem kollektiven sozialen Lernzusammenhang des Kurses. Letztlich ist der Kurs dann eine lockere Versammlung von Individuen, die alle ihre privaten Lerninteressen verfolgen. Wenn ein anderer Schwierigkeiten hat, können sie in ihm nur ein Lernhindernis für ihren eigenen Lernerfolg sehen. Was als individuelle Lernstörung erscheint, ist immer zugleich auch Zeichen für einen gestörten sozialen Lernzusammenhang.
   Oder aber der soziale Zusammenhang der Kursteilnehmer löst sich vom Lerngegenstand und wird so leer. Gestört ist in diesem Fall der Lernprozeß, weil der ursprünglich in Gang gesetzte nicht mehr stattfindet, aber auch kein neuer an seine Stelle getreten ist.

b) Störungen, die sich aus einem *strukturellen Mißverhältnis von kollektiver bzw. individueller Selbstorganisation und gesellschaftlich institutionalisierter Organisation von Erwachsenenbildung* ergeben.
   Gerade in der institutionalisierten Erwachsenenbildung wird die Bedeutung des Moments der Selbstorganisation für die Aufrechterhaltung der institutionellen Struktur oft eher unterschätzt. Beide Fallbeispiele haben dies deutlich gemacht: Die Alltagserfahrungen und Orientierungen der Teilnehmer, ihre informelle soziale Struktur und ihre je eigenen Ressourcen und Kompetenzen kamen erst in dem Augenblick ins Bewußtsein und wurden thematisiert, als eine Störung des institutionalisierten Lernprozesses auftrat.
   Umgekehrt kann aber der Anspruch auf Selbstorganisation in der institutionalisierten Erwachsenenbildung zu sehr in den Vordergrund treten. So war im zweiten Fallbeispiel

der Dozent nicht mehr bereit, am Kurs mit seiner Kompetenz teilzunehmen, als dieser seinen Zeitrahmen von zwei Stunden weit überschritt. Der Dozent als externe Lehrressource wurde also dadurch verdrängt, daß die Teilnehmer ihre eigenen Fähigkeiten und Möglichkeiten für ihren Lernprozeß mobilisierten. Im Grunde zeigt diese Störung der institutionellen Form des Kurses schon einen Strukturwandel an. Denn sie ist zur Fessel für die Entfaltung der Lernmöglichkeiten geworden, die im Prinzip der Selbstorganisation liegen.

c) Störungen von Lernprozessen, die sich daraus ergeben, daß auf die *Thematisierung von neuen, den Organisationsgrad betreffenden, Strukturmomenten übergegangen wird, bevor das Entwicklungspotential der alten ausreichend ausgeschöpft* ist.

Sicher dürfte sein, daß, wenn der Übergang von der gesellschaftlich institutionalisierten zur selbstorganisierten Erwachsenenbildung nicht auf der Grundlage wechselseitiger Anerkennung der Beteiligten abläuft, Selbstorganisation zunächst wesentlich Störung bedeutet (vgl. Negt/Kluge 1981, S. 53ff.).

Von der Ausgrenzung durch Individualisierung zur gesellschaftlichen Anerkennung von Störungen

Je mehr die Erwachsenenbildung sich an einem Lernerfolgsbegriff orientiert, der nur auf den einzelnen, sozial isolierten Teilnehmer gerichtet ist, je weniger sie an der Entwicklung der Lerngruppe als eines sozialen Zusammenhangs interessiert ist, desto eher ist zu erwarten, daß die Gründe für störendes Verhalten individualisiert werden. Das störende Verhalten, die Lernschwierigkeiten einzelner Teilnehmer kommen in den Blick allein als Beeinträchtigung des Lernfortschritts der anderen. Unbegriffen bleibt, daß ebenso der allgemeine Kursablauf auf der inhaltlichen und sozialen Ebene den individuellen Lernprozeß stören kann, wie ich am ersten Fallbeispiel zu erläutern versuchte. Andererseits hat Ch. Karl (1982, S. 169ff.) in einer empirischen Untersuchung nachgewiesen, daß umgekehrt auch eine starke Outputorientierung und Strukturierungserwartung von Teilnehmern vielfach in der Erwachsenenbildung zur Störung des Lernablaufs führt. Nämlich dann, wenn von den Teilnehmern auf Grund eines instrumentellen Verständnisses von Lernprozessen ein reibungsloser und zügiger Ablauf erwartet wird, der Dozent sich aber an der pädagogischen Norm reflexiven Lernens orientiert.

Strategien der Individualisierung von störendem Verhalten führen dazu, daß Dozenten, aber auch Teilnehmer etwa sog. Privatgespräche anderer unmittelbar aus diesen Personen zu erklären versuchen. Z. B. wenn unterstellt bzw. behauptet wird, daß diese Personen eben generell unkonzentriert sind, sich überhaupt nicht kontinuierlich mit einem Thema beschäftigen können, immer abschweifen, undiszipliniert sind, eine schlechte Kinderstube haben, sich nicht in eine Gruppe einfügen und allgemeinen Lernnormen unterordnen können, egoistisch und rücksichtslos sind, die Autorität eines Dozenten nicht aushalten und mit ihm sofort einen Machtkampf anzetteln müssen, vielleicht sogar überhaupt lernunfähig sind. Mit dem Erklärungsmuster der Individualisierung, aber auch Personifizierung können sich Dozent und Teilnehmer von der Verantwortung für das Auftreten der Störung bzw. für die Beurteilung des Redens als störendes Verhalten freisprechen. Die Störung wird ebenso als gegeben hingenommen wie die Verknüpfung eines bestimmten Verhaltens mit dem Etikett »Störung« bzw. »Abweichung«. Daß bereits diese Verknüpfung das Resultat eines sozialen Zuschreibungsprozesses ist, bildet den Kerngedanken der sog. Labellingtheorie in den Sozialwissenschaften (Für den Bereich der Erwachsenenbildung fehlt es noch an einer entsprechenden Untersuchung. Teilweise übertragbar sind jedoch die Analysen zum abweichenden Verhalten im Schulunterricht; am differenziertesten m. E. Hargreaves/Hester/Mellor 1981).

Die Individualisierung des Störungsproblems hat einerseits also eine Entlastungsfunktion; andererseits stellt sie auch die Legitimation dafür bereit, um sich nicht um die Gründe für die Störungen kümmern zu müssen und die störenden Personen mehr oder weniger offen und gewaltsam aus dem sozialen Lernzusammenhang des Kurses ausschließen zu können. Allerdings sind in der Erwachsenenbildung solcher Ausgrenzungen Grenzen gesetzt, weil die Teilnehmer an den Kursen selbstverantwortliche Erwachsene sind. Außerdem ist die Sanktionsmacht des Dozenten eingeschränkt, weil die Teilnahme, an VHS-Kursen etwa, in der Regel für jeden offen, freiwillig und meist zudem noch im voraus, bezahlt ist.

Anders als in der Schule erscheint daher in der Erwachsenenbildung die Gewalt der Ausgrenzung störenden Verhaltens wesentlich als psychischer und sozialer Druck. Die Direktheit sprachlicher Ausgrenzungsformeln, die jeder von der Schule kennt, wird man in der Erwachsenenbildung nur selten finden. Statt zu sagen: »Halten Sie doch endlich den Mund! Warum sind Sie denn nun nicht endlich ruhig; merken Sie denn nicht, daß Sie die anderen stören! Wenn Sie nichts lernen wollen, dann gehen Sie doch nach Hause!« – wird die Ausgrenzung indirekt und ›zivilisiert‹ vollzogen. Der Dozent kann gegen die Teilnehmer z.B. gute Argumente für einen bestimmten Lernablauf vorbringen, unter ausdrücklicher Berufung auf seine Fachautorität. Teilnehmer können einfach übergangen und geschnitten werden. Oder man reagiert irritiert und unaufmerksam, wenn sie sich äußern oder etwas fragen, man antwortet ihnen nicht oder fragt naiv, ironisch, ob sie etwas nicht verstanden haben. Oder man bleibt äußerlich tolerant, grenzt sie nur innerlich aus. Man behält es für sich, daß man sich durch ihre Privatgespräche z.B. gestört fühlt. Man verdrängt dies vielleicht selbst, bis einem irgendwann ›der Kragen platzt‹, wie man so treffend sagt.

Wie eine solche kursbezogene Ausgrenzung zu beurteilen ist, hängt m. E. wesentlich davon ab, ob es für den mehr oder weniger direkt ausgeschlossenen Teilnehmer in der Erwachsenenbildung andere Lernchancen gibt, die seinen Fähigkeiten und Möglichkeiten eher entsprechen und ob er sich um die Teilnahme an solchen Kursen bemüht. Bietet die gesellschaftliche Institution der Erwachsenenbildung diese Perspektive nicht an, so bedeutet die Ausgrenzung eines Teilnehmers aus einem Kurs, daß seine Schwierigkeiten privatisiert und individualisiert werden. Man überläßt es dem einzelnen allein, wie er sich entwickelt, obwohl seine Entwicklungsmöglichkeiten nicht nur von ihm, sondern auch von der Gesellschaft mitverantwortet sind. Diese gesellschaftliche Ausgrenzung kann dabei durch die Erwachsenenbildung noch verstärkt werden, indem der Lernunterschied mit der negativen Bemerkung verknüpft wird: ›Der Teilnehmer war eben zu dumm und zu alt, um an diesem oder jenem Kurs noch teilnehmen zu können.‹

Wenn Individuen Lernschwierigkeiten haben oder sich störend verhalten, so ist das aber nie nur ihr Problem. Vielmehr kommt darin immer auch ein gestörter sozialer Zusammenhang der am Lernprozeß beteiligten Personen zum Ausdruck, wenn auch in einer noch unbegriffenen, erst noch zu entschlüsselnden Form. Durchs störende Verhalten zielen Individuen auf einen Verständigungsprozeß über die Lernsituation ab, allerdings widersprüchlich; nämlich in einer Form, die zunächst einmal Verständigung zerstört. Damit Ohnmacht und (Selbst-)Zerstörung, die jeder Störung eigen sind, nicht die Oberhand gewinnen, muß der Konflikt, der sich in der Störung ausdrückt, in den gesellschaftlichen Verständigungsprozeß hereingezogen werden. Das Schweigen über das, was den Lernprozeß eines Teilnehmers behindert, muß gebrochen werden, damit er sich nicht auch sozial isoliert und so die Lernprobleme verstärkt.

Hilfreich scheint mir dazu das zu sein, was Gordon in verschiedenen Büchern entwickelt hat, weil seine Lösungs- und Verfahrensvorschläge im Zentrum das Problem sozialer Anerkennung haben (insbes. Gordon 1978).

Es scheint mir aber nicht sinnvoll zu sein, die Praxis der Erwachsenenbildung allein an der Norm, am Normalfall ungestörter Lernprozesse zu messen. Denn darin wird unterstellt, daß es wünschenswert und überhaupt möglich wäre, daß die individuellen Lerninteressen mit den allgemeinen Lernansprüchen und Lernbedingungen zusammenfallen. Demgegenüber plädiere ich dafür, in der Erwachsenenbildung von einem Lernverständnis auszugehen, für das ein ambivalentes Verhältnis zur Störung gilt. In dem Sinne, daß die Störung als ein notwendig dem Lernen inbegriffenes Moment verstanden wird, von der positive wie negative, produktive wie destruktive Wirkungen ausgehen können. Statt Störungen als negative Erscheinungen apriori zu vermeiden und auszugrenzen versuchen, wären sie zunächst einmal als Ausdruck lebendiger Auseinandersetzungen von der Erwachsenenbildung anzuerkennen.

Zur gesellschaftlich bedingten Störanfälligkeit der Erwachsenenbildung

Erwachsenenbildung ist kein autonomer Bereich, sondern sie ist mit der Geschichte der Zivilisation und der Entwicklung moderner Gesellschaften in vielfältiger Weise verflochten. Daher wäre es unzureichend, die in ihr stattfindenden Störungen auch allein aus ihren eigenen Strukturmomenten erklären zu wollen. In den Störungen der Erwachsenenbildung kommen immer auch allgemeine gesellschaftliche Konflikte zum Ausdruck; z. T. bilden diese die beherrschende Ursache.

Der differenzierteste Ansatz einer kritischen Theorie der Moderne, von dem her sich Störungen und sog. abweichendes Verhalten in der Erwachsenenbildung gesellschaftstheoretisch interpretieren lassen, liegt m. E. in J. Habermas »Theorie des kommunikativen Handelns« (1981) vor. Störungen sind nicht nur ein affektiver Protest gegen die Erwachsenenbildung, sondern indirekt oft eher einer gegen die Einseitigkeiten und Widersprüchlichkeiten gesellschaftlicher Modernisierung.

Zur historischen Einordnung dieses Zusammenhangs sind insbes. N. Elias (1978) Untersuchungen zum Zivilisationsprozeß von Belang. Sein wesentliches Merkmal ist nach Elias die Ersetzung äußerer Verhaltenskontrollen durch die innere Selbstdisziplinierung. Zur Beherrschung der äußeren Natur und damit der Verringerung der Angst vor ihr sowie auf Grund der vielfältigen Eingebundenheit aller Individuen in ein unübersehbares Geflecht von Abhängigkeiten entwickelt sich ein umfassendes Regelungssystem zur Verhaltensdisziplinierung; die zwischenmenschlichen Beziehungen werden rationalisiert; die Affekte und Emotionen durch Vorrücken der Scham- und Peinlichkeitsschwelle zunehmend kanalisiert; der Zwang zur Langsicht entsteht. Überspitzt läßt sich formulieren: Unsere Zivilisation ist das Resultat zunehmender Disziplinierung.

Von Elias historischer Analyse her läßt sich störendes Verhalten als Versuch interpretieren, dem im Prozeß der Zivilisation Verdrängten wieder gesellschaftliche Geltung zu verschaffen, d.h. eine einseitig verlaufende gesellschaftliche Entwicklung zu korrigieren.

Diese Entwicklung betrifft die Erwachsenenbildung unmittelbar, weil der moderne Erwachsene – ihr Adressat – Produkt der Zivilisation ist. Ein Erwachsener zu werden, ist keine natürliche Bestimmung menschlichen Lebens, sondern ein gesellschaftlich geprägter Lebens- und Verhaltensanspruch. Gerade der in den Sozialwissenschaften und in der Erwachsenenbildung immer noch herrschende Erwachsenenbegriff verhindert vielfach die volle Ausschöpfung der institutionell gebotenen Lernmöglichkeiten, wie sich am ersten Fallbeispiel zeigen ließ.

Insbesondere der erwachsene Mann – wobei erwachsene·Tugenden meist mit männlichen zusammenfallen – unterliegt einseitig der Norm, seine Identität durch Abgrenzung gegenüber anderen und Herrschaft über andere abzusichern. Dies erschwert aber für jeden Teilnehmer das Eingeständnis, zumal noch gegenüber Jüngeren und Frauen, Lernschwierigkeiten oder soziale Probleme zu haben; d.h. eben nicht mächtig sondern ohnmächtig und auf Hilfe anderer angewiesen zu sein.

Ein einseitiger, gegenüber kindlichen und weiblichen Aneignungsformen von Wirklichkeit abgeschotteter Erwachsenenbegriff produziert also einerseits Störungen in der Erwachsenenbildung; andererseits trägt er dazu bei, daß das innerlich erfahrene gestörte Verhältnis zum Lerngegenstand oder zu den anderen Teilnehmern und dem Dozenten nicht äußerlich zum Ausdruck gebracht und somit pädagogisch bearbeitbar wird.

Damit Erwachsenenbildung eine für die individuelle und kollektive Entwicklung produktive Verlaufsform der Konflikte bieten kann, die in gestörten Lernprozessen zum Ausdruck kommen, hätte sie sich auf einen über die gegebenen gesellschaftlichen Normen hinausgehenden Erwachsenenbegriff zu beziehen. M. E. leistet dies am ehesten ein dialektischer Begriff des Erwachsenen, der Kindheit und Erwachsensein als seine beiden Momente in sich vereinigt (vgl. dazu Kade 1982a und 1983).

Erwachsenenbildung und die Anerkennung des Andersseins des Anderen

In Störungen der Erwachsenenbildung kommt ein Widerstand gegen eine gegebene Lernordnung zum Ausdruck. Es gibt zwei Wege des Umgangs mit ihnen. Entweder hält man an den jeweiligen, normativ oder faktisch verbürgten, Regeln des Bildungsprozesses fest und erklärt die von ihnen unterschiedenen Vorstellungen und Verhaltensweisen zum Störfaktor, zum Fremdkörper. Der so identifizierte Grund der Störung muß nun gewaltsam unterdrückt oder räumlich-zeitlich ausgegrenzt werden, damit der Lernprozeß wieder normal verlaufen kann. Genaugenommen geht es dabei nicht um die Auseinandersetzung mit dem Grund der Störung. Was interessiert, sind allein seine praktischen Konsequenzen. Und insofern handelt es sich um einen Versuch, die Störung aus der Erwachsenenbildung auszugrenzen.

Oder der in der Störung zum Ausdruck kommende abweichende Anspruch wird ernst genommen. Man ist gerade interessiert an dem, was hinter den Störungen sich verbirgt und versucht sie dahingehend zu entschlüsseln. Ziel ist, durch auf Ein-Verständnis abhebende Verständigung den Lernprozeß so zu verändern, daß alle Beteiligten und Betroffenen sich in ihm wiederfinden können. Dabei wird unterstellt, daß eine solche auf den Lerngegenstand bezogene soziale Integration von Individuen erreichbar ist.

Es kann keine Frage sein, daß diese Form der (versuchten) Integration des Andersseins, des Fremden, gegenüber allen Formen mehr oder weniger gewaltsamen Ausgrenzung immer im Recht ist. Aber zum einen ist die soziale Integration als Vereinnahmung auch eine sensible und dadurch subtile Form der Ausgrenzung und Nicht-Anerkennung des Andersseins des Anderen; außerdem gibt es zahlreiche Hinweise dafür inzwischen, daß diese Form des Ausgleichs nicht funktioniert. Ich verweise nur auf die Ausländer, die wir nicht umhinkönnen werden, als einen selbständigen Teil unseres Lebens anzuerkennen, wenn wir sie nicht gewaltsam oder mit ökonomischen Mitteln aus unserem Land vertreiben wollen. Denn den verschiedenen Formen der sozialen Integration sind nicht nur von uns aus kaum überwindbare Grenzen gesetzt, sondern auch von den Ausländern her. Zugleich ist das Fremde ja nicht nur Bedrohung unseres Lebens, führt dessen Störung nicht notwendig zu dessen Zerstörung, sondern gerade auf Grund seiner Andersartigkeit kann z.B. der Ausländer zur Bereicherung unseres Lebens werden. Ein Alltagsbeispiel dafür sind die zahlreichen ausländischen Gaststätten. Daubers (1981) Überlegungen zum Verhältnis zwischen Erwachsenenbildung und sog. Dritter Welt gehen in eben diese Richtung eines neuen Verhältnisses zum Fremden.

Ich denke, wir kommen heute, gerade auch in der Erwachsenenbildung, nicht darum herum, qualitativ neue Formen der Auseinandersetzung mit dem Anderen, dem Fremden, das sich als Störung äußert, mindestens auszuprobieren. Ja, die Erwachsenenbildung könnte zu einem Ort werden, an dem Menschen mit Formen experimentieren, in denen das Andere, das Fremde, die Störung nicht nur als Bedrohung und Zerstörung erscheint, sondern in denen es sich nach seiner produktiven Seite entwickeln kann, die es zu einer Bereicherung unseres Lebens und Lernens werden läßt. Allerdings darf man nicht die idealisierende Erwartung hegen, daß eine solche Weiterentwicklung der Erwachsenenbildung Effizienz und Leistung im herkömmlichen Sinne in demselben Maße und vielleicht sogar noch gleichzeitig steigert, wie die Demokratisierung des Lernens und Lebens vorangetrieben wird. Versuche, sich in und durch die Erwachsenenbildung auf den störenden Anderen nicht bloß in der Form der Vereinnahmung und Unterdrückung zu beziehen, dürften – zumindest zunächst einmal – nicht ohne Unruhe und neue Konflikte ablaufen.

H. Tietgens (1981, S. 93) hat mal davon gesprochen, daß die Erwachsenenbildung »das Verständnis für das Anderssein des Anderen« ermöglichen müsse. Immer schon war die Erwachsenenbildung, insbesondere die Volkshochschule, auch eine Form für gesellschaftliche Minderheiten, für individuell und sozial-strukturell Benachteiligte, wie Arbeiter, Behinderte und heute Ausländer. Über den Weg der Erwachsenenbildung sollte ihnen die Möglichkeit eröffnet werden, aus ihrer gesellschaftlichen Isolation und Ausgrenzung herauszukommen. Mir scheint, heute wird sichtbar, daß das Anderssein viel universeller zum gesellschaftlichen Problem wird, weit über die traditionellen Etikettierungen von Minderheiten hinaus. Für die Erwachsenenbildung zeichnet sich damit eine Universalisierung ihres Bildungsauftrages ab. Nicht bloß die gesellschaftlich fest typisierten Minderheiten, die sich vom Zielgruppenkonzept her dann auch in einem Kurs jeweils zusammenbringen lassen, bilden den Bezugspunkt. Der Bildungsanspruch der Erwachsenenbildung hätte sich vielmehr daran zu bewähren, daß sie den Ansprüchen gerecht wird, die sich mit dem Problem der Anerkennung des Anderen gerade in seinem Anderssein stellen. Bildung wäre zu begreifen als Bedingung der Anerkennung der Freiheit gerade des Anderen. Und zwar dies auf den verschiedensten Ebenen: der sozialer Minderheiten, gesellschaftlicher Randgruppen, die sich in Kursen zusammenfassen lassen, ebenso wie der von Minderheiten und Außenseitern in den Kursen selbst.

Literatur

Axmacher, D.: Widerstand gegen Bildung. Zur Rekonstruktion einer verdrängten Welt des Wissens, Weinheim 1990.

Dauber, H.: Selbstorganisation und Teilnehmerorientierung als Herausforderung für die Erwachsenenbildung, in: Breloer, G./Dauber, H./Tietgens, H.: Selbststeuerung und Teilnehmerorientierung in der Erwachsenenbildung 1980, S. 113–176.

Dauber, H.: Ökologisches und ökumenisches Lernen. Die doppelte Verschränkung der Lernbewegungen, in: Dauber, H./Simpfen-Dörfer, W. (Hrsg.): Ökologisches und ökumenisches Lernen in der ›Einen Welt‹, Wuppertal 1981, S. 28–63.

Elias, N.: Über den Prozeß der Zivilisation, 2 Bde., Frankfurt 1978.

Geißler, Kh.A./Kade, J.: Die Bildung Erwachsener. Perspektiven einer subjektivitäts- und erfahrungsorientierten Erwachsenenbildung, München/Wien/Baltimore 1982.

Gordon, Th.: Familienkonferenz in der Praxis, Hamburg 1978.

Habermas, J.: Theorie des kommunikativen Handelns, 2 Bde., Frankfurt 1981.

Hargreaves, D.H./Hesters, S.K./Mellor, F.J.: Abweichendes Verhalten im Unterricht, Weinheim/Basel 1981.

Kade, J.: Grundlinien einer subjektivitäts- und erfahrungsorientierten Erwachsenenbildung, in: Geißler, Kh.A./Kade, J. 1982, S. 7–72(a).

Kade, J.: Von der Teilnehmerorientierung zum pädagogischen Verhältnis in der Erwachsenenbildung – Überlegungen aus der Sicht einer dialektischen Konzeption individueller Subjektivität von Dozent und Teilnehmer, in: Schlutz, E. (Hrsg.): Die Hinwendung zum Teilnehmer – Signal einer ›reflexiven Wende‹ der Erwachsenenbildung, Bremen 1982, S. 16–31(b).

Kade, J.: Der Erwachsene als normatives Leitbild der Erwachsenenbildung, in: Hessische Blätter für Volksbildung, Heft 4, 1983

Karl, Ch.: Befragungsergebnisse zu Motivation und Lernproblemen Erwachsener, in: Siebert, H./Dahms, W./Karl, Ch.: Lernen und Lernprobleme in der Erwachsenenbildung, Paderborn 1982, S. 155–194.

Kade, J.: Gestörte Bildungsprozesse. Bad Heilbrunn 1985.

Kade, J.: Erwachsenenbildung und Identität. Eine empirische Studie zur Aneignung von Bildungsangeboten, Weinheim, 2. Aufl. 1992.

Negt, O./Kluge, A.: Geschichte und Eigensinn, Frankfurt 1981.

Schäffter, O. (Hrsg.): Das Fremde. Erfahrungsmöglichkeiten zwischen Faszination und Bedrohung, Opladen 1991.

Tietgens, H.: Die Erwachsenenbildung, München 1981.

Selbstverständnis des Dozenten

Für Veranstalter und
Teilnehmer bin ich oft nur
ein Dienstleister

Wolfgang Wittwer

Ziel-, Interessen- und Rollenkonflikte

Die institutionalisierte Bildung von Erwachsenen wird u.a. als Situation beschrieben, in der Erwachsene zusammentreffen, um miteinander zu lernen. »Normalerweise ist diese Situation so strukturiert, daß ein Andragoge (= derjenige, der sich vorgenommen hat, in irgendwelchen Formen und Inhalten mit Erwachsenen zu lernen und meint, dies tun zu können) mit Erwachsenen (= diejenigen, die lernen wollen und meinen, vom Andragogen etwas lernen zu können) zusammentrifft. Dies geschieht in einem bestimmten Raum, in einer bestimmten Zeit unter bestimmten Bedingungen, die zumindest im Augenblick für alle Anwesenden akzeptabel erscheinen« (Mader 1975, S. 17). Bei dieser Sichtweise von Erwachsenenbildung bleibt allerdings offen, mit welcher *Zielsetzung* und aus welchem *Interesse* Erwachsene lehren und lernen oder Institutionen Erwachsenenbildungsmaßnahmen durchführen. Da es plausibel ist, daß nicht alle am Lehr-/Lernprozeß Beteiligten, also Teilnehmer, Dozenten und Maßnahmeträger, immer die gleichen Ziele und Interessen verfolgen, kommt es oft zwangsläufig zu Konflikten. Ein solcher Konflikt wird sich beispielsweise dann ergeben, wenn einer von ihnen den Eindruck hat, der andere unterstütze ihn nicht bei der Verwirklichung seiner Ziele und Interessen, d.h. der andere verhalte sich nicht so, wie er selber es erwartet.

Wie ist nun diese alltägliche Erfahrung zu untersuchen? Wie kann sie begreiflich gemacht werden?

In der formalen Struktur des Lehr-/Lernprozesses wird jedem Beteiligten eine bestimmte Position zugewiesen, mit der konkrete Aufgaben verbunden sind. So soll der Dozent beispielsweise Wissen und Fähigkeiten vermitteln; die Teilnehmer sollen sich Wissen und Fähigkeiten aneignen; der Maßnahmeträger soll Weiterbildungsmaßnahmen initiieren und organisieren. Wie der einzelne diese Aufgaben wahrzunehmen hat, darüber gibt es ganz bestimmte Vorstellungen und zwar bei ihm selbst wie auch bei seinen Partnern. Jeder, der am Lehr-/Lernprozeß beteiligt ist, sei es als Teilnehmer, Dozent oder Maßnahmeträger, übernimmt also eine ganz bestimmte *Rolle*. Nun kann der Fall eintreten, daß die eigenen Vorstellungen von dieser Rolle (Selbstbild) nicht mit den Erwartungen der anderen an diese Rolle übereinstimmen. Es kommt dann zu *Rollenkonflikten*. Solche Konflikte behindern den Lehr-/Lernprozeß sehr stark, falls sie nicht offen ausgetragen werden. Dazu ist es jedoch notwendig, daß die Betroffenen ihre Ziele und Interessen offenlegen und diese *legitimieren*.

186

Mit dieser Kurzbeschreibung von Problemen, die im Lehr-/Lernprozeß auftreten können, ist das Thema dieses Artikels umrissen. Er handelt von Ziel-, Interessen- und Rollenkonflikten in der Erwachsenenbildung sowie von der Notwendigkeit, das eigene Handeln zu legitimieren. Dieser Sachverhalt soll in der folgenden Szene verdeutlicht werden, wobei hier die Sichtweise des Dozenten im Mittelpunkt der Auseinandersetzung steht.

Das Seminar beginnt

Das Seminar[*] beginnt mit dem üblichen Vorstellungsritual. Der Vertreter des Maßnahmeträgers begrüßt die Teilnehmer. »Wir sind heute zum dritten Mal zusammen. Ich glaube, wir kennen uns schon so gut, daß wir sofort an die Arbeit gehen können. Im Sinne eines Methodenwechsels wollen wir in diesem Seminar überwiegend mit Rollenspielen und Video-Aufzeichnungen arbeiten.« Er erläutert kurz das Thema des Seminars, wobei er auf das allen Teilnehmern zugeschickte Seminarprogramm verweist. Dann bittet er den Referenten, sich vorzustellen.

Ich berichte über meinen beruflichen Werdegang und über mein derzeitiges Aufgabengebiet. Einige Teilnehmer interessieren sich für meine »Praxiserfahrung«. Sie fragen nach, in welchen Betrieben ich wie lange gearbeitet habe und welche konkreten Aufgaben ich hatte. Ich habe den Eindruck, sie wollen mir ein wenig auf den Zahn fühlen, ob ich auch wirklich *ihre* Praxis kenne. Es entwickelt sich eine kurze Sachdiskussion über Einzelprobleme der betrieblichen Aus- und Weiterbildung. Ein Teilnehmer spricht mich auf den Studienbrief an, den ich zur Vorbereitung auf das Seminar geschrieben hatte und der den Teilnehmern zugeschickt worden war. Er hält mir vor, wichtige Inhalte gar nicht dargestellt zu haben. Dies müßte ich im Seminar unbedingt nachholen. Wie ich erfahre, handelt es sich bei diesem Teilnehmer um den Vertreter eines Wirtschaftsverbandes, der die Bildungsarbeit seiner Organisation in den von mir zitierten Statistiken nicht ausreichend berücksichtigt sieht. Daraufhin meldet sich gleich auch der andere Verbandsvertreter im Seminar zu Wort und sagt: »Wenn sich hier einer zu beschweren hat, dann bin ich es, denn über die Arbeit meiner Organisation wird in den Materialien noch weniger berichtet.« Ich benutze die Gelegenheit, um den Teilnehmern meine Vorstellungen zur Bearbeitung des Themas zu verdeutlichen. Ich berichte von meinen Schwierigkeiten mit der Aufbereitung des Themas für das Seminar aufgrund der mir vom Maßnahmeträger gesetzten Rahmenbedingungen, wie Themenschwerpunkt, zeitlicher Rahmen (zweieinhalb Tage), große Teilnehmergruppe (36 Teilnehmer), Teilnehmer aus unterschiedlichen Funktionsbereichen (betriebli-

---

[*] Bei der hier beschriebenen Veranstaltung handelte es sich um ein zweieinhalbtägiges Seminar über das Berufsbildungssystem in der Bundesrepublik Deutschland, das im Rahmen eines Kontaktstudiengangs für Mitarbeiter aus dem Bereich der betrieblichen Bildungsarbeit durchgeführt wurde. Es war die dritte Veranstaltung in dieser Reihe. Die 36 Teilnehmer kannten sich von den vorhergegangenen Seminaren, die von verschiedenen Dozenten geleitet worden waren.

che Ausbilder und Weiterbildungsreferenten, freiberufliche Trainer, Verbandsfunktionäre) und erläutere meinen Seminarplan, wobei ich auf die Prinzipien eingehe, die mich bei der Auswahl der Inhalte sowie bei meinen didaktisch-methodischen Entscheidungen geleitet haben. »Mein Ziel ist es«, so fahre ich fort, »Ihnen nicht nur Fakten zu vermitteln, sondern auch die intellektuelle und emotionale Fähigkeit zu fördern, sich mit den Inhalten auseinanderzusetzen.«

Nachdem ich deutlich gemacht habe, um was es mir bei diesem Seminar geht, will ich nun erfahren, mit welcher Zielsetzung die Teilnehmer das Seminar besuchen. Auf meine entsprechende Frage reagieren die meisten abwehrend. Ein Teilnehmer stellt fest, »diese Frage haben wir doch schon beim ersten Seminar beantwortet. Außerdem, es ist doch wohl klar, was wir hier wollen. Wir wollen das Zertifikat erwerben, um in unserem Beruf weiterzukommen. Ich bin Ausbilder und ich will einmal Ausbildungsleiter werden. Dazu brauche ich aber dieses Zertifikat.« Ein anderer Teilnehmer sagt »ich bin selbständiger Trainer. Mich interessiert eigentlich der Inhalt Ihres Seminars nicht. Ich will nur erfahren, wie man Seminare durchführt. Aber ich muß hier teilnehmen, weil dies ein Pflichtbaustein des Kontaktstudiengangs ist.« Ein dritter Teilnehmer bemerkt, »das ist ja schön und gut, was Sie da sagen, aber wir möchten Sie doch bitten, zum Thema zu kommen. Wir sitzen jetzt schon eine halbe Stunde zusammen und haben noch nichts gearbeitet«. »Der Meinung bin ich nicht«, sagt ein fünfter Teilnehmer, »ich finde es gut, daß dieses Seminar nicht nach dem gewohnten Schema abläuft. Ich bin dafür, daß wir erst einmal darüber sprechen, was wir hier wollen.« Schließlich meldete sich ein sechster Teilnehmer zu Wort, »beim ersten Seminar haben wir uns darauf geeinigt, daß jeder Dozent sofort mit einem Referat beginnt. Wir möchten Sie daher bitten, sich an unsere Entscheidung zu halten!«

Der Vertreter des Maßnahmeträgers unterstützt diesen Teilnehmer und sagt: »Ich meine auch, Sie sollten jetzt mit Ihrem Referat beginnen. Wenn wir noch mehr Zeit verlieren, schaffen wir den Stoff nicht. Außerdem haben die Teilnehmer ein Recht darauf, daß das Programm eingehalten wird. Und danach kommt jetzt Ihr Vortrag.«

Was war geschehen? Warum waren die Teilnehmer nicht auf meine Vorstellungen eingegangen?

In der hier beschriebenen Situation werden drei Probleme deutlich.

1. Das *Ziel- und Interessenproblem*. Alle, die am Seminar beteiligt waren, Teilnehmer, Dozent und Vertreter des Maßnahmeträgers, verfolgen mit dem Seminar z. T. unterschiedliche Ziele und Interessen.
2. Das *Rollenproblem*. Sowohl die Teilnehmer als auch der Vertreter des Maßnahmeträgers drängen mich, meine Ziele ihren Zielsetzungen unterzuordnen. Sie sehen in mir ihren Dienstmann. Ihre Rollenerwartungen decken sich jedoch nicht mit meinem Selbstverständnis.
3. Das *Legitimationsproblem*. Bei den an mich gestellten Forderungen bzw. Erwartungen

handelt es sich gleichsam um nicht hinterfragbare Befehle, die keiner Legitimation bedürfen. Ziele und Interessen müssen aus meiner Sicht jedoch legitimiert bzw. offengelegt werden.

In welcher Form diese Probleme auftreten können, wie sie zu erklären sind und wie man mit ihnen im Seminar umgehen kann, darauf soll im folgenden eingegangen werden.

1. Das Ziel- und Interessenproblem

Meine Frage nach den Zielen der Teilnehmer beantworteten diese zwar nicht direkt, dennoch wurde ansatzweise deutlich, was sie von dem Seminar bzw. von mir erwarteten. So wollte ein Teilnehmer ein Zertifikat erwerben, um beruflich aufzusteigen; ein anderer wollte sich nur das Wissen aneignen, das er beruflich verwerten konnte; der Verbandsvertreter schließlich erwartete, daß die Bildungsarbeit seines Verbandes entsprechend gewürdigt werde.

Welche Informationen konnte ich bzw. konnten die Teilnehmer den genannten Zielvorstellungen entnehmen? Die Aussagen enthielten zwei Hinweise. Zum einen sagten sie etwas über das erwünschte *Verhalten des Zieladressaten* aus. Ziele – insbesondere Bildungsziele – beschreiben immer einen Soll-Zustand. So zeigen sie aus der Sicht des Dozenten an, welches Verhalten, welche Fähigkeiten, Einsichten und Orientierungen von den Teilnehmern erwartet werden, beispielsweise die Fähigkeit und Bereitschaft, sich mit dem Berufsbildungssystem der Bundesrepublik Deutschland intellektuell und emotional auseinanderzusetzen. Zielangaben enthalten zum anderen auch Informationen über die *aussagende Person*, und zwar hinsichtlich ihrer eigenen Wert- und Handlungsmaßstäbe. Denn die Entscheidung für ein bestimmtes Ziel beinhaltet immer zugleich auch die Entscheidung für bestimmte Werte. So orientiert sich z.B. der Teilnehmer, der nur das lernen will, was er beruflich verwerten kann, an dem ökonomischen Maßstab »wirtschaftliche Effektivität«. In dieser Aussage wird auch sein besonderes Interesse an dem Seminar deutlich: Er will wissen, wie man Seminare »macht«, um dieses Wissen als freiberuflicher Trainer verkaufen zu können. In ähnlicher Weise verbindet jeder Teilnehmer mit dem Ziel, sich weiterzubilden, ein ganz bestimmtes Interesse. Unter Interesse sollen hier die mit der Verwirklichung von Zielen verbundenen Absichten einer einzelnen Person oder bestimmter Personengruppen verstanden werden, sich einen Nutzen oder Vorteil zu verschaffen. »Jemand verfolgt also ein ›Interesse‹, wenn er im Bezugssystem seiner Situationsdeutung eine Handlung. . . unternimmt oder unterläßt, die eine gesellschaftliche Situation so beeinflußt daß ein seinen Bedürfnissen entsprechendes Resultat erhalten oder herbeigeführt wird« (Ritsert 1977, S. 175).

Interessen beruhen auf Person-Umwelt-Bezügen. Sie sind, wie Rubinstein formuliert, »nicht das Produkt einer in sich abgeschlossenen Natur des Kindes. Sie entstehen aus dem

Kontakt mit der Umwelt« (Rubinstein 1971, S. 144). Sie sind also auch gesellschaftlich geprägt. Bei der hier vorgenommenen Unterscheidung zwischen Zielen und Interessen handelt es sich um eine analytische Differenzierung, d.h. um die getrennte Betrachtung zweier Aspekte, die immer zusammen auftreten. So wird ein bestimmtes Verhalten immer aufgrund eines bestimmten Interesses angestrebt. Mein Ziel, Italienisch zu lernen, resultiert beispielsweise aus meinem Interesse, während meines Urlaubs in Italien mich mit der dortigen Bevölkerung zu verständigen. Dieses Bildungsziel liegt also in meinem – *individuellen* – Interessenrahmen. Die in der Erwachsenenbildung verfolgten Ziele können jedoch auch auf partikularen und universellen Interessen beruhen. Wie unterscheiden sich diese Interessen voneinander? Wie äußern sie sich? Wie wirken sie sich auf den Lehr-/Lernprozeß aus?

Ziele im individuellen Interessenrahmen bezeichnen diejenigen Ziele, die sich in erster Linie an den einzelnen Interessen der an dem Lehr-/Lernprozeß beteiligten Personen (Teilnehmer, Dozent) orientieren. Der Dozent sieht sich im Seminar mit ganz unterschiedlichen Absichten der Teilnehmer konfrontiert, die ihn in große Schwierigkeiten bringen können, weil sie nicht miteinander vereinbar sind. In den zitierten Zielaussagen der Teilnehmer wie auch aufgrund von Äußerungen im weiteren Verlauf des Seminars wurde deutlich, welche Interessen für die Teilnahme am Seminar ausschlaggebend gewesen waren, nämlich das

– *Qualifikationsinteresse.* Teilnehmer wollten unabhängig von einer beruflichen Verwertung ihre Fähigkeiten entwickeln bzw. ihr Wissen erweitern.
– *Interesse an beruflich-sozialer Absicherung.* Teilnehmer wollten durch Wissenserneuerung bzw. -ergänzung ihren Arbeitsplatz sichern oder beruflich mobiler werden.
– *Finanzielles Interesse.* Teilnehmer wollten nach Abschluß der Bildungsmaßnahme mehr Geld verdienen.
– *Interesse an sozialer Anerkennung.* Teilnehmer wollten durch Weiterbildung ihre soziale Stellung verbessern. (Ein Hochschulzertifikat genießt immer noch eine besondere gesellschaftliche Wertschätzung.)
– *Interesse an sozialen Kontakten.* Teilnehmer sahen in dem Besuch des Seminars die Möglichkeit, mit anderen Menschen in Kontakt zu treten bzw. Menschen aus anderen Lebenszusammenhängen kennenzulernen.

In meinem Verhalten in der Situation kamen andere, dozentenspezifische Ziele und Interessen zum Ausdruck:

– *Bildungsanspruch.* Die Teilnehmer sollten zu selbstbestimmtem Handeln in ihrer Berufssituation befähigt werden.
– *Sammlung von Erfahrungen in der universitären Erwachsenenbildung.* Mich interessierte, ob bzw. worin sich der Lehr-/Lernprozeß mit Erwachsenen ohne Studienerfah-

rung oder mit langer Berufserfahrung von dem mit »normalen« Studenten unterscheidet und welche Anregungen ich daraus für meine Hochschultätigkeit gewinnen könne.

- *Verwirklichung des eigenen Selbstverständnisses, der eigenen Fähigkeiten.* Ich wollte den Teilnehmern zwar auch abprüfbares Wissen vermitteln, sie aber besonders auch befähigen, Anspruch und Wirklichkeit unseres Berufsbildungssystems zu erkennen und daraus die entsprechenden Konsequenzen für das eigene Handeln abzuleiten. Obwohl ich selber in dem Bereich gearbeitet hatte, aus dem die Teilnehmer kamen, sah ich mich nicht als »Experte«, der alles weiß und dessen Wort in Diskussionen entscheidet. Ich wollte Lernhelfer sein, der die Teilnehmer unterstützt, sich die Seminarinhalte unter einer selbstgesetzten Perspektive zu erarbeiten. Aufgrund von Erfahrungen aus anderen Seminaren wußte ich, daß ich dies leisten konnte

- *Unterstützung der Arbeit des betrieblichen Bildungspersonals.* Meine Bereitschaft zur Mitarbeit bei diesem Kontaktstudiengang beruhte auch darauf, daß ich aus eigener Anschauung die Arbeit des betrieblichen Bildungspersonals kannte und um ihre Probleme wußte. Ich wollte daher mithelfen, diesen Personenkreis für die Wahrnehmung ihrer Aufgaben zu qualifizieren.

- *Sicherung des Lebensunterhalts.* Ein Interesse, das allerdings in meinem Fall eine untergeordnete Rolle spielte, da die Durchführung des Seminars für mich eine Nebenbeschäftigung war, ist das der Lebensunterhaltssicherung. Insbesondere freiberuflich tätige Dozenten sind darauf angewiesen, möglichst viele Seminare bzw. Seminare »um jeden Preis« durchzuführen, um Geld zu verdienen.

Bei den hier genannten Zielen im individuellen Interessenrahmen handelte es sich um die Erwartungen und die damit verbundenen Absichten einzelner Personen. Da die Interessen des einen nicht unbedingt auch die des anderen waren, kam es bei dem Seminar zu Ziel- und Interessenkonflikten. Diese entwickelten sich zum einen *zwischen den Teilnehmern*. So gab es im Verlauf des Seminars immer wieder Auseinandersetzungen zwischen Teilnehmern, die im Bereich der Ausbildung tätig waren, und denen, die im Weiterbildungsbereich arbeiteten. Beide Gruppen verlangten, daß insbesondere ihre Tätigkeit inhaltlich angesprochen werde. Stand diese einmal nicht im Mittelpunkt, dann sank ihre Bereitschaft zur Mitarbeit sehr deutlich. Das Problem wurde von uns schließlich dadurch angegangen, daß im Plenum nur in Grundzügen auf den gesamten Themenbereich eingegangen wurde und daß dann je nach inhaltlichen Interessen in Kleingruppen weitergearbeitet wurde. Zum anderen gab es im Seminar – besonders in der Anfangssituation – auch Konflikte *zwischen Teilnehmern und Dozent*. Die eingangs geschilderte Situation spiegelt diese z. T. wider. Solche Interessengegensätze sind allerdings für das Beziehungsverhältnis Teilnehmer-Dozent in der institutionalisierten Erwachsenenbildung nicht ungewöhnlich. Der Dozent lebt ja schließlich von der Trennung zwischen ihm als dem »Wissenden« und den Teilnehmern, die mit seiner Hilfe zu »Wissenden« werden wollen (vgl. Meueler 1982, S. 172). Andererseits billigen auch die Teilnehmer den Dozenten bzw. den Leitern von Erwachsenenbildungsmaßnahmen »eine besondere Anleitungs-Macht zu und erwarten dafür als Gegenleistung, daß die Leiter diese ihre besondere Verantwortung nur im Sinne der Teilnehmer benutzen. Leiter haben – . . . – also nur für die Teilnehmer ihrer Gruppe dazusein, ihnen zu dienen, sich um sie zu kümmern und sie mit ›sinnvollen‹ Angeboten zu ›versorgen‹. Teilnehmer sind nur so lange bereit, die bereitwillig abgetretene Verantwortung für ihren eigenen Lernprozeß in den Händen dieser Leiter zu belassen, diesen zu überantworten, als diese ihre eigenen Anliegen, Bedürfnisse und Widersprüche aus dem Spiel halten« (Dauber 1980, S. 151).

Aber nicht nur Teilnehmer und Dozent haben ganz bestimmte Interessen, sondern auch der Maßnahmeträger. Dessen Interessen sind allerdings partikularer Art.

Mit *Zielen im partikularen Interessenrahmen* werden diejenigen Ziele bezeichnet, die sich in erster Linie an den besonderen – und damit begrenzten – Interessen einzelner gesellschaftlicher Gruppen bzw. des jeweiligen Maßnahmeträgers ausrichten. Der Maßnahmeträger sah sich vor Beginn des Seminars von allen Seiten einem hohen Erwartungsdruck ausgesetzt. Um auch genügend Teilnehmer für einen Kurs zu bekommen, wurde die Zielgruppe möglichst weit gefaßt. Die Werbung erstreckte sich daher auf alle in der beruflichen Bildung Tätigen, obwohl das Curriculum schwerpunktmäßig auf die Gruppe der betrieblichen Ausbilder ausgerichtet war. Die Folge war eine inhomogene Zusammensetzung der Teilnehmergruppe hinsichtlich der Aufgabengebiete und damit die oben angesprochenen inhaltlichen Interessenkonflikte zwischen den Teilnehmern. Eine weitere Absicht des Maßnahmeträgers war es, mit möglichst geringen Kosten zu arbeiten. Es wurden daher 38 Personen in den Kontaktstudiengang aufgenommen. Die hohe Teilnehmerzahl beeinflußte die methodische Gestaltung des Seminars. So gab es z.B. Probleme bei der Präsentation der Arbeitsgruppenergebnisse im Plenum. Bei acht Gruppen dauerte einmal die Darstellung der Ergebnisse fast zwei Stunden.

Es ergaben sich hier also Konflikte zwischen den partikularen Interessen des Maßnahmeträgers einerseits und den individuellen Interessen der Teilnehmer und des Dozenten andererseits. Entsprechende Interessengegensätze haben manchmal auch einen gesellschaftspolitischen Hintergrund. Träger von Erwachsenenbildungsmaßnahmen sind vor allem die nicht öffentlichen (freien) Träger, wie Gewerkschaften, Unternehmerverbände, Kammern, Berufsverbände, Kirchen, Vereine, Standesorganisationen oder wissenschaftliche Gesellschaften. Unter Berufung auf das Pluralitätsprinzip und ihre gesellschaftliche Funktion nehmen sie für sich in Anspruch, eigene Weiterbildungsveranstaltungen anzubieten. Sie leisten ihre Arbeit unter *bestimmten* weltanschaulichen, politischen und berufsständischen Zielvorstellungen, wenden sich aber mit ihrem Bildungsangebot weitgehend an alle bildungswilligen Erwachsenen.

Der Dozent, der in diesen Bildungseinrichtungen arbeitet, muß deren Zielsetzung weitgehend anerkennen und vertreten, will er sich nicht in eine Konfliktsituation bringen.

Ziele im universellen Interessenrahmen werden verdeutlicht am Beispiel eines Seminars im Rahmen eines Kontaktstudiengangs, der vom Staat finanziert wurde. Ziel dieser als Modellversuch laufenden Erwachsenenbildungsmaßnahme war es, die Berufschancen der Beschäftigten im Bereich der beruflichen Bildung dadurch zu verbessern, daß Berufspraktiker ohne formale Hochschulreife ein Hochschulzertifikat erwerben oder Hochschulabsolventen sich praxisbezogen weiterbilden konnten. Der mit der Durchführung des Kontaktstudiengangs verbundenen Zielsetzung lag also ein allgemein gesellschaftliches Interesse zugrunde. Sie orientierte sich an einem über individuelle und partikulare Interessen hinausgehenden Rahmen. Dieser Zielsetzung im *universellen Interessenrahmen,* Beschäftigte betriebsunabhängig und in öffentlicher Verantwortung zu qualifizieren, stand das Interesse einzelner gesellschaftlicher Gruppen, z.B. der Wirtschaft, gegenüber, die Beschäftigten in eigener Regie weiterzubilden. Die Folge war, daß es zum einen Betriebe abgelehnt hatten, ihrem Bildungspersonal die Teilnahme zu finanzieren. Einige Teilnehmer besuchten daher auf eigene Kosten das Seminar. Zum anderen nahmen m. E. die anwesenden Verbandsvertreter weniger aus einem individuellen Bildungsinteresse heraus als in amtlicher Funktion an dem Seminar teil. Sie sollten ihrem Verband über das Seminar berichten bzw. dessen Interessen dort vertreten. Auf die Seminararbeit wirkte sich die Anwesenheit der Verbandsvertreter so aus, daß sie bei bildungspolitischen Themen die Diskussion beherrschten oder daß bei Gruppenarbeit die Bearbeitung dieser Themen von den anderen Teilnehmern an sie delegiert wurde.

Aber auch bei den Zielen, die auf der Ebene des universellen Interessenrahmens vertreten werden, kann man nicht ohne weiteres davon ausgehen, daß sie sich auch wirklich auf ein allgemeines gesellschaftliches Interesse beziehen. So wird immer wieder aus kommunalen Erwachsenenbildungseinrichtungen berichtet, daß dort die Vertreter der Parteien versuchen, Einfluß auf Zielsetzung und Inhalt der Bildungsarbeit zu nehmen, um partikulare (parteiliche) Ziele durchzusetzen.

Zu Beginn der Diskussion um Ziel- und Interessenkonflikte in der Weiterbildung wurde die Frage gestellt, ob nicht alle am Lehr-/Lernprozeß Beteiligten die gleichen bzw. sich ergänzende Ziele verfolgten und damit Konflikte die Ausnahme seien. Diese *harmonisierende* Sichtweise beruht m.E. auf einer Fehleinschätzung der Lehr-/Lernsituation. Die *äußerliche Gemeinsamkeit* darf nicht darüber hinwegtäuschen, daß – wie die oben beschriebene Seminarsituation gezeigt hat – alle Beteiligten mit der Durchführung von bzw. der Teilnahme an einer Bildungsmaßnahme unterschiedliche Ziele und Interessen verbinden können und es daher zu Konflikten kommen kann.

Die Frage bleibt allerdings, warum sich im Seminar der Konflikt an der Rolle des Dozenten und nicht z.B. an der des Vertreters des Maßnahmeträgers entwickelte. Die Antwort auf diese Frage liegt, wie ich meine, in der Stellung des Dozenten im Lehr-/Lernprozeß.[*]

---

[*] Die Frage, inwieweit das Verhalten des Dozenten bzw. sein Mangel an Fachkompetenz Konflikte auslöst, bleibt hier unberücksichtigt.

2. Das Rollenproblem

Mit der Frage nach meiner Position bzw. Rolle in dem seminaristischen Beziehungsgefüge »Teilnehmer – Dozent – Maßnahmeträger« wurde ich bereits vor dem Seminar konfrontiert. Von seiten des Maßnahmeträgers war mir kurz vor Beginn des Seminars *ohne vorherige Absprache* ein *detaillierter Seminarplan* zugeschickt worden, der mit gleicher Post auch an die Teilnehmer gegangen war. Dieser Plan schrieb mir sehr genau vor, wie ich zeitlich und didaktisch-methodisch vorzugehen habe, so z.B. wann und wie lange ich Referate zu halten habe; wann die Aufgabenstellungen für die Kleingruppenarbeit zu formulieren sei; wie viele Kleingruppen gebildet und mit welchen Problemen sich diese befassen sollten; daß die Arbeitsergebnisse der Gruppen mit Video aufzuzeichnen seien, wofür pro Gruppe drei Minuten zur Verfügung ständen; daß sechs Rollenspiele durchgeführt werden sollten usw. Dieser Plan entsprach jedoch nicht meinem Lehr-/Lern-Konzept. Für eine Diskussion über die Sinnhaftigkeit eines solchen Plans im allgemeinen sowie im Hinblick auf die Zielsetzung und die Rahmenbedingungen des von mir zu gestaltenden Seminars im besonderen verblieb nur etwa eine halbe Stunde Zeit vor Beginn des Seminars. Der Vertreter des Maßnahmeträgers bedauerte, daß es ihm nicht möglich gewesen sei, früher mit mir über den Seminarplan zu sprechen und legte dar, worum es ihm bei dem Seminar ging. Danach war es für ihn wichtig, daß alle Seminare des Kontaktstudiengangs den gleichen Aufbau hatten und daß die Methoden nach Plan wechselten. Bei meinem Seminar seien nun Rollenspiel und Videoaufzeichnungen an der Reihe. Darauf erläuterte ich ihm meine Vorstellungen zu dem Seminar. Ich plädierte für eine offenere Vorgehensweise und schlug vor, gemeinsam mit den Teilnehmern die inhaltlichen Schwerpunkte des Seminars festzulegen (aus dem ihnen zugeschickten Studienbrief waren den Teilnehmern die Seminarinhalte bereits bekannt). Das methodische Vorgehen sollte dann darauf abgestimmt werden. Die Zeit war jedoch zu kurz, um das Problem auszudiskutieren. Der Vertreter des Maßnahmeträgers verwies noch einmal auf die übergeordneten Interessen des Kontaktstudiengangs und schlug als Kompromiß vor, den vorgegebenen Seminarplan als Rahmenplan zu verstehen.

Ich überlegte, wie ich mich verhalten sollte. Dem Vertreter des Maßnahmeträgers ging es um die Entwicklung und Durchführung eines Standardseminars, bei dem die individuellen Interessen der beteiligten Dozenten und Teilnehmer eine untergeordnete Rolle spielten. Zur Durchsetzung seiner Interessen standen ihm als Veranstalter die notwendigen Mittel zur Verfügung. Gegenüber mir konnte er auf der Einhaltung des abgeschlossenen Vertrages bestehen. Dieser enthielt zwar nur sehr allgemein gehaltene Hinweise zum inhaltlichen Aspekt der Mitarbeit und hinsichtlich des Zuständigkeitsbereiches des Dozenten sagte er nichts aus, formell jedoch konnte sich der Vertreter des Maßnahmeträgers auf den Vertrag berufen. Wenn ich also bei meiner Forderung blieb, nur nach meinem Konzept das Seminar durchzuführen, und er darauf nicht einging, dann war ich, rein rechtlich gesehen, vertragsbrüchig geworden. Ich stand jetzt vor der Entscheidung, wieder abzureisen oder das Seminar durchzuführen.

Ich entschloß mich, zu bleiben. Ausschlaggebend war, daß im Falle meiner Abreise das Seminar ausgefallen wäre, die Teilnehmer also zwei Urlaubstage vertan sowie Geld für Fahrt usw. umsonst ausgegeben hätten. Zudem hätte ihnen ein wichtiger Baustein aus ihrem »Bausatz« Kontaktstudium gefehlt. Ich wollte meinen Konflikt mit dem Maßnahmeträger nicht auf den Rücken der Teilnehmer austragen. Ich nahm mir trotzdem vor, mein Seminarkonzept mit den Teilnehmern zu besprechen. Die Auseinandersetzung mit meiner Rolle als Dozent setzte sich dann, wie ich eingangs beschrieben habe, im Seminar fort. Diesmal aufgrund der Reaktionen der Teilnehmer. Wie konnte es nun zu diesen Konflikten kommen? In der Lehr-/ Lerngruppe nimmt jeder der Beteiligten einen ganz bestimmten Platz ein. Man bezeichnet diesen auch als *soziale Position*. Der Inhaber einer sozialen Position hat ganz bestimmte Funktionen und Aufgaben wahrzunehmen, z.B. Inhalte zu vermitteln; er hat Rechte und Pflichten. Wie er sich dabei verhalten soll, darüber gibt es innerhalb der Lehr-/Lerngruppe ganz konkrete Vorstellungen. Die Summe der Erwartungen, die an sein Verhalten gestellt werden, bezeichnet man als *soziale Rolle*.

Die Teilnehmer und der Vertreter des Maßnahmeträgers erwarteten nun von mir, dem Dozenten, daß ich ihnen zu Diensten sei. Sie sahen in mir den »*Dienstleister*«. Die Forderung von Teilnehmern, der Dozent habe für sie dazusein und sie mit Angeboten zu versorgen, findet man sehr häufig in der Erwachsenenbildungsarbeit. Dort heißt es dann: »Der wird doch dafür bezahlt, daß er *für uns* etwas tut.« – »Der soll *uns* doch nicht mit *seinen* Problemen belästigen« (Dauber 1980, S. 152).

Die Rolle des Dienstleisters, wie sie hier gesehen wurde, entsprach jedoch nicht meinem Rollenverständnis. Der Konflikt zwischen dem Dozenten einerseits und den Teilnehmern bzw. dem Vertreter des Maßnahmeträgers andererseits war daher unausweichlich.

Wie sehe ich nun meine Rolle als Dozent? Die Frage ist nicht leicht zu beantworten. Ich sehe mich nicht ausschließlich in der Rolle des Stoffvermittlers. Ich will auch Lernprozesse anregen und verstärken, diese beobachten und interpretieren sowie die einzelnen Teilnehmer anregen und anleiten, sich auf die Sache und die anderen Teilnehmer einzulassen, sich mit den Gegebenheiten auseinanderzusetzen und dazu beizutragen, gemeinsame Lernaktivitäten als Gruppenaktivitäten zu entwickeln (vgl. Tietgens 1980, S. 224; Meueler 1982, S. 108). Indem ich meine Aktivitäten auf den gemeinsamen Lehr-/Lernprozeß ausrichte, bin ich ein *Dienstleister*. Als solcher verstehe ich mich auch. Das bedeutet jedoch nicht, daß ich auch der Erfüllungsgehilfe für egoistische Interessen bin. »Leiter sein heißt nicht völlige Selbstaufgabe, Erpreßbarkeit durch die Gruppe. Es heißt nicht, ständig Einzelwünschen nachzugeben, alles selbst sorgfältig Geplante zu verleugnen, bloß weil ein Teilnehmer es partout anders organisieren möchte. Leiter sein kann auch heißen, der Lerngruppe Versagung und Arbeitsdisziplin zuzumuten. Die erstrebte Stärkung der Autonomie der Beteiligten kommt ja kaum dadurch zustande, daß der Leiter den immer wieder auf-

195

kommenden, aus früher Kindheit rührenden Wünschen der Lernenden nach uneinge-schränkter Versorgung entspricht« (Meueler 1982, S. 112).

Als Dozent befinde ich mich hier in einem gewissen Dilemma. Einerseits habe ich auf-grund meiner Biographie eine ganz bestimmte Vorstellung von meiner Rolle als Dozent. Andererseits soll ich mich wie ein (normaler) Dozent verhalten, damit ich für Teilnehmer und Maßnahmeträger »berechenbar« bin. Dieser Rollendiskussion muß ich mich in der aktuellen Situation immer wieder neu stellen. In diesem Rollenkonflikt befindet sich aber im Grunde jeder, der am Lehr-/Lernprozeß beteiligt ist, also auch die Teilnehmer und der Vertreter des Maßnahmeträgers.

Aussagen zum Selbstverständnis der eigenen Tätigkeit sagen immer auch etwas über die eigene Wertorientierung aus. Als solche sind sie nicht wahrheitsfähig, d.h. sie können nicht richtig oder falsch sein. Aber sie sind diskutier- und kritisierbar. Sie können auf die zugrun-deliegenden Werte, Grundsätze und Interessen sowie auf ihre Stimmigkeit im Hinblick auf die Zielsetzung der Arbeit hin überprüft werden. Sollen beispielsweise die Teilnehmer zu selbstbestimmtem Lernen befähigt werden, dann darf sich der Dozent nicht als »Domp-teur« der Lernenden verstehen. Ein derartiges Selbstverständnis stände im Gegensatz zu dem verfolgten Ziel und würde dessen Realisierung verhindern. Es wäre in diesem Fall nicht angemessen. Meine Auffassung von der Rolle als Dozent wird also grundsätzlich durch meine Wertorientierung geprägt. Wie ich diese Rolle jedoch methodisch gestalte, hängt dann auch von der Art der einzelnen Erwachsenenbildungsmaßnahme ab. Übernehme ich beispielsweise einen Gesprächskreis für alleinerziehende Väter – und befinde ich mich selbst nicht in dieser Situation –, dann werde ich mich auf die Rolle des Moderators bzw. des Beobachters und Interpreten der Lernergebnisse beschränken. Anders verhält es sich dagegen bei einem Fremdsprachenkurs. Dort werde ich mich eher als Inhaltsvermittler und Lernhelfer verstehen.

Die unterschiedlichen Sichtweiten der Dozentenrolle spiegeln sich in den verschiedenen Bezeichnungen für diese Tätigkeit wider. Neben der aus dem Bereich der Erstausbildung übernommenen Bezeichnung »Lehrer« sind noch gebräuchlich: »Inhaltsvermittler«, »Künstler«, »Politiker«, »Handlanger«, »Dienstbote«, »Berater«, »Lotse«, »Animateur«, »Teamer«, »Macher«, »Initiator«, »Dirigent«, »Dompteur«, »Moderator«, »Lernhelfer«, »Regisseur«, »Problemlöser«, »Kontrolleur« oder »Sozialingenieur«.

Verschärfend auf den hier beschriebenen Konflikt um die unterschiedlichen Auffassungen von der Rolle des Dozenten wirkte sich aus, daß dieser auch strukturell bedingt war. In der Lehr-/Lerngruppe nahm der Vertreter des Maßnahmeträgers eine herausgehobene Stellung ein. Er leitete das Seminar und den Kontaktstudiengang; er vergab und betreute die zum Erwerb des Zertifikats erforderlichen Prüfungsarbeiten; er traf Abmachungen mit Teilneh-mern und Dozenten; er setzte die Dozenten ein. Bezeichnenderweise war auf dem Semi-narplan nur er namentlich genannt, nicht aber auch ich als Dozent. Demgegenüber war die Stellung des Dozenten – auch im Vergleich zu den Teilnehmern – schwach. Er war nur einer von zwanzig Dozenten. Durch den laufenden Austausch der Dozenten konnte für diese Rolle kein einheitliches Rollenverständnis und Interessenprofil entwickelt und vertreten werden. Wichtige Vereinbarungen – wie die Gestaltung des Lehr-/Lernprozesses – wurden zudem nicht *mit* dem Dozenten, sondern *über* ihn hinweg getroffen. So beriefen sich die Teilnehmer mir gegenüber auf Abmachungen, die sie mit dem Vertreter des Maßnahmeträgers bei den vorangegangenen Seminaren getroffen hatten und forderten mich auf, diese einzuhalten. Die Teilnehmer und der Vertreter des Maßnahmeträgers kannten sich außerdem seit dem ersten Seminar. Zwischen ihnen hatten sich bereits gewisse soziale Beziehungen entwickelt. Ihr Verhältnis zum Dozenten war dagegen noch »beziehungslos«. Aufgrund dieser Situation war es nicht verwunderlich, daß sie in dem Dozenten den Neuen sahen, der sich anzupassen bzw. der ihnen zu Diensten zu sein hatte.

Die Ziele, die in der Erwachsenenbildung von den Beteiligten verfolgt werden, liegen innerhalb unterschiedlicher Interessenrahmen, dadurch kann es bzw. muß es zu Interessenkonflikten kommen. Auch Rollenkonflikte sind letztlich interessenbedingt. Denn hinter der Struktur, die ich einer Erwachsenenbildungsmaßnahme setze, hinter der Erwartung, die ich an das Verhalten eines Rollenträgers stelle, verbirgt sich eine ganz bestimmte Absicht. Man kommt also nicht weiter, wenn man diese Konflikte negiert oder zu harmonisieren versucht. Es ist vielmehr notwendig, daß jeder seine Ziele und die damit verbundenen Interessen der Diskussion zugänglich macht. Das bedeutet, daß er diese benennt und legitimiert. Die Offenlegung und Legitimierung der eigenen Ziele ist also ein wichtiger Schritt zur Beilegung von Interessenkonflikten.

3. Das Legitimationsproblem

Die Legitimationsbedürftigkeit von Zielen ergibt sich aus der Tatsache, daß das jeweils verfolgte Ziel nur eines von vielen möglichen Zielen ist. Derjenige, der die Entscheidung getroffen hat, muß daher deutlich machen, warum er sich für dieses Ziel und damit gegen die anderen möglichen Ziele entschieden hat. Bei der Klärung dieser Frage geht es allerdings nicht um eine moralische Bewertung (im Unterschied zum häufigen umgangssprachlichen Gebrauch des Legitimationsbegriffs), sondern um die Erreichung eines sozial wirksamen Maßes an Zustimmung für die eigene Entscheidung (vgl. Lühr/Schuller 1977, S. 65). Die Legitimationsfrage kann unter drei verschiedenen Gesichtspunkten gestellt werden, die alle zusammen erst das Legitimationsproblem ausmachen.[*]

● *Rechtfertigung.* Bei dem Legitimationsaspekt Rechtfertigung geht es um die Frage, auf welche normativen (moralischen, sozialen, ökonomischen, politischen, kulturellen und

---

[*] Zum Problem der Legitimation von Zielen in der Erwachsenenbildung sowie zu den Sichtweisen des Legitimationsbegriffs vgl. Wittwer 1982.

rechtlichen) Handlungs- und Wertmaßstäbe sich Dozenten, Teilnehmer und Maßnahmeträger bei ihren Zielentscheidungen berufen.

● *Begründung.* Bei der Auswahl von Zielen geht es neben der Entscheidung für bestimmte Handlungs- und Wertmaßstäbe immer auch um die Frage, welche Mittel einzusetzen sind, um das gewählte Ziel zu erreichen. Wenn ich mich als Dozent für aktivierende Methoden entscheide, dann habe ich den aktiv eigenverantwortlich handelnden Teilnehmer im Blick.

● *Verbindlichkeitsbeschaffung.* Für die Legitimation der Bildungsarbeit von Institutionen bedarf es noch eines dritten Schritts, der Verbindlichkeitsbeschaffung. Die Verbindlichkeit von Zielen ist gegenüber der Gesellschaft herzustellen. Sie gibt Antwort auf die Frage, welche Tatbestände den jeweiligen Maßnahmeträger berechtigen, sich als Veranstalter von Weiterbildungsmaßnahmen zu engagieren. Eine Antwort kann beispielsweise sein: der Hinweis auf die gesellschaftliche Verfaßtheit der Bundesrepublik Deutschland, wie Pluralismus- und Subsidiaritätsprinzip oder der gesetzliche Auftrag.

Wie kann ich nun als Dozent das Problem der Offenlegung der Ziele und deren Legitimation bei einer konkreten Erwachsenenbildungsmaßnahme angehen?
Die Antwort auf diese Frage ist in *zwei Richtungen* zu geben, im Hinblick auf die *Teilnehmer* und den *Maßnahmeträger.* Sie gelingt jedoch nur dann, wenn ich mir zuvor selber klar geworden bin, was *ich* will und warum *ich* das will.

Was kann der Dozent konkret lösen?

Im folgenden sollen zwei Konsequenzen aufgezeigt werden, die sich aus den hier beschriebenen Problemen für den Dozenten ergeben.

1. Verbindliche Absprache mit dem Maßnahmeträger über den Entscheidungsraum des Dozenten

Die Gelegenheit für eine solche Absprache bietet sich bei den Vertragsgesprächen über die Durchführung des Seminars. Der entsprechende Vertrag enthält in der Regel Abmachungen hinsichtlich der zu vermittelnden Inhalte, des zeitlichen Rahmens und der Höhe des Honorars. Nur selten sagt er auch etwas darüber aus, welches die Ziele der Bildungsmaßnahmen sind, wie diese didaktisch zu strukturieren sind und welche Entscheidungsräume der Dozent hat. Diese Fragen sollte der Dozent jedoch klären und sich das Ergebnis schriftlich bestätigen lassen. Er kann dann ohne zeitlichen und moralischen Druck entscheiden, ob er unter den gegebenen Bedingungen das Seminar durchführen will.
Mir ist bewußt daß hier der Entscheidungsspielraum für den einzelnen Dozenten unter-

schiedlich groß ist. Ein freiberuflich tätiger Dozent, der mit der Durchführung von Seminaren seinen Lebensunterhalt bestreitet, wird sich sicherlich anders verhalten, als jemand, für den diese Arbeit nur eine Nebentätigkeit ist. Keiner kann jedoch auf Dauer gegen seine Überzeugung handeln.

Einen weiteren Unterschied macht es aus, ob der Dozent Angestellter einer Bildungsinstitution ist. Dieser hat – zumindest formal – bei Eintritt in die Institution deren Zielsetzung akzeptiert. Allerdings kann sich auch für ihn die Notwendigkeit ergeben, die einmal getroffene Entscheidung zu überdenken, und zwar dann, wenn sich seine Vorstellungen über die Ziele der Erwachsenenbildungsarbeit gewandelt haben oder wenn sich die Voraussetzungen für seine Tätigkeit in dieser Institution geändert haben.

Bei einer Bildungsmaßnahme, an der mehrere Dozenten beteiligt sind, empfiehlt es sich zudem, die didaktisch-methodische Vorgehensweise im Seminar untereinander abzusprechen. Falls der Maßnahmeträger ein solches Gespräch nicht vorgesehen hat, dann sollte der Dozent dieses anregen. Diese Absprache kann im Rahmen einer Dozentenvorbesprechung erfolgen, bei der sich die Dozenten über ihre individuelle Zielsetzung und ihr didaktisches Konzept austauschen und sich entweder auf ein einheitliches Vorgehen verständigen oder – falls dies nicht möglich sein sollte – vereinbaren, ihre unterschiedlichen Zielsetzungen und Vorgehensweisen zum Gegenstand des Seminars zu machen. Im letzten Fall sollten jedoch die Teilnehmer vor bzw. zu Beginn der Veranstaltungsreihe darüber unterrichtet werden, daß die einzelnen Seminare z. T. nach unterschiedlichen didaktischen Konzepten durchgeführt werden. Der Dozent sollte sich mit dem Maßnahmeträger auch darüber verständigen, welche Informationen den Teilnehmern vorab zu übermitteln sind und darauf achten, daß diese Informationen auch mit der geplanten Vorgehensweise übereinstimmen. Denn der Konflikt zwischen Teilnehmern und Dozent ist vorprogrammiert, wenn die Teilnehmer merken, daß dieser sich nicht an den Plan hält.[*]

2. Absprache zwischen Dozent und Teilnehmern über Zielsetzung und Form der Zusammenarbeit im Seminar

Zur Entwicklung eines stabilen Bezugsrahmens für den gemeinsamen Lehr-/Lernprozeß schlägt Meueler die Aushandlung eines Lehr-Lern-Vertrags zwischen Teilnehmern und Dozent vor. Dieser soll zum einen verhindern, daß sich der Dozent mit den Teilnehmern verwechselt und sich mit ihnen aus Eigenbedürftigkeit nach Zuwendung und Anerkennung identifiziert, zum anderen der Gruppe verdeutlichen, was ihr eigener Anteil am Zustandekommen und Gelingen sein muß und sein kann (vgl. Meueler 1982, S. 140). Bei diesem Aushandlungsprozeß sollen zur Sprache kommen: die einzelnen Ziele und Interessen von

---

[*] Die Diskrepanz zwischen dem Plan, der den Teilnehmern vor dem Seminar zugeschickt worden war, und dem Seminarablauf war mit ein wesentlicher Grund für den Konflikt zwischen mir und den Teilnehmern.

Teilnehmern und Dozent; die inhaltlichen Schwerpunkte des Seminars; die gegenseitigen Erwartungen hinsichtlich des Rollenverhaltens von Teilnehmern und Dozent; die seminaristischen Rahmenbedingungen; das didaktische Konzept des Dozenten. Die Bedeutung der »Verhandlung« liegt zum einen in dem konkret *erzielten Ergebnis,* beispielsweise in dem inhaltlich-zeitlichen Rahmenplan für das Seminar, in der Definition der Dozenten- und Teilnehmerrolle oder in der Formulierung von Seminarregeln; zum anderen in dem *Prozeß selbst.* Er zeigt nämlich in programmatischer Form, »daß jeder jederzeit offen seine Interessen, aktuellen Bedürfnisse, Befindlichkeiten und Gefühle äußern, den anderen Rückmeldungen geben und sich mit den übrigen über die gemeinsame Arbeit verständigen kann« (Meueler 1982, S. 144). Unter dem letzten Aspekt sollte aber vermieden werden, in Vorwegnahme aller zu erwartender Seminarereignisse möglichst alles regeln zu wollen. In dem Vertrag – oder besser – in der Absprache zwischen Teilnehmern und Dozent sollte gerade so viel wie nötig geregelt werden, wie für die Entwicklung eines stabilen Handlungsrahmens im Seminar erforderlich ist. Die Absprachen können zudem im Verlauf des Seminars ergänzt werden. Der Aushandlungsprozeß kann in Plenums- und/ oder Kleingruppensitzungen erfolgen. Für welche Form man sich entscheidet, hängt u.a. von der Größe der Gruppe und der Vertrautheit bzw. der Offenheit der Teilnehmer ab. Letztere entscheidet auch über den Zeitpunkt der Absprache. Sie sollte nicht die erste Handlung in einem Seminar sein, noch bevor sich die Teilnehmer kennengelernt haben. Um über die eigenen Ziele und Interessen sowie die Erwartungen, die man an das Verhalten der anderen stellt, sprechen zu können, müssen erst Beziehungen zueinander entwickelt werden. Mit der Aushandlung ist daher erst am Ende der Anfangsphase zu beginnen.

Ein Problem stellt die Einigungsform bei der Absprache dar. Eine Frage ist z.B., ob die Ergebnisse einstimmig erzielt werden sollen. Bei dem Aushandlungsprozeß geht es in erster Linie um die inhaltliche Auseinandersetzung mit den Interessen, Erwartungen und Meinungen der am Seminar Beteiligten und nicht um die Erzielung eines formal-demokratisch abgesicherten Ergebnisses. Die Diskussion kann allerdings nicht beliebig (z.B. inhaltlich, zeitlich) geführt werden. Geht man davon aus, daß sich die Teilnehmer aufgrund der Zielsetzung und der inhaltlich-zeitlichen Struktur des Seminars angemeldet haben, und auch der Dozent diese Vorgaben akzeptiert hat, dann können Gegenstand der Aushandlung nur solche Inhalte sein, die den Rahmenbedingungen entsprechen. Teilnehmer oder Dozenten, die darüber hinausgehende Vorstellungen haben und diese durchsetzen wollen, müssen sich fragen, ob sie in dem richtigen Seminar sind.

Bestehen dagegen innerhalb des vorgegebenen Rahmens bei den Beteiligten unterschiedliche Ziele, Interessen und Erwartungen, dann kann man versuchen, diese durch Austausch von Argumenten zu beheben. Ist dies nicht möglich, so bietet sich ein arbeitsteiliges Vorgehen an, d.h. es werden Kleingruppen gebildet, die z.B. verschiedene Themen bearbeiten. Die Arbeitsergebnisse der Gruppen werden dann im Plenum vorgestellt und diskutiert.

Die hier entwickelten »Konsequenzen« lassen sich allerdings nicht ohne weiteres auf jede Erwachsenenbildungsmaßnahme übertragen. Wie ich meine Ziele und Interessen offenlege und vertrete bzw. die der Teilnehmer erkunde, und wie wir uns gemeinsam mit diesen auseinandersetzen, hängt zum einen von den Rahmenbedingungen der jeweiligen Bildungsmaßnahme ab, wie Größe der Teilnehmergruppe, Weiterbildungserfahrung und Offenheit der Teilnehmer, Veranstaltungsform (Kompaktseminar, Abendkurs), Dauer oder inhaltliche Schwerpunkte. In einem Tagesseminar oder in einer Veranstaltung, die nach einem genauen Lehrplan abzulaufen hat, werde ich für die Klärung des Ziel- und Interessenproblems weniger Zeit aufwenden können bzw. werden Teilnehmer und ich weniger Entscheidungsfreiraum haben, als beispielsweise in einem einwöchigen Seminar, bei dem nur ein Rahmenthema vorgegeben ist. Zum anderen ist die Auseinandersetzung mit diesem Problem nicht isoliert zu sehen, sondern immer im Zusammenhang mit der gesamten Konzeption der Veranstaltung (z.B. Teilnehmerorientierung) im allgemeinen und der Gestaltung der Anfangssituation bei der betreffenden Erwachsenenbildungsmaßnahme im besonderen. Die Gestaltung der einzelnen Teile der Maßnahme muß in sich stimmig sein.

Literatur

Dauber, H.: Selbstorganisation und Teilnehmerorientierung als Herausforderung für die Erwachsenenbildung, in: Breloer, G./Dauber, H./Tietgens, H.: Teilnehmerorientierung und Selbststeuerung in der Erwachsenenbildung, Braunschweig 1980, S. 113–176 (= Theorie und Praxis der Erwachsenenbildung, Bd. 204).

Lühr, V./Schuller, A.: Legitimation und Sinn, Braunschweig 1977 (= Theorie der Erwachsenenbildung, Bd. 126).

Mader, W.: Modell einer handlungstheoretischen Didaktik als Sozialisationstheorie, in: Mader, W./Weymann, A.: Erwachsenenbildung, Bad Heilbrunn 1975.

Meueler, E.: Erwachsene lernen. Beschreibung, Erfahrungen, Anstöße, Stuttgart 1982 (= Konzepte der Humanwissenschaften).

Meueler, E.: Vom Teilnehmer zum Subjekt. Ist das Postulat der Mündigkeit im Lernen Erwachsener einlösbar?, in: Erwachsenenbildung, Heft 4 1990, S. 153–158.

Ritsert, J.: Denken und gesellschaftliche Wirklichkeit. 1. Arbeitsbuch zum klassischen Ideologiebegriff, Frankfurt/M./New York 1977.

Rubinstein, S.: Die Interessen, in: Thomae, H. (Hrsg.): Die Motivation menschlichen Handelns, Köln/Berlin H 7 1971.

Schick, M./Wittwer, W.: Lehr- und Wanderjahre für Weiterbildner – Ein neues Bildungskonzept für berufliche Bildungsexperten, Stuttgart 1992.

Tietgens, H.: Teilnehmerorientierung als Antizipation, in: Breloer, G./Dauber, H./Tietgens, H.: Teilnehmerorientierung und Selbststeuerung in der Erwachsenenbildung, Braunschweig 1980, S. 177–235 (= Theorie und Praxis der Erwachsenenbildung, Bd. 204).

Wittwer, W.: Weiterbildung im Betrieb. Darstellung und Analyse, München 1982 (= Reihe Erwachsenenbildung und Gesellschaft).

Teilnehmerselektion

Gerade jene,
für die Erwachsenenbildung
besonders wichtig wäre,
haben meistens am wenigsten
davon, vorausgesetzt,
sie kommen überhaupt!

Josef Eckstein

Über die selektiven Wirkungen von Erwachsenenbildung

Problembeschreibung

Einen Beitrag über die selektiven Wirkungen der Erwachsenenbildung zu schreiben und dabei sich – wie es der gemeinsamen Themenabsprache dieses Handbuchs entspricht – auf die »Lehr-Lern-Situation« in der Erwachsenenbildung zu konzentrieren, wird manchem Leser als ein problematisches Vorhaben erscheinen. Beinhaltet es doch die Gefahr, vor allem die Lehrenden für etwas verantwortlich zu machen, was sie weder gewollt noch tatsächlich verursacht haben und deshalb auch nicht lösen können. Denn daß Erwachsene unterschiedlich erfolgreich lernen und dabei sich erfahrungsgemäß jene besonders schwer tun, die in früheren Jahren weniger Lerngelegenheiten und -chancen hatten oder nutzen konnten, führen viele (nicht zu Unrecht) auf »gesellschaftliche Ursachen« zurück, die *in* der Lernsituation nicht aufgehoben oder überwunden werden können. Dies wird schon allein daran deutlich, daß gerade diese Menschen an Erwachsenenbildungsmaßnahmen oft nicht teilnehmen, gilt aber auch dann, wenn sie sich an Maßnahmen der Erwachsenenbildung beteiligen.

Aber besteht nicht, auch wenn es solche gesellschaftlich-strukturellen Ursachen gibt – so werden andere eher optimistisch gegenfragen –, vielleicht doch die Chance, Ausmaß und Wirkungen des Problems wenigstens zu mildern? Ist es nicht nach wie vor zu Recht der Anspruch der Erwachsenenbildung, genau dies zu leisten und zu helfen, verpaßte Bildungschancen nachträglich auszugleichen? Und gilt dies nicht in einer Zeit um so mehr, in der die Notwendigkeit von Weiterbildung nicht nur allgemein anerkannt, sondern Lernen (z.B. vom »Club of Rome«) zu *der* »Zukunftschance« erklärt wird, von deren Nutzen die Sicherung der individuellen Existenz wie das Überleben unserer Industriegesellschaften bzw. der Welt insgesamt abhängt? Ist es dann noch zu rechtfertigen, daß viele Erwachsene sich an Weiterbildung nicht beteiligen und daß unter denen, die teilnehmen, die Chancen erfolgreichen Lernens für *die* besonders ungünstig sind, die dieses Lernen am nötigsten hätten, weil sie die ungünstigeren Voraussetzungen mitbringen? Und wenn nicht: muß ich mich als Erwachsenenbildner dann nicht bemühen, ausgleichend und kompensatorisch zu wirken, um nicht schließlich doch zu Recht für die ungleichen Lernchancen (und damit für das Fortbestehen gesellschaftlicher Ungleichheit) mitverantwortlich gemacht werden zu können?

Gerade solche Fragen und Zweifel sind vermutlich der Grund, warum man als Dozent in der Regel in ein besonderes Dilemma gerät: einerseits kann man sich dem Anspruch, allen Teilnehmern seiner Veranstaltung gleiche Lernchancen zu bieten und sich dabei besonders für jene einzusetzen, die sich (etwas) schwerer tun, nicht (ganz) entziehen. Dies ist um so weniger der Fall, je mehr man (z.B. von seiner Ausbildung her) um das Problem ungleicher Bildungschancen und der darüber vermittelten gesellschaftlichen Ungleichheit weiß und je mehr man seine Tätigkeit nicht nur als »Job« begreift, sondern mit den besten »pädagogischen Absichten« helfen möchte, daß möglichst alle Teilnehmer möglichst viel lernen (statt sie nach besseren und schlechteren Teilnehmern auszusondern). Gerade aber wenn man nun andererseits als Erwachsenenbildner die eigene Arbeit unter einem solchen Ideal der *kompensatorischen Hilfestellung* für »benachteiligte Adressaten« betrachtet und angeht – und je ernster und engagierter man dies tut – um so mehr muß man die Erfahrung machen, daß (I.) diese »benachteiligten Erwachsenen« in den Veranstaltungen nur relativ selten zu finden sind und man ihnen schon allein deswegen oft nicht helfen kann, und man (2.) in den Veranstaltungen in Richtung eines Abbaus von Ungleichheiten meist nicht sehr viel erreichen kann.

Deutlich wird dies u.a. daran, daß es fast immer eine (mehr oder weniger große) Gruppe von Teilnehmern gibt, die sich nicht oder kaum an den gemeinsamen Diskussionen beteiligen, denen es offensichtlich wesentlich schwerer als anderen fällt, sich zu äußern und die eigene Meinung verständlich zu machen, die meist längere Zeit zum Überlegen brauchen, um Fragen beantworten zu können u.ä.m. in. Obwohl diese Teilnehmer auf Befragen sich nicht unzufriedener äußern als andere, hat man als Dozent am Schluß dennoch oft den Eindruck, sie hätten insgesamt deutlich weniger gelernt als die aktiveren Teilnehmer.

Dazu kommt die Beobachtung, daß diese Personengruppe in nahezu allen Erwachsenenbildungsveranstaltungen die gleichen sozialen Merkmale aufweist: Es sind Erwachsene, die meist nur über eine relativ kurze, einfache (Volks-)Schulbildung verfügen, nicht selten auch keine abgeschlossene Berufsausbildung vorweisen können und/oder in untergeordneten Berufspositionen und an Arbeitsplätzen arbeiten, die vorwiegend durch Handarbeit, Umgang mit Sachen und geringen Dispositionsspielräumen gekennzeichnet sind. Sie haben meist (noch) wenig Weiterbildungserfahrung und können deshalb als »*lernungewohnte Teilnehmer*« bezeichnet werden. In den »normalen« Erwachsenenbildungsmaßnahmen sind sie in der Minderheit und im Vergleich zu ihrem Anteil an der Gesamtbevölkerung deutlich unterrepräsentiert. Dennoch hat auch ihre Zahl absolut gesehen zugenommen, so daß diese Gruppe quantitativ durchaus ins Gewicht fällt.[*]

---

[*] An Volkshochschulen hat z.B. im Durchschnitt jeder 3. Teilnehmer nur die Volksschule besucht, zwischen 5 und 15% der Teilnehmer sind Arbeiter (vgl. Eckstein 1982, S. 135). An anderen Einrichtungen (z.B. der gewerkschaftlichen oder kirchlichen Erwachsenenbildung) dürfte der Anteil dieser Teilnehmergruppen noch (etwas) höher liegen (wenngleich hier genauere Zahlen fehlen).

Die »Lernungewohntheit« bzw. »Bildungsdistanz« dieser Gruppen ist um so größer, je mehr ungünstige Einzelfaktoren zusammenkommen und umgekehrt. Sie wird oft (bei sonst gleichen Voraussetzungen) durch den Einfluß alters- und teilweise auch geschlechtsspezifischer Faktoren noch verstärkt. Dies bedeutet zugleich, daß es sich hier um ein Kontinuum handelt, d.h. es gibt unterschiedliche Grade und Zwischenstufen solcher »Lernungewohntheit«.

Vor diesem Hintergrund läßt sich die *Ausgangslage der folgenden Überlegungen* kennzeichnen:

Es ist abzuklären, wie es zu den behaupteten ungleichen Lernchancen in der Erwachsenenbildung kommt und welche Möglichkeiten es gibt, dieses Problem zu lösen oder wenigstens abzuschwächen. Dabei geht es hier primär um die selektiven Wirkungen, die *innerhalb* der einzelnen Maßnahmen bzw. in der unmittelbaren Lern- oder Unterrichtssituation wirksam werden. Fragen der vorgelagerten, »vor-unterrichtlichen« Aussonderung möglicher Teilnehmer und der dafür verantwortlichen gesellschaftlichen und institutionellen Rahmenbedingungen werden dabei zunächst ausgeklammert (vgl. dazu Eckstein 1982), kommen allerdings bei der Diskussion möglicher Lösungsperspektiven ins Blickfeld.

Die Überlegungen beziehen sich auf Situationen und Veranstaltungsformen, wie sie für den »Alltag« der Erwachsenenbildung einigermaßen typisch sind: Gedacht ist an Maßnahmen, die sich *nicht* von vornherein an homogene Zielgruppen, sondern prinzipiell an alle Adressaten wenden und deshalb eine mehr oder weniger heterogene Teilnehmerzusammensetzung aufweisen. Gedacht ist ferner in erster Linie an Kurse mit einer mehr oder weniger großen Anzahl von Einzelabenden, an (Ein-)Tagesseminare und an Wochenendveranstaltungen.

Über die Schwierigkeiten lernungewohnter Teilnehmer mit organisiertem Lernen in der Erwachsenenbildung

»Organisiertes Lernen« im Rahmen institutionell verfaßter Erwachsenenbildung läßt sich als eine Form sozialer Interaktion beschreiben, zu deren Gelingen alle Beteiligten beitragen (müssen). Dabei bringt jeder ein Bündel von Absichten, Interessen und Fähigkeiten, Orientierungen und Vorerfahrungen ein, die im Lernzusammenhang unter Einbeziehung der jeweiligen Situationsbedingungen und des Lerngegenstandes aufeinander bezogen und »abgestimmt« werden müssen. Der Erfolg des Lernens hängt für jeden einzelnen davon ab, ob und wie gut es gelingt, diesen Abstimmungs- oder »Austauschprozeß« so zu gestalten, daß möglichst alle Teilnehmer *ihre* Interessen, Fähigkeiten und Orientierungen zur Geltung bringen können. Auf seiten des Dozenten bzw. der pädagogischen Organisation dieses Lernprozesses entspricht diesem das Prinzip des »*erfahrungsorientierten Lernens*«. Dieses Prinzip findet in der Literatur allgemeine Zustimmung und gilt vor allem für die

Bildungsarbeit mit lernungewohnten Teilnehmern als unverzichtbar (vgl. Kejcz u.a. 1980a, S. 140).

Vor diesem Hintergrund sollen nun einige zentrale Probleme aufgezeigt werden, die die Verwirklichung erfahrungsorientierten Lernens mit dem Ziel, allen Teilnehmern möglichst gleiche Lernchancen zu eröffnen, zumindest sehr erschweren, wenn nicht weitgehend unmöglich machen.

Über die Schwierigkeit, in der Kursplanung Teilnehmererfahrungen angemessen zu berücksichtigen

»Erfahrungsorientiertes Lernen« stellt den Dozenten vor die Aufgabe, bereits bei der Vorbereitung den Bezug zu den Erfahrungen der Teilnehmer herzustellen und diese in seine Planungen systematisch einzubeziehen. Dabei ergibt sich für ihn die Schwierigkeit, daß er weder vorher genau weiß, wer an der Veranstaltung teilnehmen wird, noch welche Vororientierungen und Erfahrungen die Teilnehmer im einzelnen mitbringen werden und ob sich diese überhaupt auf einen »gemeinsamen Nenner« bringen lassen. Sofern es sich – wie meist – nicht um besondere Angebote für sog. Zielgruppen handelt, muß der Dozent bei der Vorbereitung mit einem relativ breiten Spektrum unterschiedlichster Teilnehmer-Voraussetzungen rechnen, so daß es schon allein deswegen unmöglich sein wird, es »allen recht zu machen«.

Dies gilt hinsichtlich der Lernerfahrungen und Lerneinstellungen, der allgemeinen geistigen Fähigkeiten und des darauf abzustimmenden Lerntempos und Abstraktionsniveaus (vgl. Siebert u.a. 1982, S. 84ff.). Dies gilt ebenso in bezug auf die Vororientierungen, Problemsichten und »Deutungsmuster« der Teilnehmer. Gerade letztere haben für erfahrungsorientiertes Lernen eine zentrale Bedeutung. Sie stellen eine jeweils typische Form der »individuellen Interpretation von Wirklichkeit« dar, die durch Erfahrung und Wissenserwerb gewonnen wird und die zugleich das individuelle Handeln anleitet.

»Deutungsmuster« repräsentieren »Inhalt und Form der Aneignung der Lebenssituation durch das Individuum« (vgl. Kejcz u.a. 1980 b, S. 187ff.).

Da die Geltung wie die sprachliche Verfügbarkeit und Verständlichkeit von Deutungsmustern an die Voraussetzung ähnlicher Lebenslagen gebunden bleibt, ist es für einen Dozenten unmöglich, die Deutungsmuster *aller* Teilnehmergruppen vorher zu kennen und bereits bei der Planung angemessen zu berücksichtigen. Dies gelingt noch am ehesten bei Teilnehmern, die aus der gleichen sozialen Schicht oder einem ähnlichen Lebenszusammenhang kommen wie der Dozent selbst. Die Vororientierungen und Problemsichten lernungewohnter Teilnehmer dagegen »kennt« der Dozent in der Regel nur aus der distanzierten Betrachtungsweise eines »Nicht-Betroffenen« und damit nicht richtig bzw. nicht gut genug.

Insgesamt bleibt dem Dozenten – angesichts der zu erwartenden verschiedenartigen Teilnehmerzusammensetzung – kaum etwas anderes übrig, als sich an den Voraussetzungen und Erfahrungen der »normalen«, »durchschnittlichen« Teilnehmer zu orientieren. Soweit er sich dabei auf frühere Lehr-Erfahrungen in der Erwachsenenbildung beziehen kann, wird sein Bild vom »Durchschnitts-Teilnehmer« geprägt von der aktiveren Teilnehmergruppe. Dies sind zugleich jene Teilnehmer, deren Orientierungen und Deutungsmuster aufgrund ihrer Nähe zu seiner eigenen Lebenslage ihm am ehesten vertraut sind. Darüber hinaus kann nur versucht werden, den weiteren Lernprozeß so zu planen, daß die Teilnehmer möglichst durchgängig auf Ablauf und Inhalte unmittelbar Einfluß nehmen können und damit grundsätzlich die *Möglichkeit* offenzuhalten, daß auch die Vororientierungen und Deutungsmuster lernungewohnter Teilnehmer zum Zuge kommen könnten.

Über die Schwierigkeiten, sich zu verständigen

Mögliche »Verständigungsschwierigkeiten« zwischen Teilnehmern und Dozenten und verschiedenen Teilnehmergruppen untereinander lassen sich auf verschiedenen »Ebenen« vermuten: Sie betreffen nicht nur die Form der sprachlichen Verständigung, sondern auch die Art und Weise, wie der Kursinhalt einerseits und die »Lebenssituation« der Teilnehmer andererseits didaktisch aufbereitet und aufeinander bezogen werden.

Eine erste Schwierigkeit besteht darin, daß nicht »die Lebenssituation« als solche in ihrer Ganzheit in den Lernprozeß einbezogen werden kann, sondern dafür entsprechend »aufbereitet« werden muß. Dies bedeutet, daß die »ganzheitlichen Bedingungszusammenhänge« der Lebenssituation zergliedert und einzelne Elemente, die eigentlich zusammengehören und von den Teilnehmern real als Zusammenhang erfahren werden, voneinander getrennt und so pädagogisch-didaktisch aufgelöst werden müssen. Dabei kommt es auch darauf an, von einmaligen, individuell-spezifischen Aspekten der Lebenssituation abzusehen, über die individuellen Erfahrungen hinauszugehen und jene Elemente herauszulösen, die als »Gemeinsames« in diesen Einzelerfahrungen stecken. Für die Verständigung im Unterricht ergeben sich daraus in dem Maße Probleme, in dem die Lebenssituation der Teilnehmer in den Lernprozeß einbezogen werden soll. Denn damit werden die Teilnehmer mit der Aufgabe konfrontiert, ihre Lebenssituation in einer Form »einzubringen« bzw. zu diskutieren, in der die ihnen vertraute »ganzheitliche« Form der Strukturierung aufgelöst ist.

Dies bereitet vermutlich um so mehr Schwierigkeiten, je weniger die Teilnehmer mit abstrakt-analytischen, systematisierenden Analyseformen und Vorgehensweisen vertraut sind, und trifft deshalb die lernungewohnten Teilnehmer besonders.

Analysen von Bildungsseminaren liefern dazu eindrucksvolle Belege. Es zeigt sich z.B., daß bei Dozenten aufgrund ihrer Ausbildung bei der Analyse der gesellschaftlichen Wirklichkeit eine »systematischsynthetische« Vorgehensweise dominiert. Diese geht nach einer relativ formalen Abfolge von Analyseschritten (empirisch vorliegende Erfahrungen – Interpretation dieser Erfahrungen – Ableitung von Handlungskonsequenzen) vor. Die (lern-ungewohnten) Teilnehmer wählen dagegen eine andere Vorgehensweise und analysieren eher »praktisch« (vgl. Kejcz u.a. 1979, S. 139ff.).

Man kann nach diesen Ergebnissen davon ausgehen, daß die Art und Weise, wie Themen analysiert, unter Rückgriff auf die jeweiligen Deutungsmuster verarbeitet und auf die eigenen Erfahrungen bezogen werden, sich in heterogen zusammengesetzten Gruppen unter den Teilnehmern mehr oder weniger stark unterscheidet und bei einem Teil der Teilnehmer mit den »Analyseformen« des Dozenten nicht übereinstimmt. Je mehr sich nun die Analyseformen des Dozenten im Lernprozeß durchsetzen, um so größer wird die Gefahr, daß der unmittelbar erfahrungsbezogene »Zugriff« in der gemeinsamen Diskussion und damit der direkte Bezug zur Lebenssituation bei lernungewohnten Teilnehmern verlorengeht und der Inhalt nur mehr abstrakt diskutiert wird. Dies beinhaltet zugleich die Gefahr, daß Dozent und vor allem jene Teilnehmer aneinander vorbeireden, um derentwillen vor allem erfahrungsorientiertes Lernen organisiert werden sollte.

Schließlich spielt bei der inhaltlichen Diskussion neben den allgemeinen geistigen Voraussetzungen und den erwähnten unterschiedlichen »Analyseformen« auch die Sprache bzw. Sprechweise eine wichtige Rolle. Es läßt sich zwar beobachten, daß in heterogen zusammengesetzten Teilnehmergruppen die Teilnehmer versuchen, ihr Sprechverhalten nach dem jeweiligen Gegenüber auszurichten. Es gelingt allerdings nur Mittelschichtangehörigen, ihre Sprechweise der von Unterschichtangehörigen anzunähern und auch dies im allgemeinen nur bei konkreteren Themenstellungen. Je abstrakter diskutiert wird, um so mehr reden die Angehörigen der verschiedenen Sozialschichten aneinander vorbei und um so schwerer können sie sich angemessen verständigen. Dies bedeutet zugleich: je mehr versucht wird, über die unmittelbaren Erfahrungen von Teilnehmern hinauszugehen, um so mehr setzt sich vermutlich eine von der jeweiligen Lebenswelt der Teilnehmer unabhängige Sprechweise durch und um so unverständlicher wird das Bildungsgespräch für jene Teilnehmer, die an mehr oder weniger lebensweltgebundene Sprach- und Denkformen gewöhnt sind. Auch hier zeigt sich, daß die vorausgegangenen ungleichen Ausgangsbedingungen im Kurs als Lernbarrieren bemerkbar und dort – selbst bei entsprechend kompensatorischen Bemühungen – nicht völlig aufgehoben werden können.

Zu den Schwierigkeiten einer effektiven Teilnehmerpartizipation

Da Teilnehmererfahrungen (bes. bei lernungewohnten Teilnehmern) nicht sicher genug vorausgesehen werden können, muß es im Bildungsprozeß selbst Gelegenheiten geben, diese einzubringen und den Lernprozeß mitzugestalten. Dies erfordert nicht nur zu Beginn der Veranstaltung eine Verständigung über die im einzelnen zu behandelnden Fragestellungen und Themen, sondern auch das Gespräch und die gemeinsame Reflexion mit den Teilnehmern über den Verlauf der gemeinsamen Bildungsarbeit.

In beiden Fällen ist es wiederum für lernungewohnte Teilnehmer besonders schwierig, sich daran zu beteiligen und damit Gestaltung und Verlauf der Veranstaltung entsprechend zu beeinflussen. Da sie mit der Situation organisierten Lernens nicht oder nur wenig vertraut sind, kaum über Erfahrungen mit offeneren Lernangeboten verfügen – weiterbildungserfahrene Teilnehmer haben solche schon eher – und deshalb ohnehin größere Orientierungsschwierigkeiten haben, sind sie meist überfordert (vor allem zu Beginn), sich an dieser »Verständigung« aktiv zu beteiligen und eigene Vorstellungen zu den inhaltlichen Schwerpunkten einer Veranstaltung einzubringen. Wenn dies jemand tut, dann sind es die bildungserfahrenen Teilnehmer, die damit erneut dominieren. Dazu kommt, daß die meisten Teilnehmer ohnehin ein festes, vorstrukturiertes Programm erwarten und auch deshalb meist nicht darauf vorbereitet sind, eigene inhaltliche oder methodische Vorschläge zu machen. Dies wäre aber Voraussetzung dafür, daß ein Programmvorschlag des Dozenten *tatsächlich* diskutiert und verändert werden kann, und nicht – was leider vermutlich häufig der Fall ist – die ganze »Prozedur« zum Ritual verkommt, bei dem der Dozent von vornherein weiß, daß *sein* Vorschlag akzeptiert werden wird und genauso, wie geplant, »durchgezogen« werden kann.

Damit zeigt sich auch hier für den Dozenten erneut das bekannte Dilemma: je mehr er versucht, die Kompetenzen im Bildungsprozeß auf die Teilnehmer zu verlagern und sie über Inhalte wie über Arbeitsformen (mit-)entscheiden zu lassen, umso deutlicher werden diese Entscheidungen von den weiterbildungserfahrenen Teilnehmern beeinflußt. Damit schwinden jedoch zugleich die Chancen der übrigen Teilnehmer, ihre (mehr oder weniger) andersartigen Erfahrungen zur Geltung zu bringen. Der Dozent kann dem nicht entscheidend gegensteuern, da er weder über die Erfahrungen lernungewohnter Teilnehmer verfügt, noch die Vorstellungen und Vorschläge der lerngewohnten Teilnehmer ignorieren kann und darf; schließlich lernen auch diese besser, wenn sie *ihre* Erfahrungen einbringen und den Bezug zu ihrer Lebenssituation herstellen können.

Zu den selektiven Wirkungen von Gruppenprozessen

In Lern- oder Arbeitsgruppen werden immer auch unvermeidlich bestimmte Beziehungen zwischen den Beteiligten hergestellt, die sich im Kursverlauf verändern und je nach Qualität auch die Behandlung der Inhalte beeinflussen (können). Dabei nehmen alle Beteiligten Situations- und Beziehungsdefinitionen vor, die wiederum durch ihre lebensgeschichtlichen Erfahrungen bestimmt sind.

Für weiterbildungsunerfahrene Teilnehmer bedeutet die Teilnahme, daß sie sich erst einmal in einer neuen und für sie relativ fremden Situation zurechtfinden müssen. Zwar gibt es auch für weiterbildungserfahrene Teilnehmer zu Beginn einer jeden neuen Veranstaltung Orientierungsschwierigkeiten. Jedoch sind diese im Normalfall wesentlich geringer. Vor allem verfügen diese Teilnehmer über ausgeprägtere Erfahrungen, mit solchen Situationen umzugehen. Allgemein hat sich gezeigt – und dies trifft wiederum weiterbildungs-unerfahrene Teilnehmer besonders –, daß die Unsicherheit gerade bei relativ offenen Lern-situationen, bei denen der Dozent nicht wie gewohnt den Bildungsprozeß beherrscht, am größten ist.

Da die Menschen offenere Bildungssituationen allgemein durch den Rückgriff auf frühere Erfahrungen zu bewältigen versuchen, gelingt dies bei Teilnehmern ohne Weiterbildungs-erfahrung um so eher, je mehr die gesamte Lernsituation nach dem ihnen bekannten Mo-dell schulischen Unterrichts organisiert wird und sie fällt ihnen zunächst um so schwerer, je mehr die Organisation davon abweicht. Damit orientieren sie sich jedoch an einem Mo-dell von Lernen, das wenig Möglichkeiten bietet, lebensgeschichtliche Erfahrungen einzu-bringen und statt dessen Stofforientierung in den Vordergrund stellt.

Auch die Beziehungen zu den anderen Teilnehmern und zum Kursleiter werden »nach dem Muster bereits verfügbarer Beziehungen« gestaltet (Gerl 1979, S. 530). Dabei spielt der Wunsch nach Anerkennung oder nach Einflußnahme unter den Teilnehmern ebenso eine Rolle wie Einschüchterungen oder Ängste, sich vor den anderen zu blamieren. Dazu kommt, daß durch die Art und Weise, wie die aktiveren Teilnehmer sprechen und auftreten, für die anderen der befürchtete (tatsächliche oder vielleicht auch nur vermeintliche) »Kom-petenzvorsprung« deutlich wird. Die Rollenverteilung im Kurs ähnelt deshalb vermutlich sehr stark den Hierarchien in anderen Lebensbereichen (vgl. Siebert u.a. 1982, S. 83), d.h. bei lernungewohnten Teilnehmern bestätigen diese Rollenmuster die Erfahrung ihrer eige-nen untergeordneten Stellung, die sie auch im übrigen Leben, insbesondere im Beruf ein-nehmen. Es ist wohl offensichtlich, daß dies das ohnehin geringere Selbstvertrauen in die eigenen Fähigkeiten noch mehr erschüttert und nicht zu einer aktiven Mitarbeit in der Lerngruppe ermutigt.

Dagegen kann auch die didaktische Empfehlung, diese Lernprobleme im Kurs unmittelbar und ausdrücklich anzusprechen, vermutlich keine entscheidende Abhilfe schaffen (so sehr sich dies auch – bezogen auf die Gesamtgruppe und vor allem die aktiveren Teilnehmer – positiv auf den Lernerfolg auswirken kann): Über die eigenen Lernschwierigkeiten im Kurs offen zu sprechen, setzt nicht nur eine entsprechende Bereitschaft voraus – diese dürfte umso niedriger sein, je mehr Schwierigkeiten jemand hat und damit vor allen ande-ren zugeben müßte –, sondern auch eine entsprechende »reflexive Kompetenz«, die es ermöglicht, das eigene Lernen zum Gegenstand von Überlegungen zu machen und darüber dann auf einer »Metaebene« zu diskutieren. Es muß davon ausgegangen werden, daß diese Fähigkeit zum wirksamen und offenen Gespräch über Lernschwierigkeiten nicht bei allen Teilnehmern hinreichend ausgebildet ist und nicht zuletzt von einschlägigen Weiterbil-dungserfahrungen abhängt.

Zusammenfassend ergibt sich folgendes Gesamtbild:

1. Viele der dargestellten »Lernprobleme« betreffen im Grunde alle Teilnehmer, jedoch ist das Ausmaß der daraus resultierenden lernblockierenden Wirkungen verschieden. Diese sind bei lernungewohnten Teilnehmern stärker ausgeprägt. Bildungsgewohnte Teilnehmer sind demgegenüber eher in der Lage, sich auf solche Probleme einzustellen.
2. Im Hinblick auf das Bemühen, ungleiche Lernchancen abzubauen, ist der Befund zunächst ernüchternd: Auf allen Ebenen scheinen diese Versuche gerade bei jenen Teilnehmern am wenigsten Erfolg zu haben, die diese Hilfen am nötigsten hätten. Dies gilt für das Bemühen, Teilnehmererfahrungen bereits bei der Planung systematisch zu berücksichtigen ebenso wie für den Versuch, die Teilnehmer an der Festlegung der zu bearbeitenden Fragestellungen und Inhalte und an der Entscheidung über das methodische Vorgehen zu beteiligen, und schließlich auch für den Vorschlag, Lernschwierigkeiten ausdrücklich anzusprechen, »metakommunikativ« zu bearbeiten und dadurch abbauen zu helfen.
3. Die Vorerfahrungen, Fähigkeiten, Orientierungen und Deutungsmuster, die die Teilnehmer in die Veranstaltungen mitbringen, erweisen sich auf allen Ebenen als entscheidende Bestimmung, deren selektive Wirkung in der Lehr-Lernsituation nicht völlig aufzuheben ist. Es spricht vieles dafür, daß die von den Teilnehmern in ihrem bisherigen Leben gemachten Erfahrungen und die daraus folgenden Fähigkeiten, Einstellungen und Kenntnisse für die Ungleichheit der Lernchancen entscheidender sind als das Lehrverhalten von Dozenten oder die Situation in der Lerngruppe. Dies bedeutet jedoch nicht, daß letztere unwichtig sind.

Folgerungen

Realistisch betrachtet muß man sich zunächst damit abfinden, daß unter den gegebenen Organisationsbedingungen von Erwachsenenbildung deren selektive Wirkungen durch Maßnahmen und Verbesserungen im Kurs *allein* nicht beseitigt werden können. Dies rechtfertigt jedoch nicht, auf solche Versuche von vornherein zu verzichten und zur Routine weniger aufwendiger Organisationsformen von Erwachsenenlernen zurückzukehren bzw. bei ihr stehenzubleiben. Man kann wohl davon ausgehen, daß die angesprochenen methodisch-didaktischen Vorschläge einer erfahrungs- bzw. teilnehmerorientierten, offeneren Planung und Gestaltung allgemein das Lernen erleichtern (können)[*]. Deshalb sollten

---

[*] »Praxisnah« diskutiert werden diese Empfehlungen z.B. in den »Selbststudienmaterialien« des Deutschen Volkshochschulverbandes und in den »NQ-Materialien« für nebenberufliche Mitarbeiter (hrsg. v. Arbeitskreis Universitäre Erwachsenenbildung).

diese Prinzipien stärker als bisher berücksichtigt werden, denn auch »lerngewohnte« Teilnehmer haben ein Recht auf möglichst gut vorbereitete Lernangebote.

Von den Dozenten erfordern diese Prinzipien eines teilnehmerorientierten Lehrens und Lernens ein hohes Maß an Flexibilität und die Bereitschaft, didaktische Vorgaben und Entscheidungen offen und modifizierbar zu halten. In welchem Maße allerdings die dadurch prinzipiell ermöglichte Teilnehmerpartizipation zum Tragen kommen kann, hängt nicht zuletzt von den äußeren bzw. institutionellen Rahmenbedingungen der Erwachsenenbildung ab.

Dabei spielt die zur Verfügung stehende Zeit eine entscheidende Rolle: offene Zieldiskussionen und »Metakommunikationen«, Geduld mit Teilnehmern, die längere Zeit brauchen, ihre Gedanken zu formulieren, oder die Gewährung von Pausen zum Nachdenken u.ä. lassen sich um so schwerer verwirklichen, je kürzer eine Veranstaltung dauert und umgekehrt. Längerfristige Intensivmaßnahmen wiederum lassen sich in breitem Umfang nur durchführen, wenn den Erwachsenen die Teilnahme, z.B. durch Gewährung von Bildungsurlaub erleichtert wird.

Hier wird deutlich, daß es zur Verbesserung der Lernmöglichkeiten zusätzlicher Maßnahmen bedarf, die über den institutionellen Rahmen hinausgehen und die allgemeinen Bedingungen von Erwachsenenbildung (Finanzierung, gesetzliche Garantie von Bildungsurlaub u.ä.) betreffen. Derzeit sind Intensivveranstaltungen nach wie vor viel eher die Ausnahme als die Regel.

Auf institutioneller Ebene muß in diesem Zusammenhang auch die Notwendigkeit von Zielgruppenarbeit, vor allem mit lernungewohnten Adressaten betont werden. Die Verständigung (zumindest unter den Teilnehmern), die Einigung auf gemeinsame Diskussionspunkte und Fragestellungen, die Abstimmung des Anforderungsniveaus auf die Teilnehmervoraussetzungen und schließlich auch die Gestaltung der gegenseitigen Beziehungen unter den Teilnehmern – all dies wird in Lerngruppen, deren Teilnehmer jeweils aus einer ähnlichen Lebenssituation kommen, wesentlich erleichtert.

Dabei sollte eines der Ziele solcher zielgruppen-spezifischer Bildungsarbeit die Entwicklung und Aufrechterhaltung einer ständigen Lernbereitschaft sein, um damit mittel- oder langfristig auch die Lernchancen lernungewohnter Zielgruppen innerhalb »normaler« Erwachsenenbildungsmaßnahmen zu verbessern. Denn so wichtig Zielgruppenarbeit auch ist, es ist weder zweckmäßig noch gerechtfertigt, Erwachsenenbildung *nur mehr* in dieser Form zu betreiben. Dies würde nämlich die Selektion unter den verschiedenen Teilnehmergruppen eher noch verschärfen, da dann tatsächlich eine kaum mehr korrigierbare Zuweisung und Aufteilung der Teilnehmer auf höher bewertete, anspruchsvollere Angebote einerseits und weniger anspruchsvolle, »einfachere« Programme andererseits erfolgen würde. Auch dies verdeutlicht die Notwendigkeit, sich über Selektionsprozesse und ungleiche Lernchancen in verschiedenartig zusammengesetzten Lerngruppen Klarheit zu verschaffen und zu überlegen, wo und inwieweit die Möglichkeit besteht, die darin eingeschlossenen Benachteiligungen abzubauen. Es zeigt sich, daß dies kurzfristig kaum möglich ist, weil hier die ungleichen Voraussetzungen unter den Teilnehmern immer wieder »durchschlagen«.

Mittel- und längerfristig erscheint jedoch eine Verbesserung der Lernchancen lernungewohnter *Teilnehmer* in der Erwachsenenbildung durchaus nicht ausgeschlossen zu sein. Entscheidend dafür dürfte sein, ob es gelingt, die bei solchen Teilnehmern ja schon vorhandene Weiterbildungsbereitschaft zu erhalten und zu fördern. Die Chancen dazu dürften zunehmen, je deutlicher sich das Lernen von dem (zwar vertrauten, in mehrfacher Hinsicht für viele Teilnehmer jedoch ungünstigen) Vorbild schulischen Unterrichts absetzt, je intensiver und erfolgreicher man sich bemüht, die Teilnehmer selbst zu Wort kommen und mitentscheiden zu lassen, und je mehr Zeit man dafür verwendet bzw. sich nehmen kann. Mit der zunehmenden Weiterbildungserfahrung dürften dann auch die Schwierigkeiten abnehmen, mit den Bedingungen organisierten Lernens erfolgreich zurecht zu kommen.

Abschließend muß jedoch erneut betont werden, daß es sich dabei nicht nur um ein innerinstitutionelles Problem der optimalen Gestaltung des Lehr-Lern-Prozesses handelt. Vielmehr sind auch unmittelbar Fragen des gesellschaftlich anerkannten Verständnisses von Erwachsenenbildung angesprochen: so lange eine Sichtweise im Vordergrund steht, die die Notwendigkeit von Erwachsenenbildung ausschließlich oder vorrangig von gesellschaftlich-politischen und vor allem beruflichen Verwendungssituationen her definiert und ihr primär die Aufgabe zuweist, Erwachsenen zu helfen, daß sie in diesen Situationen (so wie sie sind) besser zurecht kommen, besteht die Gefahr, daß gesellschaftliche, berufliche und soziale Ungleichheiten unangetastet bleiben (und bestenfalls unter den Erwachsenen anders verteilt werden). Gleiche Lernchancen sind dann insofern nicht herstellbar, als Weiterbildung sich in diesem Sinne immer nur für einen (bzw. den erfolgreichsten) Teil der Teilnehmer »auszahlen« kann.

Im Klartext bedeutet dies, daß sich das ehrliche Bemühen in der Erwachsenenbildung um einen Ausgleich und die Verbesserung von Bildungschancen – so erfolgreich dies im einzelnen Fall bzw. für einzelne Teilnehmer auch sein kann – auf gesellschaftlicher Ebene »unter der Hand« in eine ungewollte, aber trotzdem wirksame Rechtfertigung genau dieser Ungleichheiten »verkehrt« (vgl. Eckstein 1982, bes. S. 264ff.). Der Erfolg der einen wie der Mißerfolg der anderen Teilnehmer verstärken nämlich bei beiden den Eindruck, daß es in erster Linie von den eigenen Anstrengungen und Fähigkeiten abhängt, ob jemand die Chancen ständiger Weiterbildung und damit seine beruflichen und allgemeinen Lebenschancen optimal und erfolgreich nutzen kann.

Zu durchbrechen ist dieser Zirkel vermutlich nur dann, wenn sich die Erwachsenenbildung auf andere, d.h. anthropologische oder pädagogische Bemühungen (rück-)besinnt und ihre Arbeit zu allererst auf Zielstellungen ausrichtet, die mit den Stichworten »Bildung«, »umfassende Persönlichkeitsbildung« oder Entfaltung des »menschlichen Lernpotentials« u.ä. angedeutet werden können. Ob und unter welchen Voraussetzungen dies tatsächlich zum Erfolg führt, kann allerdings hier nicht mehr beantwortet werden.

Literatur

Eckstein, J.: Weiterbildung – Chance für alle? Weinheim/Basel 1982.

Gerl, H.: Interaktionsforschung: Soziale Interaktion in Lerngruppen Erwachsener, in: Siebert, H. (Hrsg.): Taschenbuch der Weiterbildungsforschung, Baltmannsweiler 1979, S. 515–536.

Kejcz, Y. u.a.: Lernen an Erfahrungen? Bonn 1979.

Kejcz, Y. u.a.: Die Problemfelder pädagogischen Handelns – Ein Ansatz zur Beschreibung von Bildungsurlaub, in: Nuissl/Schenk 1980, S. 138–186 (a)

Kejcz, Y. u.a.: Deutungsmuster als pädagogisches Problem, in: Nuissl/Schenk 1980, S. 187–204 (b).

Nuissl, E./Schenk, P. (Hrsg.): Problemfeld Bildungsurlaub, Braunschweig 1980.

Siebert, H./Dahms, W./Karl, C.: Lernen und Lernprobleme in der Erwachsenenbildung, Paderborn 1982.

Vorerfahrungen der Teilnehmer

Wenn ich nur genauer wüßte,
was die Teilnehmer(innen)
an (Berufs-)Erfahrungen in
den Kurs einbringen!

Hermann G. Ebner

Das Problem des Anknüpfens an Vorerfahrungen in Veranstaltungen der Erwachsenenbildung

Die Bedeutung der Vorerfahrungen für den Aneignungsprozeß

Als Verfasser dieses Beitrages zum Handbuch stellt sich mir beim Schreiben in gleicher Weise jenes Problem, welches im Titel dieses Beitrages im Hinblick auf Planung und Durchführung von Erwachsenenbildungs-Veranstaltungen zum Ausdruck gebracht wird: Sie als Leser(in) setzen sich mit den nachfolgenden Ausführungen vor dem Hintergrund Ihrer – mir prinzipiell nicht unmittelbar zugänglichen – Erfahrungen z.B. als Kursleiter(in) bzw. als Dozent(in) in der Erwachsenenbildung auseinander. Ihre beruflichen wie auch außerberuflichen Erfahrungen geben dazu jene Grundlage ab, stellen jene Möglichkeits-bedingungen dar, über die sich – bewußt oder nicht – die Auseinandersetzung mit dem vorliegenden Text und dessen Verarbeitung vollzieht. Dies bedeutet, daß Sie – und das drückt sich bereits in den Begriffen »Auseinandersetzung« und »Verarbeitung« aus – den hier unterbreiteten Inhalt nicht passiv rezipieren, sondern vielmehr damit »umgehen« – Sie lesen und denken nach, halten inne, vergleichen, bewerten, erinnern sich, stellen Bezüge her. Ihre angesammelten Erfahrungen markieren den Weg, auf welchem Sie vom Dort-und-Damals Ihrer alltäglichen Lebenssituation in das Hier-und-Jetzt des Lesens gelangen; diese Erfahrungen geben die Orientierungslinien ab, an denen entlang sich der Aneignungspro-zeß entwickelt; sie werden zugleich in diesem Prozeß verändert.

Die Qualität des Aneignungsprozesses hängt damit nicht allein vom jeweiligen Gegen-stand der Auseinandersetzung (in diesem Falle also meiner Ausarbeitung zum Thema) und von der Art und Weise ab, wie er für den Lehr-/Lernprozeß aufbereitet wurde, sondern wird auch vom Erfahrungshintergrund des (der) jeweiligen Lernenden bestimmt. Planung und Durchführung von Erwachsenenbildungs-Veranstaltungen können damit nur dann begrün-det erfolgen, wenn die didaktischen Entscheidungen mit den Teilnehmererfahrungen rück-gekoppelt werden. Aber genau hier beginnen die Probleme und Unsicherheiten: mit wel-chen Erfahrungen kann bzw. muß gerechnet werden, auf welche Weise können diese Er-fahrungen für die Planung und Durchführung erschlossen werden, welche Konsequenzen ergeben sich daraus für Ziel-, Inhalts- und Methodenfragen? Die mit diesen Fragen ver-bundenen Schwierigkeiten bestehen darin, daß sie im Zusammenhang mit der Planung von Unterricht zwar als besonders bedeutsam betrachtet werden, zugleich jedoch der (die) Planende kaum die Möglichkeit hat, sich die entsprechenden Antworten unmittelbar von den zukünftigen Teilnehmern zu beschaffen. Was bedeutet unter diesen Bedingungen das didaktische Postulat »Anknüpfen an die Vorerfahrungen der Teilnehmer«, wie kann es eingelöst werden?

Anders als im Planungsprozeß stellt sich das Problem des Anknüpfens an die Teilnehmererfahrungen im Lehr-/Lernprozeß selbst: hier muß nicht mehr versucht werden, den jeweiligen Erfahrungshintergrund zu erschließen; im Lehr-/Lernprozeß realisieren sich die Vorerfahrungen der Teilnehmer(innen) bereits und zwar unabhängig davon, ob sie ausdrücklich angesprochen werden oder nicht. Die Problemstellung konzentriert sich hierbei wesentlich auf die Fragen: in welcher Weise treten diese Vorerfahrungen in Erscheinung, wie kann an sie angeknüpft werden, wie ist es möglich, sie bewußt und produktiv in den Lehr-/Lernprozeß hereinzuholen?

Eingangs wurde in knapper Form umrissen, welche Bedeutung den Vorerfahrungen im Zusammenhang mit der Aneignung neuer Erfahrungen zukommt, die Darstellung dieser Beziehung blieb jedoch vorerst auf einer lerntheoretisch-formalen Ebene. Ausgespart worden ist bisher die Frage, hinsichtlich welcher Perspektive an die Teilnehmererfahrungen angeknüpft werden solle. Zur Klärung dieser Frage werden hier zwei Dimensionen von Vorerfahrungen schwerpunktmäßig unterschieden:

- die unmittelbar fachbezogenen Erfahrungen
- die übergreifenden beruflichen und außerberuflichen Erfahrungen

In bezug auf die unmittelbar fachbezogenen Erfahrungen liegt es auf der Hand, daß sie im Hinblick auf die fachinhaltliche Gestaltung des Lehr-/Lernprozesses eine wichtige Entscheidungsgrundlage abgeben, d.h. die Orientierung der inhaltlichen Seite des Vermittlungsprozesses an dem aktuellen Stand der Kenntnisse und Fertigkeiten der Teilnehmer ist grundlegende Voraussetzung, um den Lernenden den Erwerb und die Verarbeitung neuer Informationen zu ermöglichen. Das Problem des Anknüpfens an die Vorerfahrungen der Teilnehmer(innen) wird jedoch nicht hinreichend erfaßt, wenn darunter allein die Angleichung des inhaltlichen Startniveaus des Kurses an die kenntnis- und fertigkeitsbezogenen Teilnehmervoraussetzungen verstanden wird und wenn die didaktische »Lösung« dieses Problems darauf beschränkt bleibt, bei der Kursplanung die Bedeutung dieser Dimension von Vorerfahrungen mitzudenken. Es genügt auch nicht, wenn bei Veranstaltungsbeginn Maßnahmen getroffen werden, um für alle am Lehr-/Lernprozeß Beteiligten, die in den Kurs eingebrachten fachbezogenen Vorerfahrungen transparent zu machen. Anknüpfen an die Vorerfahrungen der Teilnehmer als didaktisches Postulat bedeutet darüber hinaus, das lebensgeschichtliche Umfeld der Lernenden als Lernbedingung, über die die Aneignung neuer Erfahrungen vermittelt wird, zu begreifen und die Ergebnisse des lebensgeschichtlichen Aneignungsprozesses gesellschaftlicher Realität als Gegenstand der Auseinandersetzung in den Lehr-/Lernprozeß hereinzuholen. Mit diesem Ansatz, wonach Vorerfahrungen von Teilnehmern(innen) einerseits subjektive Vermittlungsinstanzen des Aneignungsprozesses darstellen und andererseits zugleich Gegenstand des Lernens sind, wird ein lerntheoretisch-instrumenteller Umgang mit Teilnehmererfahrungen vermieden. Vorerfahrungen gerinnen dann nicht nur zu didaktischen Planungsgrößen, aus welchen heraus die fachbezogenen Ziele und Inhalte sowie Methoden entworfen und begründet werden können, vielmehr geht es darum, Handlungsformen und Argumentationsweisen von Teilnehmern im Lehr-/ Lernprozeß als aktuelle Vergegenständlichungen ihrer im Laufe ihres Lebens angeeigneten Erfahrungen zu begreifen.

Für Dozenten(innen) in der Erwachsenenbildung stellt sich nun – dem oben entwickelten Verständnis entsprechend – das Problem des Anknüpfens an die Vorerfahrungen der Teilnehmer sowohl im Zusammenhang mit der Kursplanung als auch im Lehr-/Lernprozeß selbst. Auf diese beiden didaktischen Handlungssituationen sind die nachfolgenden Ausführungen bezogen.

Anknüpfen an die Vorerfahrungen der Teilnehmer als Problem des didaktischen Planungsprozesses

An dieser Stelle komme ich nochmals auf die bereits eingangs angedeutete, zumindest teilweise vorhandene Parallelität der Aufgabensituation zurück, in der sich ein(e) Planer(in) von Erwachsenenbildungskursen befindet und jener, der ich mich als Verfasser dieses Beitrages gegenübersehe. Für beide gilt, daß – um der Forderung, an die Vorerfahrungen der Teilnehmer(innen) bzw. Leser(innen) anzuknüpfen, nachkommen zu können – eine Vorstellung vorhanden sein oder entwickelt werden muß, wer potentielle(r) Teilnehmer(in) oder Leser(in) sein wird. Mit der Gesamtanlage des Buches und der Konzeption der einzelnen Beiträge wird beabsichtigt, zuallererst Dozenten und Dozentinnen in der Erwachsenenbildung anzusprechen. In der Erwachsenenbildungs-Didaktik-Diskussion wird dies als Zielgruppenorientierung bezeichnet. Verknüpft ist damit der Anspruch, Lesern(innen), die sich mit dem Inhalt dieses Handbuches auseinandersetzen, die Erweiterung ihrer didaktischen Reflexions- und Handlungsfähigkeiten zu ermöglichen. Welches sind nun aber die Vorerfahrungen der Leser(innen) hinsichtlich dieser Fragestellung, woran kann angeknüpft werden? Welche Lehr-/Lernsituationen werden als eher wenig problematisch empfunden, was gelingt im Kurs recht gut, welchen Schwierigkeiten sehen sich Erwachsenenbildungs-Dozenten(innen) konfrontiert?

Die Schwierigkeit, die Konzeption des Buches und die der einzelnen Beiträge an diesen Fragen adäquat zu orientieren, war im vorliegenden Fall dadurch vermindert, daß zwischen den beruflichen Erfahrungen des Adressatenkreises und der Verfasser der Aufsätze keine prinzipiellen Differenzen angenommen werden mußten, da die Autoren selbst in der praktischen Bildungsarbeit mit Erwachsenen stehen – Leser(innen) und Schreiber(innen) sind somit gleichermaßen Betroffene jener didaktischen Problemstellungen, die in diesem

Buch aufgegriffen und thematisiert werden. Dieses Vorhandensein mehr oder minder ausgeprägter Erfahrungsparallelen bedeutet für den Schreibakt, daß er letztlich einer Veröffentlichung der subjektiven Auseinandersetzung mit der *eigenen Unterrichtswirklichkeit* gleichkommt, und Anknüpfen an die Vorerfahrungen der Leser heißt hier, an die eigenen Erfahrungen als Dozent anzuknüpfen und diese als Material anzubieten, über welches die individuellen Erfahrungen des (der) Lesers(-innen) erinnert, aufgearbeitet und neu strukturiert werden können.

Im Zusammenhang mit der Planung von Erwachsenenbildungs-Kursen kann in der Mehrzahl der Fälle kaum von einem solch günstigen Bedingungsrahmen ausgegangen werden, vielmehr stehen die Dozenten(innen) zumeist vor dem Problem, daß der Erfahrungshintergrund und die spezifischen Vorerfahrungen der Teilnehmer erst entdeckt werden müssen, um den Lehr-/Lernprozeß daran rückbinden zu können. Im Rahmen des Planungsprozesses besteht nun die Schwierigkeit vor allem darin, daß sich eher nur in Ausnahmefällen die Möglichkeit bietet, die Teilnehmer bereits sehr früh miteinzubeziehen und sich über die jeweiligen Vorerfahrungen zu verständigen. Auch bei sehr offenen curricularen Strukturen verbleibt die Skizzierung des Rahmenkonzepts und damit eben ein Planungsanteil bei dem (der) Dozenten(in). Dies bedeutet letztlich, daß Dozenten immer einen Vorgriff leisten (müssen), konzeptionelle Grundentscheidungen hinsichtlich Zielen, Inhalten und Methoden werden immer vorneweg getroffen. In Abwandlung eines Satzes aus der Kommunikationstheorie kann für den Planer von Erwachsenenbildungsveranstaltungen gesagt werden: es ist nicht möglich, keine didaktischen Entscheidungen zu treffen. Ob und wie gut diese Entscheidungen begründet sind, ist eine andere Frage; jedenfalls ist auch das Vorhaben, ›alles‹ gemeinsam mit den Teilnehmern im Lehr-/Lernprozeß zu entwickeln, eine solche Vorentscheidung.

Wie kann nun trotz dieses Vorgriffs und ohne die Möglichkeit zu haben, bereits in diesem Planungsabschnitt die Teilnehmer(innen) einzubeziehen, die Forderung »Anknüpfen an die Vorerfahrungen« realisiert werden? Zur Verdeutlichung eines möglichen Lösungsansatzes wird im folgenden in groben Umrissen ein besonderer Ausschnitt der didaktischen Überlegungen zu einem Seminar und deren Umsetzung im Lehr-/Lernprozeß skizziert. Dazu möchte ich nochmals an die oben verwendete Metapher erinnern: die angesammelten Erfahrungen der Teilnehmer wurden als Weg bezeichnet, auf welchem die Lernenden vom Dort-und-Damals ihrer alltäglichen Lebenssituation in das Hier-und-Jetzt der Lehr-/Lernsituation gelangen. Für die didaktische Planung geht es nun darum, nach möglichen Beziehungen zwischen der Alltagssituation der (potentiellen) Teilnehmer(innen) und der Lehr-/Lernsituation zu suchen. Dieser Teil der Seminarplanung läßt sich als wechselwirksamer Prozeß charakterisieren, bei welchem einerseits die Vorgaben bzw. die bereits entwickelten Vorstellungen hinsichtlich Zielen, Inhalten und Methoden die Richtung bestimmen, in der nach Anknüpfungsmöglichkeiten an die Teilnehmererfahrungen gesucht wird. Andererseits sind es die in bezug auf die Vorerfahrungen der Teilnehmer entwickelten Vorstellungen, die jene auf die Ziele, Inhalte und Methoden der Veranstaltung bezogenen

221

Entscheidungen bestimmen. Die Realisierung eines solchen Planungsansatzes soll nun anhand des bereits angekündigten Beispiels aufgezeigt werden.

Ein Beispiel

In einem Seminar zur Weiterbildung von Betriebsräten(innen) sollte der Themenbereich »Kommunikation und Information« behandelt werden. Ziel des Seminars war die »Erhöhung der kommunikativen Kompetenz« der Teilnehmer(innen) und die Verbesserung der Informationsarbeit im Hinblick auf eine verstärkte Aktivierung der Belegschaft im Betrieb. Mit der Festlegung dieser Thematik und Zielsetzung war für das Seminar zugleich die Orientierung an jenen spezifischen Erfahrungen vorgezeichnet, die im Zusammenhang mit der Betriebsratstätigkeit stehen, wobei diese Vorerfahrungen für die Planung nicht individuell hergeholt werden konnten, sondern vielmehr die *strukturellen Aspekte* solcher Erfahrungen zum Gegenstand der didaktischen Überlegungen gemacht wurden. Im einzelnen legte ich als Planender der Ziel-/Inhaltsfestlegung u.a. den folgenden strukturellen Erfahrungshintergrund der Teilnehmer(innen) als Bedingungsrahmen zugrunde:
– Betriebsräte(innen) sehen sich häufig einer großteils scheinbar passiven Belegschaft gegenüber. Das Erlebnis einer solidarischen Gemeinschaft ist eher selten.
– Betriebsräte(innen) empfinden teilweise einen hohen Rechtfertigungsdruck, der sie auf Kritik an ihrer Arbeit empfindlich reagieren läßt.
– Vergleichbar mit dem sonstigen betrieblichen Informationsfluß existiert auch auf der Seite der Interessensvertretung der abhängig Beschäftigten eine an Hierarchie-Ebenen gekoppelte Informationsdichte.
– Betriebsräte(innen) sehen sich häufig selbst als Helfende; zu diesem Selbstverständnis tritt die Tendenz hinzu, die Verantwortungsdelegation von der Basis an die Interessenvertretung weitgehend zu akzeptieren und zu bestärken.
– Die von Unternehmerseite dem Betriebsrat unterbreiteten Mitwirkungsangebote stellen zum Teil den verschleierten Versuch dar, Betriebsräte(innen) in unliebsame, konfliktbehaftete Entscheidungen einzubinden und damit als Gegenmacht auszuschalten. Betriebsräte(innen) werden von der Belegschaft in diesem Fall nur noch als der verlängerte Arm der Unternehmerseite wahrgenommen.
– Das Leben und Arbeiten im »Betrieb« bringt es mit sich, daß Betriebsräte tendenziell dazu neigen, Kommunikations-, Informations- und Entscheidungsrituale, wie sie von der Unternehmerseite praktiziert werden, mehr ungewollt als beabsichtigt zu reproduzieren.

Eine solche Umschreibung von erwarteten Vorerfahrungen der Teilnehmer, mit der ich zugleich teilweise die Alltagssituation von Betriebsräten(innen) zu erfassen und deren mögliche Verarbeitungsformen und -resultate zu berücksichtigen versuchte, ist einerseits das Ergebnis meiner bisherigigen praktischen Arbeit mit Betriebsräten und zum anderen spiegelt sich darin die theoretische Befassung mit diesem thematischen Bereich. Die Verbindung von beiden Zugangsweisen erscheint mir notwendig, um mit Vorerfahrungen weder theoretisch-abstrakt noch distanzlos anpasserisch umzugehen. Das Problem des Anknüpfens an die Vorerfahrungen der Teilnehmer(innen) wird also entsprechend dem hier vertretenen Problemverständnis vor allem dadurch einer Lösung nähergebracht, wenn es dem (der) Dozenten(in) im Planungsprozeß gelingt, eine angemessene Verbindung zwischen den Lebenssituationen der Teilnehmer und den Zielen, Inhalten und Methoden der zu planenden Veranstaltung herzustellen.

Im vorliegenden Fall wurde aufgrund der oben umrissenen Vorstellungen in bezug auf die Alltagssituationen und die zu erwartenden Vorerfahrungen der Teilnehmer(innen) versucht, problematische bzw. fragwürdige Resultate angeeigneter Erfahrungen erlebbar und damit der Bearbeitung zugänglich zu machen. Z. B. wurde geplant, in Grundzügen die Inanspruchnahme des Betriebsrates für die Durchsetzung konfliktbehafteter Managemententscheidungen und die damit verbundenen Konsequenzen für die Beziehung zwischen Betriebsrat und Belegschaft durch ein Rollenspiel mit Entscheidungscharakter im Lehr-/ Lernprozeß zu verdeutlichen. Vorgaben für das Rollenspiel waren dabei:

Ein Brief von der Geschäftsführung, in welchem der Betriebsrat gebeten wird, eine Regelung für die Vergabe von Erholungsplätzen zu finden. Für die Abteilungsmitglieder (= Anzahl der Seminarteilnehmer) werden pro Jahr fünf Plätze zur Verfügung gestellt – zwei im Frühjahr, drei im Herbst. Von den Teilnehmern übernehmen fünf die Rolle von Betriebsräten, die restlichen erhalten kurze Rollenvorgaben als Belegschaftsmitglieder. Die fünf Betriebsräte verlassen den Raum und erhalten dann den Brief der Geschäftsleitung und ebenso die kurzen Beschreibungen der in der Abteilung beschäftigten Personen.

Die Art und Weise, wie dieses Rollenspiel realisiert wird, ist zumindest teilweise von den jeweiligen Vorerfahrungen der Teilnehmer bestimmt. Im Hier-und-Jetzt der Lehr-/ Lernsituation werden spezifische Teile der Alltagssituation aktualisiert und als Lösungsstrategien eingesetzt. Das im Zusammenhang mit der Seminarplanung unternommene Bemühen um die Herausarbeitung struktureller Aspekte der Lebenssituation und möglicher daran geknüpfter Vorerfahrungen der Teilnehmer führt zu einem Lehr-/Lernarrangement, welches, über die strukturelle Ebene hinaus, zugleich das Einbringen individueller Vorerfahrungen und damit auch das Anknüpfen daran ermöglicht.

Mit den voranstehenden Ausführungen wurde zu zeigen versucht, daß, in bezug auf die Planung von Erwachsenenbildungskursen, das Problem des Anknüpfens an die Vorerfahrungen auch dann didaktisch sinnvoll angegangen und gelöst werden kann, wenn bis dahin noch kein unmittelbares Einbeziehen der Teilnehmer(innen) in die Planungsarbeit möglich war und von ihnen nicht mehr bekannt ist als z.B. ob sie berufstätig sind oder nicht. Voraussetzung hierfür ist allerdings die Bereitschaft und die Fähigkeit des (der) Planenden, seine (ihre) eigenen Erfahrungen, seine (ihre) soziologische und auch didaktische Phantasie dafür einzusetzen, jene bedeutsamen Beziehungen zwischen den Erfahrungen, welche die Teilnehmer(innen) voraussichtlich mitbringen werden und den Zielen, Inhalten und Methoden des beabsichtigten Lehr-/Lernprozesses herauszuarbeiten.

Anknüpfen an die Vorerfahrungen der Teilnehmer(innen) im Lehr-/Lernprozeß

Das Problem des Anknüpfens an die Vorerfahrungen der Teilnehmer(innen) im Hier-und-Jetzt des Lehr-/Lernprozesses kann u.a. in zwei Fragerichtungen entfaltet werden: In der einen wird vor allem auf den Verfahrensaspekt abgehoben. Hierbei sind die didaktischen Überlegungen im wesentlichen darauf ausgerichtet, angemessene *Verfahren* zur Verfügung zu haben, um die Vorerfahrungen der Teilnehmer(innen) in bestimmten Lernsituationen erfassen und als Material für den Lehr-/Lernprozeß aufbereiten zu können. Neben didaktisch recht interessanten Möglichkeiten, z.B. Anfertigen einer Collage zum Thema »Meine Arbeitssituation«, gibt es in diesem Zusammenhang aber auch eher eigenartige Vorschläge, die z.B. darauf hinauslaufen, eine solche Phase vor das »eigentliche« Seminar zu verlegen. Daß damit Anfangsschwierigkeiten, die aus dem unterschiedlichen Bezug der jeweiligen Vorerfahrungen auf die Seminarsituation resultieren, nicht bearbeitet, sondern nur zeitlich verlagert werden, liegt nahe. Eine zweite Fragestellung zielt darauf ab, aktuelle Situationen im Lehr-/Lernprozeß daraufhin zu untersuchen, welche spezifischen Erfahrungen Teilnehmer(innen) darin zum Ausdruck bringen, um diese Wahrnehmungen dann an sie rückmelden und zum Gegenstand bewußter Auseinandersetzung machen zu können. Auf diese zweite Frageperspektive sind die folgenden Ausführungen bezogen.

Im Rahmen einer vier Semester dauernden Gewerkschaftsschulung (Teilnehmer(innen) sind zumeist Betriebsräte(innen), Personalvertreter(innen), Vertrauensleute, teilweise auch Personen, die zukünftig voraussichtlich solche Funktionen übernehmen werden) wird seit kurzem der Versuch unternommen, den relativ umfangreichen und eher zusammenhanglos angelegten Themenkatalog teilweise aufzulösen und die dadurch entstehenden Freiräume für eine sogenannte Projektarbeit zu nutzen. Grundgedanken der Projektarbeit sind, daß die Teilnehmer(innen) sich selbst eine Aufgabe stellen, d.h. also ein Arbeitsthema wählen, eigenverantwortlich die einzelnen Arbeitsschritte bestimmen und auch selber über die Verwendung der Resultate bzw. deren Umsetzung in die eigene Praxis entscheiden. Eine der zuletzt von mir betreuten Projektarbeiten hatte das Thema »Die Vertrauenskrise zwischen Betriebsrat und Belegschaft. Ursachen und Verbesserungsmöglichkeiten«. Entsprechend dem mit viel Engagement erfolgten Start gingen die Arbeiten am Projekt sehr gut voran. Bald stand fest, daß daraus ein kleines Aktionsforschungsprogramm werden sollte, bei dem es darum ging, daß jede(r) der Betei-

ligten individuell Rückmeldungen über seine (ihre) Betriebsratstätigkeit einholen sollte, um dann mit spezifischen Veränderungen in seiner (ihrer) Tätigkeit zu experimentieren. Als eine Möglichkeit, sich solche Rückmeldungen zu beschaffen, wurde von den Teilnehmern(innen) eine Liste von immer wieder zu hörenden positiven und negativen Äußerungen über die Betriebsratstätigkeit entwickelt, die an ihre jeweiligen Belegschaftsmitglieder zur Einschätzung der eigenen Betriebsratsarbeit ausgeteilt werden sollte. Die Ergebnisse sollten dann im Kollegenkreis und mit der Belegschaft diskutiert werden und gemeinsam sollte nach Verbesserungsmöglichkeiten gesucht werden.

Als die Vorarbeiten abgeschlossen waren, und es daran ging, die Fragebogen nun an die Belegschaftsmitglieder auszugeben, wurde plötzlich Widerstand erkennbar: gleichsam von einer Sitzung zur anderen, schien das Thema niemanden mehr zu interessieren. Was zuvor als Vertrauenskrise bezeichnet worden war, die alle betraf, wurde nun einem der teilnehmenden Kollegen als ausgesprochen individuelles Problem »angehängt« (wobei dieser Teilnehmer dann gleich behauptete, dies für sich bereits gelöst zu haben), uns Kursbetreuern und Dozenten, die wir unsere Rolle im Sinne von Beratern definierten, wurde Manipulation unterstellt (bereits die Themenwahl sei manipuliert worden); darüber hinaus wurde auch die Meinung vertreten, daß die erarbeiteten Kategorien zwar sehr wichtig seien, doch die gesamte Aktion in bezug auf ihre persönliche Situation überflüssig sei, da sich in ihrem Bereich alles in bester Ordnung befinde oder – und dies war die nächste Meinungsgruppe – bei ihnen aufgrund spezifischer Bedingungen nichts zu ändern sei.

Woher kam dieser plötzliche Umschwung, wie war diese Entwicklung zu erklären? In den Gesprächen mit den Teilnehmern(innen) wurde uns nach und nach deutlich, daß die Betriebsräte(innen) mit dem Projekt und der geplanten Vorgehensweise ganz konkrete Befürchtungen verbanden. Diese Befürchtungen – dazu gehörten u.a., daß die Belegschaftsmitglieder die Situation ausnutzen könnten, um dem (der) Betriebsrat(in) einen Denkzettel zu verpassen, daß kritische Stellungnahmen von seiten der Belegschaft von der Unternehmensleitung aufgegriffen und gegen die jeweiligen Betriebsräte(innen) verwendet werden könnten, daß die Durchführung des Projekts im Betrieb als Eingeständnis von Schwäche aufgefaßt würde, daß Betriebsräte(innen) gegeneinander ausgespielt werden könnten usw. – resultieren aus jenen Erfahrungen, die von den Teilnehmern(innen) in ihrem beruflichen Alltag gemacht werden. Und charakteristisch für diesen Alltag ist eben weniger das aufrichtige Bemühen um solidarisches Handeln, als vielmehr das hinter einem liebenswürdigen Schein verborgene, kalkulierte Handeln um des individuellen Vorteils willen. In dem berichteten Beispiel sind die ersten noch eher verdeckten Hinweise darauf, daß die unterrichtlichen Ziele, Inhalte und Arbeitsformen von den Teilnehmern(innen) als bedrohlich empfunden worden sind, von uns nicht bzw. zu wenig beachtet worden. Dabei hat es – rückblickend – an solchen Signalen, wie z.B. starke Fluktuation um eine interessierte Gruppe herum, Vorschläge, das Thema ausschließlich theoretisch-allgemein abzuhandeln, nicht gefehlt. Fortschritte in der Pro-

jektarbeit stellten sich erst wieder ein, als die genannte Problematik ausdrücklich zum Gegenstand der Auseinandersetzung im Lehr-/Lernprozeß gemacht und es den Teilnehmern(innen) zunehmend möglich wurde, ihre Befürchtungen und Bedürfnisse unverdeckt zu äußern und damit ihre Alltagssituation in das Seminar hereinzuholen.

Was hier zuletzt in knappen Worten beschrieben wurde, habe ich als Dozent in der damaligen Lehr-/Lernsituation als schwierige Wanderung auf schmalem Grat erlebt. Denn es verhält sich schließlich keineswegs so, daß das unverdeckte und offene Einbringen von Vorerfahrungen sich für die Teilnehmer(innen) durchwegs als unproblematisches und angstfreies Unterfangen darstellt. Die Erfahrungen, die von den Erwachsenen mit in die Lehr-/Lernsituation gebracht werden, resultieren nicht nur aus erfolgreichen, die Identität stärkenden, sondern zugleich auch aus schwierigen, teilweise identitätsbedrohenden Stationen ihrer Lebensgeschichte. Situationen wie z.B. soziale Isoliertheit, familiäre Probleme, Arbeitslosigkeit, Konkurrenz am Arbeitsplatz, werden zu spezifischen Erfahrungen und damit verknüpften Befürchtungen und Bedürfnissen verarbeitet, die zwar bewußt oder unbewußt deutlich erkennbar oder eher unterschwellig in den Lehr-/Lernprozeß einfließen, deren ausdrückliche Veröffentlichung jedoch von den Betroffenen unter Umständen zu vermeiden versucht wird. Mit der oben angedeuteten Gratwanderung ist nun die Schwierigkeit gemeint, in der Lehr-/Lernsituation jeweils zu entscheiden, ob die Rückmeldung bestimmter Wahrnehmungen an eine(n) Teilnehmer(in) von dem (der) Betreffenden als Bearbeitungsangebot angenommen werden kann oder eher als nötigendes Eindringen in die Sphäre des Privaten erlebt werden wird. Der in manchen Seminaren aufgebaute soziale Druck, der auf jenen Mitgliedern lastet, die mit ihrer Offenheit angeblich noch nicht so weit vorangekommen sind wie andere, zerstört geradezu die Voraussetzungen für ein möglichst angstfreies Einbringen auch problematischer Erfahrungen. Die »totale« Offenheit als Norm sichert nicht das Anknüpfen-Können an die Vorerfahrungen, sondern ist tendenziell darauf angelegt, subjektive Erfahrungen der je eigenen Verfügung zu entreißen. Sollen demgegenüber Rückmeldungen der Dozenten, durch die bestimmte Handlungsweisen oder Denkmuster der Teilnehmer(innen) in Beziehung zu deren eventuellen Vorerfahrungen gesetzt werden, von den Betreffenden als Bearbeitungsangebote aufgefaßt werden können, so haben sie zur Voraussetzung, daß damit nur solche Bezüge zum Thema werden, die in der Teilnehmeräußerung bzw. in der betreffenden Lehr-/Lernsituation, wenn auch nicht ausdrücklich angesprochen, so doch deutlich wahrnehmbar waren. Darüber hinaus muß für die Teilnehmer(innen) erkennbar sein, daß dies ein Angebot darstellt, über dessen Annahme bzw. Ablehnung sie selbst entscheiden können.
Für die Möglichkeit, bereits im Planungsprozeß an die Vorerfahrungen der Teilnehmer(innen) anknüpfen zu können, wurde oben als Voraussetzung genannt, daß es dem (der) Planenden gelingt, eine angemessene Vorstellung hinsichtlich der Beziehung zwischen der Lebenssituation der Lernenden und den Zielen, Inhalten und Methoden des zu planenden Seminars zu entwickeln. Diese Vorstellungen, die im didaktischen Planungsprozeß mit in

das Seminarkonzept eingearbeitet werden, sind darüber hinaus zugleich auch die Grundlage dafür, um im Hier-und-Jetzt des Lehr-/Lernprozesses an die Vorerfahrungen der Teilnehmer(innen) anknüpfen zu können. Die Herausarbeitung struktureller Aspekte der Lebenssituation und möglicher daran geknüpfter Vorerfahrungen der Lernenden bedeutet letztlich eine Erweiterung, Differenzierung und thematische Spezifizierung jenes didaktischen Entwurfs, anhand derer Dozenten(innen) den aktuellen Lehr-/Lernprozeß zu analysieren, zu bewerten und zu steuern versuchen. Eine auf diesem Hintergrund basierende Beobachtung und Interpretation des Kursgeschehens ermöglicht es, bestimmte Handlungsweisen und Argumentationsweisen von Teilnehmern(innen) z.B. an die jeweiligen Arbeitserfahrungen rückzubinden und daraufhin zu befragen, inwieweit sie als Resultate der sozialisierenden Wirkung von Arbeitssituationen begriffen werden können, inwieweit sie als Ausdrucksformen subjektiver Verarbeitung von Arbeitstätigkeiten und der damit verbundenen Bedingungen zu interpretieren sind.

Darüber hinaus kann davon ausgegangen werden, daß mit der Erarbeitung eines solchen Interpretationsmusters zugleich auch die Feinfühligkeit in bezug auf die Wahrnehmung jener Signale im Hier-und-Jetzt der Lehr-/Lernsituation wächst, die für spezifische, von den Teilnehmern(innen) mit in den Kurs eingebrachte, Vorerfahrungen stehen. Dieses ausdrückliche Hereinholen und Besprechen von Vorerfahrungen, eröffnet den Teilnehmern(innen) jedoch nur dann neue Lernchancen, wenn darin nicht ein Instrument zur Beseitigung unerwünschter »Störungen« im Kurs gesehen wird, sondern vielmehr die Möglichkeit, den Lehr-/Lernprozeß an die Alltagsrealität der Beteiligten, sowie an deren Wahrnehmungs- und Interpretationsmuster heranzuführen, aktuelle Lehr-/Lernerfahrungen mit Vorerfahrungen zu konfrontieren und die Veränderbarkeit und Gestaltbarkeit der alltäglichen Lebenssituation aufzuzeigen und erlebbar zu machen.

Literatur

In den voranstehenden Beitrag sind keine Publikationen zitatmäßig eingearbeitet; die folgende Liste möchte ich dennoch anführen, weil damit ganz knapp umrissen werden kann, welche Positionen sicherlich als »Vorerfahrungen« die Produktion dieses Beitrages mitbeeinflußt haben. Darüber hinaus hat die Liste die Funktion, Ihnen – sofern Sie Interesse daran gefunden haben – die weitere Auseinandersetzung mit der Thematik etwas zu erleichtern.

Arbeiterbildung, Lebenslage und Interessen abhängig Beschäftigter, Band I: Didaktische Konzeption, Verlauf und Grundlagen des Projekts, Bonn 1981, (= Schriftenreihe der Bundeszentrale für politische Bildung 166).

Geißler, Kh.A./Kade, J.: Die Bildung Erwachsener, München/ Wien/Baltimore 1982.

Großkurth, P. (Hrsg.): arbeit und persönlichkeit: berufliche sozialisation in der arbeitsteiligen gesellschaft, Reinbek 1979.

Holzapfel, G.: Erfahrungsorientiertes Lernen mit Erwachsenen, München/Wien/Baltimore 1982.

Meueler, E.: Erwachsene lernen, Stuttgart 1982.

Negt, O.: Soziologische Phantasie und exemplarisches Lernen, Frankfurt/Köln, [5]1975.

Zeitgestaltung

Manchmal komme ich mir im
Seminar wie ein Zeitnehmer vor

Karlheinz A. Geißler

Über den Umgang mit der Zeit

Ich will hier von meinen Erfahrungen als Dozent berichten und doch bin ich sicher – dies legen viele Gespräche mit Kollegen nahe – daß dies nicht nur *meine* Erfahrungen sind. Bereite ich eine Erwachsenenbildungsveranstaltung vor[*], so werde ich in den Tagen vor dem Beginn ungewöhnlich unruhig. Eine Unruhe, die maßgeblich dadurch verursacht wird, daß ich mich in einer widersprüchlichen Situation zu befinden glaube.

Einerseits halte ich es für notwendig, die Veranstaltung detailliert zu planen, d.h. sie in zeitliche und inhaltliche Abfolgen, in Lernschritte zu zerlegen und diesen Lerninhalte und Lernmethoden zuzuordnen; dies gibt mir als Dozent Sicherheit und – so meine Erwartungen – auch den Teilnehmern, und dies soll das Erreichen der Lernziele sichern. Andererseits spüre ich jedoch immer auch meinen Widerstand gegen ein solches didaktisches Vorgehen, besonders in jenem Moment, wenn ich mich an den Schreibtisch setze, um eine solche Detailplanung zu erstellen. Genauer: Es sind mehrere Widerstände, nicht nur einer, die mich in eine unruhige Gespanntheit versetzen und mich häufig daran hindern, die Seminarplanung bis in jenes präzise Detail auszuführen, das erst Sicherheit verspricht.

Da ist zum einen der Sachverhalt, daß ich für Personen plane, die ich nicht kenne, von denen ich nicht weiß, welche Erfahrungen und Fähigkeiten sie haben, was sie im Seminar wollen, was sie *von mir* wollen, wie sie sich die verschiedenen Lernsituationen und mich und meine Rolle als Dozent in diesen vorstellen und wünschen. Da ist die Befürchtung, daß ich mich zum Objekt meiner Planung mache (Selbstinstrumentalisierung), daß ich also im Seminar *nur* noch Erfüllungsgehilfe, nur noch Instrument meiner eigenen Planung sein werde und damit ja auch die Teilnehmer zum bloßen Objekt des Vorausgedachten mache. Und da ist auch meine Angst, daß ich als Dozent zum Kontrolleur, ja zum Seminarpolizisten werde, der immer nur darauf achtet, daß die Verkehrsregeln des vorausgeplanten Lernschnellwegs eingehalten werden und der jede Abweichung, alles Zufällige, das Subjektive und das Besondere immer nur als Störung bei der genauen Umsetzung des Planes begreift und entsprechend handelt. Dies hängt mit meiner Befürchtung zusammen, daß ich mich

---

[*] Meine Überlegungen und meine hier dargestellten Erfahrungen beziehen sich auf Vollzeitseminare (meist in Internatsform) die zwischen 3 und 5 Tage dauern. Das hier Angeführte kann nur bedingt auf andere Veranstaltungsformen (z.B. Tagesveranstaltungen, Veranstaltungen, die über ein Semester wöchentlich 2stündig stattfinden) übertragen werden.

selbst als lernunfähig erlebe (eine für mich schwer zu ertragende Erfahrung in einer Situation, die auf Lernen ausgerichtet ist).

Diesen Widerspruch löse ich sehr verschieden, besser: Ich löse ihn eigentlich überhaupt nicht. Ich gehe damit unterschiedlich um, je nachdem, wie lange das vorzubereitende Seminar dauert, welche Informationen ich über die Teilnehmer habe und was diese Informationen bei mir bewirken (z.B. Entlastung, Belastung, Ängste, Freude, Neugierde), wie ich mit den Inhalten, die ich vermitteln will, vertraut bin und in welcher aktuellen Situation ich gerade bin (meine persönlichen Belastungen, meine Belastungen im Beruf). Aber ganz unabhängig davon, wie ich mit diesen Widersprüchen bei der Seminarplanung umgehe, wie ich mich schließlich entscheide, wie ich letztlich plane; der Widerspruch tritt *im* Seminar in jedem Falle auf. Er äußert sich dann meistens als Problem der Strukturierung von Lernsituationen. Manchen Teilnehmern sind meine Veranstaltungen zu wenig strukturiert, d.h. zu offen, anderen setze ich in der gleichen Veranstaltung zu viele Strukturen, sie können ihre eigenen Erfahrungen, ihre besonderen Ideen und Wünsche nicht in dem für sie zufriedenstellenden Maße einbringen und finden sich und ihre Erfahrungen zu wenig im Seminarablauf wieder. Diese Teilnehmer machen häufig (symbolisch) deutlich, daß sie die ablaufende Veranstaltung als die meine, nicht als die ihre ansehen. Jene, die Strukturvorgaben vermissen, sagen mir häufig direkt und/oder indirekt, ich hätte mich zuwenig vorbereitet, ich würde mir's sehr leicht machen, ich ginge zwar auf ihre Bedürfnisse in umfänglichem Maße ein, in ungenügender Weise jedoch auf ihr Bedürfnis nach Strukturen. Noch schwieriger, noch komplizierter wird die Situation dann, wenn – wie so oft – die gleichen Teilnehmer einmal nach mehr, ein andermal nach weniger didaktischer Struktur verlangen.

Ein Beispiel aus der Anfangssituation von Seminaren:

> *Beginne ich möglichst rasch mit der Erarbeitung der im Seminarprogramm ausgedruckten Inhalte und beschränke die Vorstellung der sich noch unbekannten Teilnehmer auf die Namen, ist dies für viele Beteiligte unbefriedigend. Sie kritisieren z.B., daß sie zuwenig von den anderen Teilnehmern wissen, daß sie zuwenig kennen, um mit ihnen fruchtbar und intensiv zusammenarbeiten zu können. Andererseits wird mir als Dozent dann, wenn die Intensität der Vorstellung, des Miteinander-Bekanntmachens, mehr Raum am Beginn der Veranstaltung einnimmt, vorwurfsvoll deutlich gemacht, wir sollten doch endlich anfangen!*

Der aufgezeigten Widersprüchlichkeit ist gemeinsam, daß der Dozent für die Strukturierung der Veranstaltung verantwortlich gemacht wird und daß er insofern auch für eine ganz bestimmte Form der Strukturierung in die Verantwortung genommen wird, nämlich jene der *Zeiteinteilung*. Der Dozent wird von den Teilnehmern als *Zeitnehmer* und als *Zeitgeber* gesehen. Dies äußert sich an vielen Stellen von Erwachsenenbildungsveranstaltungen und meist ist solches zum Automatismus des (meines) Dozentenhandelns geworden. So beginnen z.B. meine Kurse in aller Regel erst, wenn *ich* anwesend bin und wenn ich zu reden beginne (ganz gleich, ob noch einige Teilnehmer fehlen). Die Veranstaltung endet, wenn ich mich verabschiede, wenn *ich* Schluß mache.

Dozenten als Zeit-Zähler: vom Nehmen und Geben

Ich erlebe, daß mich Teilnehmer dafür verantwortlich machen, wenn der Lernprozeß zu langsam oder zu schnell verläuft. Wenn einzelne Teilnehmer langsam, bedächtig sind, die anderen schnell und hektisch, dann bin ich es, der nach Meinung vieler Teilnehmer solche Asymmetrien auszugleichen hat, der schließlich über das einzuschlagende Lehr-Lerntempo zu entscheiden hat. Daß ich und alle anderen Dozenten diese Erwartungen in den allermeisten Fällen auch zu erfüllen versuchen, liegt nicht zuletzt daran, daß wir diese Rolle des Zeitnehmers und Zeitgebers für uns selbst in Anspruch nehmen. Sie sichert unseren Einfluß im Seminar; sie schützt uns und die Teilnehmer vor dem Unabsehbaren, dem Überraschenden und sie gibt allen eine Orientierung im Lehr/Lernprozeß.
Die sich hierauf beziehende Frage, für die ich als Dozent sowohl in der Seminarvorbereitung als auch in der Durchführung immer wieder eine Antwort finden muß, heißt:
Wie gestalte ich diese mir zugewiesene und/oder angestrebte Rolle als Zeitnehmer und als Zeitgeber in den Seminaren?
Konkreter: In welchem Umfange und in welcher Weise gebe ich Zeitvorgaben? Wieviel Zeit lasse ich den Teilnehmern bei einzelnen Lernschritten? Wieweit können die Teilnehmer die für ihre Lernprozesse notwendige Zeit (mit-)bestimmen?

Das Problem der *Zeitstrukturierung* steht dabei, das darf nicht übersehen werden, für eine *Strukturierungsstrategie des Lehr/Lernprozesses,* die generelle Auswirkungen hat. Entscheidungen über Zeiträume sind immer auch Entscheidungen über Inhalte und über Ziele und besonders über das soziale Klima des Lehr-Lernprozesses (Macht, Einfluß, Interaktionsformen). Und ein weiteres: Die Strukturierung von Zeit ist ja nicht nur ein Problem der Erwachsenenbildungspraxis; wir sind mit dieser Frage ständig konfrontiert, ob in der Familie (z.B. beim Spiel mit den Kindern), ob im Beruf, ob in der sog. Frei-Zeit. Daher wären auch nur vordergründige Antworten auf diese speziellen Fragen einer pädagogischen Zeitstrukturierung zu erwarten, wenn diese ohne Bezug zur Allgemeinperspektive der Zeitgestaltung und des Zeitbewußtseins in unserer Gesellschaft bleiben würden. Erst über diese sehr fruchtbaren »Umwege« können konkrete und praxisnahe »sinn-volle« Hinweise zum Umgang mit der Zeit in Veranstaltungen der Erwachsenenbildung gegeben werden.

Ich zeichne beim Entwickeln dieser allgemeinen Umgehensweise mit der Zeit jenen Weg nach, den ich bei der Bewältigung meiner eigenen Zeitprobleme in Erwachsenenbildungssituationen gegangen bin (von manchen Sackgassen, Umwegen, aber durchaus fruchtbaren Abweichungen für ganz andere Problemlösungen, ist diese Darstellung »gereinigt«. Arbeits- und Lernprozesse sind ja selten so glatt wie sie üblicherweise dargestellt werden). Andere gehen sicher anders vor, aber vielleicht ist dieses Beispiel sinnvoll, um die Leser anzuregen, bei sich selbst nachzuforschen.

Umgang mit der »Zeit«: zwei Modelle

Was macht ein auf Rationalität hin erzogener Wissenschaftler, wenn er praktisch-pädagogische Probleme hat. Üblicherweise schaut er – so auch ich – in der einschlägigen Literatur nach, ob darin etwas über das Problem des Umgangs mit der Zeit in pädagogischen Situationen generell und in Situationen der Erwachsenenbildung speziell steht (dies trotz der oftmals enttäuschten Hoffnung, daß dort auch wirklich etwas Brauchbares zu finden wäre). Fehlanzeige! Beneidenswert ist das Verhältnis jener zur Zeit, die sich literarisch über die Planung und die Durchführung Lehr/Lernprozessen in der Erwachsenenbildung Gedanken machen: Sie kennen keine Zeitprobleme. Wenigstens äußern sie sie nicht. Weshalb? Glauben sie etwa, daß es sich hierbei um ein Scheinproblem handelt? Oder ist ihnen das Thema zu banal, zu alltäglich? Gerade weil der Umgang mit der Zeit eine alltägliche und damit eine über die Bedeutsamkeit in Bildungsprozessen hinausreichende Fragestellung ist, liegt es jedoch meines Erachtens nahe, sie ernstzunehmen und dabei zunächst auf *unsere Alltagssprache* Bezug zu nehmen, in der ja Probleme und Problemlösungen immer auch ausgedrückt werden.

Alltagssprachlich bedienen wir uns vielfältiger Formulierungen im Umgang mit der Zeit: Wir »gewinnen Zeit«, wir »verlieren Zeit«, wir »sparen Zeit«, wir »nutzen die Zeit«, wir »schinden die Zeit«, ja wir »schlagen sie sogar tot« (Erich Kästner: Denkt an das fünfte Gebot/schlagt eure Zeit nicht tot!). Hier wird Zeit dargestellt als etwas Handhabbares, mit dem man schalten und walten kann.

Diese *instrumentelle Perspektive* ist aber nur eine Seite unserer alltäglichen Lebenspraxis im Umgang mit der Zeit. Ebenso verbreitet ist der das Subjekt eher zum passiven Objekt machende Umgang mit der Zeit in den Benennungen: »die Zeit verrinnt«, »die Zeit steht still«, »die Zeit verfliegt«, »sie verstreicht«, »sie nagt«, »sie läuft ab«, »sie nimmt«, »sie heilt«, »sie gebiert«, »sie läßt sterben«, »sie erneuert« usw.

Diesen in der Umgangssprache zum Ausdruck kommenden beiden Perspektiven gegenüber der Zeit liegen zwei unterschiedliche Lebensformen, genauer: Zwei verschiedene Qualitäten des subjektiven Bezugs zur Zeit zugrunde. In diesen alltagssprachlichen Formulierungen, die unseren Umgang mit der Zeit betreffen, drücken wir zwei unterschiedliche Einstellungsweisen aus, die so umfassend sind und die sich bei uns in vielfältigen Verhaltensweisen bemerkbar machen, daß sie zu Lebensformen wurden. Besonders trifft dies unser Verhältnis zum eigenen Leib, zu fremden Personen, zu Gegenständen und zu sozialen Situationen. Wenn wir von »Zeit« reden, sprechen wir immer von *Erscheinungen* in der Zeit, von Geschehnissen, die uns lang, kurz, schnell, langsam usw. erscheinen; und damit ordnen wir die natürliche, die soziale und die individuelle Wirklichkeit.

Diese Orientierung bezüglich der Zeit kann in unterschiedlicher Weise geschehen und dies drückt sich eben in den beiden dargelegten Sprachgewohnheiten des Alltags aus, die ja über die Sprache hinaus unser gesamtes Leben beeinflussen.

Dem aktiv-instrumentellen Sprachgebrauch (ich »gewinne Zeit«, ich »verliere Zeit« usw.) entspricht ein Zeitmodell, das als *lineares* bezeichnet wird. Dem steht ein *zyklisch-erfahrungsorientiert* genanntes Zeitmodell gegenüber, das die Betroffenheit des Subjektes in der Sprache zum Ausdruck bringt (»die Zeit drängt mich«, »die Zeit rinnt«, »die Zeit hilft mir« usw.).

Die oben aufgezeigten widersprüchlichen Bedürfnisse nach Zeitstrukturierung in Erwachsenenbildungsseminaren sind in diesen Modellen benannt, um fürs didaktische Handeln Konsequenzen hieraus zu ziehen, müssen diese beiden Zeitkonzepte weiter verdeutlicht werden.

Das lineare Zeitmodell

Die Benennung dieses Modells als linear soll zum Ausdruck bringen, daß Zeit nach dem Muster einer nicht endenden geraden Linie gesehen und verstanden wird.

Das lineare Zeitmodell geht, wie in der Alltagssprache ausgedrückt, von einer Vergegenständlichung der Zeit aus. Das Subjekt *macht* etwas mit der Zeit. Nicht das passive Erleben, sondern das aktive Tun ist die zentrale Perspektive.

Grundlage dieses Tuns ist das Messen der Zeit, und daher wird das lineare Zeitmodell auch in bezug zu jenen, die das Messen zur Aufgabe ihres wissenschaftlichen Strebens machen, das physikalische genannt. Nach den Bedürfnissen der Physik (der klassischen Mechanik) ist dieses Zeitmodell auch weitgehend strukturiert. Zeit wird nicht an Erlebnisinhalten bzw. an anschaulichen Erfahrungen festgemacht, sondern ereignisunabhängig festgelegt. Auf den Bildungsbereich bezogen: Die Erwachsenenbildungsveranstaltung beginnt eben situationsinvariant um 17.00 Uhr und nicht z.B. wenn es dunkel wird oder wenn die Teilnehmer alle da sind, wie dies z.B. noch in ähnlicher Form vom Kirchgang in Südtirol aus dem letzten Jahrhundert berichtet wird, wo das sonntägliche Glockenläuten zum Gottesdienst erst dann einsetzte, wenn der am weitesten entfernt wohnende Bauer von der Kirche aus gesehen werden konnte. Zeit wird also, entgegen diesem Beispiel, von der jeweils konkreten Situation unabhängig gemacht und damit auch unabhängig vom Subjekt in dessen Situation. Dies geschieht, um letztlich das Subjekt in die Situation zu bringen, sich selbst und die Situation zu manipulieren, um die Zeit, d.h. die Nutzung der Zeit, zu optimieren.

Dieses lineare Zeitmodell hat (als symbolisches Ordnungsmittel für individuelle, natürliche und soziale Realität) immense Möglichkeiten freigesetzt, da hierdurch Zukunft als offen gestaltbar gedacht und erlebt werden kann. Dies wiederum fördert die Rationalität von Handlungen, das Erfassen, die Planung, die Kontrolle des individuellen, natürlichen und sozialen Lebens. Der Bezug des Subjekts zu seiner natürlichen und zu seiner sozialen Umwelt wird auf Zukunft hin entwickelbar und überprüfbar, und zwar maßgeblich durch die Rationalität von Zeitmustern, wie sie die Uhr mit ihrer inzwischen höchst differenzierten Einteilung ja darstellt. Daran kann Erfolg, kann Fortschritt festgemacht werden.

Den für unsere Gesellschaft und deren Kultur treffendsten Ausdruck findet das lineare Zeitmodell in der Gleichung »Zeit ist Geld«. Daß diese Gleichung nicht nur fürs Arbeitsleben gilt, sondern (zunehmend) für den Bildungsbereich, dies drückt sich unter anderem im Notenstreben, in der Erwachsenenbildung besonders im Zertifikationserwerb aus (für die Erwachsenenbildung heißt die *Gleichung* demnach »Zeit sind Zertifikate«). Das Zertifikat ist die Währungseinheit der Erwachsenenbildung. Zertifikate sind, wie Geld, Abstraktionen; sie sind neutral gegenüber Personen und gegenüber Inhalten, und die Zertifikate, obgleich man unendliche viele drucken und ausgeben könnte, werden, wie das Geld, verknappt. Unklar bleibt im Zertifikat, durch welches konkrete Geschehen es erworben wurde, genauso wie beim Dozenten meistens unklar bleibt, durch welche konkrete Arbeit er sein Geld erhält. Das Streben nach Zertifikaten löst daher zum Ärger und Erstaunen vieler Dozenten in der Erwachsenenbildung das Interesse am Inhalt ab. Die streng planerische, ökonomische Nutzung der Bildungszeit für das erhoffte Zertifikat seitens der Teilnehmer bringt Dozenten ja dann häufig in die Situation, daß sie diese Teilnehmererwartungen auf Kosten der Ziele und der Inhalte, deren Vermittlung eigentlich eine ganz andere Zeitgestaltung notwendig machen würde, erfüllen.

Die Erwachsenenbildungssituation ist voll von Zeichen symbolischer Handlungen, die Ausdruck dieses linearen Zeitmodells sind, das ja an der aus der Ökonomie übertragenen Form der Optimierung von Aufwand und Ertrag ausgerichtet ist. Dies ist vielerorts sichtbar. Die meisten Veranstaltungsräume haben eine nicht übersehbare, ja häufig in ihrer Größe auch bedrohlich wirkende Uhr an der Wand – sinnigerweise häufig über der Tür. Zur fast automatisierten Handlung ist es Dozenten und Teilnehmern geworden, mehrmals, auch während einer nur sehr kurzen Veranstaltung, auf die Uhr zu schauen. Mancher Dozent streift, bevor er beginnt, demonstrativ seine Uhr vom Handgelenk und legt sie vor sich auf den Tisch; und auch die neueste technische Entwicklung, die Entlastung vom Blick auf die Uhr durch einen enervierenden Piepston, hat vielerorts bereits unüberhörbaren Einzug in die Bildungsveranstaltungen gehalten. Und sind es nicht optische und akustische Signale in den Kursen selbst, so macht spätestens die Verwaltung (bzw. die Küche) darauf aufmerksam, daß »Zeit« ein Phänomen ist, mit dem nicht nur nach pädagogischen Prinzipien umzugehen ist.

So belastend solches manchmal ist, so hat es doch auch Vorteile: Liegt die Zeitstrecke fest – unabhängig von der Situation, unabhängig von den Ereignissen im Lernprozeß – dann kann geplant, dann kann berechnet, dann kann kontrolliert werden. Jeder, der Stundenpläne macht, der Belegungspläne von Bildungshäusern erstellt, der Kontrakte mit Dozenten schließt und der finanzielle Dispositionen zu treffen hat, weiß dies ebenso zu schätzen, wie auch jene Teilnehmer und Dozenten, die über die gerade stattfindende Bildungsveranstaltung hinaus auch noch andere Verpflichtungen einzuhalten haben. Es ist zweifellos entlastend, wenn Zeitstrecken vom konkreten Geschehen in Bildungssituationen unabhängig sind, wenn sie – wie z.B. Anfang und Ende von Bildungsveranstaltungen – festliegen und auch verbindlich sind. Die Loslösung der Zeit von der sozialen Dynamik des Lernprozesses ebenso wie von der je individuellen Befindlichkeit von Lehrenden und Lernenden (der Müdigkeit, der Lust am Lernen, dem Interesse usw.) und auch von allem dem, was um einen herum vorgeht (ob es schneit, ob es regnet, ob Sonne scheint, ob es hell ist oder dunkel), macht zwar unabhängig, sie belastet die Beteiligten aber auch.

Die Unabhängigkeit von Situationen und Erfahrungen ist allzu häufig erkauft durch die Entfremdung von dem, was um uns herum geschieht und was in uns geschieht. Die Lernrhythmen der Teilnehmer, die Lehrrhythmen von Dozenten werden einer ereignisunabhängigen Zeit angepaßt. Letztlich ist der kalkulatorische Umgang, mit der Zeit auch ein kalkulatorischer Umgang, den die Menschen sich selbst antun.

Das nun darzustellende zweite Zeitmodell bildet hierzu einen deutlichen Kontrast.

Das zyklisch-erfahrungsorientierte Zeitmodell

Eine ganz andere Lebensform (mit ihren spezifischen Einstellungs- und Verhaltensdimensionen) gegenüber dem linearen Zeitmodell folgt aus dem zyklisch-erfahrungsorientierten. Ich erinnere nochmals an die alltagssprachlichen Formulierungen, in denen dieses Modell seinen Ausdruck findet: Die »Zeit nagt«, »sie verstreicht«, »sie erneuert«, »sie läßt sterben«, »sie reift« usw.

Zeit ist hier nicht ein vorgegebener, situationsinvarianter Rahmen, sondern ein Ergebnis der jeweiligen Qualität des Ereignisses, der Erfahrungen, des Erlebens. Hierdurch ist die Zeit, das Zeiterleben an natürliche, an psycho-physische und soziale Bedingungen und Prozesse geknüpft. Und dies kommt ja in der Sprache in den Verben »nagen«, »gebären«, »sterben lassen«, »trennen« usw. zum Ausdruck. Die Zeit wird nicht beherrscht, sondern intensiv erlebt. Nicht das Subjekt bestimmt die Erfahrungen, die Ereignisse, diese bestimmen vielmehr das Subjekt und dies macht es dem Subjekt überhaupt erst möglich, neue Erfahrungen zu machen. Nicht der planende, der berechnende Umgang mit der Zeit (wie im linearen Modell) ist hier die Perspektive, sondern jener der Erfahrungen.

Zeitbewußtsein, Erfahrungen in der Zeit und Zeiterfahrung sind hier konkret dezentral (z.B. an einzelnen Personen) orientiert, sozial und situativ unterschiedlich, da sie an dem Maßstab äußerer und innerer Natur festgemacht sind. Ungleichheiten, Besonderheiten, Mannigfaltigkeiten bleiben dabei erhalten, sie werden betont und akzeptiert und nicht der

Vergleichbarkeit geopfert. Eine Subjektivierung von Zeit findet statt u.a. um den Preis, wenn es einer ist, extremer Heterogenität und geringerer Vergleichbarkeit, um den Preis der Ungenauigkeit.

Dieses qualitative, zyklische Zeitmodell war sozial dominantes und bestimmendes Konzept in den archaischen Ackerbau- und Hirtenkulturen und ist auch noch heute in den Nicht-Industrieländern maßgebend. Historisch betrachtet veränderte sich im europäischen Kulturkreis das Zeitverständnis vom zyklischen zum linearen in den Jahrhunderten zwischen 1300 und 1650. Reste des zyklischen Modells sind jedoch bei uns immer noch vorhanden, speziell im bäuerlichen Bereich, und besonders auch in der sozialen Organisation Familie und Haushalt (einen Bereich, wo die Gleichung »Zeit ist Geld« außer Kraft gesetzt ist). Auch in der Entwicklung jedes Menschen ist dieses qualitative, erfahrungsbezogene Zeitmodell einmal Zentrum des Verhaltens und des Bewußtseins. Dies ist nämlich das Zeitmodell, nach dem Kinder leben.

Die Zielstrebigkeit, d.h. die spontane Einfälle abdrängende Loyalität gegenüber einmal entschiedenen eigenen Plänen und Absichten, ist Kindern fremd; sie sollen (und müssen) dies erst lernen. Das Sich-Treiben-Lassen, das ziellose Herumwandern, das Vagabundieren, das Abschweifen, das Bummeln, die spontane Orientierung an wechselnden Interessen und Wünschen ist die Qualität, wie Kinder mit »Zeit« umgehen. Sie orientieren sich an ihren Launen, an ihren psycho-physischen Rhythmen; kalkulierbar ist ihr Verhalten in den seltensten Fällen. Und gerade weil es sich bei diesem Zeitmodell um das der Kinder handelt, das macht es uns Nichtkindern schwer, es danach zu überprüfen, wie wichtig und sinnvoll es auch für uns Erwachsene sein könnte. So wie wir uns als Erwachsene dadurch definieren, daß wir eben keine Kinder mehr sind, damit jedoch ein Großteil unseres Lebens, unserer Erfahrungen ausgrenzen, von uns weghalten, so drängen wir auch die kindliche Zeitauffassung ab. Dies aber ist nicht folgenlos. Bereiche, in denen Sinnlichkeit, Spontaneität, Erlebnisnähe, notwendig sind und wo das Fehlen dieser Fähigkeiten und Möglichkeiten zu starken Problemen und Krisen führen, zeigen bereits die deutlichen und problematischen Folgen einer Herrschaft der objektiven, linearen Zeitauffassung gegenüber der subjektiven, zyklischen.

Gemeint ist speziell der Bereich, den Negt/Kluge als den der Beziehungsarbeit kennzeichnen; also alles dieses, was durch den Umgang von Menschen untereinander und miteinander geprägt ist (Vgl. Negt/Kluge 1981). Die Besonderheiten dieser Beziehungsarbeit, die nur über die Anerkennung der je subjektiven Rhythmen gelingen kann, schildern Negt/Kluge deutlich: »Die subjektiven Beziehungsarbeiter (. . .) besitzen durchweg eine spezifische untrügliche Eigenzeit. Ihre Nerven, sämtliche Eigenschaften haben eine je eigene Geschwindigkeit im Innenverhältnis (einer denkt langsam, fühlt schnell, reagiert schnell, er erinnert sich langsam usw.) und nochmals geschieht dem Beziehungspartner das gleiche. Diese verschiedenen Geschwindigkeiten müssen in der Beziehung subtil angenähert werden, auf allen Ebenen der Person gesondert, damit in der Beziehung wechselseitige Berührungen entstehen. Andernfalls entsteht nur eine Störung und deren umwegreiche

Kompensation« (Negt/Kluge 1981, S. 947). Erziehung, ob in der Familie, ob in der Schule oder in der Erwachsenenbildung ist auch und im besonderen Beziehungsarbeit.

Zeitmodelle in der Bildungsarbeit

Soweit die beiden unser Bewußtsein und unser Handeln bestimmenden Zeitmodelle. Wozu hat diese Erörterung nun gedient, was kann ein in der Erwachsenenbildung tätiger Dozent daraus für sein Handeln in Bildungssituationen folgern?

Die Antwort hierauf ist wieder sehr persönlich, d.h. ich werde jene Konsequenzen darstellen, die u.a. diese Überlegungen für mich als Kursleiter hatten und noch haben.

Mir hat die Vergegenwärtigung der beiden Zeitmodelle, so wie ich sie oben beschrieben habe, für meine Entscheidungen hinsichtlich der Planung von Veranstaltungen, für mein Rollenverständnis und für mein Dozentenverhalten sehr geholfen. Mir ist klar geworden, daß es beim pädagogischen Umgang mit der Zeit nicht um eine Entscheidung für eines bzw. gegen eines der beiden Modelle geht. Deutlicher ist mir der Grat geworden, auf dem ich mich bewege und welches die Risiken und welches auch der Balanceakt ist, den ich vollführe.

Was aber heißt dies konkret? Die Teilnehmer, speziell jene in der beruflichen Erwachsenenbildung, übertragen das in ihrer Arbeitswelt herrschende lineare Zeitmodell auf die Bildungssituation. Sie sind geprägt durch eine an ökonomischer Rationalität (Zeit ist Geld) orientierten Alltagserfahrung und dieses wirkt sich direkt im Lehr-/Lernprozeß aus. So ist z.B. ein möglichst gutes soziales Klima vielen Teilnehmern viel weniger wichtig als die Anzahl der durchgenommenen Kapitel im Lehrbuch; so ist es häufig für die Teilnehmer unwichtig, wieviel Zeit für ihre eigenen Lernziele zur Verfügung steht, viel wichtiger ist das Erreichen eines generellen, für alle gleich gültigen Zieles. So wird mancher ungeduldig, wenn sich der Dozent für das Kennenlernen in Kursen mehr als gewöhnlich Zeit läßt, oder wenn er sich mehr mit den Lernproblemen einzelner Teilnehmer beschäftigt. Andererseits jedoch werden die Teilnehmer auch unzufrieden, wenn der Dozent nicht auf sie, auf ihre Lerngeschwindigkeiten, Rücksicht nimmt, wenn er ausschließlich an einem möglichst guten Produkt und nicht auch an ihrer Person interessiert ist. Erziehungsprozesse in der Familie sind häufig an den speziellen individuellen Situationen, an den Möglichkeiten des Kindes ausgerichtet – auch dies prägt und schafft in späteren Lehr-Lernprogrammen dann Unzufriedenheit, wenn dies dort völlig vernachlässigt wird.

Ganz ähnlich geht es mir als Dozent. Ich habe eine Vorstellung, was, unabhängig von den Teilnehmern, die kommen werden, im Kurs gelernt werden sollte. Ich will zu einem bestimmten Ziel kommen und sehe es als Erfolg an, dieses evtl. sogar mehr als erfüllt zu haben. Ich werde unruhig, wenn es zu langsam vorwärtsgeht und fühle mich dabei oft von den Erwartungen der Institution, für die ich arbeite, unter Druck gesetzt. Dies gilt gleichermaßen vom Kollegen, der, so meine Phantasie, sicher schon viel »weiter« in »seinem«

Kurs ist. Andererseits ist dieses »Immer-Weiterkommen-müssen« auch sehr lästig. Es hindert mich daran, mich auf Teilnehmer einzulassen, mich neugierig zu verhalten, nachzufragen, erzählen zu lassen, Interesse an einzelnen Personen in meinem Kurs zu entfalten, also spezifische Beziehungen zu entwickeln. Dieses Bedürfnis habe ich als Dozent ebenso, wie dies auch viele Teilnehmer haben. Wie aber kann ich mit diesen sich oftmals widersprechenden Bedürfnissen so umgehen, daß (über die Zeitgestaltung) ein produktiver Umgang möglich wird?

Chancen einer »zeit«sensiblen Planung

Ich versuche, die Möglichkeiten und Chancen der Planung, der teilweisen Formalisierung und der Kontrolle von Lehr-Lernprozessen, die der am linearen Modell orientierte Umgang mit der Zeit gewährleistet, so zu nutzen, daß die Teilnehmer, und daß auch ich als Kursleiter (und häufig auch meine Kollegen) eine *generelle* Orientierung haben, und daß wir (Lehrende und Lernende) *entlastet* sind von fallweiser Entscheidung über den jeweiligen Umgang mit der Zeit. Dies versuche ich in meinen Seminaren durch die Festlegung von klar abgegrenzten Lehr-Lernzeiten zu erreichen. Speziell betrifft dies Anfang und Ende und die längeren Unterbrechungen (z.B. Mittagspausen) der Bildungsveranstaltung. Diese Zeiten – z.B. in einem Fünftage-Seminar in Internatsform von 09.00 Uhr bis 12.00 Uhr, von 16.00 Uhr bis 18.00 Uhr und von 19.30 Uhr bis 21.00 Uhr – stehen auch nicht (bzw. nur in extremen Ausnahmefällen) zur Disposition, d.h. ich setze sie als *Vorgaben* und bringe sie nicht als Diskussions- und Entscheidungsangebote ein. Als strukturierendes Element, das einschränkt, aber auch vieles ermöglicht, entlastet dies Teilnehmer und Kursleiter. Nur so sind Verbindlichkeiten *im* Bildungsprozeß und solche, die *außerhalb* der jeweils aktuellen Veranstaltung eingegangen werden, zu koordinieren und einzuhalten. Und es ist ja auch befreiend und den Lehr-Lernprozeß häufig intensivierend, wenn klar ist, wann gearbeitet, gelernt wird und wann die davon freie Zeit (die Freizeit) beginnt und endet. Dies hat u.a. die praktische Konsequenz, daß ich z.B. jene Teilnehmer, die mir (als Dozent) während der Mittagspause oder am Abend für den Lehr-Lernprozeß wichtige Fragen stellen und Hinweise geben, darauf aufmerksam mache, daß sie dies doch bitte innerhalb der Lernzeit einbringen möchten. Zweifelsohne entlastet dies besonders den Kursleiter, es reduziert aber auch gleichzeitig die Flucht lernbedeutsamer Impulse ins Informelle. Welcher Dozent der Erwachsenenbildung kennt nicht die anstrengenden und die Nächte verkürzenden, mal folgenreichen, mal folgenlosen Diskussionen mit Teilnehmern über soziale Probleme der Lehr-Lernprozesse, die einzelne Teilnehmer sich nicht getrauen, in der aktuellen Situation zu thematisieren?
In vielen Fällen – es sind wohl die überwiegenden in der Erwachsenenbildung – drängt das gesellschaftliche Umfeld, dessen einflußreiche Repräsentanten sich an linearen Zeitmodellen orientieren, den Kursleiter, dies ebenso zu tun. Richtlinien, Verordnungen mit festge-

legten Zielen, Inhalten und z. T. Stundenzahlen bringen den Dozenten ebenso in die Situation, abgegrenzte, deutlich wahrnehmbare Zeitblöcke festzulegen, wie die Generalisierungs- und Kontrollbedürfnisse von Trägerinstitutionen sowie verwaltungs- bzw. institutionsspezifische »Sachzwänge«.

Es wäre illusionär und würde Erwachsenenbildung ins Abseits drängen, solches zu ignorieren (wenn dies überhaupt durchhaltbar ist). Andererseits muß aber dort Widerstand gegen die Herrschaft des linearen Zeitmodells geleistet werden, wo die Anpassungsmöglichkeiten der am Bildungsprozeß Beteiligten, Dozenten und Teilnehmer, gegenüber objektivierten und quantitativen Zeitvorgaben erschöpft sind und wo die Beteiligten darunter ebenso leiden wie der Vermittlungs- und Aneignungsprozeß der Inhalte in den Bildungsveranstaltungen. Dies bedeutet, daß auch das zyklisch-erfahrungsorientierte Zeitmodell in Lehr-Lernprozessen ebenso zur Anwendung kommen muß.

Der »Gleich-gültigkeit« des linearen Zeitmodells (diese kommt ja u.a. darin zum Ausdruck, daß alle zur gleichen Zeit anfangen und aufhören, unabhängig wie weit der einzelne etwas gelernt hat, ob er ermüdet ist oder gerade lernwillig ist, in welcher Situation die gesamte Lerngruppe ist, unabhängig auch davon, ob dem Dozent noch etwas Wichtiges einfällt und ob er gerne den Lehr-Lernprozeß fortsetzen möchte), dieser »Gleich-gültigkeit« muß *innerhalb* der vom Dozenten gesetzten Zeitstruktur, dies ist meine zentrale These, ein am lernenden und lehrenden Subjekt orientierter Umgang mit der Zeit korrespondieren, eine »Nicht-gleich-gültigkeit«.

Bildungsprozesse – dies wissen wir von uns selbst ebenso wie von jenen, mit denen wir pädagogisch arbeiten – sind oft voller Überraschungen. Sie bleiben für den Dozenten auch bei der gewissenhaftesten und umfassendsten Vorabplanung vom Unterricht immer noch sehr unsicher. Sie sind eben – obgleich dies manche Unterrichtsplaner und viele Bildungsplaner nicht sehen (wollen) – nicht linear und gehorchen nicht der Regelmäßigkeit einer rein quantitativen Logik. Die Nicht-linearität, die Krisenhaftigkeit von Bildungsprozessen mit ihren auch produktiven Irrtümern und Abweichungen von Planungen liegt näher bei der Logik des platzenden Knotens (Aha-Effekt), der überraschenden Kristallisation als an der des ins Unendliche abgeschossenen, stetig aufsteigenden Pfeiles. Dem überraschenden Verlauf von Bildungsprozessen entspricht eine Form der Interaktion, die die produktive Abwechslung von Zeiten höchster Anspannung und Entspannung zuläßt, in der *spontane* Zuwendung von Lehrenden und Lernenden ebenso möglich ist wie Kontinuität und Zuverlässigkeit von Beziehungen, die unverzichtbar sind, um Vertrauen über die Lernzeitrhythmen hinweg zu wahren.

Bildung ist ein individueller Vorgang und ein Prozeß der Beziehung, der sich nur teilweise von außen, d.h. ohne die betreffenden Subjekte in ihrer spezifischen Situation organisieren läßt. Da, so Ludwig Hohl, »die Richtung des Geistes das Nebenhinaus« ist, werden die Grenzen linearer Zeitplanung offensichtlich. Das Überraschende, das Besondere, der Umweg, der Irrtum, das Übertriebene und auch das Verwirrende des Subjekts darf nicht ausgespart, nicht ausgesperrt, nicht ausgegrenzt werden. Zeitplanung darf nicht dort ihren

Sinn finden, wo es darum geht, genau dies abzudrängen. Vielmehr hat sie davon auszugehen, diese subjektiven Bestrebungen und Verhaltensweisen zuerst einmal zu akzeptieren
und sie auch zuzulassen. Dies heißt z.B. Zeit für Wiederholungen geben. Wiederholungen
sind ein elementares Bedürfnis von Kindern, nur hierdurch entwickelt sich bei ihnen die
Gewißheit und letztendlich das Vertrauen, sich auf Menschen und Dinge und Situationen
einlassen zu können. Wiederholungen aber sind im Lehr/Lernprozeß mit Erwachsenen
relativ selten, ja sie werden häufig gezielt vermieden (sicher macht dies u.a. *auch* die
Flüchtigkeit von Beziehungen und die geringe Nachhaltigkeit der Aneignung von Inhalten
in der Erwachsenenbildung aus). Gemeint ist hier nicht eine Wiederholung, die der Gleich-
förmigkeit industrieller Produktionsprozesse entspricht, sondern »die Wiederholung als
Element des zyklischen, der ›naturnahen‹ Zeit, an die uns eine von Leib-Wünschen und
Gefühlen gesteuerte Existenz ausliefert« (Sichtermann 1982, S. 127).

Was heißt das für die Praxis des Dozenten?

Innerhalb der festliegenden Zeitblöcke versuche ich mich an der psycho-physischen Situation der Teilnehmer, an der Dynamik der gesamten Lehr-Lerngruppe und an meinen Bedürfnissen, an meinen Interessen und Befindlichkeiten als Dozent zu orientieren. So z.B.
plädiere ich für weitgehend individuelle Pausenregelungen, die je nach den Bedürfnissen
der einzelnen, dann auch von diesen vereinzelt und/oder in Kleingruppen getroffen werden, und auch ich mache deutlich, wenn ich glaube, eine Pause nötig zu haben und sage es
auch deutlich, wenn ich den Eindruck habe, daß einzelne und/oder mehrere Teilnehmer
eine Unterbrechung des Lernprozesses nötig haben. Ich mache, wenn diese Form der subjektiven Zeitgestaltung zu erheblichen Störungen führt (was sehr selten vorkommt), die
jeweilige Qualität der Zeitgestaltung und daraus folgende Störungen des Lehr-Lernprozesses zum Thema; und dieses Gespräch über das Problem löst es auch meist, ohne daß
von der individuellen Zeitgestaltung Abstand genommen werden müßte. An den verschiedensten Stellen des Lehr-Lernprozesses versuche ich mich an den Erfahrungen, den
Lernrhythmen und Lebenszyklen der Teilnehmer zu orientieren. So wenn ich mich weigere, z.B. die Zeitdauer von Gruppenarbeiten festzulegen (innerhalb der fixen Zeitblöcke).
Auch wenn mich die Teilnehmer durch die Frage: »Wie lange dürfen wir brauchen«, immer
wieder in die Zeitmesserrolle drücken, so weigere ich mich, diese Erwartung an dieser
Stelle zu erfüllen. »Wie lange Sie brauchen«, so meine Antwort, »das können nur Sie, das
kann nicht ich wissen«, und dieses verbinde ich mit der Bitte, sich eben soviel Zeit zu
nehmen, wie man glaubt, nötig zu haben. Und die Koordinationsprobleme, wenn die Gruppen verschieden lang arbeiten?, so werden manche erfahrene Dozenten fragen. Die, so
meine Erfahrungen, sind relativ gering. Nur dann, wenn ich als Dozent den Anspruch habe,
daß alle das gleiche lernen sollen, daß alles mit allen gemacht werden müßte, nur dann
bekomme ich jene komplizierte Situation, die diese hochdifferenzierte Koordination not-

wendig macht. Ist eine Gruppe bereits »fertig«, wenn die anderen noch arbeiten, so versuche ich, mit diesen weiter zu kommen, gebe ihnen evtl. Anstöße zum Weiterarbeiten, oder, je nach meinem Eindruck ihrer Aufgabenerledigung, ermuntere ich sie, eine Pause zu machen. Dies reduziert die oft zu beobachtende Gruppenkonkurrenz und entwickelt Fähigkeiten, Lernzeiten nach eigenen bzw. Gruppenbedürfnissen, Interessen und Wünschen zu gestalten. Daß die zu bearbeitenden Inhalte davon nicht unberührt bleiben, daß diese weniger stereotyp, weniger erwartbar sind, daß sie mehr Originelles, mehr Besonderes, manchmal auch mehr Abweichendes zum Ausdruck bringen, diese für mich immer sehr erfreuliche Erfahrung habe ich oftmals gemacht.

Literatur

Geißler, Kh.A./Kade, J.: Die Bildung Erwachsener, München 1982.
Negt, O./Kluge, A.: Geschichte und Eigensinn. Frankfurt 1981.
Sichtermann, B.: Vorsicht Kind! Eine Arbeitsplatzbeschreibung für Mütter, Väter und andere, Berlin 1982.

Zum Schluß

Ende gut – alles gut?

Karlheinz A. Geißler

Über die Gestaltung von Schlußsituationen

Abschiednehmen ist eine emotionale, mit intensivem Erleben verbundene Handlung, daher haben wir in unserer Gesellschaft spezielle Rituale, mit denen wir solche Situationen bearbeiten. Diese Rituale sollen uns den Abschied erleichtern. Häufig initiieren wir Feste bzw. Feiern. Schulfeste und Entlaßfeiern sind aus der Schulzeit ebenso bekannt wie es für Teilnehmer von mehrtägigen Vollzeitveranstaltungen der Erwachsenenbildung eine übliche Erfahrung ist, am letzten Abend vor dem Ende der Veranstaltung ein Fest zu erleben. Und es würde auffallen, wenn der Händedruck zwischen Teilnehmern und Dozenten und der zwischen den Teilnehmern (in verhaltensorientierten Seminaren ist die Umarmung an diese Stelle getreten) am Schluß von längerdauernden Erwachsenenbildungsveranstaltungen unterbleiben würde. Adressen werden ausgetauscht und Verabredungen für weitere Zusammenkünfte getroffen; alles dies gehört zu den Abschiedsritualen, die mehr oder weniger verändert und ergänzt in allen längerfristigen Kursen mit Erwachsenen zu beobachten sind.

Solche Handlungen haben eine wichtige Funktion. Es sind Szenarien, die helfen, Übergänge zu vollziehen; sie ermöglichen, intensiv erlebte emotionale Situationen zu bearbeiten. Letztlich sind es Handlungen, die etwas zu Ende bringen, um dann wieder anfangen zu können. Die symbolischen Handlungen im Ritual (z.B. Händedruck) verdeutlichen und vergegenständlichen die persönlichen Gefühle hinsichtlich der sozialen Beziehungen im Seminar. Gleichzeitig ändern solche symbolischen Handlungen die Situation, sie schaffen Übergänge.

Deutlich zu sehen ist dies z.B. beim oben erwähnten Fest am letzten Abend eines Seminars, wenn, in meist sehr kreativer Art, die den sozialen Zusammenhang bestimmenden Symbole der Veranstaltung, wie z.B. die Sprachregelung, das Dozentenverhalten, die Teilnehmerreaktionen u.ä. aufgedeckt, verdeutlicht und karikiert werden. Immer ist dies auch ein Abschied vom Symbolisierten und damit ein Abschied von der dadurch stabilisierten sozialen Situation, ein Beenden von Beziehungen über das Darstellen individueller und gemeinsamer Empfindungen. Es ist ein *gehandelter* Abschied, einer, der mit emotionalem Engagement Emotionen verarbeitet.

Solche symbolischen Handlungen sind also im Ganzen gesehen nicht etwa überflüssig. Sicher gibt es auch Rituale, auf die man verzichten könnte. Aber insgesamt haben sie eine wichtige Funktion besonders dort, wo sie stabilisierend wirken. Dies hört sich zwar etwas paradox für eine Situation an, die eben dadurch gekennzeichnet ist, daß sie abgeschlossen wird, daß sie zu einem Ende gebracht wird. Aber gerade in solchen instabilen Momenten ist Stabilisierung durch vorgegebene Formen für gemeinsame Aktionen notwendig.

Dies gilt nicht etwa nur für die Teilnehmer. Auch Dozenten benötigen Rituale, um Schlußsituationen bewältigen zu können. Das offensichtlichste und verbreitetste ist das »Schlußwort« des Dozenten, und auf dieses verzichtet kein Lehrender in der Erwachsenenbildung. Auch in solchen Veranstaltungen nicht, in denen der Dozent innerhalb des Lehr-Lernprozesses wenig strukturiert und sich eher abwartend verhalten hat und an den Teilnehmern orientiert war. Das Schlußwort ist auch dort nicht zu vermeiden.

Schlußworte ähneln sich formal und inhaltlich sehr. Meist wird den Teilnehmern für ihre aktive Mitarbeit gedankt, die Hoffnung wird ausgedrückt, daß die Veranstaltung etwas »genützt haben mag« und daß man sich evtl. zu einem zukünftigen Anlaß einmal wiedersehen könnte. Das Schlußwort hat aber für den Dozenten neben dem, was inhaltlich gesagt wird, noch eine ganz andere Funktion. Es stellt eine sehr realistische Machtdemonstration dar. Wer Situationen anfängt und wer sie beendet, ist mächtig, hat Einfluß im Seminar. Daher ist es auch in der Erwachsenenbildung noch sehr verbreitet, daß in Anfangs- und/oder in Schlußsituationen jene Vertreter des Trägers der Veranstaltung auftreten, die die institutionelle Macht repräsentieren: Da kommt im VHS-Kurs der Fachbereichsleiter einer Volkshochschule, da kommt in einem Gewerkschaftsseminar der Gewerkschaftssekretär, da kommt bei einer innerbetrieblichen Fortbildung der Personalchef, überreicht die Zertifikate und spricht das Schlußwort (oft nachdem der Dozent das seinige bereits hinter sich hat). Dieses Ritual zeigt damit auch sehr deutlich jene soziale Realität außerhalb des Lehr-Lernprozesses, die in vielen Veranstaltungen allzu schnell aus dem Blick gerät. Neben allen ihren häufig demonstrativen und selbstdarstellerischen Effekten wird hierdurch auch an eine Realität erinnert, die den Übergang, den Abschied, in seinen institutionellen Aspekten deutlicher und illusionsloser macht.

Jedoch bleiben die Teilnehmer hierbei – und dies macht das »Schlußwortritual« zu einem eher schlechten Ritual – *passiv*. Mag manchem der Abschied vom Dozenten und von der Institution durch das Schlußwort »leichter« gemacht werden, so haben die Teilnehmer doch bei diesem Ritual keine Chance, den Ausgang aus ihren spezifischen sozialen Beziehungen aktiv zu verarbeiten. Emotional sind Schlußworte ein Abbruch, kein Abschied für die Teilnehmer.

Um andere, bessere Formen des Beendens von Erwachsenenbildungsveranstaltungen (hier immer bezogen auf mehrere Tage dauernde Seminare) zu entwerfen und zu diskutieren, ist es notwendig, die wichtigsten Merkmale von Schlußsituationen im Bildungsbereich herauszuarbeiten, um davon ausgehend die konkrete Gestaltung des Kursendes zu konzipieren.

Was ist typisch an Schlußsituationen?

Die Schlußsituation von Bildungsprozessen kann vom gesamten Verlauf der Veranstaltung nicht unabhängig gesehen werden. Die Qualität der gewonnenen Einsichten und die der erlebten sozialen Beziehungen im gesamten Seminar bestimmen die Atmosphäre der Schlußsituation in entscheidendem Maße.

Zu Ende geht zum einen ein wie auch immer erfahrener *Erkenntnisprozeß*. Einsichten, Theorien, verarbeitete Erfahrungen; all dies, was jeweils vermittelt und angeeignet wurde, wird, da ja Erkenntnis immer auch ein Anstoß für neue Erkenntnis ist, durch das Ende von Veranstaltungen auch abgebrochen. Dies äußert sich unter anderem in der oftmals in Erwachsenenbildungsveranstaltungen zu beobachtenden Tendenz, am Lehrgangsende dann noch besonders viel »mitnehmen« zu wollen. Der Dozent kann zwar Inhaltsbereiche abschließend behandeln – und es ist auch sinnvoll, dies zu tun – er kann (und soll) aber den Erkenntnisprozeß am Ende eines Kurses nicht abschließen. Und die Offenheit von Erkenntnis, die in der relativen Eigendynamik des Erkennens mitbegründet ist, die wird von den Teilnehmern am Ende besonders gespürt. Die Teilnehmer müssen mit »ihren« Erkenntnissen zukünftig ohne die bisher erlebte »Absicherung« durch Dozenten und andere Teilnehmer umgehen. Die Konsequenzen ihrer Erkenntnisse sind nicht eindeutig absehbar, es beginnt die »Ernstsituation«.

In der didaktischen Theorie wird dies als Transferproblem behandelt und dort besteht auch Einigkeit, daß es wichtig für den Lehr-Lernprozeß ist, Perspektiven auf die Anwendungssituationen nach Abschluß der jeweiligen Bildungsmaßnahme zu eröffnen. Wie dies zu tun ist, und ob solches spezifisch in Schlußsituationen zu fördern ist, darüber besteht weniger Übereinstimmung. Ist jedoch der Transfer der Lehr-Lerninhalte auf zukünftige Handlungssituationen ein zentraler Inhalt der letzten Phase von Veranstaltungen, dann erschwert eine ganz spezifische sozial-emotionale Situation, nämlich die des Abschieds, diesen Vermittlungs- und Aneignungsprozeß. Daher sollte auch der Transfer von Gelerntem besser an jenen Stellen, wo die Erkenntnisse entstanden sind, versucht werden, als in konzentrierter Form am Ende von Veranstaltungen.

Jeder Lehr-Lernprozeß ist zum anderen eine Erfahrung von *Beziehungen* zwischen den Teilnehmern, zwischen Teilnehmern und Dozenten. Beziehungen, für die häufig viel gearbeitet wurde und die u.a. über Konflikte zustande kamen. Diese emotionale Verbindung mit den anderen Beteiligten, dieses sehr komplizierte Geflecht von Miteinander, Zueinander und Gegeneinander wird am Ende von Veranstaltungen aufgelöst. Diese Trennung ist häufig schmerzhaft; sie wird abgewehrt, verdrängt und verleugnet. Es werden Aktivitäten freigesetzt, die die Auflösung der Lehr-Lerngruppe zu verhindern versuchen. Die oben bereits erwähnte symbolische Handlung des Adressentauschs und die Verabredung weiterer Treffs haben diese Funktion ebenso wie die Glorifizierung der Lehr-Lerngruppenvergangenheit, die nur die Möglichkeit bietet, die positiven Gefühle zu verarbeiten, nicht aber auch die Trauer, mit der die Trennung verbunden ist. Was sich einstellt – und was von

Dozenten auch häufig gefördert wird – ist ein »Hallo-good-bye-Effekt«, eine oberflächliche Fröhlichkeit, in der unechte Hoffnung, nicht die reale Emotionalität dieser Situation zum Ausdruck kommt. Zum Lernprozeß selbst gehört es aber, daß die Beteiligten sich der Endlichkeit ihres Kurses, ihres Seminars bewußt sind und damit umgehen können.

In der Psychoanalyse wird solches »Trauerarbeit« genannt. Gemeint ist damit jener seelische Vorgang, der auf den Verlust eines Beziehungsobjektes (das kann auch ein Subjekt sein) folgt. Durch diese »Trauerarbeit« gelingt es dem oder den Betroffenen, sich von der »alten« Situation produktiv zu lösen. Konkret auf die Erwachsenenbildungssituation bezogen bedeutet dies: Zu bearbeiten ist die Beendigung von häufig bedeutungsvollen realen Beziehungen, insbesondere der Verlust von hilfreichen und auch schützenden Autoritäten, um schließlich zur Neuaufnahme lebendiger Beziehungen zu anderen Personen und Dingen fähig zu sein. Dies ist notwendig, um sich in der gesellschaftlichen Wirklichkeit außerhalb der Erwachsenenbildungsveranstaltung von Neuem engagieren zu können. Als »Praxisschock« wird das Erleben mißlungener Lösung von den »alten« Beziehungen vielfach bezeichnet. Etwas paradox formuliert: Es geht in Abschlußsituationen der Erwachsenenbildung darum, das Ende zu beenden.

Was kann ein Dozent in Schlußsituationen tun?

Ich will versuchen, aus der Kritik eines Beispiels einer Schlußsituation konstruktive Perspektiven für den Umgang mit solchen Situationen in der Erwachsenenbildung zu entwickeln. Ich übernehme dabei einen Protokollauszug aus einer Bildungsurlaubsveranstaltung für Frauen (Kejcz u.a. 1980, S. 237–238).

Dozent: *So, das ist jetzt unser letzter gemeinsamer Vormittag. Die Zeit ist nach meinem Empfinden wie im Fluge vergangen, und die gemeinsame Arbeit mit Ihnen hat mir großen Spaß gemacht. Wir wollen jetzt die noch verbleibende Zeit dafür nutzen, von Ihnen zu hören, was Sie am Seminar schlecht fanden, was für Sie wichtig war und was man ändern müßte. Das ist für uns (meint die Pädagogen; Anmerkung des Protokollanten) eine große Hilfe für die Bildungsurlaube, die wir später wieder mit Frauen machen werden. Ich möchte Sie deshalb bitten, uns Ihre Meinung zu bestimmten Fragen mitzuteilen. Die erste Frage, die ich habe, ist, wie Sie die einzelnen Themen fanden, was künftig wegbleiben kann und was künftig drin bleiben sollte.*
Tn Helga: *Wegbleiben . . .? Das könnte ich so nicht sagen. Ganz wichtig fand ich auf jeden Fall die Sache mit der Verbraucherzentrale, da hat man mal gesehen, wo man sich hinwenden kann.*
Tn Ilse: *Ich fand alle Themen irgendwie interessant. Manches hat mich mehr, manches weniger interessiert. Insgesamt fand ich den Bildungsurlaub gut, der sollte auch so bleiben.*

Tn Karin: *Das finde ich auch, man sollte da nichts weglassen, schließlich soll man ja jedem etwas bieten und allen kann man es nicht immer recht machen.*

Dieser Text gibt m.E. eine sehr typische Abschlußsituation wieder: Der Dozent schließt den Vermittlungs- und Aneignungsvorgang von Inhalten ab und fragt nach Seminarkritik. Deutlich macht er, daß diese kritische Reflexion des Seminarablaufs (bezogen auf die Inhalte) für ihn und seine Dozentenkollegen von Wichtigkeit ist, um daraus für zukünftige Veranstaltungen zu lernen.

Die Reaktion von drei Teilnehmerinnen (mehr haben sich nicht geäußert) auf die Dozentenbitte ist sehr vorsichtig. Die Teilnehmerinnen äußern sich ausschließlich positiv, dies jedoch auf einer sehr allgemeinen Ebene. Die Antworten lassen das Zögern deutlich spüren, und die Vermutung liegt nahe, daß die Antworten mehr dem Wunsch entspringen, den Dozenten nicht zu enttäuschen, ihn nicht mit seinen Fragen alleine zu lassen, als dem Bedürfnis, sich kritisch mit der Veranstaltung auseinanderzusetzen. Was ist aber die Erklärung dafür, daß dies so unbefriedigend verläuft?
Um eine Antwort hierauf zu finden, ist es notwendig, auf die oben durchgeführte Analyse von Schlußsituationen zurückzukommen.
Der Dozent in dem Textbeispiel erinnert daran, daß demnächst die Veranstaltung zu Ende sein wird, er spricht den Schluß des Kurses an. Dies ist sicher ein wichtiger und sinnvoller Schritt. Die Realität wird benannt, damit werden Illusionen reduziert. In einem zweiten Satz benennt der Dozent seine Gefühle, er zieht sein »emotionales Fazit«: Es ist ausschließlich positiv. Ohne Unterbrechung seiner Ausführungen fordert er dann von den Teilnehmerinnen eine Antwort auf die Frage, was sie am Seminar schlecht fanden. Hier liegt der zentrale Punkt, der die Abschlußsituation unseres Beispiels so unbefriedigend bleiben läßt. Dies in dreifacher Weise:

1. Der Dozent macht zu Beginn eine Aussage, die seine Beziehung zu den Teilnehmerinnen, sein Erleben der Beziehung zum Ausdruck bringt (er spricht von Empfindungen, von Spaß), aber er gibt den Teilnehmerinnen *nicht* die Chance, an dieser Stelle genau das gleiche zu tun; nämlich ihre Empfindungen, ihre Gefühle, ihre Beziehungen zu ihm und untereinander auszudrücken. Die emotionale Situation der Teilnehmerinnen wird nicht zum Thema gemacht, und auch nicht die Beziehung zwischen den Teilnehmerinnen und dem Dozenten. Er *flieht* vor den Gefühlen (seinen eigenen und jenen der Teilnehmerinnen) in eine intellektuelle Fragestellung. Sinnvoller, und der Dynamik der Schlußsituation adäquater, wäre es gewesen, er hätte nach dem Äußern seiner Gefühle geschwiegen. Sicher wäre dies als Möglichkeit von den Teilnehmerinnen erkannt und verstanden worden, die je eigenen Empfindungen auszudrücken – und wäre dies nicht ein viel besserer Ansatzpunkt für die Seminarkritik gewesen? (Zweifelsohne wäre es ebenso sinnvoll gewesen, wenn der Dozent die Teilnehmerinnen gebeten hätte, doch

einmal auszudrücken, wie sie das Seminar empfunden haben, ob es ihnen auch so viel Spaß gemacht hat, wo sie ärgerlich, wo sie evtl. unzufrieden waren.)

2. Der Dozent verlangt von den Teilnehmerinnen durch seine Aufforderung, das zu benennen, was schlecht am Seminar war, etwas, was er selbst im Satz vorher *nicht* geleistet hat bzw. nicht leisten wollte.

Ganz im Sinne des »Hallo-good-bye-Effektes« benennt er sehr global nur Positives. Er differenziert und kritisiert nicht, er verlangt aber von den Teilnehmerinnen eine sehr kritische Bewertung der Veranstaltung – kein Wunder, daß diese dann so dürftig ausfällt; sie entspricht genau jenem undifferenzierten Niveau, das der Dozent bei seiner Seminarbeurteilung als Maßstab vorgegeben hat.

3. Der Dozent ruft Äußerungen von Teilnehmerinnen der Veranstaltung ab in der erklärten Absicht, daran orientiert zukünftige Kurse zu verbessern. Dies können die Teilnehmerinnen aus zwei wichtigen Gründen nicht erfüllen: Zum einen sind sie in Schlußsituationen (und der dort vorhandenen emotionalen Dynamik) stärker damit beschäftigt, sich zu helfen als dem Dozenten. Zum anderen fordert der Dozent von den Teilnehmerinnen eine Kompetenz an, die sie nicht haben (bzw. die sie auch von ihrem Anspruch her nicht besitzen wollen). Sie sollen nämlich für einen zentralen professionellen Bereich des Dozenten Hinweise geben – und das auch noch, ohne über die Verwertung ihrer Anregungen etwas Näheres zu wissen.

All dies macht die These wahrscheinlich, daß es dem Dozenten in unserem Beispiel nicht wirklich um eine Seminarkritik geht, es geht ihm eher um die Abwehr von kritischen Äußerungen (durch die Anforderungen von kritischen Äußerungen zum unangemessenen Zeitpunkt in der unangemessenen Form).

Von diesem m.E. typischen Fall, nun zu einer generellen Fragestellung: Ist es überhaupt sinnvoll, in Schlußsituationen Veranstaltungskritik durchzuführen?

Lege ich eigene Erfahrungen in Seminaren und das oben Gesagte über Abschlußsituationen zugrunde, so ist meine globale Antwort: Nein. Ich will dies noch weiter, als dies aufgrund des Textbeispiels geschehen ist, ausführen.

Eine Abschlußsituation ist vor allem eine emotional geprägte Situation (bzw. die der Verdrängung der Emotionalität). Abschiednehmen und eine Form für das Abschiednehmen zu finden, sind die wichtigsten Probleme der Beteiligten in dieser Situation. Für Kritik, besonders was die Lehr-Lerninhalte betrifft, ist eine solche Situation äußerst ungünstig.

Noch gewichtiger ist m.E. der Sachverhalt, daß die Kritik am Ende einer Veranstaltung für jene, die diese intellektuelle Anstrengung auf sich nehmen, weitgehend folgenlos bleibt. Die Teilnehmer geben Anregungen an den Dozenten, der sie ja nicht mehr in der Veranstaltung, die zu Ende geht, umsetzen kann. Das Gelingen solcher Kritik setzt voraus, daß die Teilnehmer ein Interesse an einer möglichst guten beruflichen Kompetenz des Dozenten haben, völlig abgehoben von ihrer eigenen Betroffenheit (besonders dann, wenn sie in Zukunft nichts mehr mit ihm zu tun haben).

249

Eine dritte Begründung, Seminarkritik nicht am Ende von Veranstaltungen zu machen (dies wird von Kejcz u.a. 1980, S. 244 ebenso gesehen), liegt darin, daß die Teilnehmer schlichtweg überfordert sind. Dann nämlich, wenn sie in Abschlußsituationen von Kursen erstmalig mit der Aufgabe konfrontiert werden, ihre Meinungen und ihre Einschätzungen über die Veranstaltung auszudrücken.

Seminarkritik ist nur sinnvoll während der Veranstaltung und dann auch mit relativer Kontinuität. Dort eben, wo sie auch als Lernprozeß des Kritisierens selber organisierbar ist. Wo es also möglich ist, die Kritik am Seminar zum Inhalt zu machen und damit auch zu lernen, Kritik, die den Lehr-Lernprozeß selbst trifft und die ihn auch folgenreich verändert, zu üben. Dann ist auch gewährleistet, daß sich die Anstrengung, die mit der Äußerung von Kritik immer auch verbunden ist, auf den Veranstaltungsverlauf auswirkt, Kritik also praktisch wird. Dies aber scheitert notwendigerweise am Ende von Erwachsenenbildungsveranstaltungen.

Was aber stattdessen? Im oben abgedruckten Textbeispiel hat der Dozent die Abschlußsituation m. E. sinnvoll eingeleitet. Er hat auf die Realität des Endes aufmerksam gemacht und er hat sein Empfinden in dieser Situation angesprochen. Dies ist m. E. deshalb sinnvoll, da es in zweifacher Weise Reales benennt, mit dem in solcher Situation umzugehen ist. Einmal die *objektive Realität,* daß die Veranstaltung zu Ende ist, und daß danach etwas Anderes (ein weiterer Anfang) folgt. Und zum anderen benennt er seine *subjektive Realität* in dieser Schlußsituation. Dies geschieht leider sehr pauschal und wenig differenziert und auch zu sehr nach rückwärts gerichtet. Besser wäre, die Gefühlssituation des Abschlusses, also auch, falls vorhanden, die Trauer, die das Abschiednehmen für den Dozenten mit sich bringt, anzusprechen. Für diese beiden zentralen Aspekte wird aber vom Dozenten in unserem Beispiel den Teilnehmern *keine Zeit* gelassen, um diese Realität auch zu verarbeiten, und der Dozent läßt auch sich selbst für sein Abschiednehmen nicht genügend Zeit (er flüchtet ja schon in die nächsten folgenden Seminare mit seiner Frage an die Teilnehmer). Für zwei wichtige Inhalte wäre demnach in Schlußsituationen der Erwachsenenbildung ausreichend Zeit zur Verfügung zu stellen:

a) Für das Thematisieren der Situation als Schlußsituation.
b) Für das handelnde Abschiednehmen.

Zu a):
Die Abschlußsituation kann unterschiedlich zum Thema gemacht werden. Der Dozent z.B. spricht die Situation – wie in unserem Beispiel – an und macht (abweichend von unserem Beispiel) deutlich, daß es ein »davor« gab (den Kursus und dessen Verlauf) und daß es ein »danach« gibt (die Situation, in die die Beteiligten zurückkehren). Wenn er dies etwas ausführlicher benennt (so z.B. seinen Eindruck vom gemeinsamen Lehr-Lernprozeß, dem Schönen, dem Schwierigen, dem Anstrengenden, dem Erfreulichen, dem Enttäuschenden)

werden dies auch die Teilnehmer(innen) in ähnlicher Weise tun. Dies kann (relativ unstrukturiert) im offenen Gespräch gemacht werden. Es ist aber auch möglich, eine Strukturvorgabe durch konkrete Fragestellungen zu geben, die dann die Teilnehmer(innen) jeweils für sich beantworten und anschließend (je nach Größe der Gruppe) in Untergruppen oder in der Gesamtgruppe besprechen. Mit folgenden Worten könnte der Dozent dies einleiten:

»Das Seminar geht in drei Stunden zu Ende. Wir waren jetzt fünf Tage zusammen und haben zusammen viel und vielerlei gearbeitet und gelernt. Manchmal hat es mehr oder weniger Freude gemacht, in anderen Phasen (z.B. zu Beginn der Veranstaltung) habe ich mich sehr anstrengen müssen, da es zum Teil sehr zäh voran ging. Und am Mittwochnachmittag, das habe ich ja schon deutlich gezeigt, habe ich mich, als Sie zwanzig Minuten zu spät zur Kurseinheit kamen, sehr geärgert. Jetzt aber bin ich auch froh, daß der Kurs zu Ende geht. Ich fühle mich sehr angestrengt und freue mich auf das freie Wochenende, an dem ich sicher auch zurückdenke an den Lehr-Lernprozeß mit Ihnen, denn der Abschied nach fünf Tagen intensiven Zusammenseins fällt mir auch schwer, der stimmt mich auch etwas traurig. Sicher haben Sie das hinter uns liegende Seminar auch ganz verschieden erlebt in Ihren Stimmungen, in Ihren Gefühlen und bezüglich dessen, was Sie hier lernen wollten, und dessen, was Sie hier gelernt haben. Ich schlage Ihnen vor, damit dies etwas deutlicher für uns alle hier wird, daß jeder von uns darüber nachdenkt, was er in den zurückliegenden Tagen erfahren hat, was er gelernt hat, was das für ihn und seinen Alltag, in den er zurückkehrt, bedeutet. Ich habe ein Blatt für diese Aufgabe vorbereitet, auf dem die Seminartage verzeichnet sind, das aber sonst nur drei leere Spalten enthält. In die erste Spalte tragen Sie bitte ein, was Ihnen (und mir, da ich diese Aufgabe ebenso zu lösen versuche wie Sie) die wichtigste Erfahrung und das wichtigste Lernergebnis an dem jeweiligen Seminartag war, und in die zweite Spalte bitte ich Sie einzutragen, wie es Ihnen an diesem Tag jeweils ergangen ist. Hier sollen Sie Ihre Gefühle und Ihre Empfindungen (z.B. Enttäuschung, Freude und Ärger usw.), die den Lernprozeß begleiteten, ihn förderten, ihn hinderten, hinschreiben. Und in die letzte Rubrik soll etwas dazu notiert werden, was Sie jeweils mit den Erfahrungen, dem Gelernten für Ihren Alltag außerhalb der Veranstaltung, der ja in knapp drei Stunden beginnt, glauben anfangen zu können.
Noch etwas zum Verfahren: Wir sollten uns dazu Zeit lassen. Ich nehme an, daß in 45 Minuten dies jeder für sich geleistet haben könnte, um dann anschließend in einer dreiviertel Stunde in vier gleich großen Untergruppen die Antworten auszutauschen, darüber zu reden, um zu sehen, wie es dem anderen ergangen ist, was die übrigen Teilnehmer gelernt haben und wie sie ihr Gelerntes umzusetzen gedenken. Ich schlage vor, daß die Gruppen in diesem Raum hier bleiben, er ist groß genug und wir setzen uns dann nach 45 Minuten wieder im Kreis zusammen.«

Häufig ergeben sich aus dieser Aufgabe noch Fragen an den Dozenten (z.B. über dessen

Konzept). Hierfür sollte er nach den zweimal 45 Minuten dann auch genügend Raum geben, in dem er die Teilnehmer z.B. anspricht:

>>*Ich stelle mir vor, daß es noch einige Fragen, speziell an mich gibt, die sich aus den Überlegungen und den Gesprächen der letzten eineinhalb Stunden ergeben haben. Ich möchte sie, sofern ich es kann, auch beantworten. Nach zwanzig Minuten sollten wir uns dann noch einige Zeit zum Verabschieden nehmen.*<<

Zu b):
Die Darstellung einer Schlußsituation, wie ich sie im vorigen Abschnitt dargestellt habe, ist mit Schwerpunkt eine Reflexionsleistung. Abschied aber ist auch (und besonders) eine emotionale Anstrengung (Trauerarbeit), in der der Veränderung der Beziehungen zwischen den Beteiligten Ausdruck gegeben werden muß. Hierfür ist genügend Zeit zur Verfügung zu stellen. Der Dozent steht dabei vor der Frage, in welcher Form diese emotionalen Momente des Abschieds bearbeitet werden können und sollen. Eine methodische Vorgabe muß er dazu machen.
Ich sehe zwei generelle Möglichkeiten. Dies ist zum einen ein kollektives Ritual, d.h. alle Teilnehmer handeln ähnlich bzw. gleich. So kann man z.B. die Adressen von allen Beteiligten an die Tafel schreiben. Oder es wird ein für alle akzeptabler Termin für ein Nachfolgetreffen gefunden; oder – bei kirchlichen Veranstaltungen üblich – ein gemeinsamer Gottesdienst, ein gemeinsam gesungenes Lied, beschließt die Veranstaltung; sehr verbreitet ist das gemeinsame Abschlußessen.
Zum anderen – und hierzu neige ich selber – kann der Dozent den strukturellen Rahmen dafür geben, daß der Abschied individuell gehandhabt wird. Indem er z.B. für die letzte halbe Stunde den Beteiligten empfiehlt, sich jeweils von den übrigen Kursteilnehmern zu verabschieden, wie sie dies für sinnvoll halten. Jeder hat dann die Möglichkeit, seiner jeweils spezifischen Beziehung zu den anderen Teilnehmern auch Ausdruck zu verleihen. Eine Vielfalt von Formen des Abschiednehmens kann sich hier dann entfalten und tatsächlich entspricht dies auch der Unterschiedlichkeit der Beziehungen und der Unterschiedlichkeit der sozialen Kontakte, die die Teilnehmer nach dem Seminar haben.
Konkret: Der Dozent setzt den zeitlichen Rahmen (z.B. 30 Minuten) fest und gibt den Inhalt vor (individuelles Abschiednehmen). Mehr nicht – und seine eigenen Bedürfnisse, Abschied zu nehmen, kann und sollte er in diesem Zusammenhang ebenso befriedigen.

Literatur

Kejcz, Y. u.a.: Typen der Lernstrategie auf dem Bildungsurlaub, Heidelberg 1980 (= BUVEP Endbericht, Bd. IV).
Geißler, Karlheinz A.: Schlußsituationen – Die Suche nach dem guten Ende, Weinheim und Basel 1992.